613.2
C671p

W9-CHY-349
3 5674

CONELY BRANCH LIBRARY   DEC '08
4600 MARTIN   JUN '09
DETROIT, MI 48210
(313) 224-6461

PLEASE DETROIT PUBLIC LIBRARY

OCT 2008

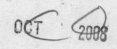

ANNEMARIE COLBIN

El poder curativo de los alimentos

ANNEMARIE COLBIN

El poder curativo de los alimentos

ROBIN BOOK

intermedio

Título original: Food and Healing
Traducción: Amelia Brito
Diseño de Cubierta: Departamento Creativo

Intermedio Editores Ltda.
Calle 67 N°. 7 - 35 Piso 5°
Bogotá D.C.

La licencia editorial es cortesía de Ediciones Robinbook, S.L.

Esta rigurosamente prohibida la reproducción total o parcial de este libro,
la recopilación en sistema informático, la transmisión en cualquier forma o por cualquier medio, por
registro o por otros métodos sin el permiso previo y por escrito de los propietarios del copyright.

© Annemarie Colbin
© 2004. Ediciones Robinbook, S.L.
© 2008. De esta edición Intermedio Editores Ltda.

Impresión y encuadernación: Printer Colombiana S.A.
ISBN: 978-958-709-245-5

OCT   2008

CONELY BRANCH

Lo que se ha dicho sobre este libro

«Recomiendo sin reservas a mis pacientes la lectura de este libro. Es un manual excelente para comprender la relación que existe entre lo que comemos y cómo nos sentimos.»

Doctor Stephen Rechtstaffen,
director del Instituto Omega
de Estudios Holistas

«*El poder curativo de los alimentos* es como un soplo de aire fresco..., en el sentido dietético. Este libro puede ser un potente catalizador de nuestra entrega a la sabiduría de la vida.»

*The Chiropractic and
Whole Health Center*

«Encarecidamente recomendado.»

Brain Mind Bulletin

«Resultado de una esmerada labor de investigación y erudición, *El poder curativo de los alimentos* es un compendio de conceptos, recomendaciones prácticas y experiencias personales, todo ello presentado de un modo a la vez osado y valioso. Los lectores agradecerán el amplio criterio de la autora y la ternura y claridad de pensamiento que subyacen bajo las palabras.»

Macromuse Magazine

«Una guía práctica, flexible y bien informada para fortalecer la salud mediante la comida... El libro toma en consideración la dinámica de los sistemas u organismos vivos, la ley de los contrarios, los efectos de los diferentes alimentos en el cuerpo y en los sentimientos, el significado de los antojos y el alimento en su calidad de medicina.»

East West Journal

«Esta guía eminentemente práctica resulta de gran utilidad para programar nuestra comida diaria y poder, así, transformar nuestra vida. *El poder curativo de los alimentos* es una obra muy bien concebida.»

Richard Grossman, director del proyecto
«La salud en la medicina»
en el Centro Médico Montefiore

«Vale la pena leer este bien concebido libro.»

Bon Appetit

Dedico este libro
a Shana y Kaila,
que dan sentido y cohesión a mi vida,
y a George Ohsawa,
cuyos sueños animaron los míos.

Psique y soma, mente y cuerpo..., espejos. La mente, al proponérselo, actúa en la materia con método no conocido. Si no aparecen las respuestas decisivas, podemos poner más interés en nuestras propias experiencias e ideas. Podemos reformular nuestras preguntas en función de la estética y la factibilidad. Ya no «¿Es verdad?», sino «¿Conviene?»; ya no «¿Qué es verdadero?», sino «¿Funciona?».

Marilyn Ferguson,
Brain/Mind Bulletin, 10 diciembre 1984.

Prólogo

Éste es el libro de nutrición más profundo que he leído en mi vida. Impregnada de una sabiduría inspirada en una caleidoscópica serie de fuentes, Annemarie Colbin ha conseguido integrar medicina moderna, folklore, sistemas de curación alternativos, leyenda, mito y sentido común. El resultado es un mosaico agradablemente estético a la vez que práctico a nivel personal.

Procedente de un medio dominado por la medicina moderna, yo, junto a cientos de miles de otros médicos, fui esmeradamente educado en la ignorancia acerca de la nutrición; en realidad, en el desdén por los alimentos. El «dietético» del hospital no era, y continúa sin serlo, profesor de médicos. El papel tradicional del dietético en la vida ha sido el de servir de especialista al cual otros médicos envían a aquellos de sus pacientes que los importunan con demasiadas preguntas acerca de la comida. El título mismo de este libro, El poder curativo de los alimentos, representa una conjunción de dos conceptos que la mayoría de los médicos considera no relacionados. Gracias a mis pacientes, sin embargo, he aprendido algo acerca de la nutrición desde que acabara mi preparación formal. Ahora valoro la respuesta de Mark Twain a la pregunta: «¿Dónde recibiste tu educación?». Respuesta: «A lo largo de toda mi vida, exceptuando los años que asistí a la escuela».

Todos los médicos pueden aprender de Annemarie Colbin lo que no aprendieron en la facultad. Y debido a las apremiantes preguntas de los pacientes insistentes, que saben que los alimentos son importantes, los médicos tenemos un nuevo y poderoso incentivo para aprender. Para los pacientes ya no es ningún secreto la verdad de aquel aforismo de que, llegados al tema de la nutrición, un médico sabe tanto como su secretaria, a no ser que ella haya seguido algún régimen, porque en ese caso ella sabe más que el médico.

Pero este libro es también importante para muchas otras personas que no sean profesionales de la medicina. A aquellas personas que tienen conocimientos generales de nutrición, o pertenecen al campo de la macrobiótica, herbolaria, vegetarianismo, frutarianismo, homeopatía, curación por la fe, reflexología, terapia de masajes, higiene natural y otros sistemas de alimentación y curación, Annemarie Colbin les ofrece una oportunidad de dar un gran salto hacia adelante. Mientras otros libros se conforman con rebajar, e incluso intentan destruir, a aquellos que consideran de la competencia, An-

nemarie Colbin, en cambio, selecciona algo de cada sistema, de manera juiciosa y exhaustiva, relaciona aspectos de diferentes sistemas, esclarece interrelaciones entre diversos métodos y todo esto lo hace con esmerada documentación y claridad de expresión.

He aquí, para probar, algunos de los deliciosos bocados de este libro:

- *Ninguna dieta es buena para todos siempre.*
- *«Podría haberle ocurrido a cualquiera» es la respuesta consoladora y absolutoria de culpa en el sistema de creencias occidental moderno. El enfermo es una víctima, no el responsable del estado de su salud.*
- *Cualquier curación de una enfermedad seria que ocurra sin la intervención médica oficial se considera «remisión espontánea».*
- *¿Podría ser que la ausencia de campo energético integrado en las fórmulas de alimentación de los bebés fuera la causa de la alta correlación entre muerte súbita del bebé y la alimentación por fórmulas?*
- *Los alimentos parciales, fragmentados, incompletos y atiborrados de productos químicos que componen la dieta norteamericana estándar, no pueden, a la larga, respaldar adecuadamente los procesos saludables de la vida...*
- *Al obligar a una persona enferma a comer para «que conserve su energía» no se toma en cuenta el hecho de que la digestión también gasta energía.*
- *Toda filosofía de la alimentación tiene sus dogmas y sus demonios, su pecado y su salvación.*

Según la definición de inteligencia como la capacidad para identificar y ver relaciones importantes, El poder curativo de los alimentos *es la quintaesencia de un libro inteligente. Lo recomiendo como lo más actual en el campo; su lectura sólo sigue en importancia a una consulta personal con su autora.*

Robert S. Mendelsohn, médico,
autor de *Confessions of a Medical Heretic.*

Agradecimientos

Aunque en principio he escrito este libro sola, sin las ventajas del asesoramiento, su versión definitiva no habría sido digerible sin la colaboración de muchas personas dedicadas.

Deseo expresar mi agradecimiento a Adele Leone y Richard Monaco, mis agentes, por su continuo apoyo a mi trabajo; a Joëlle Delbourgo, encargada de mi libro en Ballantine, que vigiló atentamente el desarrollo y maduración de este proyecto; y a Nancy van Itallie, que prestó su experto ojo redactor.

Gracias a Clarèse Peterson, Rosemary Felton, Norman Porter, Richard Carlton y, muy especialmente, Christiane Northrup, que leyeron los primeros borradores del manuscrito y me ofrecieron sus valiosos comentarios y consideraciones. A Richard Donze, del Hospital Metodista de Filadelfia, que revisó el borrador definitivo y con amable precisión me señaló los hechos que necesitaban clarificación. A mi hermano Michael Polonyi, ingeniero eléctrico, que revisó el apartado sobre la teoría de los sistemas. A Klara Glowczewsky, que recortó mi voluminoso original convirtiéndolo en un volumen leíble; a Mary Flynn y Dodie Edmands, que revisaron y volvieron a revisar todos los cuadros, notas a pie de página, notas bibliográficas y puntuación. Cualquier imprecisión que haya quedado es responsabilidad exclusiva mía.

Deseo dar las gracias también a John Boyajy, quien, en nuestro breve pero enriquecedor matrimonio, entre otras cosas me enseñó que algunas personas pueden enfermar y ser muy desgraciadas con una dieta vegetariana; a Bernie Gavzer por su apoyo moral y su maravillosamente precisa corrección de galeradas; y a mis numerosos amigos que están dispuestos a escucharme cuando los necesito.

Por último deseo insistir en que este libro no habría sido posible sin las maravillosas personas que asisten a mis clases o acuden a consultarme; ellas han terminado por ser mis mejores maestras al relatar sus experiencias y reacciones y al plantear preguntas que me obligaban a buscar las respuestas. Este libro no es otra cosa que un poste señalizador en nuestro viaje juntos.

Introducción:
El poder de los alimentos

Algunos de los mejores años de mi vida fueron aquellos de mi educación secundaria, en la ciudad de Mar del Plata en Argentina. Formaba parte de un maravilloso grupo de amigas con muchas de las cuales aún me unen fuertes lazos de afecto. Entre ellas está Elida, una de mis amigas más íntimas; ella, yo y otras dos chicas formábamos un cuarteto llamado «Las cuatro hechiceras», nombre inventado por nosotras mismas, con la ilusión de llevarlo dignamente.

Mucho ha llovido desde entonces. Durante los veinte años transcurridos desde que yo me marchara de Argentina, Elida y yo sólo habíamos conseguido vernos tres veces, aunque nos manteníamos en contacto. Cuál no sería mi alegría cuando, en agosto de 1981, recibí una carta suya en que me anunciaba que vendría a Nueva York a pasar dos semanas completas. La primera estaría sola, su marido Pedro vendría a reunirse con ella para la segunda.

Pocos días antes de emprender el viaje me llamó desde su casa en Río de Janeiro para pedirme que le buscara un hotel. Pero yo la invité a alojarse con nosotros. Mis hijas estaban fuera por vacaciones de verano, y su habitación estaba libre; regresarían al día siguiente de la llegada de Pedro, por lo tanto todo encajaría perfectamente. Elida y Pedro podrían pasar el resto de su estancia en un agradable hotel.

Elida estaba entusiasmadísima y yo también. Al parecer el tiempo y la distancia no habían enfriado nuestra amistad. Yo me preguntaba si una semana de convivencia irían a fortalecer o a debilitar esos viejos lazos. ¿Cuánto habría cambiado? Yo la recordaba como una morena atractiva y llena de vida que siempre gesticulaba al hablar y tenía una entusiasta armonía en su voz. También solía reírse mucho. Yo aguardaba ilusionada esa semana de mucho hablar y recordar, aunque también albergaba un cierto temor: ¿Qué le iba a parecer a Elida el espartano régimen vegetariano que hacíamos en casa?

Finalmente llegó, y no me llevó mucho tiempo descubrir que, efectivamente, nuestra amistad seguía tan fuerte como siempre. Pero sí me sobresalté al ver los cambios físicos producidos en mi amiga. No estaba bien de salud: tenía diabetes y se administraba una inyección de insulina diaria; tenía las manos hinchadas y exceso de peso. Muy a menudo se sentía cansada y no era capaz de caminar más de unas pocas manzanas seguidas. Descubrí que aún había otras cosas más de qué preocuparse.

–¿Por qué caminas tan rígida? –le pregunté en un momento dado.

–No siento los pies –me contestó.

–¿Qué?

–Eso mismo, no los siento. Mira –me dijo enseñándome las uñas de los dedos gordos de los pies. Estaban amoratados–. La semana pasada me puse unos zapatos algo estrechos y no me di cuenta de que me bloqueaban la circulación. Ahora voy a perder esas uñas.

–¡Tienes que hacer algo! –exclamé yo horrorizada–. A ese ritmo vas a coger gangrena y pronto te vas a ver caminando con una pata de palo. –La miré directamente a los ojos–. Tienes mi edad, todavía eres muy joven para llevar una pata de palo.

Ella se echó a reír pero sin alegría en los ojos.

–¿Qué dice tu médico? –pregunté.

–Nada –dijo encogiéndose de hombros–. Me ha dado medicación pero parece que no me hace nada, de manera que no me preocupo. Me dijo que dejara de comer azúcar, pero no me dijo qué otra cosa hacer.

Nos limitamos a mirarnos. Yo veía que aún resplandecía en ella su vitalidad natural en medio de su mala salud. Si se le permitía actuar, esa vitalidad la ayudaría a sanar muy rápidamente.

–Pues bien, mi querida amiga –dije–, tiene que haber una razón para que hayas aterrizado en mis manos para toda una semana. Veamos qué sucede después de unos días de alimentarte a base de alpiste y comida para conejos.

–Estoy dispuesta a probar –contestó ella riendo.

A la segunda mañana de su llegada, Elida me llamó a su habitación para enseñarme las manos.

–Mira –me dijo. Tenía las manos hinchadas como globos, a duras penas podía quitarse el anillo–. Si no tomo azúcar, me hincho. Los riñones no me funcionan. Cuando tomo azúcar, ésta actúa como diurético y orino litros; entonces no hay hinchazón.

El día anterior había comido con nosotros, lo cual significaba que no había tomado absolutamente nada de azúcar.

Ciertamente ella estaba informada de mi estilo de vida. Nuestra esporádica correspondencia la mantenía al día respecto a mi compromiso con los alimentos naturales, mis clases de cocina y mi interés en la curación natural. Incluso me había pedido un ejemplar de mi libro de cocina *The Book of Whole Meals*, y yo se lo había enviado. También sabía que hacía poco yo me había vuelto a casar y que mi marido también era cocinero vegetariano. Así pues, estaba totalmente preparada para un cambio de dieta.

Lo que para ella resultaría un régimen hogareño bastante austero fue aligerado con dos o tres salidas a comer fuera durante la semana, ocasiones en que comimos pescado o tal vez ave. Para desayunar había arroz integral y verduras; para almorzar, sopa de alubias o lentejas, pan de cereales integrales y ensalada; para tentempiés, fruta o tortas de arroz con pasta de manzana; para la cena, una ensalada de cereales, alubias y verduras. Para Elida, yo añadía dos platos pequeños al día de alubias azuki preparadas con algas kombu.* Tradicionalmente se considera que esas pequeñas alubias rojas japonesas fortalecen los riñones. Efectivamente, Elida comprobó y comentó, con gran alegría, que eran mucho mejor diurético que el azúcar.

También decidí manifestarle mis sentimientos de amiga afectuosa y le recomendé encarecidamente que se mantuviera completamente alejada del azúcar y del alcohol. Lo que no le dije fue que eso sería un sacrificio fácil de realizar si comía nuestra comida: cuando uno no come carne no necesita azúcar, si al mismo tiempo la dieta incluye cereales integrales.

Así pues, mi amiga se vio lanzada prácticamente sin etapa de transición a una modalidad dietética totalmente diferente. De una dieta rica en proteína cárnica, grasas, azúcar, alcohol y bebidas no alcohólicas, pasó a una dieta de hidratos de carbono complejos (cereales integrales, legumbres, verduras), poca grasa, poco azúcar natural (la fruta sólo era un tentempié ocasional), infusiones de hierbas y, a veces, zumo de manzana. Ah, claro, nada de leche, mantequilla, queso ni yogur tampoco.

Debo decir que llevó muy bien el repentino cambio. Sólo el primer día tuvo una reacción: las manos hinchadas. Pero pronto se pusieron en acción las alubias azuki y en dos días había desaparecido la hinchazón.

En la mañana de su tercer día con nosotros, le di un masaje de acupresión shiatsu. No soy en absoluto una masajista experta, pero sé lo suficiente para dar masajes a familiares y personas amigas. Una de las cosas que sé es que si encuentro un punto de presión que duele, eso significa que allí hay energía bloqueada; por lo tanto, debo continuar frotando ese punto con suavidad pero también con firmeza hasta que comience a doler menos. Bueno, cuando comencé a darle masajes en los pies, Elida empezó a reprimir exclamaciones de dolor. La más pequeña presión le dolía. Pero yo continué de todas maneras en medio de bromas sobre lo mucho que hay que sufrir para ponerse bien.

Una vez acabado el masaje, Elida se puso de pie. Una expresión de incredulidad se reflejó en su rostro. Se me quedó mirando fijamente.

–No me lo puedo creer –me dijo–. Siento los pies. ¡Siento los pies!

Al quinto día de estancia en nuestra casa su fuerte constitución había comenzado a afirmarse. Ya caminaba de treinta a cincuenta manzanas de un solo viaje. Había perdido casi tres kilos y había reducido la dosis de insulina. Sentía los pies normales. Tenía un aspecto radiante y se sentía estupendamente. Comencé a relajarme.

Hablábamos muchísimo comentando la experiencia. Elida estaba muy sorprendida por su falta de deseo de tomar azúcar.

---

* Estos productos se pueden encontrar en los mercados japoneses o en tiendas de productos dietéticos.

–Yo creo que esto tiene que deberse al equilibrio de los demás alimentos —me comentó un día–. En casa me vuelvo loca si no como algo dulce varias veces al día.

Yo le expliqué que todos los hidratos de carbono complejos que necesitaba para la energía y las funciones cerebrales los recibía de los cereales integrales y alubias; en su forma habitual de comer sólo recibía hidratos de carbono del azúcar, de algunas frutas, de las patatas y del alcohol.

También comprendió otra cosa, sin que yo se lo dijera expresamente.

–Es increíble la cantidad de grasas y proteínas que comemos en casa –comentó un día mientras comíamos ensalada de alubias en el almuerzo–. ¿Te das cuenta de que entre nosotros cinco consumimos casi diez kilos de carne a la semana? ¡Y la cantidad de queso! Si logro convencer a mi cocinera de que cambie su forma de cocinar, no sólo nos vamos a poner más sanos, sino que también vamos a ahorrar un montón de dinero.

Yo asentí. Ella continuó masticando su ensalada durante un rato, pensativa.

–Esto es una revelación –dijo–, y es tan sencillo.

Tal vez usted se imagina, querido lector, que ahora voy a proceder a explicarle por qué y de qué manera la espartana comida vegetariana nos va a sanar de todo lo que nos aqueja. Y eso es lo que habría hecho con la mayor y la más entusiasta convicción hace unos años, segura de la verdad y bondad de mi camino. Pero como ha dicho de modo tan conciso el filósofo de la alimentación George Ohsawa:* «Todo lo que tiene anverso tiene reverso, y cuanto mayor es la parte anterior, mayor es la posterior». Afortunadamente el tiempo, más que la inteligencia y el estudio, nos hace ver la otra cara de las cosas.

Mientras mi amiga Elida mejoraba con la dieta vegetariana, mi marido John se enfermaba con ella. Un año y medio antes de conocernos, John se había hecho vegetariano por convicción intelectual; aparte de algunas alergias, no había gran cosa que lo fastidiara en su salud general, pero él se convenció de que era necesario un cambio de dieta porque eso tenía mucho sentido según los libros que estaba leyendo.

Hizo la transición a una dieta de frutas crudas, verduras, ensaladas, algo de cereales integrales, muchísimas almendras y semillas de ajonjolí (sésamo). Ese invierno, el de 1978-1979, sintió un frío terrible y adelgazó muchísimo; los amigos y familiares le decían que no tenía buen aspecto, pero él insistía en que se encontraba muy bien. Sin embargo, tenía poca energía, las emociones a flor de piel y su interés por el trabajo era mínimo; la depresión lo acechaba como un fantasma hambriento. Él pensó que sólo se trataba de una crisis de curación y se atuvo firmemente a la dieta durante diez meses, hasta que finalmente decidió que necesitaba algunas proteínas extras. Añadió más cereales integrales, legumbres, y pescado dos veces por semana. Eso le hizo sentirse mejor, pero aún distaba mucho de estar bien.

* Autor de *The Book of Judgment*, *Zen Macrobiotics* y otras obras.

Yo también seguí un régimen vegetariano puro (sin pescado ni huevos ni productos lácteos) desde el otoño de 1979 hasta la primavera de 1980; tal vez debido a que lo semejante atrae a lo semejante, formamos pareja y finalmente nos casamos. En esa época John hacía demostraciones diarias de cocina en unos grandes almacenes. Muy pronto entró de profesor en mi escuela.

Recuerdo muy bien sus desayunos de esa época. Yo me levantaba, preparaba el desayuno y los almuerzos para mis hijas, me comía los restos y salía a hacer recados o cosas de mi trabajo. John, además de lo que yo ya había cocinado, preparaba complicados y hermosos platos de verdura; después se sentaba a masticarlos concienzudamente durante media hora. Yo calculaba que entre picar y preparar la verdura, comérsela y fregar, tardaba sus dos horas en desayunar. Y después venía el almuerzo, y después la comida.

A mí me encantaba su manera de cocinar. Sus platos eran hermosos y deliciosos; además, se le daban muy bien los aliños y los preparaba del modo en que suelen hacerlo en Oriente Medio. A las niñas les gustaban particularmente las verduras salteadas y el bulgur* con fideos finos que preparaba. Nos repartíamos los menesteres culinarios de la casa, lo cual a mí me venía de perlas.

No obstante, aunque las niñas y yo nos encontrábamos perfectamente bien con nuestra sencilla comida, yo veía claramente que John no. Estaba siempre bajo de energía y de ánimo; constantemente se sentía algo mal. Aunque me desconcertaba el hecho de que a mi marido no le aprovechara nuestra maravillosa y sana alimentación, comencé a animarle para que comiera proteína de origen animal con más frecuencia.

–¿Qué te apetecería comer de verdad? –le pregunté un día.

–Un bistec –contestó sin vacilar–. Pero creo que no debo.

¡Ay, los lavados de cerebro!, yo casi estuve de acuerdo; pero soy partidaria de escuchar la voz interior del cuerpo. Además, sentía curiosidad.

–Podrías probar –le sugerí–, y vemos qué pasa.

Debo admitir que anduve revoloteando inquieta a su alrededor cuando trajo un bistec y lo preparó. Él confesó sentirse culpable. Pero saboreó la carne con fruición y se sintió mucho mejor después de comerla.

Poco a poco, John comenzó a comer pescado, pollo o pato casi diariamente; cada diez días más o menos comía un bistec de buey. Lentamente fue fortaleciéndose, mejoró su ánimo, el desayuno se convirtió en unos razonables quince o veinte minutos, y él dejó de preocuparse por sus suprarrenales. Las alergias le habían mejorado cuando dejó de comer productos lácteos; ahora, una ocasional cita con queso Brie o de oveja se las reactivaba ligeramente, pero a él no le importó porque le encantaba el queso.

En el verano de 1983, John ya trabajaba catorce horas diarias en un restaurante, alimentándose con verduras frescas, cereales integrales, pasta, fruta y pro-

---

* Una forma de trigo integral que ha sido hervido, molido y secado.

teína de origen animal, con pequeñas cantidades de café, cerveza, y su poco de vino por añadidura. Se sentía mejor de lo que jamás se sintiera durante esos tres años de sano régimen vegetariano, hecho que a ambos nos parecía muy interesante. Era evidente que su cuerpo no reaccionaba bien a esa dieta, aunque a muchas otras personas les aprovecha.

–Tal vez se debe a que soy Leo –bromeó un día–. No se sabe de ningún león que sea vegetariano.

La experiencia de John fue una enseñanza para ambos acerca de la falacia de aferrarse a «cualquier» ideología estricta y única sobre la alimentación. Lo interesante fue que, debido a ella, y aunque nuestro matrimonio fracasó, los dos cambiamos y ampliamos nuestra manera de enfocar el tema. Él se vio utilizando información obtenida de mí para ayudar a amigos y colegas a salir de sus rutinas alimentarias, ya fuera porque comieran demasiada carne, demasiado queso o demasiada fruta. Por mi parte, creo que me convertí en una «fanática de la salud» menos rígida. Después de más de veinte años de practicar más que nada el vegetarianismo, la sola idea de que la carne podía hacer sentirse mejor y más fuerte a una persona era impensable..., casi una herejía. Pero la herejía de una época es la verdad de otra y así se consigue el equilibrio.

El caso de Elida no es poco común. Aumenta rápidamente el número de personas que recuperan su salud mediante una manera de comer sencilla y natural. Han decidido hacerse responsables de su salud y de su vida. Saben que los médicos y terapeutas tienen su espacio como ayudantes en trastornos graves, en casos de urgencia o cuando no dan resultado los remedios caseros. Pero en muchos trastornos, la intervención médica agresiva es como achicar agua de una barca agujereada en lugar de reparar el agujero: un cambio de dieta puede remediarlo.

El caso de John también se está haciendo más común, ya que la gente que ha hecho un cambio consciente de dieta se queda atascada en el dogma y deja de escuchar los mensajes de su cuerpo. Por ese motivo me ha parecido necesario proponer una teoría de la alimentación y la curación unificada, que tome en cuenta toda la dinámica de su interacción, una teoría que sirva para adaptar la información nueva que entre e integrarla con la antigua.

De eso trata este libro. Lo he escrito para compartir con usted los principios teóricos de una forma de comer que sustenta la salud y que he practicado durante más de veinte años y explicarle los instrumentos prácticos basados en ellos. La primera parte del libro, «La dinámica de los sistemas u organismos vivos», expone los principios, basados en conceptos orientales a la vez que en la lógica occidental. A lo largo de mi vida he descubierto que una combinación de estos dos elementos nos ofrece una sorprendente flexibilidad de respuesta a los problemas. La segunda y tercera partes, «Los alimentos» y «La curación», explican la manera práctica en que se pueden aplicar estos principios en nuestra vida cotidiana, para ayudarnos en nuestra continua búsqueda de la curación.

Creo firmemente que la teoría es inútil si no se basa en la práctica. Pero también he descubierto que no es posible encontrar ni un solo conjunto de principios que se aplique a todas las situaciones, las explique y ayude a resolverlas. Por lo tanto le voy a ofrecer varios modelos mentales, todos los cuales funcionan parte del tiempo, pero ninguno todo el tiempo. Por ejemplo, si según el modelo de la «nutrición científica» parece que una semana de ayuno sería dañina (porque la persona no ingiere toda la cantidad de elementos nutritivos que ese modelo considera necesaria), entonces tendremos que recurrir al modelo de «curación natural» para explicar el hecho de que muchas personas se benefician enormemente con una semana de ayuno. O, para usar un par de modelos que hallará en el libro, desde un punto de vista «expansivo-contractivo» parece raro que una persona que sigue una dieta compuesta principalmente por frutas y verduras sienta también deseos de comer dulces (cosa que les sucede a muchas). Ambas cosas son expansivas o dilatadoras, y la idea es que si se come demasiados alimentos expansivos uno desea comer su contrario, es decir algo contractivo, como miso o sal. Sin embargo, desde el punto de vista ácido-alcalino, este deseo de azúcar tiene perfecto sentido, porque la fruta y la verdura son «alcalinizantes», y cuando se comen en grandes cantidades, crean el deseo de azúcar y harina, que son «formadores de ácido» o acidificantes, y así se equilibran. Si insistimos en organizar nuestra elección de alimentos ciñéndonos estrictamente al modelo de alimentos contractivos-expansivos, trataríamos de ejercitar nuestra fuerza de voluntad y nos abstendríamos de comer azúcar, elemento que ahora en todas partes se considera nocivo; pero si tomamos en cuenta el contenido ácido y alcalino de los alimentos, y vemos que lo que falta en nuestra dieta son alimentos formadores de ácido, entonces podemos satisfacer esa necesidad y el deseo de manera fácil y no dañina, comiendo más cereales integrales y judías secas, que forman ácidos pero son sanos.

Uno de los conceptos más importantes que deseo exponer es que «no hay ninguna dieta que sea correcta para todos siempre». Es esencial que toda persona que esté pensando en un cambio de dieta preste atención y controle las reacciones de su propio cuerpo, las señales que emite de «bien» o «no bien». Encontrará instrucciones concretas sobre cómo hacer ese control y cómo interpretar las señales. Sin embargo, quedan aún algunos principios fundamentales del comer sano que he descubierto que son aplicables universalmente; éstos los encontrará en el capítulo titulado «El estilo de comer alimentos completos sustentadores de la salud».

En esta obra toco algunos de los principios aparecidos en mi libro de cocina *The Book of Whole Meals*, que ha recibido una acogida de lo más gratificante en Estados Unidos y donde presento una manera sencilla aunque sabrosa de cocinar sano; por los comentarios que me han hecho durante los cinco años transcurridos desde su publicación, parece que el sistema funciona. Allí incluí un buen número de recetas que son buenas para fines curativos, aunque entonces no lo expresé así. No quise hablar explícitamente de curación para no distraer la atención del tema de la cocina. Pero la intención subyacente debió de aflorar, porque han sido innumerables las peticiones de alumnos y lectores para que dé más detalles de cómo el alimento puede ser un instrumento de curación, cosa que he procedido a hacer aquí.

Como verá más adelante, en este libro sugiero el uso de algunos productos orientales poco conocidos, como el miso, las ciruelas umeboshi y el kuzu. Esto se debe a que me familiaricé con ellos en mis estudios de macrobiótica y encuentro que son muy útiles a veces; y en nuestra tradición alimentaria occidental no he encontrado ningún alimento que tenga efectos similares.

Aun cuando no pueda obtener todos los productos alimenticios que recomiendo, de todos modos podrá aplicar a su vida, si no todas, la mayoría de las sugerencias dietéticas básicas. Confío en que descubra, como yo descubrí, que con una sólida comprensión de los principios, se puede muchas veces encontrar las maneras de equilibrarse, aun sin esos alimentos que pueden ser difíciles de conseguir. También descubrirá, espero, que con estos principios bien entendidos, el sistema de comer que recomiendo en este libro puede ser autocorrector. Yo creo que si consideramos nuestros errores no como castigos sino como enseñanzas buenas y valiosas, podemos mejorar continuamente nuestra manera de cocinar y la selección de nuestros alimentos, redefinir nuestros conceptos de curación y dieta, y renovarnos así diariamente. El peor de los peligros, en ésta como en otras materias, está en pensar que hemos llegado a la verdad y que ya no queda otro sitio adonde ir.

Los catorce años que llevo enseñando y asesorando a la gente me han proporcionado el refuerzo positivo suficiente para saber que el método que he elaborado funciona una gran parte del tiempo. No es a prueba de tontos como tampoco sus resultados están garantizados universalmente. Pero acaricio la ferviente esperanza de que este libro le proporcione una nueva comprensión de cómo funcionan los alimentos, de cómo funciona su cuerpo y de los pasos que puede dar para mantenerse en equilibrio físico y mental. Y espero, sobre todo, que lo anime a continuar desarrollando su propio juicio y conciencia, de manera que pueda reclamar y hacer suyas todas las capacidades del ser humano verdaderamente evolucionado.

Primera parte

La dinámica de los sistemas u organismos vivos

1. La salud hoy en día

¿Cómo estamos?

Desgraciadamente, no muy bien. Los informes oficiales del estado de nuestra salud proclaman a voz en cuello que «los norteamericanos de hoy estamos más sanos que nunca»,[1] pero un vistazo superficial a los cuadros estadísticos nos dicen otra cosa. Aunque los índices de esperanza de vida parecen haberse elevado, el aumento es engañoso: un niño nacido hoy puede esperar vivir veintiséis años más que un niño nacido en 1900, pero la persona que ya ha llegado a los 45 sólo puede esperar vivir cuatro o cinco años más que una persona de la misma edad a comienzos del siglo.[2] Además, durante los últimos treinta años, la mortalidad para el grupo de edades comprendidas entre los 15 y los 24 años se ha quintuplicado, debido principalmente a los accidentes de tráfico, homicidio y suicidio. Lamentablemente, continúa aumentando.

Y una vida más larga, ¿es necesariamente una vida más sana? Problemas de la infancia que eran excepcionales hace una generación, son tan comunes ahora que se los llama «la nueva malsanidad»:[3] dificultades para el aprendizaje, trastornos del comportamiento, problemas auditivos y de lenguaje, defectos de la vista, grave desalineación dental. El niño medio ya ha perdido tres dientes permanentes debido a la caries a los 11 años, y ocho o nueve a los 17; el 94 % de los adolescentes tienen caries en su dentadura permanente.

Las enfermedades dentales, sobre todo la caries, la gingivitis y la periodontitis, constituyen el problema de salud más extendido en la actualidad. El 98 % de la población lo sufre, y más de diecinueve millones de adultos han perdido toda su dentadura. A lo conocido no se le da importancia, de manera que, por lo general, los problemas dentales se consideran «normales». Sin embargo, al menos un dentista se refiere a la caries dental como a una enfermedad degenerativa que podría ser precursora de la diabetes.[4]

Igualmente importante es la frecuencia de enfermedades respiratorias agudas. Se calcula que cada año hay entre doscientos y doscientos cincuenta millones de casos en Estados Unidos; unos dos millones y medio de personas (el 10 % de la población) enferman de neumonía.

Otras cuantas realidades: la gastroenteritis aguda (inflamación del estómago e intestinos) sigue en frecuencia de aparición a los resfriados. Anualmente hay unos ochocientos cincuenta mil casos de mujeres diagnosticadas y tratadas de enfermedades inflamatorias de la pelvis. Cada año hay también un millón de casos de herpes genital, y a éstos se añaden los varios millones de recurrencias, así como 120.000 casos de hepatitis y 18.000 de meningitis bacteriana.

Es posible que la tuberculosis haya cedido hace mucho tiempo su puesto como una de las principales causas de muerte, pero aún hubo más de veintisiete mil casos en 1981, de los cuales 1.900 fueron mortales; está aumentando la tuberculosis entre los niños. Hay unas trescientas mil muertes al año debidas a otras enfermedades infecciosas. El trastorno más temido de todos y el que más publicidad recibe, el cáncer, actualmente se lleva, según estimaciones, una de cada cinco vidas, es decir, es causa del 20 % de todas las muertes, cuando el índice de mortalidad en 1900 era del 5 %. A mediados de la década de los ochenta, sólo va detrás de los accidentes y la violencia como asesino de niños y adolescentes, dato estadístico que con poca frecuencia se toma en cuenta. Las enfermedades cardiovasculares importantes son en la actualidad la causa del 48 % de todas las muertes, mientras que en 1900 fueron causa de sólo un 18 %. Por lo menos un cuarto de la población sufre de presión arterial alta.

La mala salud no sólo se manifiesta en enfermedades estrictamente físicas. Hay también cerca de dos millones de admisiones anuales en hospitales para enfermos mentales. Según estimaciones de la Administración de Veteranos, cerca de dos millones y medio de personas acudieron a consulta externa en 1981, en busca de tratamiento para problemas mentales y emocionales. Durante el mismo año hubo, además, 1.700.000 pacientes admitidos en hospitales. Se calcula que, en uno u otro momento, un cuarto de la población sufre de depresión, ansiedad u otros trastornos emocionales. También se estima que, en uno u otro momento, entre un 2 y un 4 % de adultos están disminuidos por trastornos maníaco-depresivos. El suicidio es la novena causa principal de muerte para todos los grupos de edad, y más del 80 % del total de casos de suicidio se deben a la depresión.

La violencia, sea dirigida contra la propia persona o contra otras, forma parte importante de la vida en Estados Unidos, y es causa de mucho temor y traumas. Anualmente ocurren cientos de miles de ataques violentos no mortales, entre ellos, casos de maltrato y violación de la esposa. La tasa de homicidios en este país es mucho mayor que la de cualquier otra nación industrializada: 10,2 casos por cada 100.000 personas (en Gran Bretaña es de 1,0 y en Japón de 1,3). Y es posible que haya unos cuatro millones de casos de maltratos a niños cada año, de los cuales al menos dos mil son causa de muerte. Toda esta violencia ya no se considera puramente psicológica. Un creciente conjunto de investigaciones relaciona el humor, el comportamiento violento, e incluso el comportamiento delictivo, con diversos desequilibrios fisiológicos: tiroides hiperactivas; exceso de testosterona (hormona masculina), alergias, bajo nivel de azúcar en la sangre. La intoxicación por plomo, las deficiencias vitamínicas y, por supuesto, el alcohol y las drogas alteran la fisiología y el humor. Se han asociado los problemas de comportamiento con la carencia de luz natural, por cuanto la luz tiene un papel vital en el metabolismo del calcio, mineral generalmente considerado como el «tranquilizante de la Naturaleza».[5]

¿Cuál es la efectividad de nuestros remedios?

El gran público tiene una impresión unilateral de la efectividad de la medicina moderna y de su lucha contra los gérmenes. La creencia popular, fomentada por los medios de comunicación, es que debemos la desaparición de las principales epidemias de enfermedades infecciosas a los avances médicos, cuando, en realidad, la tasa de mortalidad debida a infecciones ya había comenzado a bajar varias décadas antes de que se llevaran a cabo las medidas de control inspiradas por la teoría de los gérmenes, y casi un siglo antes de la introducción de los fármacos antimicrobianos.[6] La frecuencia de los casos de cólera, difteria, disentería y tifus disminuyó después de la introducción de aprovisionamientos de agua limpia, control de aguas residuales, saneamiento general y pasteurización de la leche. Según Thomas McKeown, profesor emérito de medicina social de la Universidad de Birmingham (Gran Bretaña), el otro motivo de esa tendencia a disminuir fue el aumento de provisiones de alimento y la consecuente resistencia al huésped debido a la mejor nutrición.[7]

Casi el 90 % del descenso total de la mortalidad infantil debida a enfermedades como la escarlatina, difteria, tos convulsiva/ferina y sarampión, ocurrió antes de que se extendiera el uso de antibiótico y vacuna obligatoria. La difteria, por ejemplo, se llevó 900 vidas de cada millón de niños en 1900, pero en 1938 sólo 220, y la vacunación a nivel nacional no comenzó hasta 1942. La escarlatina disminuyó desde más de 2.300 muertes por cada millón de niños en 1860 a alrededor de 100 en 1918; pero los fármacos sulfa no estuvieron disponibles hasta comienzos de los años treinta, y la vacunación contra la escarlatina comenzó a fines de los sesenta, cuando ya escasamente había unos diez casos por millón. La vacuna contra la polio parece ser la única que ha disminuido efectivamente la frecuencia de una enfermedad: el año anterior a la introducción de la vacuna, 1954, hubo 38.476 casos de polio; al año siguiente a la introducción, 1956, hubo 15.140, y al año subsiguiente sólo 5.485.[8] Sin embargo en Europa se observó una disminución similar de esta enfermedad y allí no hubo ninguna vacunación en masa. La mayor parte de casos actuales de polio, se da en personas que han sido vacunadas.[9] De acuerdo que éste es un problema muy controvertido. Los padres que vacunan a sus hijos lo hacen pensando que los protegen; la mayoría de los científicos también creen eso. Habrá de pasar un tiempo para que la historia separe las realidades de los mitos. Mientras tanto, a nosotros nos incumbe mantener la mente abierta e indagar con más profundidad sobre el papel de la nutrición en la prevención de la enfermedad.

Es una triste realidad que, a pesar de la guerra sin cuartel contra el cáncer, con remedios drásticos, como la cirugía, radiación y quimioterapia, los índices de supervivencia para el 90 % de los casos no han mejorado en los últimos 25 años. Los índices de supervivencia para el cáncer de mama, por ejemplo, fueron de un 50 % en un estudio de 1963, sin tomar en cuenta que hubiera o no terapia, tratamiento o control; curiosamente, a las mujeres no tratadas no les fue peor que a las tratadas. En un estudio de 1979, el doctor Maurice Fot, del Instituto Tecnológico de Massachusetts, determinó que el 40 % de las víctimas de cáncer de mama murieron, hubiera o no tratamiento; en el 60 % restante, la tasa de mortalidad fue «sólo sensiblemente diferente a la de las mujeres de edad similar sin indicios de la enfermedad».[10]

Técnicamente, la medicina moderna es de una complejidad inigualada en la historia; sus mayores logros son los técnicos, aquellos que implican manipulación de la mecánica corporal: ortopedia, tratamiento de quemaduras, cesárea en los casos de tumores uterinos benignos o defectos estructurales de la pelvis, resucitación, microcirugía para unir miembros cortados, reemplazo de la válvula cardíaca y otras hazañas similares. Mantener viva a una persona durante una operación a corazón abierto es poco menos que realizar un milagro.

Pero también está la otra cara de la moneda, e incluso los enormes avances de la ciencia se cobran un·alto precio. «Por encima de todo, no hagáis daño», fue el fervoroso y humanitario consejo que dio Hipócrates a los médicos; desgraciadamente, y con la mejor de las intenciones, las cosas han resultado de tal manera que las intervenciones de la moderna medicina técnica producen una increíble cantidad de dolor, disfunción, incapacidad y angustia. La enfermedad yátrica (causada por el médico) es la epidemia que se extiende con más rapidez en el siglo XX; sus víctimas son más numerosas que las de accidentes de tráfico o laborales, y tal vez más numerosas que las ocurridas en actividades relacionadas con la guerra. Como ironía final, cuesta dinero contraer una enfermedad producida por la medicina.[11]

Pensemos: Al año se contraen más de dos millones de infecciones en centros de asistencia sanitaria (hospitales), de las cuales de 60.000 a 80.000 acaban en muerte. Se estima que anualmente se realizan 2.500.000 operaciones sin verdadera necesidad médica, lo cual produce unas doce mil muertes innecesarias bajo el bisturí del cirujano.[12] Pueden ser lugares peligrosos los hospitales: casi todos tenemos algún amigo o familiar que fue a hacerse «análisis» y salió mucho más enfermo de lo que estaba cuando entró.

En el intento de curar nuestras enfermedades, también nos gastamos unos diecinueve mil millones de dólares en fármacos al año... Un río muy caro de sustancias químicas discurre por nuestras venas. Muchos de estos fármacos son peligrosos, y muchos ni siquiera son eficaces para curar el trastorno para el cual fueron prescritos.

En un trabajo de investigación se descubrió que más de seiscientos fármacos prescritos corrientemente, en uso durante más de veinte años, son ineficaces, es decir, jamás han resultado ser eficaces en estudios apropiadamente controlados. Siempre ocurre que estos fármacos son nocivos, ya que no hay ninguna ventaja que sea superior a los inevitables efectos secundarios que producen.[13] Más de un millón de personas al año (del 3 al 5 % de las admisiones) acaban en el hospital a consecuencia de una reacción negativa a los medicamentos. Los tranquilizantes, de los cuales tomamos unos cinco mil millones de comprimidos al año, conducen a sus usuarios con sobredosis a las salas de urgencias de los hospitales con una frecuencia que suele ser dos veces mayor que la debida a sobredosis de heroína y cocaína.

Aunque ya es de conocimiento general que los rayos X pueden producir cáncer, se practican más de trescientos millones al año, por prescripción facultativa y sin necesidad médica. La radiación de los rayos X para diagnóstico puede ser causa de cáncer, enfermedades de la sangre, tumores en el sistema nervioso central, diabetes, infarto y cataratas.

Para descubrir la naturaleza de nuestras dolencias, los médicos envían a analizar nuestros fluidos y tejidos corporales a laboratorios especializados. Pero los análisis de laboratorio tienen la mala fama de no ser nada fidedignos, tal vez debido a la poca fiabilidad de la percepción humana. En una prueba realizada para comprobar la exactitud de los análisis de los laboratorios con licencia para ejercer en asistencia sanitaria, el 50 % de los laboratorios no pasaron el examen. Por lo tanto, hay miles de personas a las que se les dice que están sanas cuando en realidad no lo están. Y a la inversa, a miles de personas se les dice que están enfermas, basándose en informes erróneos de laboratorios: esto, a su vez, las hace someterse a tratamientos innecesarios y muchas veces dañinos. De hecho, en opinión de algunos críticos, el tratamiento médico de enfermedades no existentes es un problema médico importante.[14] Tal vez la solución está más cerca de lo que pensamos. Según un estudio, de 200 personas, 197 fueron «sanadas» simplemente ¡sometiéndolas a otro análisis!

¿Cuáles son las limitaciones de la medicina moderna?

Los propios profesionales de la medicina son los primeros en reconocer que el sistema tiene limitaciones serias. Cualquier sistema médico las tiene, pero las nuestras parecen ser particularmente mortificantes. La medicina moderna es extraordinariamente partidaria de parchear a las personas cuando ya están enfermas; pero su capacidad para «asegurar la salud» dista mucho de ser satisfactoria.

¿Qué es lo malo de nuestro sistema sanitario? Un crítico sostiene que el problema no es el propio sistema sino su manera de presentarse como la única forma, o la más efectiva, de tratar la enfermedad.[15] Hay trastornos para los cuales la tecnología de la medicina moderna es inestimable; pero hay muchos otros ante los cuales el conocimiento médico actual no sabe qué hacer. Sin embargo la actitud predominante es: «Si no lo sabe el médico, nadie más puede saberlo».

El ejercicio médico, y es importante recordarlo, refleja y se basa en las actitudes y creencias generalizadas de una sociedad dada. Es posible que el médico recete un comprimido que no funciona, pero con frecuencia es el paciente quien lo pide; y si no se lo da, o bien se siente molesto o desatendido, o bien acude sencillamente a otro médico que amablemente le recete el comprimido.

Entonces, tal vez deberíamos preguntarnos: ¿Qué es lo malo de nuestros actuales supuestos acerca de la salud y la enfermedad? Tal vez sería más revelador examinarlos, y no limitarnos a examinar los aspectos concretos de la medicina moderna. Yo veo tres errores principales en nuestro sistema de creencias:

- Creer que los síntomas fisiológicos (dolores de cabeza, fiebre, espinillas, etcétera) son reacciones erróneas del cuerpo a estímulos normales.
- Creer que la intervención quirúrgica o las sustancias químicas, sean de origen natural o artificial, pueden restablecer la salud al interrumpir el proceso llamado «enfermedad».
- Creer que los hábitos de alimentación no tienen ninguna relación con los síntomas ni con las enfermedades. Esta creencia está actualmente en proceso de ser abandonada, pero la enumero aquí porque aún hay muchas personas que la tienen, por ejemplo, personas que compran antiácidos para las molestias estomacales, cremas para las espinillas, o medicamentos para la hipertensión, sin cambiar al mismo tiempo su régimen alimenticio.

El más craso error de nuestro sistema de creencias, en mi opinión, es el primero: la suposición de que los síntomas fisiológicos (dolores de cabeza, de estómago, de espalda, los estornudos, el cansancio, las espinillas y todo el resto) son errores que deberían ser corregidos o «tratados», y que si no se hace esto las cosas empeorarán. En pocas palabras, que la constitución física se deteriorará si no intervenimos. En nuestra época de avanzada tecnología, esta intervención se realiza con una tecnología complejísima: fármacos que alteran la fisiología y funciones, suprimen las sensaciones o aceleran las reacciones; y una cirugía de naturaleza cada vez más compleja.

Imaginemos esta situación: Un hombre sufre de dolor de estómago después de cada comida. Para «tratar» este problema toma algún antiácido u otro remedio, con o sin receta. Entonces le ataca un dolor de cabeza, que podría ser o no efecto secundario de la medicación para el estómago; para «tratar» el dolor de cabeza se toma una aspirina, con la cual se le irrita más el estómago. Tres años más tarde se le declara una úlcera, para la cual toma otra medicación, además de grandes cantidades de leche y crema, tratamiento ya pasado de moda pero aún en uso. Mientras tanto, continúa tomando antiácidos para sus problemas digestivos y sigue comiendo de la misma forma que siempre. Finalmente se somete a una intervención quirúrgica en que le extirpan la úlcera. Continúa con su dieta rica en productos lácteos. No pasa mucho tiempo y se ve atacado de arteriosclerosis e hipertensión, con lo cual comienza a tomar medicación hipotensora. Los efectos secundarios de esta última incluyen dolor de cabeza, mareo, somnolencia, diarrea, ritmo cardíaco débil, confusión mental, alucinaciones, sobrepeso e impotencia. Cuando su mujer le abandona por otro hombre más joven, comienza a tomar antidepresivos y somníferos. Sufre un infarto y le operan para reparar la válvula mitral. Durante la lenta recuperación, toma analgésicos para continuar su vida. Pasados uno o dos años, se enfrenta a una enfermedad neurológica irreversible, del tipo de la esclerosis lateral amiotrófica o la enfermedad de Alzheimer. Entonces se pregunta qué pudo haber ido mal. Lo único que le queda por hacer es esperar a morirse, cosa que puede hacer en alguna residencia para ancianos, plácidamente y sin dolor, gracias a los fármacos.

Ahora volvamos atrás y veamos qué resultados podría haber producido un enfoque diferente. Esta vez la suposición subyacente será que los síntomas son señales de advertencia y que el cuerpo se curará solo, bajo la dirección del sistema inmunitario, si nosotros no le ponemos obstáculos. Cuando ataca por primera vez el dolor de estómago, el hombre se salta la siguiente comida, bebe algo de caldo caliente o infusión de menta y espera hasta sentirse totalmente recuperado para volver a hacer trabajar al estómago. Cuando vuelve el dolor de estómago, se atiene al mismo procedimiento, pero esta vez hace además un repaso de lo que ha comido y trata de descubrir cuál de los alimentos ingeridos fue la causa de que el cuerpo protestara. Si se le ocurre que pudo ser la hamburguesa con queso y el helado, deja de comer eso durante un tiempo para evitar más manifestaciones de protesta. Si ha atinado, y sólo le duele el estómago cuando ha comido alguno de esos productos, comienza a evitarlos escrupulosamente.

Como no toma antiácidos, evita los dolores de cabeza, o cuales fueren los efectos secundarios de esos fármacos. Pero las veces que tiene un dolor de cabeza, en lugar de enmascararlo con un medicamento, intenta determinar su causa. Digamos que encuentra una relación entre la ingestión de carnes grasas y el comienzo del dolor de cabeza. Entonces evita comer hamburguesas con queso y fiambres y está libre de dolores de cabeza la mayor parte del tiempo.

Como no tiene dolores de cabeza tampoco toma aspirinas, con lo cual siente el estómago relajado y disminuye enormemente la posibilidad de una úlcera. También son reducidas las probabilidades de un infarto, ya que su dieta es baja en grasas. Se siente bien, de manera que su vida sexual es satisfactoria y su mujer no lo abandona. Es más que probable que llegue a una edad avanzada con un mínimo de achaques y deterioro. Vive feliz hasta que finalmente muere de manera pacífica, durante el sueño, bien pasados los setenta.

En la primera situación, se trata el dolor de estómago como si el tenerlo fuera un error del cuerpo: la finalidad del tratamiento es eliminar la sensación. En el segundo caso, se trata el dolor de estómago como si fuera una información acerca del estado del cuerpo: la información dice que hubo un error en la alimentación, y el tratamiento consiste en corregir ese error. Cuando consideramos el propio dolor de estómago como un error, usamos un remedio muy diferente al que usamos cuando lo consideramos una señal de aviso y buscamos su causa.

El primer enfoque, que es el de la sociedad y la medicina occidentales modernas, aísla el síntoma separándolo de su contexto humano. Esta manera de enfocar ha estado solamente en uso un tiempo relativamente corto, unos doscientos años más o menos, desde la Edad de la Razón y la revolución científica. La pregunta esencial que plantea esta forma de tratamiento es: «¿Cómo podemos eliminar la molestia?». El segundo enfoque, que sitúa el síntoma en un contexto total cuerpo-mente, ha sido el predominante en la mayoría de los sistemas tradicionales. Su pregunta esencial es: «¿Cuál es la causa de la molestia, y cómo podemos cambiar las condiciones para evitar más molestias?». Según cuál sea el sistema social de creencias, la respuesta podrá ser malos alimentos, malos pensamientos, espíritus malignos, estrés, veneno, etcétera, etcétera; y los tratamientos podrán ser ayuno, administración de eméticos, exorcismo, descanso, hierbas, o cualquier otra costumbre tradicional.

Según el sistema de creencias occidental moderno, los síntomas fisiológicos son fenómenos aislados, fundamentalmente sin sentido y al azar. «Podría haberle ocurrido a cualquiera», suele ser la respuesta consoladora y absolutoria de culpa. El enfermo es una víctima, no responsable del estado de su salud. Por otra parte, el enfoque alternativo (y más tradicional) considera los síntomas como expresiones del estado de todo el cuerpo y, por lo tanto, significativos, en tanto que ofrecen información indirecta. El mensaje es que hemos cometido un error en alguna parte y que estamos pagando por él con ese síntoma concreto; la otra cara de este pensamiento inductor de culpa es que así como cometimos el error podemos corregirlo. Es el enfermo quien está a cargo de la situación; los profesionales de la salud, de cualquier ideología, son sólo sus colaboradores, sus compañeros de trabajo.

El segundo craso error, creo, que hay en nuestras creencias acerca de la salud y la enfermedad, es la idea de que sustancias separadas de su contexto natural puedan favorecer la salud. Muchas personas creen que las sustancias químicas sintetizadas tienen la capacidad de sustentar la salud. Eso no tiene sentido. La vida sólo puede ser creada por la vida; la salud sólo proviene de una integración de nuestros diversos planos de funcionamiento, no del consumo de píldoras y pociones manufacturadas. Las drogas y fármacos no cierran las brechas abiertas en nuestra salud. Lo único que hacen es interrumpir los diversos procesos naturales que suelen considerarse, erróneamente, nocivos o «enfermedad». Y todos estos fármacos tienen efectos secundarios que a veces son tan malos como el problema original o peores.

Estoy profundamente convencida de que muchísimos de nuestros más graves problemas de salud actuales tienen su origen en la mala alimentación o contaminación, pero también en el tratamiento químico de desajustes fisiológicos menores. También incluyo aquí el extendido uso de antibióticos y vacunas, los cuales se inmiscuyen en la función del sistema inmunitario y lo estropean. Lamentablemente, las enfermedades que conllevan un mal funcionamiento o reacciones excesivas del sistema inmunitario se están convirtiendo en verdaderas epidemias. Entre ellas se cuentan dolencias «corrientes» como las alergias, el asma y la fiebre del heno, así como la esclerosis múltiple, variedades de lupus, la enfermedad de Alzheimer, la esclerosis lateral miotrófica o enfermedad de Lou Gehrig, el sida y el cáncer. Dado que una gran mayoría de nuestra población ha estado sometida a antibióticos y ha sido vacunada, tal vez sea el momento de someter a un examen más cuidadoso esta práctica.

Hasta hace muy poco, un tercer error importante en nuestro enfoque de la salud y la enfermedad era la creencia de que los alimentos tenían muy poco que ver, si es que tenían algo que ver, con el estado de nuestra salud. El dolor de estómago era considerado una reacción equivocada a alimentos apropiados, y no una reacción normal a alimentos no apropiados. Además, la idea de que una dieta no apropiada podría tener algo que ver con los dolores de cabeza, fiebres, erupciones de la piel, dolencias hepáticas o cáncer, se consideraba absolutamente extravagante. Poco a poco esta creencia se va poniendo en tela de juicio y cambiando. La Asociación Cardiológica de Estados Unidos ha lanzado una encarecida recomendación a los enfermos del corazón para que cambien sus dietas; la idea de que una dieta no apropiada podría ser una de las causas del cáncer ya tiene ahora una aceptación general.

Sin embargo, la comprensión científica del efecto de los alimentos en la salud continúa siendo limitada. La mayor parte del tiempo, el alimento se considera en función de su contenido nutritivo (bajo en grasas, bajo en sal, bajo en calorías). Las recomendaciones dietéticas de la moderna ciencia de la alimentación suelen limitarse a: «Coma X cantidad de calorías, Z gramos de proteínas y menos sodio y grasas». Si uno se toma todo esto en serio, se hace necesario preparar la comida con el libro de recetas a un lado y los cuadros de composición de los alimentos al otro. Esto no sólo está muy lejos de las realidades de la cocina sino que. como comprobará en este libro, el mundo de los alimentos y de sus efectos en nuestra salud es infinitamente más complejo e interesante que todo eso. Yo creo que éste es un campo de conocimiento que si lo incorporamos a nuestro sistema médico puede sernos muy útil a todos. Usar la comida para conservarse bien es una práctica segura, efectiva y generalmente barata. Como los costes de la asistencia médica aumentan, el control dietético en cuanto alternativa rentable se irá haciendo cada vez más atractivo. Pero antes de hacerlo, hemos de reorientar nuestro entendimiento acerca del organismo humano y acerca de qué lo hace sano y enfermo.

2. Una visión nueva del mundo

Nuestra civilización se asienta sobre la falsa premisa de que el mundo es físico y mecánico, tan sólo energía y materia. Y eso no lo pagamos en peajes, lo pagamos en la calidad de nuestra vida.

Richard Grossinger, *Planet Medicine.*

En nuestras terapias del futuro es posible que más que órganos tratemos organismos.

Arthur Guirdham, *A Theory of Disease.*

Holismo

Cada vez nos resulta más evidente que nuestro fabuloso estilo moderno de vivir nos hace muy enfermizos. También estamos comenzando a comprender que la medicina técnica y química desarrollada para tratar nuestros problemas de salud no sólo suele ser ineficaz sino que también presenta muchos inconvenientes. A consecuencia de ello y nacido de nuestro descontento, ha surgido un contra-movimiento, un movimiento sanador denominado libremente «integrismo» u «holismo» *(wholism),* el cual por su parte nos ha dado una «medicina holística» y una «salud holística».

Una visión holística del cuerpo humano reconoce que su función se ve afectada por muchos y diversos factores internos y externos tales como la comida, la bebida, el ejercicio, las emociones, el estrés, etcétera. Reconoce que los síntomas de enfermedad expresan un trastorno total del organismo. Todas las partes de nuestro cuerpo son componentes de un ser físico integrado que también existe en los planos social, emocional y espiritual; las personas formamos parte de familias, tribus, sociedades. Por lo que se refiere a la enfermedad, una debilidad del corazón expresa una debilidad en los demás órganos; una infección en un dedo significa un problema de contaminación total; y la mejor nutrición y tonificación de todo el cuerpo conducirá automáticamente a la curación de muchos síntomas diferentes. Un criterio holístico también considera que los trasplantes de órganos pueden generar consecuencias raras e imprevistas, entre ellas la debilidad de órganos aparentemente no relacionados. Por ejemplo, al primer paciente al que el doctor Bernard Kornfeld le realizó un implante de corazón artificial le fue muy bien con su nuevo órgano, pero murió de neumonía. Según el punto de vista holístico, la extirpación de su corazón le produjo una debilidad sistémica general que se manifestó en la enfermedad mortal.

En general, la medicina occidental moderna se basa en la visión newtoniana mecanicista del universo. La mayoría de las veces trata al organismo como si fuera una máquina, reconociendo principalmente síntomas aislados, partes del cuerpo aisladas, personas aisladas. Una debilidad del corazón ha de tratarse con fármacos o cirugía, las infecciones se han de detener con antibióticos y una mejor nutrición significará control del peso. Con este criterio, los trasplantes de órganos parecen ser una forma perfectamente racional de tratar funcionamientos defectuosos, ya que es sólo el órgano el que se considera enfermo y se piensa que el resto del cuerpo funciona más o menos con normalidad. La neumonía antes citada, según este punto de vista, no tenía ninguna relación con la ausencia de su verdadero corazón.

Este criterio holístico no es nuevo. De hecho ha existido desde los albores de la historia. Incluso ahora es la filosofía predominante en todas las sociedades con excepción de la nuestra y aquellas sobre las cuales hemos influido. Pero esto no es una crítica. El pensamiento occidental ha tomado una ruta a través del materialismo, ha dedicado los últimos tres o cuatro siglos a estudiar y analizar los componentes de la materia, y ha aprendido una enorme cantidad de detalles útiles y fascinantes acerca de ella. Así como el holismo puede no ser útil debido a una falta de atención en los detalles, de igual manera el materialismo corre el peligro de caer en la miopía, de que los árboles le impidan ver el bosque. Vivimos en una época en que las percepciones realistas del holismo pueden ser respaldadas y validadas por estudios científicos; a la inversa, los análisis científicos pueden ser validados por su aplicabilidad en el contexto de la experiencia cotidiana. Sin duda, ha llegado el momento de hacer una síntesis, de integrar, de sanar.

La verdadera curación comienza por el conocimiento, en primer lugar, de uno mismo, para saber cómo funcionamos. Con el conocimiento viene la responsabilidad. Somos la causa de nuestra enfermedad, por lo tanto podemos ser activamente responsables de nuestra propia curación. La verdadera curación no se limita a librarse de un dolor de cabeza; eso lo podemos hacer sencillamente con una aspirina. Significa descubrir, primero que nada, por qué tenemos ese dolor de cabeza, descubrir cómo hacerlo desaparecer sin causar daño a otra parte (la aspirina quita el dolor de cabeza pero daña el estómago, intercambio que tiene sus desventajas) y cómo evitar dolores de cabeza en el futuro.

Para estar a la altura de nuestra responsabilidad necesitamos información, teórica y práctica, que nos sirva para decidir qué hacer. Comencemos por analizar los conceptos subyacentes más amplios y después enfocaremos el estudio en motivos de preocupación concretos y personales.

En primer lugar veremos la teoría de los sistemas u organismos, acerca de cómo funciona nuestro cuerpo. Ésta es el apoyo científico, la validación del holismo. Necesitamos comprenderla en su totalidad para poder practicar el enfoque holístico de la salud de manera efectiva.

Sistemas u organismos vivos

Los conceptos sobre cómo funciona nuestro cuerpo cambiaron cuando los médicos comenzaron a extraer sus metáforas del trabajo de los mecánicos y artífices de los comienzos de la Revolución Industrial. Jonathan Miller escribe: «El corazón sólo pudo compararse con una bomba cuando, en el siglo XVI, comenzaron a explotarse estas máquinas en todas partes, en la minería, en la lucha contra incendios y en ingeniería civil».[1]

La visión del cuerpo desde el punto de vista de sus funciones mecánicas llegó a considerarse un enfoque muchísimo más sensato y práctico que creer que estaba dominado por humores, vapores y espíritus malignos. A partir del siglo XVII y apoyado en la solidez, el conocimiento médico avanzó a paso de gigante. Con el descubrimiento de los microorganismos el cuadro estaba, al parecer, completo: el cuerpo era una máquina dirigida por cierta energía interior que podía agotarse debido a agentes externos (sustancias tóxicas o microorganismos) o a defectos internos de funcionamiento no explicados.

Pero las ciencias físicas han avanzado mucho más, dejando atrás la sencilla mecánica de los siglos XVI y XVII. Por otro lado, la mayor parte de la medicina está todavía estancada en el viejo concepto del cuerpo como un sistema de bombas y poleas, tubos y fluidos. Cuando se descubre algún vínculo entre dos realidades consideradas hasta el momento no relacionadas (el alimento y el ánimo, por ejemplo), se eleva el clamor de la comunidad científica: «Pero ¿cuál es el mecanismo?». Si bien la alianza de la medicina con la física newtoniana nos ha proporcionado una amplia comprensión de la manera en que funcionamos, ya no basta para darnos todas las respuestas que necesitamos. No todo se puede explicar desde el punto de vista mecánico; por ejemplo, ¿por qué ciertos alimentos influyen en el ánimo o humor de algunas personas y no de otras? Por este motivo, es cada vez mayor el número de personas que rechazan la medicina mecanicista y abrazan una visión más amplia, más integral u holística. La física moderna, siempre a la vanguardia, nos ofrece varios conceptos elementales que apoyan esa visión; podemos aplicarlos para construir un modelo más satisfactorio de cómo funciona realmente nuestro cuerpo.

Gracias a instrumentos de gran precisión y potencia que vienen en ayuda de la percepción, como son el microscopio electrónico y los aceleradores de partículas, los físicos están descubriendo lo que los místicos han sabido siempre: que el universo es más que la suma de sus partes,[2] y que la realidad es una compleja trama de relaciones. El análisis de sus partes no es suficiente para entenderla. Con el fin de entenderla mejor, se ha elaborado un nuevo planteamiento: la teoría de sistemas. Según Fritjof Capra, ésta es un intento para explicar los todos en función de la relación entre sus partes y no en función de las partes aisladas;[3] los sistemas u organismos vivos se describen como modelos de organización.

La teoría de sistemas está respaldada por el análisis de sistemas, el cual consiste, para decirlo de una forma sencilla, en describir y entender cómo funciona un sistema. Todo conjunto de acontecimientos, cosas o fenómenos que se influyen mutuamente, o interactúan, puede ser un sistema si en él hay *estímulo* (o entrada), *respuesta* (o salida) y *finalidad* (o propósito u objetivo). Con el fin de encontrarle sentido en su complejidad, hemos de construirnos un modelo simplificado del sistema, eligiendo sólo aquellos detalles que necesitamos para verlo claro. Esto se puede hacer con un pequeño modelo real a escala en el caso de sistemas creados por el hombre, mentalmente o con cuadros gráficos.* A medida que se va analizando el sistema, ha de ir corrigiéndose continuamente según la experiencia, para que se conforme lo más exactamente posible a la realidad y necesidad.

Una vez que lo entendemos, tendríamos que saber explicar el comportamiento pasado del sistema, para que tenga sentido y pronostique su comportamiento futuro con un grado razonable de exactitud. Si nuestro modelo del sistema concuerda con su «verdadera realidad», nuestra explicación será clara y nuestros pronósticos acertados. Si ocurre que nuestro modelo es insuficiente o incorrecto, también nuestras explicaciones y pronósticos serán insuficientes e incorrectos.

Se puede pensar que los sistemas u organismos vivos presentan cuatro características concretas:[5]

- *Totalidad y orden*. El sistema es más que la suma de sus partes y su comportamiento está más determinado por la relación entre sus partes que por las partes mismas. Por ejemplo, un ser humano puede continuar funcionando aunque le falte alguna de sus partes (el apéndice o la vesícula biliar).
- *Autoestabilización ajustable*. Las perturbaciones de su entorno provoca-

* La construcción de modelos mentales es una técnica también muy conocida y muy usada en las ciencias sociales. Max Weber, por ejemplo, formuló su «tipo ideal» como una «construcción de características acentuadas extraídas del sujeto a analizar».[4]

rán en el sistema la reacción de intentar volver a la normalidad. Por ejemplo, el polvo provocará un estornudo.

- *Autoorganización ajustable.* Una perturbación constante hará que el sistema intente reorganizarse para adaptarse a esa molestia. Por ejemplo, los ruidos constantes dejan de oírse.
- *Jerarquías intra e intersistémicas.* Los organismos están formados por sistemas de menor complejidad (órganos y células, por ejemplo) y forman parte de sistemas más grandes de mayor complejidad (familias, tribus, naciones, por ejemplo).

Los sistemas vivos son extremadamente complejos porque están compuestos de otros sistemas. Todos los animales superiores, por ejemplo, llevan dentro de su cuerpo los sistemas digestivo, excretor, respiratorio, reproductor, circulatorio, nervioso y endocrino. Y no sólo eso; es prácticamente imposible establecer los límites precisos entre un sistema y otro, o entre un sistema y su entorno. Los sistemas digestivo, excretor, respiratorio y reproductor, por ejemplo, conectan íntimamente el sistema mayor, que es el cuerpo, con el entorno exterior.

Además, los sistemas u organismos vivos son inestables. Están constantemente intercambiando energía y materia con su entorno. Por regla general, se caracterizan por una fuerte tendencia a volver a lo «normal», a una «situación estable» o un «equilibrio». Pero también pueden verse afectados, de manera imprevista, por estímulos y alteraciones. Es posible que cuando estas alteraciones o «perturbaciones» alcanzan una cierta intensidad desencadenen cambios equivalentes a una reorganización total en un organismo vivo autoorganizador.[6] Algunos ejemplos: las experiencias de cuasi muerte, que cambian totalmente la vida de una persona; los cambios drásticos de dieta, que suelen ir acompañados de un increíble y sensacional cambio de punto de vista; los aminoácidos que se organizan en el tejido muscular vivo. La reorganización, por cierto, suele ir siempre orientada hacia un mayor orden, una mayor coherencia y complejidad, que es lo contrario, en realidad, a la entropía, o desintegración y desmoronamiento. Al comprender esta progresión podemos comenzar a contemplar el estrés y los problemas como fuerzas amigas y no destructivas, porque a través de las dificultades tenemos la oportunidad de evolucionar a estados superiores de conciencia.

El cuerpo, entonces, es un organismo en el que ocurren muchas cosas a la vez, entremezcladas de tal manera que es difícil determinar cuál da inicio a cuál, o qué función sigue a otra. En el contexto de un análisis de los alimentos y la curación, el modelo de sistemas nos ofrece una perspectiva totalmente nueva.

Es curioso, sin embargo, que aunque vivimos dentro de nuestro cuerpo y hemos de tratar con él durante las 24 horas del día, sabemos menos sobre nosotros mismos que sobre el mundo exterior. Nuestros sentidos están orientados hacia fuera; tenemos muy pocos nervios sensoriales conectados a los órganos principales que sustentan nuestra vida, por lo tanto no nos damos cuenta de toda la ac-

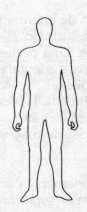

Perturbaciones
(sustancias químicas del medio ambiente, influencias provocadoras de estrés, cambios bruscos en el estilo de vida, accidentes, contaminación, venenos, medicamentos inapropiados o innecesarios, etc.)

Estímulo
(aire, agua, alimentos, vibraciones cósmicas, sonido, luz, contactos o roces, conversación, etc.)

Respuesta
(respiración, orina, heces, habla, risa, lágrimas, gemidos, movimiento, trabajo, arte, etc.)

tividad que hay dentro. Por lo general, tenemos sentimientos generalizados, dolores localizados y, a veces, vagas corazonadas. Pero para funcionar mejor necesitamos saber cómo funcionamos, y para eso hemos de perfeccionar nuestro modelo conceptual.

Hay varios modelos del organismo humano que intentan explicar cómo funciona, desde los más esotéricos a los más estrictamente científicos. La medicina moderna tiene la tendencia a considerar lo que sucede dentro del organismo como lo haría un ingeniero, aunque subestimando en cierto modo todos los factores que influyen en él y la complejidad de esas influencias e interacciones. Entre los supuestos fundamentales del modelo predominante en la medicina ortodoxa se incluyen los siguientes:

- El organismo humano funciona correctamente, a no ser que un observador pueda detectar alguna anormalidad; es decir, si en los análisis no aparece nada, quiere decir que no hay ninguna función defectuosa, aunque el paciente no se sienta bien.
- La mayoría de las funciones defectuosas del organismo se deben a agentes físicos (microorganismos, sustancias tóxicas, contaminación). La curación se efectúa destruyendo el agente patógeno o extirpando el órgano o tejido enfermo. Las enfermedades no causadas por agentes físicos pueden deberse a factores psicológicos, los cuales no son reales. Actualmente se reconoce que algunos de estos factores tienen un fundamento físico en la bioquímica del cerebro, en las interacciones de los neurotransmisores; de esta manera, por así decirlo, han ganado credibilidad.
- Una enfermedad normalmente empeora, a no ser que se administre un tratamiento médico (esta creencia suele ser más válida para el enfermo que para el médico). Cuando una enfermedad se cura naturalmente, sin intervención, esto se considera algo excepcional y se la etiqueta como «autolimitante» o «remisión espontánea».

- Los síntomas «son» la enfermedad; los síntomas que aparecen en órganos distintos no suelen estar relacionados.
- Cualquier enfermedad o mal funcionamiento que no se deba a perturbaciones físicas o visibles es «de origen desconocido». La enfermedad psicosomática es una categoría aceptada. Lo contrario, es decir una perturbación física que afecte el funcionamiento mental o emocional, rara vez se toma en cuenta.
- Cualquier curación de una enfermedad importante que ocurra sin la intervención médica oficial, se considera «remisión espontánea» o acausal.
- Los principales estímulos para la salud o enfermedad del organismo o sistema humano son aquellos procedentes de elementos u organismos patógenos o causantes de enfermedad. La ingestión de alimentos sólo se relaciona de manera indirecta con el funcionamiento del sistema.
- En los casos en que sí importa la ingestión de alimento, principalmente se trata de error en la cantidad (demasiado o demasiado poco).
- Los efectos del entorno natural en el organismo humano son insignificantes.

Entre los principios del modelo holístico del funcionamiento del organismo humano podrían incluirse los siguientes:

- Cada ser humano tiene una aptitud general para saber si el funcionamiento de su organismo está bien o mal. La sensación de que algo va mal es generalmente correcta.
- El mal funcionamiento del organismo puede tener su origen en acontecimientos físicos, psicológicos o espirituales. La curación se efectúa descubriendo la causa subyacente y corrigiéndola; a partir de ahí, se hace cargo el sistema inmunitario. Lo físico y lo no físico son igualmente reales.
- Un organismo sano tiende a corregir sus desequilibrios de menor envergadura si se le permite hacerlo; con frecuencia, el tratamiento médico obstaculiza esa capacidad autocurativa.
- Los síntomas son mensajes del cuerpo acerca de su estado y funcionamiento. Una misma enfermedad puede dar origen a síntomas de diferentes tipos; a la inversa, distintas enfermedades pueden provocar síntomas similares.
- Pueden darse curaciones de enfermedades graves cuando el sistema inmunitario es suficientemente fuerte, ayudado tal vez por un cambio de dieta o una renovación psicológica o espiritual.
- El alimento es una causa directa del funcionamiento correcto o incorrecto del organismo.
- La calidad, la cantidad, la energía acumulada, el sabor, el color, el aroma y la textura de los alimentos tienen efectos fisiológicos y psicológicos en el organismo.

- El organismo reacciona e interactúa con su entorno natural; todo le afecta: las condiciones climáticas, la estación del año, la altitud y el tiempo atmosférico.

Hay evidentemente muchos otros detalles en estos dos modelos; estos detalles varían según cada enfermo, médico, terapeuta, sanador o diagnosticador. Ya que estamos considerando cómo funciona esa interrelación de sistemas que es nuestro cuerpo, hemos de recordar también que nadie existe en el vacío. Formamos parte de nuestro entorno, de la Tierra, del universo entero, igual que cualquier otro ser natural. Hay ciertas leyes de la naturaleza que se aplican a nosotros de la misma manera que se aplican a las piedras, a los árboles, a los leones y a las estrellas.

Me refiero aquí a algo distinto de las leyes fundamentales de la gravedad y el movimiento: a las leyes filosóficas, que abarcan todos los fenómenos naturales, que fueron descubiertas y formuladas hace miles de años, e incorporadas a los principales sistemas filosóficos y religiosos del mundo, entre ellos el budismo, la cábala y la filosofía hermética. Estas leyes son tan elementales que actualmente se consideran evidentes y por lo tanto descartables. Sin embargo, como son ellas las que organizan nuestra percepción de la realidad de una manera coherente y holística, vale ciertamente la pena recuperarlas. Si bien estas leyes no se refieren directamente a nuestros intereses concernientes a la salud y al cuerpo, sí tienen que ver indirectamente, porque nos ayudarán a entender nuestro funcionamiento interior.

He aquí, entonces, siete leyes de cómo funcionan las cosas; las he recogido de las filosofías oriental y occidental, y las he modernizado con vistas a nuestra comprensión práctica.

- *Todo es uno.* Todo está relacionado, directa o indirectamente; no hay ningún fenómeno aislado, sólo hay sistemas que conectan con sistemas más grandes y más pequeños. El cuerpo y la mente, entonces, están íntimamente interrelacionados.
- *Todo cambia.* Nada permanece estático. La energía se mueve de manera constante dentro de y entre los sistemas. Así pues, la dieta que nos sana debe cambiar a medida que cambiamos.
- *«Tal como arriba, así abajo; tal como abajo, así arriba.»* Existe una correspondencia básica entre los fenómenos de la vida que nos permite extrapolar lo que aprendemos en un campo a los misterios de otro. Por ejemplo, la geometría elemental nos sirve para medir estrellas distantes; preguntando a unos pocos conocemos las opiniones de muchos.
- *Todo tiene un contrario.* Todo tiene también anverso y reverso. Los contrarios se complementan, están conectados como los dos extremos de una vara o las dos caras de una moneda, y están separados gradualmente. Un

contrario se puede convertir en el otro, cosa que sucede con frecuencia, ya sea poco a poco, ya sea repentinamente.

- *La energía se mueve entre los contrarios con un vaivén pendular.* Todo movimiento es resultado de una expansión y una contracción, hacia adelante y hacia atrás, en alternancia rítmica. Cuando el péndulo llega a su posición extrema, invierte el sentido de la marcha y vuelve. El día se convierte en noche, el invierno en verano, la inspiración en espiración. El péndulo no vuelve al punto exacto de donde partió sino que se desvía ligeramente, como las espirales.
- *No existe la casualidad.* Todo acontecimiento o fenómeno tiene una causa, una razón de ser. Llamar a algo «suceso casual, fortuito, fruto del azar, de la coincidencia o de la suerte» sólo delata nuestra ignorancia de las interrelaciones que lo causaron.
- *El magnetismo se manifiesta en todos los planos.* Los opuestos se atraen, los semejantes se repelen en todas partes. Pero también «semejante atrae a semejante» en cuanto pertenecen a una misma categoría de diferente gradación. Pensemos en las jerarquías, con jefe y subalternos, como en una bandada de pájaros, una manada de lobos, una empresa.[7]

En algún rincón de la mente conserve este conjunto de leyes. A lo largo del libro me referiré a ellas con regularidad, para esclarecer o acentuar ciertos puntos. No es necesario creer que estos conceptos sean ciertos literalmente. Como estamos trabajando en la construcción de un modelo mental, concedemos pertinencia a aquellos conceptos que parecen factibles, que tienen sentido, que «posiblemente son ciertos». Cuando los contrastemos con la realidad, los usaremos «como si» fueran ciertos, y cada caso en que concuerden con la realidad será un pequeño paso hacia la confirmación. Contrastar los conceptos de esta manera nos evitará perder prestigio si resultan ser erróneos; creer que algo es «absolutamente cierto» es el sello del verdadero creyente y del fanático, que continúa inflexible e incapaz de reconocer el error, de adaptarse y aceptar el cambio y las nuevas posibilidades. Estas leyes son útiles para ver la interconexión y la continuidad de todas las cosas, que es la idea central del enfoque de la salud y la enfermedad por la teoría de sistemas.

Campos energéticos

Hemos hablado de sistemas u organismos, de interconexión, de «todos», pero ¿qué hay de esos misteriosos «más» que diferencian a un todo de la suma de sus partes? Muchos teóricos han intentado responder a esa pregunta. Me gustaría presentar aquellas ideas que a mí, personalmente, me parecen más interesantes y útiles.

En algún momento de finales de los años veinte, el doctor Harold Saxton Burr, catedrático de anatomía en la Facultad de Medicina de la Universidad de Yale, comenzó a estudiar las propiedades eléctricas de los organismos vivos. En 1932 publicó su primer ensayo sobre la «teoría electrodinámica del desarrollo». Tres años más tarde, en colaboración con F. S. C. Northrop, publicó «The Electro-Dynamic Theory of Life» [La teoría electrodinámica de la vida] en la *Quaterly Review of Biology*. Durante los 21 años siguientes vería publicados otros 58 ensayos suyos sobre ese tema en las revistas científicas más prestigiosas del país.[8]

Lo que demostró el doctor Burr, mediante el uso de instrumentos de alta sensibilidad, fue que las plantas, los animales y los seres humanos poseemos campos de fuerza electromagnética, o campos energéticos. Estos campos determinan la forma y el estado del organismo al cual pertenecen, a la vez que son determinados por ellos. Al parecer, es también este campo el responsable de mantener reconocible la identidad, el «sí mismo» del organismo, independientemente de los electrones flotantes y de la constante rotación celular.

Más recientemente, el bioquímico británico Rupert Sheldrake, fisiólogo consejero de equipo en el Instituto Internacional de Investigación de la India, sorprendió a la comunidad científica con una nueva idea: postuló la existencia de un campo que determina la «forma» de los sistemas vivos antes de que éstos desarrollen las partes materiales que los componen. A esto Sheldrake le llama campo morfogenético, que no debe ser confundido con un campo eléctrico. Depende de la forma, no de la carga eléctrica, aunque sí tiene un efecto real: se puede «sintonizar/afinar» a través del tiempo y del espacio.[9]

Este campo energético no tiene nada de místico, aun cuando podría efectivamente estar relacionado con ese nimbo que se pinta tradicionalmente alrededor de la cabeza de los santos. De hecho, los voltímetros pueden medirlo en la superficie del organismo, y también a corta distancia de la superficie. También se puede detectar mediante un proceso llamado fotografía Kirlian. Y algunas personas (¡más de las que uno se imaginaría!) son realmente capaces de ver ese campo; le llaman el aura. Mi hija era capaz de verlo cuando estaba en parvulario y me hizo unos maravillosos retratos con auras verdes e incluso, con gran disgusto mío, rojas.

Sea lo que sea lo que perciben, los voltímetros, las fotografías Kirlian y las personas que ven las auras, todos coinciden en un punto esencial: el campo de energía «fluctúa»; jamás está estático. Se hace más débil, más fuerte, más brillante o más apagado, más grande o más pequeño. Estos cambios reflejan el estado del organismo correspondiente del campo a la vez que son reflejados por él. Esto es válido para los árboles, las flores, así como para los perros y las personas.

Tomando en consideración esto y toda la información anterior, podemos llegar a una definición aproximada de un organismo o sistema vivo total: es un conjunto de elementos y partes físicas, «más» un campo energético organizador que cohesiona las partes separadas y las establece como sistema. ¿Qué influye en el campo energético de un organismo para que cambie? En mayor o menor grado, todo. Una de las leyes de la naturaleza, como hemos visto, es que «todo cambia», y sabemos que los organismos vivos cambian más rápido que cualquier otra cosa. No sólo experimentan ciclos amplios más o menos previsibles (nacimiento, crecimiento, deterioro) y otros más pequeños (respiración, digestión, sueño), sino que también cambian por el continuo movimiento de sus elementos y partes componentes. El campo energético recibe la influencia de esas fluctuaciones interiores y a su vez influye en ellas; dónde comienza y dónde se detiene el cambio, eso es imposible de saber.

El campo energético de un organismo también recibe influencias de factores externos: los alimentos, la luz, la temperatura, el aire, la presión atmosférica, los rayos cósmicos, etcétera. (Sin embargo ésta no es una influencia unilateral. Se han medido cambios en el campo magnético de la Tierra producidos por el guiño de un ojo.)[10] Todo, entonces, tiene influencia sobre nosotros, sobre nuestro campo energético, sea esta influencia sutil o patente. Algunas influencias podemos descartarlas considerándolas no importantes; en cambio otras, podría interesarnos investigarlas algo más, sobre todo si son molestas. Y como los alimentos influyen en nuestro campo energético, vale la pena que dediquemos un tiempo a indagar qué influye, a su vez, en el campo energético de los alimentos, y cómo. Hay cosas a las que no damos mucha importancia, por ejemplo, los métodos para cocinar o congelar los alimentos, y que podrían tener, como espero demostrarle, fuertes influencias sobre nosotros. Propiedades de los alimentos no cuantificables, accesibles a nuestros sentidos e intuición aunque no a nuestra ciencia, pueden marcar la diferencia entre la enfermedad y la salud.

Depende de nosotros, entonces, tomar conciencia de estas influencias sutiles con el fin de hacer elecciones positivas con miras a la curación. Lo que me propongo explorar ahora, y en el resto de este libro, son las diversas maneras en que los alimentos, en cuanto sistemas, influyen en el sistema u organismo humano. Es éste un modelo que he utilizado y he ido limando y perfeccionando durante los últimos 25 años; a mí me ha resultado muy práctico, interesante y útil para describir, explicar, iniciar y predecir cambios en la salud. De ninguna manera es el único modelo que funciona, como tampoco es completo ni a prueba de tontos; aún requiere mucha corrección y perfeccionamiento. Pero es un instrumento útil, y espero que usted consiga hacerlo funcionar en su provecho.

La fuerza vital de los alimentos

La concepción mecanicista del mundo describe los alimentos en función de sus componentes químicos: proteínas, hidratos de carbono, grasas, minerales, vitaminas. La concepción de los sistemas, basada en la ciencia y en el holismo de nuestra experiencia sensorial cotidiana, considera los alimentos en función de sus relaciones, es decir, su contexto, propiedades, efectos, sabor, aroma, origen, sentido del crecimiento, color, textura, y también de sus propiedades químicas. Un punto de vista no niega el otro; es como mirar el mundo con dos ojos: un ojo ve las cosas de manera ligeramente distinta a como las ve el otro. Cuando unimos los dos puntos de vista obtenemos una imagen tridimensional.

Podemos ver, entonces, que los entornos exterior e interior de un sistema u organismo vivo están vinculados por los alimentos. El alimento es lo exterior interiorizado, y la calidad de los alimentos consumidos tendrá, invariablemente, una influencia en el estado del organismo. Pero ¿qué son los alimentos sino otros organismos, vegetales o animales, que en otro tiempo estuvieron vivos?

En tanto que las plantas y los animales son también organismos o sistemas vivos, cuando se usan como alimento continúan teniendo algunas de sus cualidades originales en cuanto sistemas. Es decir, son un conjunto de elementos físicos, más un campo energético. Las plantas vivas y las plantas cortadas no tienen, por supuesto, exactamente el mismo tipo de campo energético; cuanto más tiempo transcurre desde el momento del corte, más cambia el campo de la planta cortada, hasta que finalmente se desintegra y la planta se pudre.

A mí me parece una posibilidad razonable que nos nutrimos no sólo de los macro y micronutrientes de los alimentos, sino también de sus campos energéticos. Así como los elementos nutritivos físicos sustentan nuestro cuerpo físico, así también la energía sutil de estos productos alimenticios (bioenergía, campo energético, chi, ki, prana, como quiera usted llamarla) nutre nuestro propio campo energético. Si aceptamos esta hipótesis como parte de nuestro modelo de funcionamiento, entonces hemos de prestar atención a la bioenergía o campo energético de los alimentos, al menos tanta atención como a sus componentes nutritivos.

Hace ya muchos años que estoy aplicando este criterio y he descubierto que es muy útil. Explica por qué los alimentos enlatados o congelados, por ejemplo, aun cuando contengan la mayor parte de los nutrientes de los alimentos frescos, no saben saludables ni satisfacen. Es imposible ser un vegetariano sano a base de patatas congeladas y guisantes enlatados.

El concepto de los sistemas también apoya la idea de que es más sano, o menos agotador, comer alimentos de la región y de la estación siempre que sea posible. Al ser nuestro vínculo con el entorno exterior, los alimentos nos armonizan con ese sistema mayor. Los alimentos importados de lugares lejanos o de otros climas, tenderán a conectarnos con la energía de sus ambientes de origen. De esta manera, una fruta tropical nos conecta con el trópico: comer piñas en invierno en Nueva York nos preparará para el sol y el calor, enfriándonos y creándonos por tanto el deseo de hacer un viaje a Hawaii. A muchísimos frutarianos concienzudos les resulta extraordinariamente difícil soportar nuestros inviernos norteños.

Las variables más evidentes que afectan los campos energéticos de los productos alimenticios (y por tanto los de las personas que los consumen) son la fragmentación, la temperatura, los métodos de conservación, los aditivos químicos y la irradiación. Demos un vistazo a cada una de estas variables.

Alimentos completos o integrales y alimentos fragmentados

Como he dicho anteriormente, en este enfoque de los sistemas trabajamos con el concepto de los todos y con la idea de que las partes de los sistemas u organismos vivos son también sistemas más pequeños, o todos, con sus propios campos energéticos. Los sistemas vivos «tienden a formar estructuras de múltiples planos de sistemas dentro de sistemas».[11] En el ecosistema, los seres vivos que lo componen están destinados a subsistir consumiendo lo que les proporciona el entorno en que viven. Los seres humanos somos partes integrantes de este sistema y estamos sometidos a sus reglas; estamos hechos para respirar el aire, beber el agua y comer plantas y animales. Mediante este intercambio de energía con nuestro ambiente conservamos nuestros sistemas u organismos en un estado más o menos estable.

Pero si en lugar de comer una verdura en la forma en que crece, la consumimos en forma fragmentada, con sus componentes separados y divididos, no seguimos el plan natural de las cosas. Consumir germen de trigo, harina blanca y salvado separadamente, no es lo mismo que comerlos en el estado natural, integrado y bien equilibrado del trigo entero. En el primer caso no interactuamos con el sistema; en el segundo caso sí.

Ésta es, entonces, la principal diferencia entre los alimentos integrales y los alimentos parciales o fragmentados. Los alimentos integrales son simplemente productos frescos, naturales, comestibles, que estén lo más cerca posible de su estado natural: frutas, verduras frescas, cereales sin refinar, legumbres, frutos secos, semillas, algas. Una persona puede comer animales enteros de una sentada si son lo suficientemente pequeños (eperlanos/truchas, ostras, sardinas, cangrejos de caparazón blando, aves pequeñas), y si son grandes, un grupo o tribu los consume en unos pocos días, como hacen las comunidades cazadoras. Los alimentos enteros no sólo proporcionan cierta cantidad de elementos nutritivos básicos en su proporción natural, sino que también éstos están unidos por esa sutil energía que anima a los sistemas vivos. Los animales enteros, por lo tanto, no sólo nos brindan nutrición sino también energía, es decir, «salud, integridad».

Los alimentos parciales o fragmentados suelen denominarse «refinados», como si el despojarlos de algunos de sus elementos bastos los hiciera más dignos de atención y respeto. Entre los alimentos parciales se encuentran todos aquellos divididos a nivel celular; los más corrientes en uso son la harina, el arroz y el azúcar blancos. Todos estos «alimentos» han sido separados de otras partes de su planta original: el salvado, el germen, el agua, la pulpa. Actualmente hay acuerdo en que no son totalmente «integrales», lo cual es literalmente correcto.

Otros alimentos que son generalmente considerados «integrales», o sanos, no son en realidad enteros: el germen y salvado del trigo, la melaza, los zumos, la leche descremada, la mantequilla, el café descafeinado, la harina de trigo sin gluten, e incluso el santificado tofu (queso de soja). La carne tampoco es «entera» porque sólo representa el músculo del animal; los huesos se descartan. Los aceites y grasas, sean esenciales o no esenciales, son alimentos parciales; y los suplementos vitamínicos, sean cuales fueren sus fuentes, también.

La naturaleza, nuestra naturaleza, detesta el desequilibrio. Si consumimos pequeñas cantidades de alimentos parciales (harina o azúcar blancos) podemos compensarlos con pequeñas cantidades de otros alimentos parciales (germen de trigo o carne). Pero cuanto mayores son las cantidades de estos alimentos en nuestra dieta diaria, mayor es la oscilación del péndulo. Cuantas más sustancias tenemos que compensar, mayor será nuestra sensación de estar descentrados.

A modo de ilustración de nuestra natural tendencia a volver al centro, a la integridad, consideremos la curiosa saga del consumo de trigo. Primero, hará de esto unos cien años más o menos, se descubrió que al despojar al trigo del salvado y del germen, la harina no sólo resultaba más blanca y suelta sino también más durable; enseguida, ya comíamos pan blanco. Después, en los primeros años de este siglo, personas conscientes de la importancia de los alimentos, como Sylvester Graham, descubrieron que el germen de trigo desechado contenía una considerable cantidad de elementos nutritivos y sugirieron que lo añadiéramos a la comida; entonces, continuamos comiendo pan blanco y comenzamos a añadir el germen de trigo a la carne picada. Finalmente, a comienzos de la década de los setenta, el doctor Dennis Burkitt, de Londres, se fijó en que los pueblos tradicionales, que comen grandes cantidades de cereales enteros sin refinar, como el maíz y el mijo, prácticamente no sufren de enfermedades del tubo digestivo. Advirtiendo que probablemente la mitad del mundo occidental sufre de estreñimiento, los reformadores de la dietética, siguiendo la iniciativa del doctor Burkitt, identificaron el salvado como el elemento salvador de los instestinos; muy pronto, entonces, seguíamos comiendo pan blanco, añadiendo el germen de trigo a la carne y comenzamos a añadir el salvado al zumo de naranja matutino, excepto aquellas personas que sencillamente optaron por volver a la tradición de los siglos anteriores y comer el trigo entero en pasta, pan o en su forma de cereal.

En cierto modo funciona hacer malabarismos con las partes para reequilibrar el todo. Se puede mejorar el estreñimiento causado por la harina blanca comiendo salvado. Pero aun cuando se elimina el síntoma de desequilibrio, este malabarismo produce más estrés al cuerpo que si su propietario se atuviera al cereal integral, evitando así el problema del estreñimiento.

La fragmentación afecta a los alimentos, no sólo a nivel celular sino también a nivel químico. Cuando se refina el trigo para convertirlo en harina blanca, no sólo pierde el salvado y el germen; hay unos veinte nutrientes que también se pierden o se reducen enormemente. Enriquecer la harina, devolviéndole cuatro de esos veinte nutrientes, no soluciona el problema. Estos nutrientes añadidos, además de ser menos en cantidad que los del trigo entero original, carecen de la energía que tenían cuando eran sencillamente partes de la planta viva. Es como cortarse un brazo y reemplazarlo por una prótesis; la prótesis puede tener la misma forma y cumplir algunas de las mismas funciones, pero de ninguna manera es tan buena como el original. Aislar los componentes de un organismo vivo y volver a mezclarlos después no re-crea el organismo vivo.

A mí la lógica me parece evidente: los elementos nutritivos añadidos no aportan un campo energético vivo. Incluso es posible que algunas de estas sustancias aisladas químicamente lo destruyan o lo agoten. En resumen, los alimentos «fortalecidos» no bastan necesariamente para sustentar adecuadamente la vida. En un estudio realizado con una raza de ratas, las alimentaron con una dieta sintética compuesta por todos los elementos nutritivos conocidos; las ratas vivieron, al parecer, sanas; pero en la segunda y tercera generación perdieron la capacidad reproductora y finalmente la raza se extinguió.[12]

Otro ámbito en el cual es fundamental tomar en cuenta el modo en que la fragmentación afecta al campo energético de los alimentos es la alimentación de los bebés. La principal diferencia entre la leche del pecho materno (o incluso de vaca o de cabra) y la fórmula comercial, está en que la leche es el producto de un organismo, y por lo tanto tiene un campo energético organizador. La fórmula, por su parte, es sintetizada; sus componentes han sido colocados juntos, igual que en el alimento dado a las ratas del experimento que acabo de mencionar. Se requiere muchísima potencia por parte del organismo para superar las carencias energéticas de un alimento tan incompleto, y para desarrollarse de una manera normal. Muchos organismos no son capaces de reunir esa fuerza, como lo testimonia el lamentable estado de salud de nuestros hijos.

¿Podría ser que la falta de un campo energético integrado en los alimentos de fórmula para bebés fuera el motivo de la alta correlación que se aprecia entre el síndrome de muerte súbita del bebé y la alimentación por fórmula?* ¿Podría haber una conexión entre el consumo de esos alimentos sintéticos y el aumento de incapacidades, que son generalmente la consecuencia de una manera incorrecta de procesar los impulsos eléctricos?

---

* Se aprecia otra elevada correlación entre el síndrome de muerte súbita del bebé y las vacunaciones rutinarias.[13]

Es prácticamente imposible demostrar científicamente que un niño criado con alimentos de fórmula habría sido más sano si se lo hubiera criado con leche materna. Sin embargo, las madres que han criado a un hijo con alimento de fórmula y a otro amamantándolo aprecian una enorme diferencia. Una de mis alumnas refería que su hijo criado con biberón era propenso a coger muchas infecciones y alergias, en cambio el otro, criado con pecho, enfermaba muy rara vez. Los «alimentos» sintetizados, hechos por el hombre, sobre todo los alimentos de fórmula para bebés, serán invariablemente defectuosos, insuficientes, porque les falta la energía vital natural que tiene el alimento verdadero.

Fórmulas defectuosas han sido causa de retraso en el habla y el crecimiento, convulsiones y mal desarrollo. El *New York Times* del 1 de noviembre de 1982 comentaba un programa de televisión en que aparecieron dos mujeres cuyos hijos habían sufrido estos problemas a causa de fórmulas defectuosas. A raíz del programa se recibieron 65.000 cartas de padres que habían tenido experiencias similares. Y cuando acababa de escribir el primer borrador de este párrafo, apareció otro reportaje en el *New York Times* acerca de la retirada masiva de un alimento de fórmula por ser deficiente en vitamina B_6. Una fórmula así, decía el *Times*, podía ser causa de «daños permanentes, entre ellos, lesiones de cerebro, parálisis cerebral y retraso mental».[14] Ese día en mi clase de cocina analizamos detenidamente esa situación; casualmente, una de mis alumnas había alimentado a su hijo con esa misma fórmula; el niño tenía un defecto neurológico grave que perjudicaba su aprendizaje y su comportamiento.

¿Cuántos otros muchos defectos de fórmulas podrían quedar aún sin detectar? ¿Cuántos otros muchos errores descubriremos que hemos cometido en nuestro intento de invalidar el sistema natural? Claramente existe un problema: no obtenemos verdadera leche materna, con todos sus saludables efectos, aislando, mezclando, haciendo malabarismos con los elementos físicos presentes en ella. Son inevitables las consecuencias desagradables cuando manoseamos, estropeamos los productos de la naturaleza, de los organismos vivos, cuyas partes están unidas en armonía óptima, interrelacionándose, sustentándose, dependiendo unas de otras de una manera que la ciencia aún no comprende totalmente.

Efectos de la temperatura de los alimentos

De entre todos los animales, sólo los seres humanos calentamos los alimentos. Lo interesante es que también somos los seres humanos los únicos que pensamos, hablamos y escribimos. Y todas las sociedades humanas, en mayor o menor grado, usan el fuego en la preparación de su comida. De hecho, cocinar es una costumbre humana universal.

En el capítulo 7 hablaremos de los diferentes aspectos del cocinar. Aquí sólo deseo referirme a la temperatura; de qué manera afecta la temperatura al campo energético de los alimentos que consumimos y, por tanto, cómo nos afecta a nosotros. Los alimentos que se sirven calientes, fríos o a temperatura ambiente, todos tienen un efecto distinto en nuestro disfrute de ellos a la vez que en nuestro nivel de energía.

En primer lugar, recordemos que la vida necesita calor para prosperar. Tenemos un calor interior (37 °C) que permite la buena marcha de los procesos vitales. El calor produce energía; nuestro calor interior alimenta nuestra energía. Mantenemos el calor y la energía «quemando» los alimentos durante la digestión y el metabolismo; más concretamente, rompiendo los lazos químicos entre los átomos de carbono y entre los átomos de carbono y de hidrógeno, y asimilando el calor liberado por ese proceso de ruptura. Los alimentos calientes, que nos proporcionan calor adicional, favorecen aún más las actividades metabólicas, sobre todo cuando hace frío y necesitamos contrarrestar los efectos del frío. El calor aumenta el grado de energía de los alimentos y también el nuestro.

En un ambiente frío la vida disminuye su ritmo. Consideremos la hibernación del oso polar, y la comida que guardamos en la nevera que no cría moho con tanta facilidad como cuando está fuera. De eso se sigue que los alimentos fríos tienen un metabolismo más lento a la vez que contrarrestan el calor interior de nuestro cuerpo.

Siempre me ha sorprendido, en gran parte porque yo no lo comparto, el gusto que tienen la mayoría de los norteamericanos por las bebidas y comidas heladas. La única manera que encuentro de explicarlo es traer a colación la ley de los contrarios. Si el organismo desea frío, será porque en algún lugar debe de haber mucho calor.

Pero ¿de dónde procederá ese exceso de calor? Si el alimento es el combustible que nos proporciona calorías (o más bien, calor medido en calorías), entonces es probable que el alimento que come la gente de este país crea un exceso de calor interior. Es demasiado rico en calorías. ¿Y qué parte de la dieta será la principal fuente de todo ese calor? Si tomamos en cuenta que las proteínas y los hidratos de carbono nos proporcionan respectivamente 4 calorías por gramo una vez metabolizados, mientras que la grasa proporciona 9 calorías por gramo, y tomando en cuenta también que las grasas contribuyen con más del 40 % de las calorías en la dieta norteamericana, no es nada rebuscado especular que la grasa es la principal fuente del exceso de calor interior. Además, incluso en las regiones más frías del país, la gente vive en una temperatura ambiente primaveral durante todo el año, gracias a la calefacción central. Tienen, por lo tanto, muy poco en qué usar todo ese calor interior extra, a diferencia de los vaqueros del siglo pasado que dormían bajo las estrellas cubiertos con una manta delgada. Entonces tenían sentido esos desayunos de huevos fritos con bacon. Los norteamericanos actuales necesitan «enfriarse», y una manera de hacerlo es ingerir bebidas heladas.

Cuando se come menos grasa y más verduras, es posible que la comida fría no sólo sea innecesaria sino que tenga también efectos negativos. Los alimentos y bebidas consumidos tan pronto se sacan de la nevera, donde han estado separados de los campos de fuerza naturales más grandes, tienen un nivel de energía muy bajo; de ahí que tiendan a reducir la energía, hasta el punto a veces de producir un sueño irresistible. La presencia de azúcar puede intensificar ese efecto, debido a que es un alimento parcial cuyo campo energético ha sido destruido. Sin embargo, es posible volver a elevar la energía de los alimentos refrigerados calentándolos, revolviéndolos, agitándolos, añadiéndoles sabores fuertes como ajo fresco, limón, cebollas, hierbas, especias, o mediante cualquier otra operación activa de preparación.

Si usted desea verificar esta idea de la importancia de la temperatura en el nivel de energía de los alimentos, sencillamente comience su día con una taza de café o té tibio. ¿Le da eso el mismo estímulo que la taza de café o té caliente? O, durante dos días consecutivos pruebe a tomar dos tipos diferentes de almuerzo y observe qué grado de energía siente por la tarde. El primer día coma sólo restos del día anterior directamente sacados de la nevera, sin añadidos ni especial preparación; el segundo día prepárese una buena comida caliente, nueva. Puede que se lleve una sorpresa.

Efectos de la conservación de los alimentos

La mayoría de las comunidades humanas necesitan acumular alimentos para las épocas de escasez. Sin lugar a dudas, los alimentos almacenados no son lo mismo que aquellos recién cogidos o recién matados. Pero esta diferencia ¿es favorable o dañina? ¿Cómo podemos juzgar los efectos de los métodos de conservación de los alimentos en su contenido nutritivo y energético y, por lo tanto, en nuestra salud?

Las técnicas tradicionales para conservar los alimentos son guardarlos en un lugar frío, secarlos, salarlos, fermentarlos, ponerlos en vinagre y ahumarlos. Lo que tienen en común estos métodos es que sólo requieren una «tecnología» natural: frío, sol, sal, tiempo, fuego. Su función consiste en retrasar el desarrollo de bacterias deteriorantes mediante el frío, la eliminación del agua, o la creación de ácidos lácticos producidos por microorganismos amigos. Los productos alimenticios así conservados suelen acabar con una densidad nutritiva aumentada.

Echemos un rápido vistazo a cada uno de estos métodos naturales.

ALMACENAMIENTO EN FRÍO

Los análisis de laboratorio demuestran que algunos de los nutrientes más volátiles de los alimentos, como la vitamina C, se dañan y disminuyen en los lugares de almacenamiento,[15] pero, en general, esto parece tener pocos efectos adversos serios en las verduras resistentes. Igualmente, si el almacenamiento en frío se hace fuera de la casa, en una bodega o portal frío donde circula aire fresco, podemos suponer que su campo energético disminuirá algo pero no en exceso.

La conservación en una nevera, que es una caja cerrada en la que circula una corriente eléctrica, puede alterar más el campo energético, debido principalmente al aislamiento: son necesarios, entonces, la cocción y otros movimientos activos para reenergizar el alimento y evitar que sepa soso y sin vida.

SECADO

Ésta es probablemente una de las técnicas más antiguas de conservación de los alimentos. Los análisis de laboratorio demuestran que la tiamina y otras vitaminas solubles en agua sufren pérdidas de no más del 10 %, a excepción de la vitamina C que puede disminuir hasta un 20 %.[16] No he encontrado ningún estudio sobre el destino de los hidratos de carbono en los alimentos secados, pero una sencilla prueba de sabor nos dice que la pérdida de agua aumenta la concentración relativa de estos nutrientes (las pasas son más dulces que las uvas) o transforma el azúcar en almidón (lo que sucede cuando se seca el maíz para molerlo y hacer maicena). Es posible que aun cuando disminuyan con el secado las cantidades absolutas de algunos nutrientes, la proporción general de elementos nutritivos respecto al volumen aumente, lo cual explicaría el sabor generalmente más fuerte de los alimentos secados. Éste podría ser el motivo de la impresión popular de que la fruta, verdura y carne secas son fortalecedoras.

No he encontrado ningún estudio sobre la diferencia entre los procesos de secado por el sol, por aire caliente comercial y otros. Tal vez la diferencia en pérdida de vitaminas sea insignificante; sin embargo, según nuestro modelo de organismos vivos, hay probablemente una gran diferencia entre la inconmensurable energía de los alimentos secados al sol y aquellos secados en túnel, tambor o por aerosol. El sol, al fin y al cabo, es la fuente original de toda luz, calor y energía de nuestro planeta, nuestro principal cargador de batería. Es posible que aquellos de nosotros que tenemos edad suficiente, recordemos que la ropa secada al sol se siente muy diferente, más fresca, más limpia, que aquella secada en secadora.

SALAZÓN

Este método conserva el alimento inhibiendo el desarrollo de bacterias productoras de toxinas. Tradicionalmente, esto sólo era posible en aquellas comunidades donde resultaba fácil obtener sal marina o de tierra. Actualmente se usa más frecuentemente para las carnes y, sobre todo, para el pescado, ya sea conjuntamente con el secado o mediante la inmersión en salmuera. Con el primer método aumenta la densidad nutritiva; con el segundo, disminuye. Aún está muy extendido el uso de la salazón en muchas comunidades tradicionales; pero dondequiera que se siga una dieta más «moderna», con su desequilibrado y enorme consumo de sodio, la salazón es menos popular. Para aquellas personas que deben restringir el consumo de sal, ciertamente puede ser dañina.

ENCURTIDO O ADOBO Y FERMENTACIÓN

Estas dos técnicas de preparación y conservación de los alimentos son populares en todas las principales culturas. Nos proporcionan no sólo el vino, el pan y el queso, sino también miso, tempeh, shoyu, idli y poi-poi, y no olvidemos los encurtidos y el chucrut. Durante el proceso de fermentación, ya sea en presencia de sal o de un cultivo de hongo, se desarrollan microorganismos que alteran la composición del alimento vegetal o animal aumentando la cantidad del ácido láctico que contiene. Esto a su vez cambia el sabor y el aroma de los alimentos, que se hacen más fuertes y característicos, y a veces más amargos. Aunque puede haber alguna pérdida de vitaminas y de minerales solubles en agua durante los procesos de encurtido y fermentación, en conjunto, la influencia de los alimentos fermentados en nuestra salud es bastante favorable. Son fáciles de digerir, e incluso algunos se usan para ayudar a la digestión; ése es el motivo, por ejemplo, de que acompañemos con encurtidos o chucrut las salchichas y carnes procesadas. Efectivamente, la investigación moderna ha demostrado que la fermentación aumenta los valores nutritivos de los alimentos, sobre todo las vitaminas B.* Se ha demostrado que el miso y el tempeh (ambos productos de la fermentación de la soja) tienen propiedades antibacterianas y pueden ser, por lo tanto, efectivos agentes en la prevención de la enfermedad.[18] Además, tanto en el tempeh como en el natto (otro producto fermentado de la soja) se aprecian múltiples aumentos de la vitamina B_{12}.[19] Podemos suponer con seguridad que toda esa actividad microbiana en los alimentos fermentados también aumenta su nivel de energía.

AHUMADO

Esta antiquísima técnica para conservar los alimentos se ha usado, por lo general, conjuntamente con el secado. Se aplica más corrientemente a la carne y al pescado. El ahumado conserva los alimentos mediante la acción de los antioxidantes y bactericidas presentes en el humo de la madera. Desgraciadamente, a veces éstos van acompañados por cantidades minúsculas de otros compuestos que pueden ser tóxicos e incluso cancerígenos.[20]

La tecnología moderna nos ha añadido otros métodos para conservar nuestros productos alimenticios: la congelación, el enlatado, los conservantes químicos y la irradiación. Lo que tienen en común estos métodos es que requieren im-

---

* Beatrice Trum Hunter señala que la «fermentación podría producir enzimas deseables, sintetizar componentes deseables como las vitaminas, así como también producir un equilibrio aminoácido más favorable en los alimentos».[17]

plementos más complejos que los tradicionales: recipientes especiales, electrici-
dad, técnicas de laboratorio y maquinaria más compleja. Mientras los métodos
tradicionales no llevan asociado ningún peligro, con excepción tal vez del ahumado, los métodos tecnológicos causan, por lo visto, problemas de salud; testimonios tenemos en los casos bastante frecuentes de botulismo debido a conservas caseras o de fábrica, y los efectos cancerígenos de muchos conservantes
químicos. Generalmente, la densidad nutritiva de las verduras disminuye por la
dilución o ebullición en agua o aire caliente, que son las preparaciones necesarias para congelar y enlatar o envasar. La irradiación, por su parte, aumenta la
presencia de radicales libres, que son elementos químicos asociados al desarrollo
del cáncer.

CONGELACIÓN

Cuando se congelan los alimentos, el agua que contienen se convierte en hielo. En las operaciones que supone la congelación, darles un hervor, secarlos,
mantenerlos congelados y descongelarlos, se pierde de un 20 a un 25 % de los
elementos nutritivos de las frutas y las verduras. Bien podría parecer que esto no
está tan mal, porque, después de todo, quedan de un 75 a un 80 % de nutrientes, pero hay un aspecto de la congelación al que suele no prestarse atención:
¿Qué les sucede a las células vegetales cuando el agua que contienen se conge-
la? Sólo podemos imaginar que, como ocurre con una botella de agua olvidada en
el congelador, las células explotan. Ése es el motivo de que las verduras congeladas sin tratar se ven lacias y blandas cuando se descongelan. Como normalmente las instrucciones que vienen en estos productos recomiendan cocinarlos sin
descongelar, rara vez los vemos en esa fase; si los viéramos, podríamos poner seriamente en duda si son aptos para comer o no. En efecto, parece que las verduras congeladas han sido destruidas a nivel celular.

No podemos suponer que una tal destrucción celular no tenga ningún efecto
en el consumidor. En toda la naturaleza, la forma es tan importante como el contenido, y está íntimamente relacionada con su función. Las hormonas masculinas
y femeninas nos ofrecen un elocuente ejemplo de la importancia de la forma. La
única diferencia entre ellas es el lugar que ocupa una molécula de oxígeno; es decir, tienen un contenido idéntico, pero colocado en un arreglo espacial diferente.[21] Cambiemos ese arreglo, o forma, y cambiarán la función y el efecto.

Estrógeno (femenina)   **Andrógeno (masculina)**

Igual como ocurre con el frío, la congelación reduce el grado de energía de los alimentos. Pruebe a ser, o imagínese que es, un vegetariano que vive de verduras congeladas, y se hará una idea. Los niños son muy sensibles a los campos energéticos, de manera que no es extraño que muchas veces se resistan a comer verduras si éstas están congeladas o en conserva, a no ser, por supuesto, que estén azucaradas. La mayoría de los niños prefieren las verduras crudas o cocinadas frescas a las congeladas.

Los alimentos congelados tienen un campo energético seriamente reducido. No son infrecuentes los ataques de sueño después de una comida en la que había alimentos que han sido congelados. No hace mucho, una de mis alumnas me preguntaba por qué se habría quedado dormida nada más almorzar.

–¿Has comido en casa o fuera? –le pregunté.

–En casa.

–¿Te preparaste algo nuevo, en ese momento?

–No. Descongelé mi sopa de champiñones con cebada. Eso fue todo lo que comí.

–¿Tuviste alguna reacción cuando te la serviste la primera vez, acabada de preparar?

–No, ningún problema.

A mí me pareció evidente que la congelación fue la causa de su somnolencia, sobre todo porque a mí me ha ocurrido lo mismo varias veces. Actualmente, los únicos alimentos congelados que encuentro que no me disminuyen la energía son los alimentos líquidos, el tempeh, la mantequilla y, alguna que otra vez, el pan.

ENLATADO

Lo primero que se hace para enlatar un alimento es calentarlo a un mínimo de 120 °C y después cerrar el envase herméticamente. Al enfriarse, se forma un vacío dentro del recipiente, y la consecuente ausencia de oxígeno impide la proliferación de bacterias que estropeen el alimento.

Esta forma de conservación reduce considerablemente los valores nutritivos. El zumo de naranja concentrado, congelado y envasado tiene cuatro veces menos calcio (¿será ése el motivo de que bebamos leche y zumo para desayunar?) y casi diez veces menos hierro (¿podría ser una causa de anemia?) que el zumo fresco; los guisantes enlatados pierden cerca del 70 % de todas sus vitaminas B originales. Sin embargo, lo que a mí me parece más importante es la falta de oxígeno en los alimentos enlatados. El oxígeno es el portador de vida; sin él, los alimentos y todo lo demás están muertos. Los alimentos en conserva, por lo tanto, nos ofrecen poca, o ninguna, energía vital.

En algunas ocasiones he tenido la experiencia de que después de comer algo directamente de la lata de conserva, sardinas o fruta, he tenido dificultad para pensar con claridad y escribir; esto me ha durado hasta dos días. Como el pensar es una actividad eléctrica, sólo me cabe suponer que algo se ha estropeado y va mal en mi campo eléctrico o energético. Mi sensación ha sido de bloqueo: la energía no circulaba en mi interior, como lo hace normalmente, sino que parecía bloqueada por aislantes, por encima y por debajo de mí. Los alimentos enlatados están también aislados, por supuesto, y por todos lados; no hay ninguna energía que circule por ellos. A mí me parece muy posible que esa falta de energía podría tener un efecto bloqueador o entorpecedor en mi campo energético, aunque sólo sea por no cargarlo. Por esta razón, si estoy ocupada en muchas actividades físicas, un bocadillo de sardina o de atún en conserva de vez en cuando no me preocupa. Pero si estoy escribiendo, los evito, para no tener un bloqueo mental al escribir.

CONSERVANTES QUÍMICOS Y OTROS ADITIVOS

Si bien durante los últimos veinte años los aditivos en los alimentos han sido tema de innumerables libros y artículos que advierten de sus peligros, no se puede pecar de exceso al repetirlos. Quizá no haya ninguna otra cosa que hagamos a los alimentos que afecte a su contenido nutritivo y energía sustentadora de vida, y por tanto a nuestra salud, de manera tan negativa como lo hace la adición de sustancias químicas.

El problema es universal. En uno de los primeros libros sobre el problema, William Longgood escribía:

> Prácticamente cada trocito de alimento que comemos ha sido tratado con alguna sustancia química en algún lugar del proceso. Tintes, colorantes, emulsionantes, antioxidantes, conservantes, potenciadores del sabor, suavizantes, aerosoles nocivos, acidificantes, alcalinizantes, desodorantes, humectantes, agentes secantes, gases, agentes que aumentan la anchura y el grosor, desinfectantes, defoliantes, fungicidas, neutralizadores, edulcorantes, agentes para evitar que se endurezcan o hagan espuma, acondicionantes, encurtidores, hidrolizantes, hidrogenantes, madurantes, fortalecedores, y otros muchos.
>
> Éstos son los instrumentos del técnico de la alimentación..., brujo capaz de seducir, engañar y estafar. [...] Su alquimia puede hacer parecer frescos los productos rancios, dar lugar a prácticas insalubres, enmascarar la calidad inferior, sustituir ingredientes más caros por productos químicos de valor nutritivo inferior o nulo. Casi sin excepción, estos productos químicos realizan su misión al precio de destruir valiosos minerales, vitaminas y enzimas, despojando a los productos alimenticios de sus cualidades naturales vivificantes.[22]

El doctor Chauncey Lake, anterior presidente de la Asociación para el Progreso de la Ciencia de Estados Unidos, advertía en 1963: «El uso generalizado, y en grandes cantidades, de nuevas sustancias químicas ha creado un nuevo riesgo: el envenenamiento subclínico, tan insidioso que los médicos no logran relacionar el veneno con la dolencia».[23]

La doctora Jacqueline Verret, del Departamento de Alimentos y Fármacos, que fue la primera investigadora científica que alertó a la nación del peligro de los ciclamatos y de la talidomida, escribió: «Que las cosas están así de mal no es algo que el gobierno esté dispuesto a proclamar de manera oficial. No es probable que el servicio de información al público del Departamento de Alimentos y Fármacos vaya a dar una conferencia de prensa para decir: "No queda nada apto para comer", o "Toda la población está siendo envenenada lentamente". Al fin y al cabo, en la mayoría de los casos, ha sido el gobierno el que ha permitido que las cosas llegaran a un estado tan lamentable, está comprometido en el asunto y, ciertamente, tiene que proteger su imagen».[24]

Nadie sabe el número exacto, pero se calcula que actualmente, a pesar de la creciente toma de conciencia sobre los peligros de los productos químicos, son todavía más de 5.000, e incluso podrían llegar a 7.000, los aditivos en uso para realzar la apariencia, color, aroma, textura, sabor, cualidades de conservación y otros detalles de los alimentos preparados y de los naturales. Sí, también de los naturales. Las naranjas, por ejemplo, se tiñen para que tengan un color más naranja; la lechuga de las ensaladas que comemos en los bares ha sido rociada con bisulfito de potasio para que no se marchite. Y esto, pese al hecho de que esos aditivos químicos han sido relacionados concluyentemente con muchas enfermedades, desde alergias al cáncer, así como con la visión borrosa, dolores de espalda e hiperactividad en los niños.*

Por lo general, los conservantes, como el BHT (hidroxitolueno butilado) y la BHA (hidroxilamina butilada), se añaden a los alimentos en forma de bolitas gelatinosas, y cumplen su función impidiendo la entrada de oxígeno en los nutrientes y microorganismos, eliminando de hecho los procesos vitales dentro de la sustancia alimenticia. Y allí es donde pueden surgir los problemas.

Así como los conservantes químicos detienen los diversos procesos de deterioro, también pueden interrumpir los procesos de función natural. El científico, erudito e investigador alemán Rudolf Hauschka, del Instituto Clínico Terapéutico de Arlesheim, que es además discípulo del fundador de la antroposofía Rudolf Steiner, ha introducido un utilísimo concepto que clarifica la diferencia fundamental entre lo natural y lo artificial, y explica por qué lo segundo es perjudicial para la vida, sobre todo los productos derivados del carbón y del petróleo. Señala que desde que existe la humanidad, su vida ha sido sustentada por el mundo de las plantas. Las plantas nos proporcionan alimento, combustible, cobijo, material para la construcción, fibras para la ropa, aceites, edulcorantes, sabores, colores, aroma y sustancias medicinales.

Es interesante señalar que del carbón y del petróleo obtenemos casi los mismos elementos: combustible para la calefacción, materiales para la construcción (plásticos), fibras para la ropa (nilón, orlón, etcétera), aceites y cremas mi-

---

* Para un minucioso análisis de los aditivos químicos, véase la edición puesta al día de *Eater's Digest – The Consumer's Fact Book of Food Additives*, de Michael Jacobson, director del Centro para la Ciencia en Interés del Público.

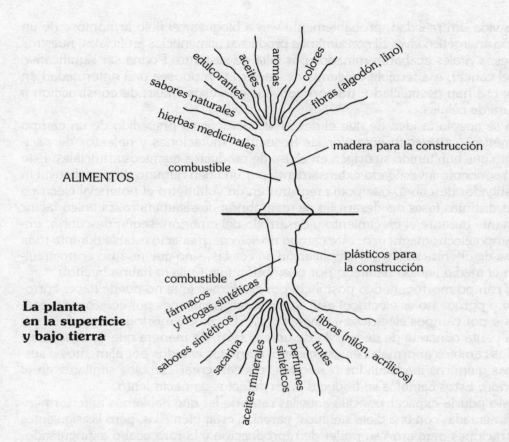

aromas

aceites

edulcorantes

colores

fibras (algodón, lino)

sabores naturales

hierbas medicinales

madera para la construcción

combustible

ALIMENTOS

plásticos para
la construcción

combustible

**La planta
en la superficie
y bajo tierra**

fármacos
y drogas sintéticas

sabores sintéticos

fibras (nilón, acrílicos)

sacarina

aceites minerales

perfumes
sintéticos

tintes

nerales (vaselina), sacarina, sabores, colores y perfumes artificiales y fármacos sintéticos.

Pero el carbón y el petróleo son los restos de árboles que vivieron hace millones de años, plantas que hace mucho que están muertas, enterradas en las entrañas de la tierra, paralizadas en un punto biológico cero. Y de ese punto, dice Hauschka, «se agarra la genialidad humana para hacer aparecer un reflejo sintético del mundo natural. Si comparamos estos dos dominios, tenemos la impresión de que el de arriba es el dominio de la realidad biológica, el escenario de la incesante armonización de las polaridades vivientes de la tierra y de los cielos, que dan origen a una infinita gama de metamorfosis. El mundo subterráneo de la química del alquitrán, por su parte, da la impresión, hablando de manera figurada, de un reflejo fantasmagórico de la creatividad dinámica del cosmos».[25] El mundo vegetal «natural» de arriba es portador de vida: en él las cosas crecen y cambian, nacen y mueren. El mundo «artificial» del petróleo, de abajo, está muerto: no ocurre ningún cambio en sus elementos sin la intervención de la manipulación tecnológica humana. Las sustancias de este dominio, entonces, no van a sustentar la vida. En realidad, probablemente van a bloquear el flujo armonioso de un campo energético vivo. Si consumimos productos alimenticios artificiales, nuestros procesos vitales acabarán minados por falta de sustento. Podría ser significativo que el cáncer, esa temible epidemia de nuestro tiempo, sea una enfermedad en la cual se han desquiciado, trastornado, los procesos vitales de construcción y ruptura de células.

Si se acepta la idea de que el desarrollo del feto va precedido de un campo energético, se pueden entender las frecuentes mutaciones y defectos de nacimiento que han tenido su origen en el uso de productos químicos artificiales. Éste es un concepto investigado extensamente por un buen número de científicos. Un investigador descubrió que podía registrar en un voltímetro el potencial eléctrico de las distintas fases del desarrollo de un embrión de salamandra. El único factor constante durante el crecimiento y desarrollo del embrión, según descubrió, era su campo electromagnético; este campo no sólo permaneció estable durante toda la fase de diferenciación y multiplicación de células, sino que no hizo cortocircuito en el medio líquido habitado por el embrión (¡una pila lo habría hecho!).[26]

El campo morfogenético postulado por Sheldrake (que no puede hacer cortocircuito porque no es eléctrico) está sujeto a deformaciones por colisiones mecánicas o por campos eléctricos y magnéticos.[27] El campo morfogenético determina la pauta concreta de desarrollo de un embrión, de manera que es concebible que los cambios anormales en ese campo, como los creados por alimentos o sustancias químicas inadecuados o nocivos, puedan crear cambios similares en el embrión. Estos cambios se traducirían en defectos de nacimiento.

Esto podría explicar por qué aquellas ratas de las que hablamos anteriormente, alimentadas con una dieta sintética, parecían estar bien ellas, pero las siguientes generaciones perdieron su poder de reproducción y la raza acabó extinguiéndose. Sus campos energéticos no recibían suficiente sustento, por lo cual eran incapaces de generar y de sustentar nuevos campos energéticos que a su vez generarían ratas bebés.

¿Irá a ser ésa también nuestra suerte? ¿Una lenta extinción en lugar de una explosión nuclear? La infertilidad y otros problemas para la concepción están ocurriendo a un número cada vez mayor de personas actualmente. Y no podemos decir que no se nos advirtió; hace ya más de cinco mil años que se escribió: «Los pecados de los padres recaerán sobre sus hijos hasta la tercera y cuarta generación». Si nuestro «pecado» es quebrantar las leyes de la Naturaleza, es improbable que escapemos a los efectos prometidos.

IRRADIACIÓN

El último invento tecnológico para inmortalizar (léase «conservar») nuestros productos alimenticios ha salido del Departamento de Energía. Al parecer, el cesio-137 subproducto nuclear de desecho procedente de la fabricación de bombas nucleares, puede utilizarse para irradiar alimentos. Los alimentos propiamente dichos no se convertirán en radiactivos, ni siquiera a los niveles sugeridos de 100.000 rads. Sin embargo, podrían serlo si hay un exceso de radiación. Cuando se expongan a la radiación ionizante los alimentos, no madurarán ni darán brotes; también morirán algunos insectos, virus y bacterias, por lo tanto, al parecer los alimentos no se van a estropear.

No obstante, según Kathleen Tucker, del Instituto para la Salud y Energía de Washington D.C, es posible que con el tiempo los microorganismos creen resistencia a la radiación; incluso algunos de ellos podrían mutar y convertirse en nuevas y peligrosas cepas. Es posible también que algunas bacterias (como la salmonella y aquellas que dan a la carne aspecto y olor de estropeada) mueran mucho antes que la bacteria del botulismo, que es más resistente. Entonces podría suceder que pescados y pollos que parecen comestibles estén en realidad gravemente contaminados con botulismo. El proceso de radiación, además, crea en los alimentos «productos radiolíticos» o «radicales libres»; sería entonces necesario controlar continuamente el grado de toxicidad de estos alimentos.

Se han realizado algunos estudios sobre los efectos de los alimentos irradiados. En niños alimentados con trigo irradiado han aparecido anormalidades sanguíneas llamadas «poliploides»;[28] ratones alimentados con pollo irradiado han tenido un número de hijos siete veces menor que aquellos alimentados con pollo cocido; también se ha encontrado una relación entre la dosis de radiación y la muerte de una cepa de moscas de la fruta que comieron alimentos irradiados. En los momentos de escribir esto, el Departamento de Alimentos y Fármacos no exige que aparezca en la etiqueta que el alimento ha sido irradiado, lo cual es un lamentable lapsus informativo. Pero no todo queda totalmente oculto: la fruta tratada con radiación suele ponerse marrón y blandengue, o madura de forma anormal; a veces se estropea con facilidad o le aparecen puntos negros. Los alimentos irradiados envasados en recipientes plásticos pueden dejar un regusto amargo y metálico.

Tomándolo todo en cuenta, la conservación de los alimentos mediante la irradiación por lo visto crea más problemas que los resuelve. También podría exponer a los trabajadores a dosis letales de radiación en el caso de un accidente; crea el problema del vertido de residuos; y nadie sabe cómo puede afectar esa peculiar manera de tratar los alimentos a nuestra energía, nuestra capacidad de tener hijos (a los ratones no les fue nada bien) y nuestra posibilidad de tener cáncer.

Creo que es mejor el secado.

Proporción de los elementos nutritivos

Todos hemos sido bombardeados con innumerables artículos, libros y charlas sobre el tema de los minerales, vitaminas, proteínas, hidratos de carbono y grasas. Estos elementos, cuya forma viene dada por el campo morfogenético del sistema al que pertenecen, han sido el centro de los estudios de nutrición durante la mayor parte de este siglo. Pero, si bien abunda información sobre la cantidad recomendada de nutrientes, he visto muy pocos comentarios sobre algo que considero mucho más importante: la *proporción* en que están estos nutrientes en el alimento.

El enfoque científico corriente de la nutrición, y aquí entran el enfoque médico y el «natural», que se fía muchísimo de los suplementos vitamínicos, sólo da importancia a la *cantidad* de elementos nutritivos. Considera el cuerpo como un mecanismo o máquina, y a los alimentos como un conjunto de partículas separables llamadas nutrientes. Considera que para funcionar eficientemente este cuerpo-máquina simplemente necesita ciertas cantidades de nutrientes concretos. El contexto en que se proveen estos nutrientes, es decir, si se consumen como parte de un alimento o en forma de suplementos, y la relación entre ellos tienen poca importancia, si es que tienen alguna. Los profesionales de la nutrición que aplican el criterio científico mecanicista creen que no importa si uno obtiene la vitamina A comiéndose una zanahoria o echándose un comprimido a la boca. La cantidad medible lo es todo.

Este criterio respecto a la nutrición lo tenemos profundamente arraigado. Ninguna charla sobre nutrición parece completa sin una recomendación de tomar ciertas cantidades de vitaminas o minerales; y hablamos de gramos de proteínas, nosotros, que jamás en la vida hemos pesado una proteína, con la misma seguridad con que hablamos de un kilo de carne.

Pero la óptica de las apariencias nos ha enseñado que según el ojo con que se mira algo, se pueden ver cosas diferentes.

Con el criterio de los sistemas, podemos mirar el cuadro de los nutrientes de los alimentos y ver no su cantidad, sino cómo se consume cada uno en relación con los demás. ¿Qué proporción de nutrientes es la óptima para la salud humana? Consideremos en primer lugar el único y solo alimento que está hecho concretamente para satisfacer las necesidades nutritivas de un ser humano: la leche materna. Todos los demás productos alimenticios, la fruta, los cereales, las verduras de hoja, las compartimos con los demás seres vivos, pero las madres humanas producen el único alimento hecho a medida para los requerimientos de los hijos humanos. A continuación tenemos un cuadro de sus elementos nutritivos y la relación proporcional entre ellos. Lo principal aquí es hacernos una idea general del «más» y del «menos».

En 100 g (100.000 mg) de	MINERALES Y VITAMINAS 120 mg	PROTEÍNAS 1.100 mg	GRASAS 4.000 mg	HIDRATOS DE CARBONO 9.500 mg	% DE AGUA 87.5
LECHE MATERNA	▫	◻	◻	◻	◻

Observemos que la proporción minerales/proteínas, proteínas/hidratos de carbono e hidratos de carbono/agua está uniformemente alrededor de 1 a 8 y 1 a 9. Esta elegante progresión se rompe por la proporción de grasas, que está en razón de 4 a 1 con las proteínas y de 1 a 2,5 con los hidratos de carbono.

Aquí surgen dos sorprendentes realidades. La primera: en este alimento perfecto para los bebés, que en seis meses les hace duplicar el peso con que nacieron, la cantidad de proteínas presente es sólo ligeramente superior a un 1 %. Al parecer, la naturaleza cree que no necesitamos grandes cantidades de proteínas. Segunda: hay cuatro veces más grasas que proteínas en la leche materna. (Resulta interesante que la dieta norteamericana moderna obtiene el 12 % de sus calorías de las proteínas y el 45 % de las grasas, en una proporción relativa muy similar.)

¿Cuál es la relación entre la proporción de elementos nutritivos presentes en la leche materna y la proporción que necesitamos los adultos? Mis estudios me han llevado a creer que, exceptuando el alto contenido de grasas necesario para el crecimiento del bebé, la leche materna contiene un equilibrio nutritivo muy similar al que conviene al cuerpo del adulto. Esta similitud se manifiesta en toda nuestra vida de adultos: cuando no se satisface la necesaria proporción de elementos nutritivos, los mecanismos autocorrectores se lanzan al ataque y nuestros cuerpos ansían, reclaman los nutrientes que faltan. Si no los obtenemos, la consecuencia podría ser la enfermedad. Esta tendencia del cuerpo a buscar el equilibrio nutritivo será ejemplificada a lo largo de todo este libro; es uno de los conceptos centrales de mi método.

Comparemos el equilibrio nutritivo de algunos de los alimentos más corrientes con el de la leche materna. Todos los valores están en miligramos para que resulte más fácil ver las proporciones. En los cálculos no se incluyen las fibras, ya que en la leche materna no las hay, y nuestra intención es solamente hacer una comparación sencilla de las proporciones relativas de los elementos nutritivos por peso. Tampoco están las vitaminas; están presentes en cantidades tan pequeñas que se podrían agrupar con los minerales y aun así no cambiarían apreciablemente las cifras.

Observemos que el contenido en grasa de la mayoría de los alimentos, a excepción del buey, es menor que el contenido en proteínas. Si recordamos que en la leche materna el contenido de grasa es cuatro veces el de proteínas, tal vez podremos explicar en parte la atracción que muchas personas sienten por la mantequilla, las frituras, la mayonesa, etcétera. Sin embargo, antes de tirar por la ventana nuestra última dieta baja en grasas, pensemos en esto: sólo la leche materna obtiene el 40 % de sus calorías de la grasa. La naturaleza suministra esa cantidad a los bebés, pero para los adultos está mucho menos indicada. Como sabe prácticamente todo el mundo en la actualidad, las pruebas indican abrumadoramente que las dietas ricas en grasa contribuyen directamente a la obesidad y que están implicadas directa o indirectamente en las enfermedades cardiovasculares, la hipertensión, la arteriosclerosis, la hernia, los trastornos de la vesícula biliar y la diabetes. El elevado consumo de grasas, tanto de procedencia vegetal como animal, tiene también su parte en algunos tipos de cáncer.

Los cuadros para los cereales, legumbres y verduras muestran una cierta coherencia: todos contienen minerales, proteínas, hidratos de carbono y agua. Estos elementos nutritivos también aumentan en el mismo orden, es decir, siempre hay más proteínas que minerales, más hidratos de carbono que proteínas, más agua que hidratos de carbono. El azúcar, por su parte, se presenta así:

	MINERALES Y VITAMINAS	PROTEÍNAS	GRASAS	HIDRATOS DE CARBONO	% DE AGUA
AZÚCAR BLANCO					□

Claramente, al azúcar le faltan elementos nutritivos. Está compuesta por hidratos de carbono en un 99,5 %. (Es útil recordar que el azúcar es un alimento vegetal fragmentado, derivado de la caña de azúcar.) Si se consume esta sustancia, habrá que encontrar los elementos que faltan en otra parte, o el cuerpo mos-

Proporción de los elementos nutritivos en los alimentos

	MINERALES Y VITAMINAS	PROTEÍNAS	GRASAS	HIDRATOS DE CARBONO	% DE AGUA
LECHE MATERNA	▪	◻	◼	◼	◼
LECHE DE VACA	◻	◼	◼	◼	◼
AZÚCAR BLANCO				◼	▪
UVAS VERDES SIN PEPITAS	▪	◻	◻	◼	◼
MANZANA ENTERA CRUDA	▪	▪	◻	◼	◼
PATATA AL HORNO CON PIEL	◻	◼	▪	◼	◼
LECHUGA ICEBERG	▪	◻	▪	◼	◼
COL AL VAPOR	◻	◼	◻	◼	◼
BERZA AL VAPOR	◻	◼	◻	◼	◼

Cantidad de miligramos de elementos nutritivos presentes en 100 gramos de algunos alimentos

MILIGRAMOS

En 100 g (100.000 mg) de:	MINERALES Y VITAMINAS	PROTEÍNAS	GRASAS	HIDRATOS DE CARBONO	% DE AGUA
Leche materna	120	1.100	4.000	9.500	87,5
Leche de vaca	406	3.500	3.500	4.900	87,4
Azúcar (granulado de remolacha o caña)	5	0	0	99.500	0,5
Uvas norteamericanas verdes sin pepitas (Slip Skin)	194	1.300	1.000	15.700	81,6
Manzana entera cruda	133	200	600	14.500	84,4
Patata al horno con piel	604	2.600	100	21.100	75,1
Lechuga iceberg	233	900	100	2.900	95,5
Col al vapor	498	2.700	600	4.900	90,8
Berza al vapor (hojas y troncho/tallo)	507	3.200	700	4.000	91,2
Nabos hervidos al vapor, en rodajas	304	800	200	4.900	93,6
Zanahorias cocidas, en cubitos	126	900	200	7.100	91,2
Judías pintas, de lata, cocinadas	625	7.800	500	21.400	69,0
Lentejas cocidas	396	7.800	una pizca	19.300	72,0
Pan blanco enriquecido	799	8.700	3.200	50.400	35,5
Copos de avena cocidos	346	2.000	1.000	9.700	86,5
Arroz integral cocido	440	2.500	600	25.500	70,3
Bacalao a la parrilla	1.006	28.500	5.300	0	64,6
Pollo a la parrilla, sin piel	611	31.600	400	0	63,8
Entrecot de buey a la parrilla	600	19.500	36.400	0	36,4

Fuente: *USDA Handbook*, n.° 8.

NABOS AL VAPOR
ZANAHORIAS COCIDAS
JUDÍAS PINTAS, DE LATA (cocinadas)
LENTEJAS COCIDAS
PAN BLANCO ENRIQUECIDO
COPOS DE AVENA COCIDOS
ARROZ INTEGRAL COCIDO
PEJERREY A LA PARRILLA
POLLO A LA PARRILLA (sin piel)
BISTEC DE BUEY

trará síntomas de carencia. Será necesario equilibrar el consumo de azúcar refinado con alimentos de alta densidad proteínica, con suplementos vitamínicos y minerales y grandes cantidades de agua. Una dieta pobre en proteínas o vegetariana que incluye una alta proporción de alimentos azucarados puede entonces producir una grave carencia en la nutrición. Consideremos el agua; es interesante ver que si consumimos 100 g de azúcar refinado (100 mg, 3,5 onzas o 9 cucharadas soperas), teóricamente necesitamos entre 28 y 30 onzas, casi un litro, de agua para compensarlos. ¿Se ha fijado en que los dulces producen sed? Y por cierto, ahí está el secreto de la popularidad de las bebidas «suaves». Cuando están muy, muy frías insensibilizan las papilas gustativas y hacen creer a los locos por los líquidos que con ellas apagan la sed, pero las siete cucharaditas de azúcar que hay en cada botella crean una necesidad de más agua, y así continuamos bebiendo con avidez e indefinidamente más y más de estas engañosas bebidas. Unos cuantos tragos a temperatura ambiente nos revelan su verdadero sabor y naturaleza.

Ahora echemos un vistazo a la carne:

	MINERALES Y VITAMINAS	PROTEÍNAS	GRASAS	HIDRATOS DE CARBONO	% DE AGUA
BISTEC DE BUEY	▫	▨	▨		▨

Si bien la carne contiene agua, ésta sólo dobla en cantidad a las proteínas. Comparemos esa proporción con la de las alubias cocidas, por ejemplo, que contienen unas treinta veces más agua que proteínas. Ahora podemos comprender por qué en las dietas con alto contenido proteínico se recomienda beber 8 o más vasos de agua al día para «limpiar los riñones». Los vegetarianos necesitan mucha menos agua adicional en sus dietas porque los alimentos vegetales ya contienen una alta proporción de ella.

Desde este punto de vista, también podemos comprender por qué una dieta de carne y azúcar consigue una especie de equilibrio, y por qué la carne produce deseos de tomar azúcar, y viceversa: el azúcar sólo contiene hidratos de carbono y no contiene proteínas, minerales ni grasas, mientras que la carne es rica en proteínas y grasas y no contiene hidratos de carbono. Hacen buena pareja, se complementan mutuamente, y ésa es la razón de que la gente realmente viva de hamburguesas y caramelos. Es un equilibrio precario, eso seguro, carente de la estabilidad que ofrecen los alimentos integrales con su natural progresión de elementos nutritivos; fácilmente entonces se pierde el equilibrio y se cae en trastornos físicos y mentales, tales como tensión, depresión, ansiedad, resfriados, dolencias estomacales, enfermedades cardíacas y otros problemas.

De todo lo dicho podemos extraer algunas conclusiones preliminares. Si aceptamos que la proporción correcta de elementos nutritivos naturales, con excepción de la grasa, es aproximadamente análoga a la existente en la leche materna, y que nuestros cuerpos están hechos para vivir de productos alimenticios que suministren esa proporción, podemos comprender en primer lugar por qué diferentes personas pueden vivir bien con dietas naturales que difieren enormemente en la cantidad de los nutrientes básicos. Por ejemplo: los hunzas de Asia, que viven cerca del Tíbet, y los vilcabambanos de Ecuador son dos pueblos sanos. Los estudios realizados de sus dietas, sin embargo, muestran que los hunzas consumen diariamente un promedio de 50 g de proteínas y 354 g de hidratos de carbono, mientras que los vilcabambanos consumen de 35 a 38 g de proteínas y de 200 a 260 g de hidratos de carbono. La «cantidad» total de alimento varía entre los dos grupos, pero la «proporción» de nutrientes es la misma, 1 parte de proteína aproximadamente para 7 partes de hidratos de carbono.

Carne y azúcar: Comparación de sus nutrientes por peso
(por 100 gramos comestibles)

	MINERALES Y VITAMINAS	PROTEÍNAS	GRASAS	HIDRATOS DE CARBONO	% DE AGUA
AZÚCAR BLANCO				■	▪
CARNE DE BUEY	▪	■	■		■

También podemos suponer con seguridad que nuestros cuerpos, siguiendo la tendencia de todos los organismos vivos a volver a un equilibro de base, tratarán de compensarlo cuando se les ofrezca cualquier elemento nutritivo en cantidad desproporcionada.

- Un exceso de minerales e incluso de vitaminas (en forma de suplementos, sal, alimentos concentrados o hierbas) provocan una necesidad de más grasas, proteínas, hidratos de carbono y agua, en otras palabras, más alimento. Todo el mundo sabe que la sal, entre otras cosas, produce sed; pero también puede producir hambre artificial. Puede que a veces sean necesarios comprimidos de vitaminas o suplementos minerales, cuando hay agotamiento en el cuerpo, generalmente a consecuencia del consumo de alimentos fragmentados; pero cuando se toman sin una necesidad concreta pueden, al igual que la sal, provocar los deseos de «picar» y entonces aparecen los indeseados e inesperados kilos de más.

- Los alimentos ricos en proteínas piden sal y otros minerales, como el calcio. Si no se consumen o asimilan los minerales suficientes, las proteínas realmente merman los minerales del cuerpo. Según estudios realizados en la universidad de Wisconsin, el elevado consumo de proteínas reduce el calcio almacenado en el cuerpo.[29] Un régimen rico en proteínas también requerirá grandes cantidades de líquido y el consumo regular de hidratos de carbono refinados. Por ese motivo, cuando se deja de comer carne, hay que dejar también el azúcar y la harina blancos, cosa que muchas personas no comprenden y sólo consiguen la sensación de que la dieta sin carne les va algo mal. También se habrá fijado en que la carne no va bien con el arroz integral, y rara vez se sirven juntas estas dos cosas. El motivo es que, según este modelo, un alimento desproporcionado (la carne) y uno proporcionado (el arroz integral) no se complementan. Teóricamente, una comida con 30 g de proteínas exigiría también de 230 a 250 g de hidratos de carbono (la proporción es de 7 u 8 a 1). Si los hidratos de carbono no se suministran con pan, legumbres, cereales o verduras con almidón, es casi inevitable el deseo de comer un postre azucarado. Este concepto podría explicar por qué las personas que toman una comida cuidadosamente medida, dietéticamente correcta y «nutritiva», baja en calorías (es decir baja en grasas y almidones) suelen permitirse un suculento postre. El razonamiento habitual es psicológico: «Me he portado tan bien que puedo permitirme un gusto». El motivo verdadero podría ser físico; si el plato principal ofrece suficientes hidratos de carbono complejos, el postre pierde atractivo.

- Si los hidratos de carbono refinados (azúcar y harina blancos) no van acompañados de suficientes proteínas y minerales, hacen uso de las reservas proteínicas y minerales del cuerpo, debilitándolo; dos de sus efectos más inmediatos son las caries dentales y el mal funcionamiento nervioso, que suelen deberse a un desequilibrio o carencia de calcio. Ésta es tal vez la razón de que la leche y el azúcar formen automáticamente pareja: el exceso de proteína y de calcio que hay en la leche de vaca compensa al desnudo hidrato de carbono.[30] (La composición nutritiva de la leche de vaca es muy diferente de la de la leche materna humana; véase página 63.)

En el caso de síntomas de carencia en una persona aparentemente bien nutrida, es útil examinar no sólo lo que puede faltar en su dieta, sino también lo que puede haber de exceso, en forma de alimentos desproporcionados o de sustancias de un solo elemento. Las carencias no son necesariamente absolutas; pueden ser relativas, en el sentido de que puede haber algún exceso, como cuando un consumo excesivo de una vitamina B hace surgir la necesidad de todas las demás vitaminas B, o, como hemos dicho anteriormente, cuando un elevado consumo de azúcar provoca una carencia de calcio. En tales casos podría ser más sencillo reducir el alimento o la sustancia en exceso que aumentar los elementos cuya carencia se acusa.

Por cierto, siempre que he presentado estos conceptos en mis clases, ha habido varias reacciones positivas. No todo el mundo reacciona igual, pero en un grupo de 30 o 40 personas, siempre hay tres o cuatro a quienes un exceso de sal provoca hambre, tres o cuatro que han aumentado de peso mientras tomaban vitaminas, o quien no puede seguir una dieta rica en proteínas sin volverse loco por los hidratos de carbono. Y, por supuesto, todo el mundo sabe que la leche y las galletas van juntas...

3. Los alimentos y la ley de los contrarios

Una cuestión de equilibrio

Como hemos visto, los últimos avances científicos ya no apoyan la visión mecanicista del mundo que considera todo en función de partes que funcionan más o menos independientemente. Ahora sabemos que el mundo entero es un solo gran sistema compuesto de miríadas de otros sistemas interconectados. También sabemos que la energía que hay dentro de los sistemas enteros está siempre circulando y se mueve siguiendo pautas concretas. Sin embargo, en medio de ese movimiento, un sistema dado permanece estable, es decir, *equilibrado*. Conservar el equilibrio, o alcanzarlo, es hoy en día nuestra más seria empresa en el campo de la nutrición y la salud. Con frecuencia oigo decir a alguien: «No estoy lo que se dice enfermo, pero me siento algo así como desequilibrado», vaga descripción que sin embargo para la mayoría de nosotros es intuitivamente clara.

En nuestra búsqueda del equilibrio nos servirá comprender el concepto de los contrarios u opuestos. Según las leyes naturales, toda energía hace un movimiento pendular entre contrarios: el día se convierte en noche, por ejemplo, y la noche en día. Éste es un concepto extraordinariamente dinámico, aplicable casi a cualquier situación, y lo vemos en funcionamiento en todas partes a nuestro alrededor. El calor alterna con el frío, el ruido con el silencio, la alegría con la tristeza, lo dulce con lo salado, todo en un giro completo. Hemos de recordar que éste es un concepto libre de juicios de valor. En un par de contrarios, una cara no es ni mejor ni peor que la otra, sólo radicalmente diferente.

Las religiones y filosofías antiguas comprendían la manera en que los contrarios gobiernan el mundo relativo. De hecho, se cree que la palabra «religión» deriva del latín *religare*, «re-unir»; y en efecto, el objetivo de las principales religiones es la unificación de los contrarios, tales como cuerpo y espíritu, masculino y femenino, ser humano y Dios. Este objetivo se expresa en sus bien conocidos símbolos, que normalmente consisten en dos diseños interrelacionados que se oponen:

Símbolos religiosos

La filosofía china se fundamenta en un muy bien pensado sistema de tratar con los contrarios, llamado teoría del *yin* y el *yang*. Básicamente, es una clasificación de categorías opuestas, extraordinariamente detallada y comprehensiva que se puede aplicar prácticamente a cualquier campo (química, biología, anatomía, medicina, alimentación, movimiento, arte).

El concepto original chino de la formación del universo se basa en la división de la sustancia en una parte «más liviana» y otra «más pesada». Es decir, el Uno Primero se dividió en dos fuerzas contrarias que finalmente han de volver a juntarse. Los filósofos chinos llamaron *yin* y *yang* a los componentes de esa dualidad.[1] Originalmente, *yin* significaba «la ladera sombreada de la colina» y *yang* «la ladera soleada de la colina». De esta manera el *yin* representaba el elemento frío y oscuro, y el *yang*, el elemento cálido e iluminado. En el *I Ching*, el Libro de los Cambios, se emplean los términos «el complaciente» y «el firme» en lugar de yin y yang.[2]

De estos significados originales y básicos, el yin y el yang tomaron multitud de otros, y ciertos aspectos de la teoría fueron finalmente importados a Occidente. Adquirieron una enorme popularidad al ser aplicados a la alimentación y salud, aunque en una versión modificada, debida en su mayor parte a la obra del erudito conocido como George Ohsawa (su nombre japonés es Sakurazawa Nyoiti). A finales de los años cuarenta y en los cincuenta comenzó a dar charlas sobre alimentación y salud en Europa y Estados Unidos, basando su enfoque en el pricipio del yin-yang, el juego de los contrarios. Llamó *macrobiótica* a su sistema, con la intención de querer significar «el arte de la longevidad».

Lo que más nos interesa de la filosofía macrobiótica de Oshawa es su clasificación de los alimentos en fases relativas de «yinidad» (expansión, dilatación) y «yangidad» (contracción). El alcohol, el azúcar y la fruta estaban en el último extremo del yin, mientras que la carne y la sal, en el último extremo del yang. Los cereales, y principalmente el arroz integral, estaban colocados en el centro, como los alimentos más equilibrados. Comer bien significaba esforzarse siempre y continuadamente por un equilibrio entre los opuestos del yin y del yang, lo expansivo y lo contractivo. Cuando trabajaba en su teoría, Ohsawa invirtió parcialmente, y con intención, las definiciones originales chinas de yin y yang, creando de ese modo cierta confusión; por lo tanto en este libro no voy a usar esos términos y diré, en su lugar, «expansivo» y «contractivo».[*]

---

[*] En la cosmología china tradicional, el yang representa, entre otras cosas, el sol, el cielo, el día, el fuego, el calor, la sequedad, la luz; tiende a expandirse, a fluir hacia arriba y hacia afuera. El yin representa la luna, la tierra, la noche, el agua, el frío, la humedad, la oscuridad; tiende a contraerse, a fluir hacia abajo. El yang asciende al cielo, el yin desciende a la tierra. Tradicionalmente, también el yang ha significado el Cielo, la energía masculina creadora, mientras que el yin significa la Tierra, lo femenino, receptora y transformadora de la energía creadora del Cielo. A Ohsawa le pareció que para los occidentales tendría más sentido concebir la Tierra como la fuerza activa y creadora (yang) y el Cielo como el elemento pasivo y recep-

Las recomendaciones dietéticas de Ohsawa eran extremadamente radicales en la época en que comenzó a enseñar. Sugería evitar totalmente la carne, el azúcar, los productos lácteos, la harina blanca, las conservas, los aditivos artificiales, los tomates, patatas, berenjenas, pimientos, café y las frutas tropicales, y adoptar una dieta basada en cereales integrales, legumbres, productos de la soja y verduras frescas. Pero muchas personas que siguieron sus recomendaciones consiguieron curarse de todo tipo de enfermedades, entre ellas hemorroides, erupciones cutáneas, acné, caspa, asma e incluso de la enfermedad de Hodgkin (en un caso muy bien conocido por mí en que no había dado resultado un tratamiento con radiación). Sean o no aplicables universalmente las teorías de Ohsawa, una cosa es clara: han tenido resultados muy positivos. Algunas me han resultado particularmente útiles, sobre todo la aplicación de la teoría general de los contrarios a la alimentación y curación. Aplicada con cautela y cuidado, nos puede ayudar a corregir la selección de los alimentos y a encontrar remedios para lo que sea que nos aqueje. He aquí cómo.

Comencemos por fijarnos en que los organismos vivos y los campos de energía se mantienen mediante un continuo dar y tomar, construir y destruir, expandir y contraer. Aquello que sustenta a los organismos y a sus campos energéticos debe también animar a estas fuerzas o tendencias opuestas. El alimento hace exactamente eso. Nos dilata o nos contrae, nos calienta o nos enfría, nos acidifica o nos alcaliniza. La oscilación del péndulo de nuestro metabolismo entre ésos y otros contrarios es lo que nos mantiene más o menos estables; pero que uno de esos elementos se desproporcione, que el péndulo oscile demasiado hacia un solo lado, y se alterará el equilibrio. Nos sentiremos mal. Es así de sencillo.

La mayor parte del tiempo el equilibrio se mantiene automáticamente. Sin

---

tivo (yin), por lo tanto invirtió parcialmente la antigua teoría al popularizarla. Esto ha resultado confuso para algunas personas, porque en la clasificación macrobiótica de Ohsawa el calor se asocia con la contracción (y se le llama yang), mientras que el frío se asocia con la expansión (y se le llama yin), sistema que no se adapta a la experiencia cotidiana.

	YANG	YIN
	sol	luna
	día	noche
	fuego	agua
	calor	frío
	sequedad	humedad
	luz	oscuridad
	masculino	femenino
(Tradicional)	Cielo	Tierra
	expansivo	contractivo
(Macrobiótica)	Tierra	Cielo
	contractivo	expansivo

embargo, hay veces en que conscientemente deseamos ayudar a esos procesos automáticos, cuando no nos sentimos muy bien, por ejemplo. Entonces, para actuar adecuadamente, para tomar las medidas oportunas que nos servirán para reequilibrarnos con rapidez, hemos de tener un cuadro mental claro de los diversos contrarios alimenticios.

Sabiendo cuáles son los alimentos opuestos a otros, se puede arreglar rápidamente cualquier problema de salud sencillo que surja debido a una excesiva dependencia de una sola categoría. Por ejemplo, si uno ha estado cinco años comiendo solamente alimentos crudos y no se siente lo bien que desearía, puede hacer lo contrario y comenzar a comer alimentos hervidos. (Es curioso cómo el cuerpo suele decirnos lo que hemos de hacer: sentimos vivos deseos, anhelos, antojos. Es importante aprender a no hacer caso omiso de esos deseos simplemente porque no encajan en alguna teoría o algún plan de nutrición.) Los conjuntos de opuestos que interesan más directamente a la alimentación son: cantidad-calidad, expansivo-contractivo, ácido-alcalino, calorífico-refrescante.

Veamos ahora cada conjunto.

Cantidad y calidad: Mucho y un poco

Un ejemplo sencillo: Si uno se ha hartado de comer en un banquete y está todo hinchado y dilatado, al ayunar al día siguiente (ayunar es lo contrario de comer mucho) el cuerpo, siguiendo la ley del péndulo, se contraerá naturalmente y volverá a su forma correcta.

Exceso de alimento	———	**Ayuno**
Hinchazón de estómago	———	**Hambre rabiosa**

Eso es evidente. No le digo nada que ya no sepa. Simplemente le recuerdo lo que ya sabe. Y todos sabemos que lo anterior son extremos. Oscilar de extremo a extremo puede ciertamente mantenernos en equilibrio, pero será un equilibrio violento. La expresión más elocuente de esto es el clásico ciclo atiborramiento-vómito de las personas que padecen de bulimia o anorexia. Es más sensato, y ciertamente más saludable, mantener el equilibrio moviéndose entre posiciones menos extremas.

Comidas moderadas	———	**Nada de tentempiés**
Estómago 80 % lleno	———	**Buen apetito**

Éstas son las posiciones entre las que oscilan las personas más sanas. Aunque parezca mentira, la moderación y la frugalidad en la cantidad de alimento que se consume suelen ser responsables de la buena salud de las personas que no dan importancia a lo que comen. Mi ejemplo preferido es el de mi amigo Mort Glankoff, fundador de la revista *Cue*, que a sus 83 años disfruta de mejor salud que muchísimos hombres más jóvenes; y sin embargo fuma un cigarrillo tras otro, bebe licores y café, come todo el tiempo en restaurantes y se ríe de mi dieta «sana». Su secreto reside en que pide medias porciones, come sólo lo que necesita (que puede ser la mitad de eso) y no duda en dejar comida en su plato. Nunca se atiborra, de manera que su organismo siempre puede arreglárselas con cualquier cosa que coma, y así siempre se conserva equilibrado.

La cantidad cambia la calidad, decía George Ohsawa. En la física atómica hay un volumen específico de materia denominado masa crítica, bajo la cual no pueden tener lugar ciertas reacciones. Podríamos decir que hay una cantidad óptima con la cual la calidad se manifiesta en su grado máximo. Así pues, los contrarios cantidad y calidad también dependen el uno del otro.

Cantidad equivocada ———— **Mala calidad**
Cantidad correcta ———— **Buena calidad**

Al aplicar esta idea a la alimentación, podemos ver que, en efecto, alimentos que tal vez no son de la mejor calidad pueden mantenernos bien si no se comen en exceso, y que alimentos de la mejor calidad pueden ser dañinos si se consumen en cantidades equivocadas, ya sea por exceso o por defecto. Tanto el exceso como la insuficiencia pueden convertir la salud en enfermedad y el remedio en veneno.

Expansivos y contractivos

Según ha enseñado George Ohsawa, los alimentos se pueden clasificar en aquellos que tienen un efecto «expansivo» y aquellos que tienen un efecto «contractivo». Por favor, tenga en cuenta que uso estas palabras en sentido metafórico. Es decir, si me duele la cabeza a causa de haber tomado algún alimento o bebida «expansivo» (helado o alguna bebida alcohólica, por ejemplo) puedo recuperar rápidamente el equilibrio tomando algo «contractivo» (algún alimento salado, por ejemplo). Pero no puedo saber seguro si cuando tomo helado mis tejidos se expanden comprimiéndome así los vasos sanguíneos, o viceversa; no puedo medir si la sal me contrae o no. Lo que importa es que el dolor de cabeza se marcha, y no hay ningún efecto secundario. Desde un punto de vista práctico, entonces, esta clasificación es muy útil, refleje o no los efectos «reales» de los diversos alimentos.

EXPANSIVO

Drogas
Alcohol
Zumos de fruta
Infusiones de hierbas aromáticas
Zumos de verduras
Té/café
Azúcar
Especias
Grasas y aceites
Frutas tropicales
Frutas de clima templado
Brotes/lechuga
Verduras de crecimiento rápido
Tubérculos
Verduras amargas
Algas
Calabazas de invierno
Raíces
Frutos secos
Legumbres
Cereales y gramíneas
Pescado
Carne de vacuno
Ave
Huevos
Tamari
Miso

CONTRACTIVO   Sal

Para clasificar los alimentos en contractivos o expansivos se han tomado en cuenta un buen número de factores (véase el cuadro de la página siguiente). Aun cuando parezca que hago una clara distinción entre las tendencias expansivas y contractivas, deseo insistir en que en realidad no hay una división nítida entre ellas. Sólo hay pequeñas diferencias entre un paso y el siguiente, y mayores de un extremo al otro. En resumen, el triángulo representa una escala graduada. Al aplicar este concepto a las categorías de alimentos, obtenemos la clasificación general que aparece en el esquema de arriba.

Cada categoría tiene también sus gradaciones y, a veces, alimentos más expansivos de una categoría están al mismo nivel que alimentos más contractivos de otra. Por ejemplo, si en general los alimentos de origen vegetal son más expansivos que los de origen animal, algunos pescados pueden ser más expansivos que los cereales cocidos. Lea el cuadro de la página 81 en sentido horizontal y vertical. Tenga en cuenta por favor que esta lista de alimentos y bebidas no es estática. Cualquier alimento o bebida tendrá diversos rasgos expansivos y contractivos. Por ejemplo, hay hojas grandes de crecimiento hacia arriba que tienen un sabor

FACTORES EXPANSIVOS/CONTRACTIVOS DE LOS ALIMENTOS

	SABOR	SENTIDO DE CRECIMIENTO	VELOCIDAD DE CRECIMIENTO	CLIMA DE ORIGEN	CONTENIDO DE HUMEDAD
EXPANSIVOS	PICANTE	HACIA ARRIBA (hojas)	RÁPIDO	CÁLIDO	ACUOSO, HÚMEDO
	DULCE	HORIZONTAL SUBTERRÁNEO		TEMPLADO	
	AGRIO	HORIZONTAL SOBRE LA TIERRA (calabaza, col)			
	ASTRINGENTE				
	AMARGO	HACIA ABAJO (raíces)	LENTO	FRÍO	DENSO, SECO
CONTRACTIVOS	SALADO				

PREPARACIÓN DEL ALIMENTO	MÉTODOS DE COCCIÓN
más cantidad (exceso de comida)	hervido
más variedad	al vapor
alimento crudo	salteado
cocción rápida	a la parrilla
recipiente destapado	al horno
alimento cocido	frito
menos variedad	adobado o encurtido
recipiente tapado (incluida olla a presión)	
cocción lenta	
menos cantidad (hasta ayuno)	

amargo (la acelga), o raíces grandes de crecimiento hacia abajo con sabor dulce (las zanahorias), etcétera. Por ese motivo es posible que en una ocasión un alimento le resulte más expansivo y en otra más contractivo. Pero en su conjunto, la lista le ofrecerá sólidas directrices y es aplicable en general.*

Además, las técnicas de cocción o de preparación de los alimentos también van a influir en su efecto expansivo o contractivo (véase el esquema de arriba).

Estas técnicas se utilizan no sólo para hacer más sabrosa y fácil de digerir la comida, sino también para acercar más al centro los extremos y armonizar los diferentes alimentos con las estaciones. Por ejemplo, una espesa sopa de alubias hervida un largo rato a fuego lento con zanahorias y cebollas tiene un efecto más contractivo que una ensalada fría de alubias con zanahoria cruda rallada, cebo-

* Estas listas están basadas en información recogida de las obras de George Ohsawa, Herman Aihara y Michio Kushi, así como también en mi propia experiencia.

BEBIDAS	ALIMENTOS DE ORIGEN VEGETAL	PRODUCTOS LÁCTEOS	ALIMENTOS DE ORIGEN ANIMAL
LICORES			
GASEOSAS			
VINO			
WHISKY	AZÚCAR		
CERVEZA	ESPECIAS TROPICALES		
ZUMOS DE FRUTA	GRASAS Y ACEITES	HELADO	
INFUSIONES DE HIERBAS	FRUTAS TROPICALES	MANTEQUILLA	
AROMÁTICAS	FRUTAS DE CLIMAS TEMPLADOS	YOGUR	
ZUMOS DE VERDURAS	BROTES		PESCADOS Y MARISCOS
TÉ	LECHUGA	LECHE	PESCADO BLANCO
TÉ VERDE	VERDURAS DE	REQUESÓN/QUESO FRESCO	PESCADO GRASO
CAFÉ	CRECIMIENTO RÁPIDO		CERDO
	TUBÉRCULOS	QUESO MUNSTER	PAVO
CAFÉS DE CEREALES	TALLOS	QUESO GOUDA	
	VERDURAS AMARGAS		POLLO
	ALGAS	QUESO SUIZO	BUEY
	CALABAZAS DE INVIERNO		AVE DE CAZA
	RAÍCES	QUESO PARMESANO	CAZA
	FRUTOS SECOS		HUEVOS
	LEGUMBRES		
GINSENG	CEREALES Y GRAMÍNEAS	QUESO DE OVEJA	
	BARDANA	QUESO DE CABRA	
		QUESO FETA	
	TAMARI		
	MISO		
	(SAL)		

CONTRACTIVO

lletas y perejil; con los mismos ingredientes básicos se puede preparar un plato caliente de invierno y un plato refrescante de verano, cambiando sólo la forma de preparación y unos cuantos condimentos. Cuando se toman en cuenta todas estas variables, el cocinar se convierte en una empresa francamente fascinante.

Siguiendo este concepto también se puede influir en el grado de actividad y estado mental. Para eso, tenga en cuenta las siguientes tablas:

ACTIVIDAD

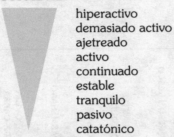

hiperactivo
demasiado activo
ajetreado
activo
continuado
estable
tranquilo
pasivo
catatónico

MOVIMIENTO

desarticulado
flojo
flexible
firme
envarado
rígido
inmóvil

ESTADOS MENTALES

confuso
despistado
incapaz de concentrarse
locuaz
activo
abierto
despejado
concentrado
intolerante
inflexible
arrogante
fanático

Para apoyar cualquier estado suele ser útil comer un alimento de más o menos la misma zona. Por ejemplo, para la actividad física, coma más fruta, hortalizas verdes, tubérculos, tallos, pescado, ave. Para dominar un exceso, a veces ayuda comer alimentos de la zona opuesta; la hiperactividad producida por el azúcar se puede contrarrestar o eliminar comiendo cereales, legumbres, productos salados, proteína animal.

Recuerde por favor que, si bien es útil toda esta clasificación, ha de tomarse sólo como una generalización amplia. Es una especie de teoría de la relatividad: diferentes alimentos son *más* o *menos* expansivos o contractivos que otros. Para mantener el equilibrio, necesitamos de los dos tipos; ninguno de los dos es mejor ni más recomendable que el otro. Es necesario tener eso presente.

Ácidos y alcalinos

Aunque en los libros de nutrición hay frecuentes referencias a lo «ácido» y lo «alcalino», el concepto de acidez y alcalinidad sigue siendo uno de los menos completamente comprendidos de la ciencia de la nutrición. Pero comprenderlo es esencial para saber cómo mantenernos equilibrados.

En primer lugar, algunas realidades básicas. La acidez y la alcalinidad son propiedades que se manifiestan con mayor claridad en los líquidos. Son opuestas, en el sentido que hemos definido anteriormente: dos caras de una moneda que se necesitan y complementan mutuamente, de las cuales ninguna es «mejor» ni «peor» que la otra.

La principal característica de los ácidos es que contienen una gran proporción de iones de hidrógeno (H+) que tienen una carga eléctrica positiva. Normalmente los átomos de hidrógeno tienen un protón en su núcleo y un electrón que gira a su alrededor; como ocurre con todos los elementos, el número de protones y de electrones suele ser igual. Cuando el número de electrones es mayor o menor, el átomo se denomina ión.

ÁTOMO E IÓN DE HIDRÓGENO

Estos iones de hidrógeno son átomos «hambrientos», siempre en busca del electrón que les falta. Cuando la proporción de estos H+ en un líquido determinado se hace suficientemente alta, el líquido se convierte en un *ácido* y es corrosivo: se «come» los electrones de otras sustancias.

Los álcalis o bases contienen una gran proporción de iones hidroxilo (OH-). Al contrario del hambriento ión H+, el ión OH– lleva un electrón «extra» y anda en busca de donarlo. Así pues, cuando se encuentran un OH– y un H+, se unen y se neutralizan mutuamente formando agua (H_2O) y una sal. Por ejemplo, de HC_1 (ácido clorhídrico) + $NaHCO_3$ (bicarbonato sódico) resulta → NaC_1 (sal) + H_2O (agua) + CO_2 (dióxido de carbono).

Para saber el grado de acidez o alcalinidad de un líquido o tejido normalmente nos fijamos sólo en la concentración de H+ presente. Esta cifra nos la da el famoso «pH», que significa «una parte de iones de hidrógeno por cada 10^n». Y esto significa lo siguiente:

En el agua destilada a 22 °C de temperatura hay 1 g de iones de hidrógeno

(H+) y 1 g de iones hidroxilo (OH-) por cada 10.000.000 de litros de agua; la proporción es entonces de $1/10^7$ o $1/10^{-7}$. El pH del agua es así 7. Los ácidos tienen una mayor proporción de H+. Por ejemplo, la cerveza tiene un pH de 4,5, lo cual significa que hay 1 g de H+ para 150.000 litros del líquido. El ácido del estómago, que es muy corrosivo, tiene un pH de 1,1, es decir tiene 1 g de H+ para sólo 10 litros de líquido. Lo importante a recordar aquí es que «cuando la cifra baja, la acidez sube». El agua se considera neutra porque tiene igual cantidad de H+ y de OH-. Un pH inferior a 7 se considera ácido, mientras que un pH superior a 7 es alcalino.

Escala de acidez-alcalinidad

ÁCIDO		NEUTRO				ALCALINO
ácido del estómago	vino	agua	sangre	agua de mar	bicarbonato de sosa	
pH 1	3,5	7	7,5	8,1	12	

¿Tiene algo que ver esto con nuestro cuerpo? Muchísimo. El pH del plasma sanguíneo ha de mantenerse en una constante entre 7,35 y 7,45. La más ligera desviación en cualquier sentido significa problemas. Un pH ácido de 6,95 es causa de un coma diabético y muerte; un pH alcalino de 7,7 causa convulsiones tetánicas y finalmente la muerte. Un pH más ácido de la sangre hace más lento el ritmo cardíaco, mientras que un pH más alcalino lo acelera.[3]

Está clarísimo entonces que es vital mantener el nivel correcto de acidez de la sangre; el cuerpo tiene varios mecanismos para asegurar su equilibrio homeostático. Cuando el grado de acidez del torrente sanguíneo se eleva por el movimiento de los músculos y la oxidación de las proteínas y almidones, estos ácidos

- se descomponen en agua y dióxido de carbono, para ser eliminados a través de los riñones, la piel y los pulmones;
- son utilizados por el estómago para la digestión en forma de ácido clorhídrico (¿se ha fijado cómo mejora la digestión un paseo después de comer?);
- son neutralizados y excretados en forma de sales por los riñones;
- son neutralizados por la presencia de los minerales que quedan del metabolismo de los alimentos alcalinizantes (efecto tampón).

Desde el punto de vista de la nutrición, los alimentos se clasifican en acidificantes y alcalinizantes, según los efectos que producen en el cuerpo, no según su grado intrínseco de acidez o alcalinidad. De esta manera, muchos alimentos de sabor «ácido» (las uvas y los cítricos, por ejemplo) se consideran alcalinizantes, porque al ser metabolizados dejan un residuo alcalinizante: sus ácidos orgánicos que afectan a las papilas gustativas son disueltos y convertidos en dióxido de carbono y agua, y los minerales que quedan sirven para neutralizar los ácidos corporales. De hecho, esto es cierto en muchas frutas y verduras, como también en las algas (dulse, kelp, hijiki, nori), que son alimentos ricos en minerales de efecto tampón (sodio, potasio, calcio, magnesio, hierro). El café, cuando no está descafeinado, también puede ser alcalinizante, porque la cafeína es un alcaloide; el resto del café es altamente ácido. Debido a su contenido de sodio, la sal es también un elemento alcalinizante.

Por otro lado, los alimentos de sabor suave (la harina, el pescado y los cereales, por ejemplo) suelen ser, aunque no siempre, acidificantes: al metabolizarse dejan como residuos ácidos sulfúrico, fosfórico y clorhídrico. Los únicos alimentos de origen vegetal que son acidificantes son los arándanos, las ciruelas y las ciruelas pasas. A esa lista me gustaría añadir los tomates crudos con pepitas, porque a veces provocan reacciones ácidas, tales como llagas en la boca o inflamaciones en la lengua (bien cocidos, sin pepitas y con sal, son, al parecer, más alcalinizantes). El azúcar y otros concentrados endulzantes, féculas, cereales, harina, grasas y la mayoría de las proteínas animales, también crean un medio ácido al ser metabolizados. Excepciones: las patatas y la fécula de kuzu (kudzu; en la página 263 hay más detalles sobre este alimento) son alcalinizantes, así como a veces la leche cruda y el queso, por su contenido de calcio.*

En química, los álcalis o bases se conocen también como neutralizantes (tampones) de los ácidos; amortiguan los efectos corrosivos de los ácidos. Podemos decir entonces que los alimentos alcalinizantes van a neutralizar a los acidificantes. Existen además alimentos que se clasifican en una categoría «tampón» aparte, porque pueden producir ambos efectos: hacen menos ácidos los alimentos ácidos debido a su contenido mineral, y menos alcalinos los alcalinos debido a su contenido proteínico. Éstos son los productos derivados de la leche y de la soja (nata, yogur, leche, quesos, tofu), los cuales combinan bien con ambas categorías de alimentos. La mantequilla también pertenece a esta categoría, ya que se ha descubierto que es neutra, es decir, ni ácida ni alcalina.

Podemos pensar entonces: ponemos mantequilla al pan (ácido) y crema al café (alcalino); comemos fruta (alcalina) con yogur; añadimos tofu a los cereales (ácidos) y a las verduras (alcalinas), y derretimos queso sobre la carne (ácida), tratando, en efecto, de acercar los extremos para mantenernos en equilibrio.

---

* Desgraciadamente la pasteurización disminuye la cantidad de calcio obtenible de la leche,[4] reduciendo por consiguiente sus propiedades alcalinizantes. La leche pasteurizada y sus derivados pueden considerarse entonces más acidificantes,[5] hecho que podría contribuir a la extendida frecuencia de caries dentales en los niños estadounidenses. Probablemente los efectos acidificantes de las galletas y pasteles (harina y azúcar) no son neutralizados adecuadamente por la leche pasteurizada que los acompaña (sería mejor la leche cruda tal vez). Es interesante observar que aun cuando los productos lácteos procesados son menos efectivos en cuanto neutralizantes, continúan usándose como tales en la dieta norteamericana estándar.

¿Cuál es la relación entre los conjuntos de contrarios ácido-alcalino y expansivo-contractivo? ¿Es el ácido contractivo o expansivo? ¿Y lo alcalino, es contractivo o expansivo? Ambos son las dos cosas. El azúcar es un alimento acidificante expansivo, mientras que la carne es un alimento acidificante contractivo. La fruta es alcalinizante y expansiva, mientras que la sal es alcalinizante y contractiva.[6] Podemos ver con mayor claridad estas relaciones en el cuadro siguiente.

¿Qué es «mejor», lo ácido o lo alcalino? William Howard Hay, creador de la Dieta Hay, que se hizo muy popular en los años treinta, sugería una proporción de un 20 % de alimentos acidificantes y un 80 % de alcalinizantes, por volumen. Arnold Ehret, más radical y ardiente defensor de los alimentos crudos, habría eliminado todos los alimentos ácidos de la dieta, basándose en que «la sangre es alcalina»;[7] sin embargo, los ácidos forman tanta parte de nuestro metabolismo como las sustancias alcalinas. El naturópata Paavo Airola afirma enfáticamente que nuestro cuerpo necesita ambas clases de alimentos. Si recordamos que los

EXPANSIVO

ALIMENTOS ACIDIFICANTES	ALIMENTOS «TAMPÓN»	ALIMENTOS ALCALINIZANTES
BEBIDAS ALCOHÓLICAS AZÚCAR Y MIEL	HELADO YOGUR	CAFÉ
GRASAS Y ACEITES	MANTEQUILLA TOFU LECHE	FRUTAS VERDURAS (DE TIERRA) JUDÍAS VERDES Y GUISANTES
HARINA BLANCA		PATATAS ALGAS (VERDURAS DE MAR)
LEGUMBRES Y JUDÍAS GRAMÍNEAS Y CEREALES INTEGRALES PESCADO AVE CARNE HUEVOS	QUESOS	TAMARI MISO SAL

CONTRACTIVO

contrarios son complementarios y se necesitan mutuamente, la afirmación del doctor Airola tiene perfecto sentido.[8]

¿En qué proporción, entonces, deberíamos consumir alimentos acidificantes y alcalinizantes? Como en toda materia de alimentación, la proporción correcta en cada comida va a variar de acuerdo con cada persona, su metabolismo, su cantidad de actividad física, los otros alimentos que haya comido antes y, posiblemente también, la profundidad y ritmo de respiración (la respiración profunda alcaliniza el organismo). La proporción recomendada por Hay, por ejemplo (una parte de acidificantes por cuatro partes de alcalinizantes) conviene a personas que, al ser muy activas físicamente, crean mucho ácido y necesitan alcalinizarse. Las personas menos activas pueden consumir más alimentos acidificantes, tal vez en proporción de 1 a 2, o incluso a veces de 1 a 1.

¿Cómo saber cuándo hemos perdido el equilibrio ácido-alcalino? Afortunadamente, no necesitamos ser titulados en química y ni siquiera hacernos un análisis de laboratorio (cuando el desequilibrio ácido-alcalino aparece en un análisis de laboratorio, el problema ya es grave). Lo que hemos de hacer es prestar atención a las señales que nos da nuestro cuerpo al hacer ajustes para mantenerse en equilibrio, y rectificar el estado de desequilibrio a tiempo para evitar agravarlo.

Es más fácil tener un exceso de acidez que un exceso de alcalinidad. Los alimentos con los que tendemos a hartarnos son los dulces, los productos de la harina, las grasas y las carnes, todos ellos acidificantes. Cuando tenemos exceso de acidez despertamos con un sabor agrio y viscoso en la boca. Para librarnos de él casi automáticamente vamos a por el café o el zumo de naranja, que, efectivamente, tienen un efecto alcalinizante. El sabor agrio ha de interpretarse como una señal de alarma, indicadora de que el cuerpo tiene una sobrecarga ácida. Si este estado no se corrige con la dieta o con la respiración profunda (mejor con ejercicio, porque demasiada respiración profunda sola podría causar hiperventilación y exceso de alcalinidad), los ácidos extraen minerales de los tejidos creando así un estado de desmineralización. La falta de minerales suficientes se manifestará primero en desequilibrios nerviosos o emocionales, después en problemas dentales y uñas quebradizas y, finalmente, en un debilitamiento más grave de todo el organismo.*

Un problema serio de exceso de alcalinidad sólo puede ser consecuencia de hiperventilación o de vomitar mucho. Comer grandes cantidades de fruta y verduras, si no se las equilibra con cereales o alimentos proteínicos, puede también causar un exceso alcalino temporal; pero la sabiduría inconsciente de nuestro cuerpo suele poner pronto remedio a este trastorno: nos empuja el péndulo hacia

---

* La doctora Alice Chase afirma que los alimentos alcalinizantes tampones «podrían evitar la desmineralización de los huesos, músculos y nervios..., y proteger el cuerpo de la peligrosa saturación ácida».[9]

un atracón de dulces. Según ellos mismos cuentan, muchos de mis alumnos vegetarianos han pasado por esta experiencia.

Es tranquilizador saber que tenemos un guardián tan fabuloso de nuestra salud; que nuestro cuerpo siempre trata, espontáneamente, de volver a su forma y equilibrio correctos. Incluso colectivamente compartimos ese rasgo, porque los sistemas de alimentación étnicos son, invariablemente, equilibrados en el sentido ácido-alcalino. Por ejemplo:

Ácidos	**Neutralizantes**	**Alcalinos**
DIETA OCCIDENTAL		
Azúcar	Mantequilla	Café
Harina	Leche	Fruta
Huevos	Quesos	Ensalada, patatas
Carne		Sal
DIETA JAPONESA		
Arroz	Tofu	Cebolletas
Pescado	Miso	Daikon, bardana
	Salsa de soja	Algas
DIETA ITALIANA		
Pasta	Queso	Tomates cocidos,
Ternera		ajo, calabacines,
		berenjenas
DIETA YÓGUICA		
Miel	Productos lácteos	Fruta
Frutos secos		Verduras
Pan		

Los programas de nutrición específicos suelen hacer gala de una sensibilidad intrínseca hacia la sutil relación ácido-alcalino. Por ejemplo, tiene sentido:

- Que las populares dietas ricas en proteínas (acidificantes), que permiten un mínimo de verduras alcalinizantes, también prohíban hidratos de carbono acidificantes (azúcar, harina y cereales), y sin embargo permitan café y sal, ambos alcalinizantes.[10]
- Que las dietas de alimentos crudos (alcalinizantes) permitan la miel y los

frutos secos (acidificantes), y sin embargo prohíban el café y la sal, ambos alcalinizantes.

- Que una dieta como la macrobiótica, rica en cereales integrales (acidificantes) también recomiende el uso frecuente de algas (potentes alcalinizantes gracias a su contenido de minerales) y condimentos salados.
- Que un elevado consumo de proteína y azúcar (como el de la dieta norteamericana estándar), de efecto acidificante, requiera un elevado consumo de calcio (mineral tampón) para impedir la desmineralización de los huesos.

Es posible que descubra que muchas otras tradiciones o costumbres alimentarias comienzan a adquirir mucho más sentido cuando se tiene presente el modelo de los contrarios ácido-alcalino. Por ejemplo: ¿Qué hay detrás de la práctica tan común de añadir una pizca de sal a los pasteles y galletas horneados? ¿Por qué el azúcar equilibra al café y a la sal? ¿Por qué se pone sal a la carne? (Fíjese que desde un punto de vista expansivo-contractivo, tales prácticas parecen desequilibradas.) ¿Por qué se come carne con patatas, o se mezcla el atún con verduras?

En estos momentos me estoy reprimiendo de hacerle sugerencias sobre lo que debería y no debería comer, y ciertamente no estoy abogando por el consumo de azúcar, sal y café. Mi objetivo es ayudarle a entender cómo funcionan los alimentos. Una vez que lo comprenda, usted mismo podrá decidir si debe comer más alimentos acidificantes o más alcalinizantes, sencillamente sintonizando con las señales de su cuerpo. Para indicaciones sobre esto, lea el capítulo 7 en la segunda parte de este libro.

Examinemos ahora un tercer conjunto de contrarios: caliente y frío.

Caloríficos y refrescantes

Los sistemas de curación tradicionales siempre han reconocido a la temperatura como una de las influencias más importantes en la salud. Se toman en cuenta tanto la temperatura interior como la exterior. En la medicina china, por ejemplo, dolencias tales como la artritis, el cólico y la diarrea, se asocian con el frío, mientras que los dolores de cabeza, los sudores y los problemas circulatorios se asocian con el calor.[11] Se considera que la temperatura exterior tiene no sólo un efecto temporal; en algunos casos, se dice que el calor o el frío quedan «atrapados» dentro, causando continuas perturbaciones. Una de mis alumnas, que es china, escribió un ensayo acerca de los alimentos «calientes» y «fríos», según los consideraban su madre y su abuela: la carne, los fritos, las especias y las frutas tropicales se consideraban «calientes» y estaban prohibidos si se tenía alguna fiebre;

las frutas y verduras de la estación, el arroz algo líquido (congi) y las peras se consideraban «fríos» y se usaban para tratar las fiebres.[12]

La medicina aryuvédica de la India sostiene que una de las principales propiedades de los alimentos es la *virya*, o capacidad para calentar o enfriar el cuerpo. Estos efectos caloríficos o refrescantes ocurren independientemente de la temperatura o composición de los alimentos; al parecer tienen algo que ver con una forma de energía que se ha llamado «los compuestos o propiedades no nutritivos»[13] de dichos alimentos.

Un análisis de los componentes en el laboratorio no puede decirnos mucho acerca del efecto total del sistema llamado «alimento» sobre el sistema llamado «persona». En realidad, la mayor parte del tiempo una persona ni siquiera sabe con absoluta exactitud cómo se va a sentir o reaccionar otra persona después de comer un alimento. Por lo tanto hay ciertos efectos muy sutiles de los alimentos que sólo se pueden notar mediante una meticulosa observación personal. A continuación presento una lista de alimentos caloríficos y refrescantes que a mí me va bien.* Es muy posible que usted no coincida conmigo en algunos; todo depende de cómo reacciona su cuerpo. Lo más importante aquí es que reconozca la validez del concepto y aprenda a trabajar con él.

ALIMENTOS REFRESCANTES	ALIMENTOS CALORÍFICOS
Frutas crudas	Frutas cocidas y secadas
Verduras crudas	Verduras cocidas
Pepinos	Col
Calabazas de verano	Calabazas de invierno
Frutas cítricas	Cocos
Tomates crudos	Salsa de tomate
Papaya	Aguacate
Verduras de hoja	Verduras de raíz
Soja	Tempeh
Tofu	Lentejas
Judías mung	Judías pintas
Algas	Patatas
Bulgur	Boniatos
Maíz en la mazorca	Avena
Arroz (integral o blanco)	Kasha
Helado	Cebada
Yogur	Maicena

---

* Esta lista coincide en algunas partes con la lista aryuvédica ofrecida por Ballentine, y en otras con la obra del naturópata y acupuntor John Garvy. Pero principalmente, refleja mi propia percepción de qué alimentos son, en última instancia, caloríficos o refrescantes.

ALIMENTOS REFRESCANTES	ALIMENTOS CALORÍFICOS
Leche	Mantequilla
Brotes	Nata
Clara del huevo	Queso seco
Langosta	Frutos secos y semillas
Almejas	Yema de huevo
Cangrejos	Pescado (cocido, frito)
Sashimi (pescado crudo)	Aves
Cerdo	Buey
Café	Vísceras
	Chocolate
	Kuzu

Los condimentos, hierbas y especias tienen sus propias cualidades calentadoras y enfriadoras que afectarán consecuentemente los alimentos en los que se usen.

HIERBAS, ESPECIAS, CONDIMENTOS

REFRESCANTES	CALORÍFICAS
Curry	Ajo
Cúrcuma	Jengibre
Eneldo	Comino
Perejil	Alcaravea
Pimienta	Albahaca
Hoja de cilantro	Tomillo
Encurtidos	Orégano
Tamari	Hoja de laurel
Shoyu	Pimienta negra
Azúcar blanco	Semilla de cilantro
Sal (mantiene el frío)	Canela
	Clavo
	Vainilla
	Miso
	Azúcar moreno
	Sal (mantiene el calor)

La clasificación de algunas hierbas y condimentos puede parecer paradójica a primera vista. Al fin y al cabo, el curry sabe «caliente». Pero nuestro concepto de la oscilación pendular, o de que una cosa se convierte en su contraria, respalda lo que la ciencia moderna nos dice: que el efecto final de las especias «calientes» es en realidad enfriador. El curry, la pimienta y otras especias por el estilo se producen en climas calurosos; al principio se sienten ardientes al paladar porque dilatan los vasos capilares precipitando la sangre a la superficie de la piel. Esto provoca sudoración; cuando el sudor se evapora, el efecto en el cuerpo es refrescante. Para comprobar esto, sencillamente, a mitad del invierno, sírvase una comida india condimentada con especias y después salga a dar un paseo al aire frío bajo cero y se sentirá congelado hasta los huesos.

El jengibre también es picante, pero al ser una raíz es más contractivo (véase el cuadro de los factores expansivos y contractivos en la página 79) y contribuye a mantener el calor; la pimienta, por su parte, es expansiva y lo dispersa. Si hemos de basarnos en la experiencia de personas que lo han probado, por lo visto los efectos caloríficos del jengibre son constantes. Una de mis alumnas, por ejemplo, descubrió hace poco que condimentar con jengibre y ajo las sopas y guisos la ayudaba a superar una especie de frío interior que la molestaba desde hacía años.

Los alimentos contractivos, por regla general, mantienen el calor y por lo tanto son caloríficos. Sin embargo, el calor dilata, de manera que cuando estamos demasiado contraídos por el frío necesitamos comer algo caliente para expandirnos y así equilibrarnos. Los alimentos expansivos dispersan el calor, por lo tanto, por regla general son refrescantes. Pero cuando estamos demasiado dilatados por el calor del verano (más los alimentos expansivos) es posible que necesitemos algo drástico, como por ejemplo un postre helado o una bebida muy fría, para contraernos y equilibrarnos. Si en verano comemos sólo de forma moderada alimentos expansivos (verduras al vapor muy poco hechas frías, ensaladas de legumbres y cereales) no necesitaremos el postre helado.

El azúcar y la sal son a la vez caloríficos y refrescantes. Su estructura cristalina mantiene la temperatura que se les aplica e incluso la intensifica: las sopas calientes y reconfortantes lo son aún más adecuadamente saladas; y el helado se prepara en casa con la intervención del hielo y la sal. Aunque parezca mentira, los alimentos fríos saben mejor cuando son dulces o ácidos y los alimentos calientes, cuando son salados o condimentados.

TÉCNICAS DE COCCIÓN

REFRESCANTES	CALORÍFICAS
Al vapor	Hervir
Sofreír removiendo	Saltear
Adobar	Freír
	Hornear
	Asar sin líquido

Conviene aprender a usar los alimentos y los métodos de cocción para regular la temperatura corporal y para compensar el tiempo atmosférico de las estaciones. Son varios los elementos calorífico-refrescantes a tener en cuenta: la temperatura real del alimento; su intrínseca y sutil energía «caliente» y «fría» según se la asigna la cultura oriental (véanse páginas anteriores); la temperatura ambiente, y la ley del péndulo, que convierte todo en su contrario, fenómeno que se advierte muy claramente en la cuestión de las temperaturas. Como la sensación de la temperatura corporal es muy subjetiva, habrá de explorar lenta y atentamente sus propias reacciones a lo que come.

De construcción y de desintegración

Hay un conjunto muy evidente de contrarios que no ocurre en los alimentos (aunque éstos influyen) sino en nuestros cuerpos: la actividad metabólica de formar y descomponer.

Tanto la filosofía china como la ciencia fisiológica occidental señalan que el bienestar es consecuencia de la interacción armoniosa de las fuerzas de formación y de descomposición en el cuerpo. Un exceso de cualquiera de las dos frena los excesos de la otra; el cuerpo existe en la conjunción de las dos.*

Durante el proceso metabólico utilizamos los alimentos que comemos para crear más células, con lo cual reparamos y construimos nuestro cuerpo; esto se llama *anabolismo*. Muchas recomendaciones de nutrición giran alrededor de cómo proporcionarnos material suficiente para apoyar este proceso. Pero para no convertirnos en globos gigantescos hemos de tener también una efectiva actividad desintegradora, conocida como *catabolismo*: este proceso se encarga de que las células gastadas, los desechos y los productos de desecho metabólicos se escindan, se descompongan y se eliminen del cuerpo.

La formación o construcción utiliza la energía o la almacena, y la descomposición o desintegración la libera. De esta manera, crecemos y nos reparamos mientras descansamos, y nos desintegramos y liberamos energía durante nuestra actividad y movimiento cotidiano. El ciclo metabólico va como sigue: la desintegración necesita el descanso a modo de equilibrador, el descanso favorece la construcción, la construcción requiere actividad a modo de equilibrador y la actividad favorece la desintegración.

Las proteínas, los hidratos de carbono y las grasas son los principales mate-

---

* El doctor Walter Cannon, premio Nobel, escribe refiriéndose al cuerpo humano: «La estructura misma no es permanente, sino que el desgaste anejo a la acción va desintegrándolo continuamente, y los procesos de reparación lo van construyendo continuamente.[14]

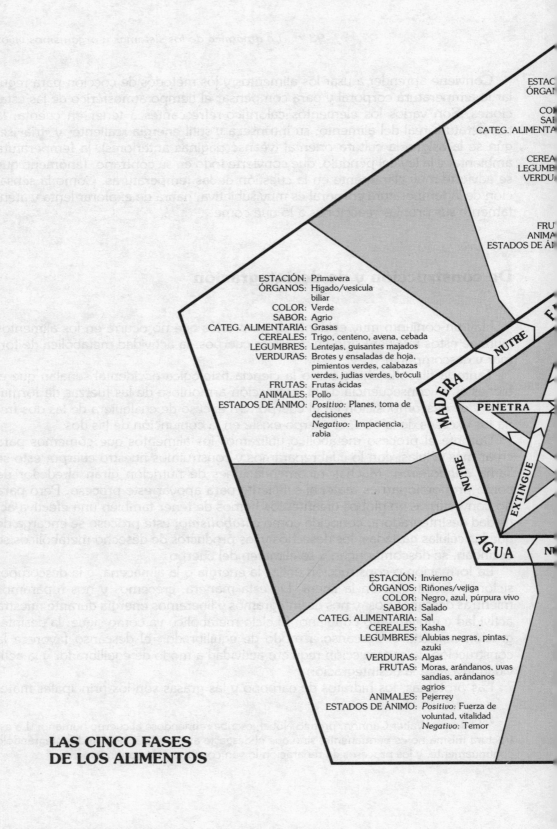

LAS CINCO FASES DE LOS ALIMENTOS

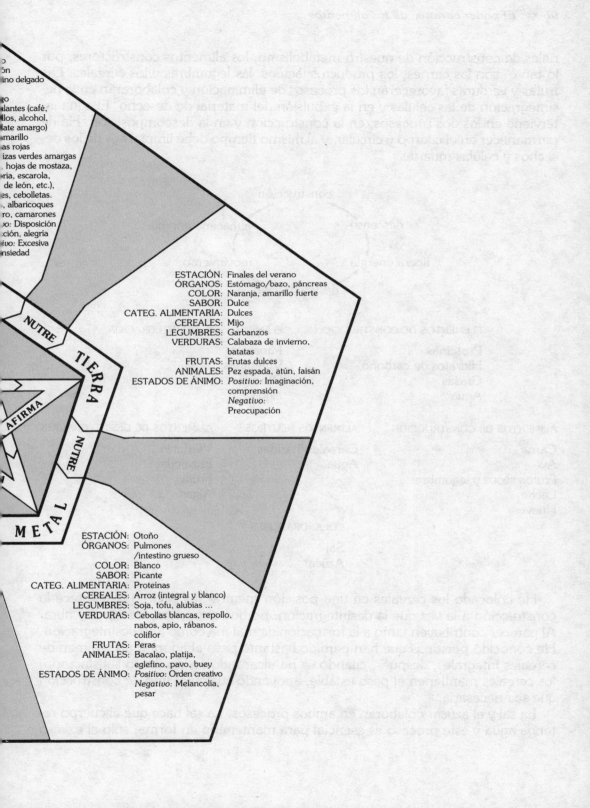

riales de construcción de nuestro metabolismo; los alimentos constructores, por lo tanto, son las carnes, los productos lácteos, las legumbres y los cereales. Las frutas y verduras favorecerán los procesos de eliminación y colaborarán en la desintegración de las células y en la expulsión del material de desecho. El agua interviene en los dos procesos, en la construcción y en la descomposición. Ha de permanecer en el cuerpo y circular, y al mismo tiempo debe limpiarnos de los desechos y células muertas.

ELEMENTOS DE CONSTRUCCIÓN	ELEMENTOS DE DESINTEGRACIÓN
Proteínas	Minerales
Hidratos de carbono	Vitaminas
Grasas	Fibra
Agua	Agua

ALIMENTOS DE CONSTRUCCIÓN	ALIMENTOS NEUTROS	ALIMENTOS DE DESINTEGRACIÓN
Carne	Cereales/harinas	Verduras
Ave	Agua	Ensaladas
Frutos secos y legumbres		Fruta
Leche		Algas
Huevos		

COLABORADORES

Sal
Azúcar

He colocado los cereales en una posición «neutra», es decir, que favorece la construcción a la vez que la desintegración, porque contienen proteínas y fibra. Al parecer contribuyen tanto a la formación de materia como a su desintegración. He conocido personas que han perdido bastante peso al adoptar un régimen de cereales integrales; después, cuando se ha alcanzado un equilibrio satisfactorio, los cereales mantienen el peso estable, apoyando cualquier tipo de construcción que sea necesaria.

La sal y el azúcar colaboran en ambos procesos. La sal hace que el cuerpo retenga agua y este proceso es esencial para mantenerlo en forma; sólo el exceso no es recomendable. Paradójicamente, la sal también colabora en la desintegración estimulando a los riñones a que eliminen; con frecuencia veo a personas que consumen muchísima sal y son muy delgadas. El azúcar colabora en el proceso de construcción en compañía de la harina y los productos lácteos; sin embargo, es también un factor de desintegración porque provoca hiperactividad. Muchos niños que consumen una dieta rica en azúcar, sobre todo varones, son delgadísimos. Otro motivo de esto podría ser que el azúcar inhibe la liberación de la hormona del crecimiento.*

Es importante recordar que tanto el proceso de construcción como el de desintegración son necesarios para la vida. Un enfoque dietético que pone el acento en los alimentos de construcción y descuida los alimentos de desintegración ciertamente va a causar problemas de acumulación. En el caso contrario, cuando hay un *exceso* de alimentos de desintegración, puede haber problemas de carencias e incluso de desnutrición, en los casos graves.

Teoría de las cinco fases

Un modelo más complicado, pero también más detallado, para comprender el equilibrio, es el que ofrece la teoría china de los cinco elementos o las cinco fases. Se basa en el concepto de que la *energía vital* se mueve en ciclos concretos reproducibles en un cuadro y, por consiguiente, previsibles. En su movimiento, la energía pasa por cinco zonas de cambio que se han denominado *madera* (o energía del «árbol»), *fuego, tierra, metal, y agua.* Una fase alimenta o nutre a la siguiente; pero con el fin de evitar que la energía se haga demasiado potente, cada fase también controla y refrena a la contraria.

Cada fase va asociada a estaciones, sistemas orgánicos, colores, sabores, estados de ánimo, alimentos, actividades y emociones concretas. La cantidad de detalles que intervienen en este modelo es enorme y tan compleja que escapa al objetivo de este libro; en realidad se necesita todo un libro para especificarlos.[15] Yo voy a usar algunos conceptos de este modelo sin identificarlos expresamente, sobre todo en los apartados «¿Pueden ponernos enfermos los alimentos saludables?» (capítulo 9) y «Remedios caseros» (capítulo 12), así como en los capítulos 10 y 13.

---

* El consumo de azúcar estimula al páncreas a liberar grandes cantidades de insulina, la cual permanece en circulación hasta mucho después de haberse metabolizado el azúcar. Según Durk Pearson y Sandy Shaw, la insulina inhibe la liberación de la hormona del crecimiento y, por lo tanto, podría deteriorar el sistema inmunitario.

Segunda parte

Los alimentos

Todos los hombres han de comer, beber y disfrutar del producto de su trabajo.

Eclesiastés

El alimento es el producto más íntimo del consumidor.

Ralph Nader

4. Las dietas modernas: Reevaluación

Te has cansado de tus muchos consejeros...

Isaías, 47:13

Hemos echado un vistazo a diversos modelos que explican las propiedades de los alimentos que nos afectan independientemente de la cantidad de sus elementos nutritivos y calorías. Reevaluemos ahora, desde esta nueva perspectiva, las prácticas dietéticas corrientes. Me gustaría limitar este análisis a las dietas que interesan a nuestro estilo de vida contemporáneo: la dieta norteamericana estándar, la dieta norteamericana recomendada, las dietas especializadas (la dieta Pritikin, la dieta rica en proteínas, la dieta baja en calorías), la dieta de alimentos naturales fortalecidos, la dieta vegetariana en sus diversas versiones, y la macrobiótica. En el capítulo siguiente examinaré lo que a mí me agrada llamar el estilo de comer alimentos completos sustentadores de la salud, que es el elegido por mí y la manera de comer que me parece la más flexible y factible en nuestra sociedad.

La dieta norteamericana estándar (SAD)

Es ésta una dieta difícil de definir, ya que no se ha escrito ninguna obra que se refiera expresamente a ella, aparte de aquellas que la desacreditan. Vamos a tomar como ejemplo de la dieta norteamericana estándar (*Standard American Diet* o SAD) la típica comida que ofrecen las cafeterías. Representa, creo, el terreno intermedio entre la cena ante el televisor y los almuerzos con martini y bistec.

En términos generales, la dieta se basa en la estética y la tecnología. Los productos alimenticios se consideran apropiados o inapropiados, en primer lugar, según su apariencia, aroma y sabor, y en segundo lugar, según el número de sus partes materiales componentes, o elementos nutritivos (vitaminas, minerales, proteínas, etc.), que se han identificado y cuantificado en estudios de laboratorio. Se

aplican métodos tecnológicos a la conservación de los alimentos (enlatado, congelación y conservantes químicos) y sus efectos sólo se aprecian en el sabor y aspecto. La SAD rechaza la antiquísima premisa de que los alimentos afectan enormemente y de muchísimas maneras a la salud. De acuerdo con la medicina moderna,
los únicos efectos sobre la salud atribuibles a los alimentos son los de la obesidad
y desnutrición, es decir, variables que se pueden medir en cifras. Las cualidades
intrínsecas, al no ser cuantificables, se dejan de lado.

CONSISTE EN:
- Carne (sobre todo hamburguesas y bocadillos de frankfurt), pollo, huevos,
  bacon, fiambres, algo de pescado (sobre todo atún en conserva).
- Leche, queso fresco, mantequilla, helado y otros productos lácteos.
- Productos de trigo refinados (pan, tartas, galletas, pasta) y de otros cereales
  refinados con azúcar, conservantes, condimentos y nutrientes sintéticos añadidos (como en los cereales para el desayuno).
- Tomates, patatas, lechuga, judías verdes, guisantes, zanahorias, apio, maíz,
  espinacas, pimientos, pepinos y otras cuantas verduras, por lo general en
  conserva o congeladas.
- Azúcar en los postres, caramelos y gelatinas; de aditivo en muchos alimentos como el pan y el ketchup; o añadido directamente como en las bebidas
  o platos para desayunar.
- Frutas: cítricos, manzanas, uvas, plátanos, sandías en verano, fresas y algunas más.
- Mantequilla de cacahuete, patatas fritas y otros productos para aperitivos y
  tentempiés con alto contenido de grasa, sal o azúcar.
- Aditivos químicos en los alimentos enlatados, congelados o preparados comercialmente, como las sopas, los aliños para ensalada, los alimentos lis-
  tos para comer, o de calentar y servir.
- Alimentos artificiales o de imitación: margarina, «merengues» para coronar
  postres, alimentos «dietéticos» con edulcorantes artificiales, «tacos de bacon»,
  «blanqueadores no lácteos», etcétera.
- Bebidas estimulantes: café, bebidas no alcohólicas (con o sin cafeína, muy
  endulzadas con azúcar o edulcorantes artificiales), bebidas alcohólicas.
- Zumos de naranja y de otras frutas.

PROHÍBE: Nada.

PRESCINDE DE:
Los cereales integrales (aparte de cantidades simbólicas de trigo integral), las legumbres (fuera de un poco de lentejas, judías ... y guisantes majados en la sopa),
muchas verduras (coles, acelgas, colinabo, colirrábano, algas (excepto en usos industriales, como el de agar-agar para gelatina).

TABLAS DE CONTRARIOS
EN LA DIETA NORTEAMERICANA ESTÁNDAR

CONTRACTIVOS	EXPANSIVOS
Sal	Azúcar
Huevos, bacon	Zumos, frutas
Carne, pollo, pescado	Lechuga, patatas, tomates
Quesos curados y salados	Café, bebidas alcohólicas
	Yogur, leche, queso fresco

CALORÍFICOS	REFRESCANTES
Grasas	Helado
Carne	Frutas, lechuga
Pimienta negra	Cayena, pimentón picante
Salsa de tomate	Tomate crudo
Quesos salados	Yogur, leche
Chocolate	Bebidas no alcohólicas
Sopa de legumbres	Encurtidos

ACIDIFICANTES	ALCALINIZANTES
Azúcar	Café
Pan, pasta	Zumos, frutas
Carne, ave, pescado	Lechuga, verduras
Grasas	Sal

PROPORCIÓN DE ELEMENTOS NUTRITIVOS

Según el informe de la Administración estadounidense sobre los objetivos die-téticos (*Dietary Goals*), el norteamericano normal promedio obtiene el 42 % de sus calorías de las grasas, el 12 % de las proteínas y el 46 % de los hidratos de carbono, de los cuales, más de la mitad (el 24 % de la dieta total) es azúcar.[1] Dos tercios de su consumo calórico, entonces, deriva de las grasas y el azúcar.

PROTEÍNAS 12%	GRASAS 42%	HIDRATOS DE CARBONO 46%

EQUILIBRIO

El equilibrio se consigue contraponiendo alimentos incompletos o parciales: carne (sin hidratos de carbono) con azúcar (sin proteínas) o harina blanca (muy poca proteína), etcétera. (Véase «Proporción de los elementos nutritivos», capítulo 2). Debido a que son muchos los alimentos no integrales en esta dieta y muy rara vez es precisa la relación de complementariedad de los alimentos parciales, el equilibro es extremadamente precario.

EFECTOS

Jamás ha habido en la historia de la humanidad un sistema de alimentación semejante a éste. Ésta es una dieta muy joven; en algunos de sus elementos debe de tener un par de siglos (huevos con bacon), y en otros unos 30 o 40 años (café secado por congelación, cereales para el desayuno, bebidas artificiales con polvos). Uno de sus interesantes efectos es el mismo que se ha apreciado en las sociedades tradicionales que han cambiado bruscamente sus hábitos de alimentación. Debido a que los alimentos que comen los niños suelen diferir de los que comían sus padres en su juventud, y lo que comen las mujeres embarazadas es totalmente diferente de lo que comían sus abuelas, las influencias de los medios intra y extrauterinos están anulando la herencia.[2] El cambio en el aspecto físico de las generaciones más jóvenes es tan espectacular que muchas veces los hijos no se parecen a sus padres sino que tienen más parecido a sus compañeros o amigos con quienes no les une ningún parentesco. Al comparar fotografías de niños de los años treinta con niños actuales, podemos observar un estrechamiento general de la cara y las mandíbulas (con sus correspondientes problemas ortodóncicos), más pronunciado en los varones. Muchos niños y adolescentes actuales «parecen» débiles, y de hecho suelen enfermar con frecuencia. La vitalidad general de la población está disminuyendo a una velocidad alarmante. Los alimentos fragmentados, incompletos, cargados de sustancias químicas de que se compone la dieta norteamericana estándar no puede, a la larga, apoyar adecuadamente los procesos vitales sanos, y esto se hace cada vez más y más evidente. Aun cuando se siga con moderación, la SAD parece causar una gran cantidad de enfermedades, tanto físicas como no físicas. Los problemas físicos son en su mayor parte problemas de acumulación y exceso, porque esta dieta se basa en alimentos de construcción. Las enfermedades cardíacas, el cáncer, la diabetes y la hipertensión (todas ellas relacionadas con los hábitos alimenticios) «son epidémicos en nuestra población».[3]

Los problemas no físicos de salud que nos aquejan, como la delincuencia, el comportamiento violento y delictivo, la hiperactividad, la esquizofrenia, la depresión, podrían estar ralacionados, al menos en parte, con los alimentos fragmentados de esta dieta, sobre todo el azúcar y los aditivos químicos. Los alimentos desequilibrados, cuyos campos energéticos naturales, originales, han sido destruidos, no pueden mantener adecuadamente nuestro organismo en equilibrio estable.

En general, entre los rasgos de carácter y la dieta podría haber una relación semejante a la que hay entre la gallina y el huevo: o bien son causados por ella o se elige la dieta para favorecerlos. Pero tal vez la SAD apoya los rasgos generales de esta sociedad: agresividad, desconsideración con la naturaleza y deseo de dominarla, aislamiento, valores materialistas unilaterales, desinterés por lo trascendental y percepción de lo físico como la única realidad válida. En la otra cara de la moneda hay también eficiencia, creatividad, fiabilidad, fuerte individualismo, ánimo emprendedor y un constante deseo de superación.

Siempre es mucho lo que podemos aprender cuando tratamos de superar nuestras dificultades y equivocaciones. Estados Unidos ha sido desde hace mucho tiempo la tierra del desarrollo y las oportunidades, donde se pueden materializar los sueños si se trabaja lo suficiente... y no sólo los sueños materialistas sino los sueños de todas clases. Uno de mis sueños es que finalmente creemos un sistema de alimentación nuestro que nos proporcione un máximo de resultados positivos y un mínimo de enfermedades indeseables.

La dieta norteamericana recomendada (RAD)

Pongo en otra categoría esta dieta porque el gobierno de Estados Unidos, así como la comunidad científica, médica y de la nutrición, tienen directrices bastante bien definidas respecto a lo que es sano para comer. La dieta norteamericana recomendada (*Recommeded American Diet* o RAD) se diferencia de la SAD y de las dietas étnicas tradicionales en que no es una manera de comer que ha nacido y se ha desarrollado espontáneamente, sino que se basa en orientaciones intelectuales y racionales. Ésta es una diferencia que comparte con el vegetarianismo, la macrobiótica, las dietas ricas en proteínas, los programas de suplementos nutritivos y el resto de los sistemas teóricos de alimentación. Todos estos métodos hacen distinción entre una manera de comer correcta y una equivocada, creando así los conceptos de pecado y salvación en la nutrición.

La RAD tiene dos aspectos, uno cuantitativo y otro cualitativo. Recomienda ciertas cantidades de elementos nutritivos y también ciertas calidades de alimentos o «grupos de alimentos».

CONSISTE EN:
- Carnes magras, pescado, pollo, pavo.
- Leche desnatada, yogur, quesos de bajo contenido graso, aceites poliinsaturados.
- Pasta, pan, cereales, sean enriquecidos o integrales; cereales para desayunar sin o con bajo contenido en azúcar.

- Todo tipo de verduras, crudas, al vapor o al horno; frescas, en conserva o congeladas.
- Azúcar en cantidades moderadas; no desaprueba los edulcorantes artificiales.
- Todo tipo de frutas, frescas, en conserva o congeladas; se desaconsejan los jarabes muy concentrados.
- No se desaconsejan los alimentos dietéticos con colores, sabores y edulcorantes artificiales.
- Café, té, zumos; poco alcohol.

RECOMIENDA:

- Reducido consumo de grasas.
- Reducido consumo de sal.
- Reducido consumo de azúcar.
- Mayor consumo de cereales integrales, legumbres, verduras y frutas.
- Leche y productos lácteos desnatados o semidesnatados en lugar de los completos.

PROHÍBE: Nada. Sí desaprueba los alimentos con mucho contenido de grasas, sal y muy procesados.

PRESCINDE DE: Las algas.

TABLAS DE CONTRARIOS
EN LA DIETA NORTEAMERICANA RECOMENDADA

CONTRACTIVOS	EXPANSIVOS
Carne, ave, pescado	Zumos, frutas
Huevos	Patatas, tomates
Quesos secos	Yogur, leche desnatada
Alimentos cocidos	Verduras crudas

CALORÍFICOS	REFRESCANTES
Carne	Frutas, zumos
Pimienta negra	Cayena, pimentón picante
Salsa de tomate cocida	Tomate crudo
Sopas de legumbres	Verduras crudas
Alimentos al horno	Alimentos al vapor

ACIDIFICANTES	ALCALINIZANTES
Pasta, pan	Frutas, zumos
Pescado, ave, carne	Verduras cocidas y crudas

PROPORCIÓN DE ELEMENTOS NUTRITIVOS

La dieta norteamericana recomendada obtendría el 30 % de sus calorías de las grasas, el 12 % de las proteínas y el 58 % de los hidratos de carbono. De estos últimos, el 43 % serían hidratos de carbono complejos (féculas) y sólo el 15 % hidratos de carbono simples (frutas y azúcar refinado). (Véase cuadro de la página 110.)

EQUILIBRIO

Estas recomendaciones suelen traducirse por lo general en comidas que ponen el acento en los alimentos refrescantes, crudos y al vapor, con muy poco contenido de grasas y sal, y con una respetable cantidad de proteínas suministradas con mayor frecuencia por el pescado o las aves. Cuando la comida contiene pasta, bulgur, arroz u otro cereal integral, probablemente va a ser bastante equilibrada y no dará lugar a muchos antojos. Si contiene poco o nada de fécula, originará entonces lo que en la industria hostelera suele denominarse «pedidos contradictorios», es decir, primeros platos sanísimos, bajos en contenido graso, seguidos por un suculento y azucarado postre.

COMENTARIOS

Las recomendaciones sobre la *calidad* se compendian en los cuatro grupos de alimentos, o los cuatro básicos, a saber:

- El grupo de la carne: buey, cerdo, ternera, cordero, pescado, ave, huevos, así como legumbres secas, guisantes y frutos secos.
- El grupo de la leche: leche, queso, yogur y helado.
- El grupo de las frutas y verduras: hortalizas verdes y amarillas, cítricos y otras frutas, y otras verduras, entre ellas las patatas.
- El grupo del pan y los cereales: pan y cereales, ya sea de grano integral, enriquecido o reconstituido.

Últimamente se ha añadido otra categoría que comprende productos de uso frecuente pero no nutritivos:

- El grupo del azúcar, las grasas y las bebidas alcohólicas.

En esta clasificación los alimentos no se agrupan realmente según la calidad, sino según similar contenido nutritivo. Así pues, la carne y las legumbres van juntas porque ambas contienen proteínas; en calidad no son nada similares. Tal vez el grupo de la carne debería llamarse grupo de las proteínas. Y con el mismo razonamiento, los demás se llamarían mejor grupo del calcio, grupo de las vitaminas y grupo de los hidratos de carbono.

Es curioso que la leche y los productos derivados de ella tengan todo un grupo para ellos solos, cuando son una sola categoría de alimentos. Lo que me parece aún más peculiar es la clasificación del helado o la nata helada (preparado de elevado contenido de grasa y azúcar) como alimento regular, hasta el punto de recomendarlo como «buena fuente de calcio». Da la impresión entonces de que las personas alérgicas a los productos lácteos y aquellas que por una u otra razón deciden privarse de ellos rechazaran todo un grupo de alimentos y por consiguiente toda una clase de elementos nutritivos. Esto no es así; los elementos nutritivos que se encuentran en los productos lácteos se pueden encontrar en muchos otros productos alimenticios, tanto de origen vegetal como animal.

Aquí tropezamos con la semántica. Resulta que los vegetarianos que se abstienen de la carne no rechazan todo un grupo de alimentos, porque en ese grupo hay una alternativa, las legumbres y los frutos secos. Esa misma oportunidad de elección existe en el grupo de las frutas y verduras y en el del pan y cereales: éstas son definiciones amplias que nos ofrecen opciones.

¿Cuáles son, entonces, las alternativas a los productos lácteos? Aunque parezca extraño, son las verduras de hoja y los cereales que, de una u otra forma, están contenidos en la dieta de los animales de granja productores de la leche. Además, los alimentos como los frutos secos, las semillas (sobre todo el sésamo o ajonjolí) y las algas contienen apreciables cantidades de calcio, que es normalmente el principal elemento nutritivo por el cual se recomiendan los productos lácteos. (Para más comentarios sobre el calcio, véase capítulo 6.)

Hemos de señalar que en esta clasificación por grupos de alimentos no hay espacio para los alimentos que contienen yodo o vitamina D. Para remediar esta carencia, yo sugeriría que en lugar de consumir sal yodada y vitamina D (leche irradiada) consumiéramos algas, perejil* y luz del sol.

En cierto sentido, la idea de los grupos de alimentos como directriz no es tan mala. En el capítulo siguiente expondré mi propia versión de los grupos de alimentos, para que usted pueda utilizar el concepto tanto de manera amplia como individualizada.

El reputado documento sobre las raciones dietéticas recomendadas (*Recomended Dietary Allowances* o RDA), del organismo oficial norteamericano Food and Nutrition Board of the National Academy of Sciences, National Research Council, presenta las *cantidades* de elementos nutritivos sugeridos para una salud óptima. Las cifras varían de acuerdo con la edad, sexo y, en las mujeres, según estén embarazadas o en período de lactancia; también se revisan periódicamente y se aumentan o reducen según la opinión científica predominante.

En cuanto directrices generales las RDA tienen un amplio valor, pero a muchos de nosotros nos resulta difícil, si no imposible, seguirlas. Esto se debe, en

---

* El perejil contiene ergosteroles, los cuales son precursores de la vitamina D y se convierten en ella en el cuerpo.[4]

primer lugar, a que no son específicas para el individuo, y en segundo lugar a que, cuando preparamos la comida, no hervimos proteínas, ni freímos calcio, ni salteamos riboflavina, ni horneamos hidratos de carbono. Lo que hacemos es cocinar legumbres, pescado, calabacines, cebada. En su forma original y más reaccionaria, estas recomendaciones aceptaban el consumo de las necesarias cantidades de vitaminas, minerales, proteínas, grasas e hidratos de carbono independientemente de la forma o calidad del alimento en el cual se encontraban. Es decir, una tarta de bizcochuelo y un plato de arroz integral (ambos «hidratos de carbono») eran prácticamente intercambiables en cuanto a nutrición se refiere. No se admitía ninguna diferencia significativa entre el trigo integral y la harina refinada blanca ni entre las verduras frescas y las enlatadas. En 1971, sin ir más lejos, se citaron públicamente las palabras del doctor Leo Lutwak, médico, profesor de nutrición clínica, bioquímico y asesor de nutrición de la NASA: «Por lo que se refiere a la nutrición, no hay ninguna diferencia entre comer pan de harina blanca, integral, molida a piedra de molino o de cualquier otra clase».[5] Actualmente sabemos que esa postura es equivocada. Cuando el organismo humano interactúa con el organismo del producto alimenticio, sí que importa si los hidratos de carbono proceden de un bizcochuelo, de un plátano, de arroz integral o de una sopa de guisantes. El documento RDA ha evolucionado de conformidad con esto.

Probablemente lo que más contribuyó a la evolución de las RDA fue el informe ya mencionado con anterioridad y que, bajo el título *Dietary Goals for the United States*, fue presentado en 1977 por la Comisión Especial para la Nutrición y Necesidades Humanas del Senado. Las recomendaciones contenidas en este informe son no sólo más fáciles de entender y de seguir que las del documento RDA, sobre todo si ponemos en práctica sus «Cambios en la selección y preparación de los alimentos», sino también más lógicas; conceden gran importancia no sólo a la cantidad de elementos nutritivos sino también a la calidad y al «tipo» de alimento del cual los obtenemos.

Los principales cambios sugeridos son los siguientes:

- Aumentar el consumo de frutas, verduras y cereales integrales.
- Disminuir el consumo de carne y aumentar el de ave y pescado.
- Disminuir el consumo de alimentos de elevado contenido graso y reemplazar parcialmente las grasas saturadas por poliinsaturadas.
- Disminuir el consumo de mantequilla, huevos y otras importantes fuentes de colesterol.
- Disminuir el consumo de azúcar y de alimentos con alto contenido de azúcar.
- Disminuir el consumo de sal y de alimentos con alto contenido de sal.

Cuadro comparativo porcentual de la SAD y la RAD en lo que respecta a las fuentes de obtención de sus respectivas calorías

	PROTEÍNAS	GRASAS	HIDRATOS DE CARBONO COMPLEJOS	AZÚCAR
DIETA NORTEAMERICANA ESTÁNDAR				
DIETA NORTEAMERICANA RECOMENDADA				

Fuente: *Objetivos dietéticos para Estados Unidos*, Comisión Especial del Senado para la Nutrición y Necesidades Humanas, 1977.

El documento *Healthy People: The Surgeon General's Report on Health Promotion and Desease Prevention*, publicado por el Departamento de Salud, Educación y Bienestar de Estados Unidos, se hace eco de las susodichas recomendaciones al sugerir que probablemente los norteamericanos seríamos, en conjunto, más sanos, si consumiéramos:

- Sólo las calorías suficientes para satisfacer las necesidades del cuerpo y mantenerse en el peso conveniente.
- Menos grasas saturadas, menos colesterol.
- Menos azúcar.
- Menos sal.
- Relativamente más hidratos de carbono complejos, tales como cereales integrales, verduras feculentas, frutas.
- Relativamente más carne de ave, pescado y legumbres (alubias, guisantes, cacahuetes, por ejemplo), y menos carne.

El informe continúa en los siguientes términos:

También tiene gran importancia el procesado de nuestros alimentos. El abastecimiento de alimentos ha cambiado de tal manera que más de la mitad de nuestra dieta actual se compone de alimentos procesados y no de productos agrícolas frescos. [...] Por lo tanto es necesario prestar más atención a las cualidades nutritivas de los alimentos procesados.

EFECTOS

Es difícil evaluar los efectos de este enfoque dietético porque sus límites son imprecisos y sus seguidores difíciles de identificar. Las recomendaciones son evidentemente sensatas, aunque a algunas personas podrían parecerles demasiado moderadas y a otras demasiado exageradas. A mí me parece que, si continúa la tendencia actual, las raciones dietéticas recomendadas y la dieta de alimentos naturales fortalecidos (véase más adelante en este capítulo) finalmente se nivelarán.

Además de las dietas estándar y recomendada, hay un buen número de otras dietas mucho más especializadas, que suelen llevar el nombre de sus creadores y defensores y que hacen oscilar nuestros péndulos metabólicos de una u otra manera. Vamos a echarles un vistazo a las más conocidas.

La dieta Pritikin

Nathan Pritikin, científico, inventor y fundador del Centro Pritikin de Santa Mónica, California, descubrió una manera de curar sus propias dolencias cardiovasculares mediante la dieta. Esto lo hizo eliminando drásticamente el consumo de grasas y sal, reduciendo el consumo de proteínas de origen animal y de azúcar, y aumentando el consumo de hidratos de carbono complejos. Después sistematizó sus experiencias y presentó su método de alimentación y de ejercicios al gran público por medio de sus libros, los cuales recibieron una entusiasta acogida. El Centro Pritikin cuenta en su haber con numerosos casos de remisión de la hipertensión, aterosclerosis, diabetes, estreñimiento y otros problemas de salud corrientes en la actualidad.

CONSISTE EN:
- Cereales integrales, legumbres (con excepción de la soja).
- Verduras: frescas, enlatadas o congeladas (con excepción de los aguacates y las aceitunas).
- Frutas: frescas, hervidas, enlatadas o congeladas (excepto cocos) y sin azucarar; pequeñas cantidades de frutas secas, que han de limitarse debido a su alto contenido de azúcar.
- Alrededor de unos 80 g diarios de carne magra, pollo sin piel o pescado.
- Diariamente se permite un vaso de leche desnatada y unos 55 g de queso verde Sapsago desgrasado o requesón cremoso.

- Infusión de tila.
- Clara de huevo si apetece.

(También el ejercicio forma parte integrante del Programa Pritikin pero no vamos a comentar ese tema aquí, por no entrar en el objetivo de este libro.)

PROHÍBE:

Todo tipo de grasas y aceites, los aguacates, las aceitunas, carne, pescado y ave salados, los productos lácteos grasos y la soja; la sal de mesa y los alimentos preparados que la contengan; los hidratos de carbono refinados, como el azúcar, la miel, la melaza, la fructosa y la harina blanca; el arroz blanco y la pasta, a no ser en cantidades muy reducidas; las bebidas cafeinadas (café, té, cocacola, etcétera); los huevos enteros y la yema; las bebidas alcohólicas y no alcohólicas.[6]

PRESCINDE DE: Ningún producto alimenticio importante.

TABLAS DE CONTRARIOS EN LA DIETA PRITIKIN

CONTRACTIVOS	EXPANSIVOS
Cereales	Frutas crudas
Verduras cocidas	Verduras crudas
Legumbres	Tomates, limones, especias
Carne, pescado, ave	Claras de huevo
(cuando se usan)	

ACIDIFICANTES	ALCALINIZANTES
Cereales, pescado, ave, carne	Frutas, verduras

CALORÍFICOS	REFRESCANTES
Cereales cocidos	Ensaladas
Legumbres cocidas	Fruta cruda
Carne, pescado, ave	Verduras al vapor

PROPORCIÓN DE ELEMENTOS NUTRITIVOS

Esta dieta sugiere que sólo un 10 % de las calorías se obtengan de las grasas, de un 10 a un 12 % de las proteínas, y un 80 % de los hidratos de carbono complejos, lo cual representa un cambio bastante radical con respecto a la dieta norteamericana estándar.

Porcentaje de las calorías obtenidas
de los diversos elementos nutritivos de la dieta Pritkin

PROTEÍNAS	GRASAS	HIDRATOS DE CARBONO
▪	▪	■

EQUILIBRIO

La dieta Pritikin es una dieta esencialmente equilibrada, ya que exige alimentos integrales. Es posible que se produzca algún desequilibrio a causa de una excesiva dependencia de alimentos de estaciones cálidas (ensaladas, frutas, tomates) en un clima frío; algunas personas van a sentir mucho frío. Esto podría remediarse fácilmente sirviéndose platos calientes, sopas reconfortantes y guisos de legumbres, cereales y hortalizas de raíz.

EFECTOS

No hay mejor contrapeso a los excesos de la SAD que el Programa Pritikin. Podemos imaginarlo como una dieta «sustractora», que gracias a la carencia o pequeñísimas cantidades de ciertos elementos (sal, proteínas, grasas) hace que el cuerpo consuma todos los excesos que pueda tener de esos elementos, excesos que si se les permite quedarse pueden causar muchos problemas y enfermedades. Esta dieta suele tener excelentes resultados curativos para personas que sufren de trastornos debidos al exceso, como la obesidad, enfermedades del corazón, endurecimiento de las arterias, presión arterial alta, diabetes e hipoglucemia. Se sabe de recuperaciones espectaculares: personas que apenas podían caminar después de un infarto, a los seis meses de seguir esta dieta ya caminaban varios kilómetros diarios; personas a las que les ha bajado la presión, personas cuyo requerimiento de insulina ha descendido, e incluso personas que han bajado algunos kilos a un ritmo uniforme. Además, los condimentos y métodos para cocinar que se usan en el régimen Pritikin tienen por lo general cualidades expansivas, descongestionantes, lo cual es muy apropiado si se usa para equilibrar los efectos contractivos y constrictivos de la dieta estándar.

No obstante, si se sigue durante demasiado tiempo, hasta después de haber equilibrado los excesos, el régimen Pritikin puede tener sus inconvenientes. La ausencia total de grasas añadidas en una dieta que es en su mayor parte vegetariana, podría ocasionar una carencia de vitaminas solubles en grasa, como la A y la D, a la vez que de ácidos grasos esenciales para el metabolismo. Esta carencia puede producir frío y con mucha frecuencia lo produce. La grasa mantiene la temperatura corporal agradable. Un cierto nivel de consumo de grasas parece ser necesario para la producción de energía, por la descomposición de los acetatos, que son productos intermediarios en la producción del calor metabólico.[7]

La dieta es no sólo expansiva sino también enfriante, por lo tanto es más apropiado seguirla: a) cuando el tiempo es cálido, y b) cuando hay un exceso de calor metabólico, cuando la persona siente calor la mayor parte del tiempo y se siente atraída hacia los alimentos y bebidas frías. Cuando no se dan estas condiciones, un seguimiento fiel de este régimen va a tener como consecuencia un enfriamiento general del organismo, tanto en el plano físico como en el no físico: se puede perder el calor emocional, junto con la sensación de calor interior. Es curioso, pero muchas personas que llevan mucho tiempo con una dieta pobre en grasas suelen mostrarse «notablemente irritables, nerviosas, inquietas y deprimidas».[8]

COMENTARIOS

Un régimen sin nada de sal ni aceite funciona mejor con el 10 al 12 % de proteína animal permitido. Tiene resultados definitivamente negativos cuando se sigue en una dieta «vegetaliana» (sin ningún tipo de alimento de origen animal), porque entonces el alimento es demasiado flojo y acuoso. Yo personalmente, no soy vegetaliana pura todo el tiempo, pero sí como una buena parte de mis comidas sin ninguna proteína animal, ni siquiera productos lácteos; siempre que he hecho la prueba de preparar estas comidas sin absolutamente nada de sal ni aceite, las he encontrado terriblemente insatisfactorias. Con un poquitín de estos elementos se ha restablecido el equilibrio. Si no usara ese poquito, me parece que a los cuatro días de cocinar sin nada de sal ni aceite, me daría un atracón de sopa de miso bien salada, pan con mantequilla y aceitunas conservadas en sal.

Algo parecido ocurrió la primera vez que di una clase de cocina con alimentos sin grasa ni sal. Usé alimentos bastante expansivos, entre ellos tomates y lechuga, y una buena cantidad de condimentos fuertes. Varias personas que llevaban un exceso de productos lácteos y de proteína en sus cuerpos reaccionaron maravillosamente bien a la comida; después refirieron que habían sentido la cabeza despejada y, en el caso de una bailarina, flexibilidad y facilidad de movimiento. Pero unas cuantas personas, que ya llevaban un tiempo de dieta vegetariana natural, se descontrolaron, y les llevó una semana recuperarse: una se precipitó a comer huevos con bacon y salchichas, mientras que otra, esa misma noche se fue a un restaurante japonés y bañó en salsa de soja todo su *tempura* (plato de verduras y camarones rebozados). Una dieta sin grasa también requiere grandes cantidades de hidratos de carbono complejos, como combustible. A estas personas les llevó el resto de la semana contrapesar estas reacciones.

Varios conceptos ya analizados en este libro ponen su luz sobre los puntos ciegos del Programa Pritikin: a) el concepto de la oscilación pendular; b) el concepto de «comer según lo mande el entorno», y c) la comprensión de que los alimentos enlatados y congelados en un régimen pobre en proteína de origen animal no satisfacen en absoluto.

En vista de que el programa Pritikin ha tenido efectos de lo más espectaculares en personas gravemente enfermas, parece sensato considerarlo una dieta medicinal. Eso significa que cuando el enfermo se ha recuperado, la dieta ha de modificarse, volver atrás, por así decirlo. El programa que se sigue en los Centros de Longevidad Pritikin toma en cuenta esto, ya que hay una dieta estricta de regresión (curación) y una más amplia de mantenimiento. (En el libro *El programa Pritikin* no se hace referencia a estas dos variantes.) Si esta vuelta atrás no se hace de manera consciente, entonces habrá «trampas», una manera inconsciente de equilibrarse. De hecho en el libro se da un margen para «trampas», con lo cual se reconoce esta necesidad.

Otro inconveniente es que si bien una gran proporción de verduras crudas, ensaladas, frutas y condimentos o platos de sabor agrio son apropiados cuando hace calor, cuando hace más frío necesitamos comidas más fuertes, más reconfortantes. Finalmente se requerirá añadir algo de grasa a las comidas para defenderse del frío.

Por último, como hemos visto anteriormente (capítulo 1), los alimentos procesados comercialmente no sólo tienen poca energía, también pueden consumir energía. Este hecho se hace aún más patente en un régimen pobre en grasas y proteínas, porque no hay mucho exceso del cual extraer. La dependencia de productos enlatados o congelados podría impedir u obstaculizar la sensación de energía, vigor y buena salud. En una dieta estilo Pritikin, por lo tanto, sería recomendable consumir solamente verduras y frutas frescas para conseguir una sensación óptima de bienestar.

De todo lo anterior, podemos extraer la conclusión de que un régimen Pritikin estricto es excelente para contrarrestar los excesos de la dieta norteamericana estándar; un régimen modificado, con poca grasa pero no desprovisto de ella, con poca sal pero no desprovisto de ella, con cantidades razonables de cereales integrales, legumbres, verduras frescas, proteínas de carnes magras, puede ser un excelente régimen sustentador de la salud para la mayor parte de la gente de nuestra sociedad. Un régimen tal es en realidad el tipo de régimen que muchos médicos ya comienzan a sugerir a sus pacientes.

Dietas ricas en proteínas

La dieta rica en proteínas y pobre en hidratos de carbono ya debe de tener más de cien años, y se presenta en un buen número de versiones.[9] Las más conocidas son la de Stillman, la de Clínica Mayo (que no tiene relación con esta institución), la de «Las calorías no cuentan», y la de Atkins. El único objetivo de estos regímenes es producir pérdida de peso, aunque el doctor Atkins asegura que también cura numerosas enfermedades.

CONSISTEN EN:

- Todo tipo de proteína animal: carne, pescado, pollo, cerdo, huevos, queso, leche (desnatada o completa), yogur, etcétera.
- En el caso de la dieta Atkins, generosas cantidades de grasas: nata, mantequilla, bacon, mayonesa, aceites.
- Frutas cítricas; verduras amarillas, verdes y sin fécula; lechuga.
- Pequeñas cantidades de frutas dulces.
- Muy poca cantidad de frutas y verduras feculentas.
- Café, té, gaseosas dietéticas.
- De ocho a diez vasos de agua diarios.
- Edulcorantes artificiales.
- En algunos casos, suplementos vitamínicos.

PROHÍBEN:

- Las grasas (en la dieta Stillman).
- Todos los alimentos que contengan azúcar o harina blanca, el arroz blanco, el maíz, los cereales integrales, la pasta, las verduras feculentas, los tubérculos, las alubias, los guisantes y las legumbres.
- Los zumos de fruta dulces (con raras excepciones).
- En algunas versiones, el alcohol.

PRESCINDEN DE: Las algas, el tofu, los productos de la fermentación de la soja.

TABLA DE CONTRARIOS EN LAS DIETAS RICAS EN PROTEÍNAS

CONTRACTIVOS, CALORÍFICOS, ACIDIFICANTES	EXPANSIVOS, REFRESCANTES, ALCALINIZANTES
Carne	Lechuga
Pescado	Verduras
Pollo	Cítricos
Huevos	Café
Cerdo, bacon	Agua
Quesos secos	Queso fresco

PROPORCIÓN DE ELEMENTOS NUTRITIVOS

Por definición, la proporción de proteínas en estas dietas es mucho mayor que la de una dieta normal (véase cuadro de la página siguiente). Los niveles relativos de hidratos de carbono son demasiado bajos, y la proporción de agua ha de mantenerse alta mediante un gran consumo de líquido.

**Porcentaje aproximado de las calorías obtenidas
de los diversos elementos nutritivos de las dietas ricas en proteínas**

PROTEÍNAS	GRASAS	HIDRATOS DE CARBONO

EQUILIBRIO

Para la mayoría de las personas es muy difícil mantener el equilibrio con este tipo de dieta. Las proteínas han de compensarse con minerales (calcio), grasas, hidratos de carbono y agua; los elementos contractivos de las dietas necesitan elementos expansivos. Pero, según se prescriben, las dietas ricas en proteínas no proporcionan suficientes factores equilibradores.

EFECTOS

Un elevado consumo de proteínas exige una enorme cantidad de agua para su metabolismo (véase el cuadro «Proporción de los elementos nutritivos en los alimentos», capítulo 2). Esta agua se puede obtener bebiéndola, pero también se puede extraer de los tejidos corporales. Ésta es la razón por la cual estas dietas producen una gran pérdida de peso en agua, hecho muy bien conocido que explica su éxito inicial. Hay un grupo de personas cuyo metabolismo tolera bien la proteína animal y en ellas la pérdida de peso puede continuar y ser muy efectiva. A otras personas estas grandes cantidades de proteínas animales las harán sentirse con mucha energía al principio, pero después nerviosas y tensas. E incluso un tercer grupo reaccionará de otra manera, con somnolencia, letargo, flojedad, pereza, o una sensación general de pesadez. El nivel relativamente bajo de hidratos de carbono tarde o temprano dará lugar a un atracón de pan o azúcar.

Estas dietas tienen una fuerte inclinación hacia los alimentos contractivos, caloríficos y acidificantes. Para un estilo de vida sedentario (ya de por sí «contractivo») llevado en un ambiente con calefacción central, resultarán por lo general desequilibradas y no se pueden tolerar mucho tiempo. Las reacciones consiguientes son fuertes deseos de tomar alimentos expansivos, refrescantes, con hidratos de carbono, tales como postres azucarados, helado de crema, frutas. Si no son éstas las necesidades, la opción siguiente será inevitable y necesariamente el alcohol. De todas las estrategias dietéticas que han probado mis alumnos, éstas, ricas en proteínas y pobres en hidratos de carbono, han resultado ser las más contraproducentes, casi imposibles de seguir durante mucho tiempo, y son las que han recibido los votos más negativos.

Dietas bajas en calorías

Estas dietas son un intento de contrapesar el efecto constructor de la dieta norteamericana estándar. No difieren mucho de ésta en lo que se refiere a la calidad de los alimentos, sólo se diferencian en la cantidad. Se fundamentan en el concepto general de que si la entrada de energía (calorías) es menor que la salida de energía (calorías), se quemará el exceso acumulado a medida que el cuerpo extraiga de él para combustible. Un ejemplo es la Dieta de los Controladores del Peso, que se basa en la «Dieta Prudente» del doctor Norman Jolliffe. Periódicamente aparecen variantes de esta dieta en la mayoría de revistas de moda y para mujeres.

A semejanza de la dieta norteamericana recomendada, los regímenes bajos en calorías también recomiendan obtener las calorías de la carne, los productos lácteos, las hortalizas de todos los colores y el pan de cualquier color (los cuatro grupos). Como este método es cuantitativo, precisa de mucho pesar y medir las raciones de alimentos, y de contar las calorías según los valores que aparecen en las tablas de calorías.

Es necesario señalar que estos valores son cálculos aproximados. La única manera de saber con exactitud el número de calorías presentes en un alimento es oxidarlo hasta que se reduzca a cenizas y medir la cantidad de calor que desprende, momento en el cual ya es demasiado tarde para comerlo.

CONSISTEN EN:

En teoría, cualquier combinación de alimentos que proporcione el número de calorías deseado, que es el apropiado para la persona, bien sea un bocadillo de frankfurt o una porción de tarta. Las recomendaciones actuales, sin embargo, ponen el acento en los panes y cereales integrales, las verduras y las frutas frescas y las carnes magras.

La Dieta de los Controladores del Peso y similares permiten solamente alimentos específicos: productos lácteos, pescado, carnes magras, hojas verdes y hortalizas de colores vivos, pan, café, frutas. Los edulcorantes artificiales se usan ampliamente, al igual que los productos enlatados y congelados.

PROHÍBEN:

Todo lo que sobrepase el límite de calorías diarias permitidas. En general se recomienda no tomar alimentos de alto contenido calórico: dulces, nata, salsas, huevos, sabrosos platos de pasta, alimentos grasos, frutos secos y mantequillas de estos frutos, y otros productos similares. En los Controladores del Peso también se excluyen las legumbres secas, las sopas, las frutas secas, las palomitas de maíz, los aderezos para ensalada y el pescado ahumado.

PRESCINDEN DE: Las algas, los productos de la fermentación de la soja.

EFECTOS

No sé de ningún efecto curativo que pueda tener este régimen alimenticio, a excepción de una posible pérdida de peso. El adelgazamiento, por supuesto, puede de por sí causar una mejoría de ciertos trastornos. Desgraciadamente cuando no hay ningún cambio orientado hacia la curación a un nivel más profundo, los viejos hábitos vuelven, como también vuelve el peso. El cuerpo sólo va a cambiar su forma de manera durable si lo hace para conformarse a un cambio de la forma en que uno se percibe a sí mismo, porque la mente y el cuerpo forman un bucle continuo e individual.

Si bien el concepto de las calorías puede ser útil en cuanto guía, no es suficiente en sí mismo para ayudarnos a elegir correctamente los alimentos. Clasificar los alimentos en base a un número teórico, sin tomar en cuenta no sólo sus valores cualitativos, no cuantificables, sino tampoco sus componentes nutritivos, tiene graves inconvenientes. Puede orientarnos hacia alimentos dañinos que son «bajos en calorías» (las gaseosas dietéticas) y alejarnos de alimentos saludables que supuestamente no lo son (la sopa de guisantes). Además, contar las calorías no sólo es ineficaz a la larga, sino también inexacto. Si cada día contáramos todas las calorías pero nos equivocáramos en el equivalente a tres cacahuetes diarios, teóricamente podríamos engordar 40 kilos en veinte años, lo cual es una suposición evidentemente absurda.*

Sin embargo, cuando esta dieta se aplica con sensatez a alimentos de buena calidad, se puede acercar a la dieta norteamericana recomendada. Por este motivo, es probablemente la que les resulta más fácil seguir a la mayoría de las personas preocupadas por el peso, sobre todo cuando salen a comer fuera. Es también la única dieta que requiere el mínimo de transformación interior.

---

* El doctor Roger J. Williams, descubridor del ácido pantoténico y ex presidente de la Sociedad para el Cáncer, señala: «Es ridículo pensar que un trozo de empanada, una rebana de pan o una hamburguesa contengan un número concreto de calorías y que esas cifras se puedan usar para calcular el consumo de calorías de una persona».[10]

La dieta de alimentos naturales fortalecidos

Este método de nutrición popularizado por Adelle Davis, autora de *Let's Eat Right to Keep Fit* [Comamos bien para mantenernos en forma], Roger Williams, autor de *Nutrition against Disease* [La nutrición contra la enfermedad], J. I. Rodale, de la revista *Prevention*, y sus seguidores, consiste en comer alimentos naturales más suplementos vitamínicos y minerales. Es probablemente la teoría de nutrición más popular entre las personas que desean mejorar su salud mejorando su dieta.

Esta dieta se fundamenta en la idea de que las células que forman nuestro cuerpo necesitan elementos nutritivos concretos y que la salud de la célula determina la salud del cuerpo. Los mejores alimentos para nutrir nuestras células son los naturales e integrales, producidos mediante los métodos tradicionales de agricultura, ganadería y granja, sin productos petroquímicos, elementos nutritivos sintéticos ni hormonas. También sostiene que, ya que la tierra de cultivo no es lo que era en lo que respecta a contenidos nutritivos, y ya que no siempre comemos tan bien como debiéramos y por lo tanto, sin darnos cuenta, podríamos dejar de tomar algunos nutrientes, hemos de suplementar nuestra dieta con vitaminas y minerales en forma concentrada. Esto servirá de remedio general para las enfermedades actuales a la vez que de un seguro contra posibles deficiencias futuras. Si se da el caso de un elemento nutritivo tomado en exceso, el cuerpo sencillamente lo excretará.

CONSISTE EN:
- Cereales integrales, verduras frescas y congeladas, frutas frescas, congeladas y secadas, frutos secos, semillas.
- Carne, pollo, pescado, huevos, caza (los animales criados y alimentados de forma natural).
- Leche sin pasteurizar y sus derivados, queso, yogur, mantequilla.
- Hierbas, especias, miel (de preferencia sin refinar); azúcar sin refinar, moreno o turbinado (semimoreno); sales vegetales y sal marina.
- Fortalecedores: levadura de cerveza, melaza sin decolorar, germen de trigo, salvado, proteína en polvo, espirulina, lecitina, hígado desecado, dolomita y otros alimentos concentrados.
- Suplementos: vitaminas, minerales, enzimas digestivas, etcétera.

PROHÍBE:
- El azúcar, la harina y el arroz blancos.
- Productos procesados comercialmente, comidas «basura», y todo tipo de alimento con colores, sabores y conservantes artificiales y otros aditivos.

- Carne de vacuno y pollos criados con alimentos sintéticos y hormonas.
- Café, té, chocolate, sal normal, pimienta.

PRESCINDE DE: Ningún alimento importante.

Las «Tablas de contrarios» y el «Equilibrio» son muy similares a los de la dieta norteamericana recomendada.

PROPORCIÓN DE ELEMENTOS NUTRITIVOS

Cuando se usan alimentos naturales, integrales no refinados, los elementos nutritivos estarán en su proporción respectiva natural; desde ese punto de vista la dieta será equilibrada. Pero si además de estos alimentos se consumen vitaminas y suplementos, se producirá un desequilibrio de elementos nutritivos; el exceso de estos elementos concentrados dará lugar a una carencia relativa de todos los elementos nutritivos que no se toman, vitaminas descuidadas, el agua, la fibra, la proteína y los hidratos de carbono olvidados.

Modelo de proporción de elementos nutritivos

Si una dieta equilibrada tiene este aspecto:

MINERALES Y VITAMINAS	PROTEÍNAS	GRASAS	HIDRATOS DE CARBONO
▪	◼	◼	◼

una dieta de alimentos naturales fortalecidos tendrá éste:

MINERALES Y VITAMINAS	PROTEÍNAS	GRASAS	HIDRATOS DE CARBONO
▫	◼	◼	◼

(No podemos hacer un cuadro comparativo de calorías porque los minerales y vitaminas no aportan calorías.)

EFECTOS

La literatura sobre la dieta de alimentos naturales fortalecidos abunda en testimonios de sus poderes curativos. Se refieren mejorías de todo tipo de trastornos, desde oscurecimiento de las canas tomando dos cucharadas diarias de melaza sin decolorar durante seis meses,[11] un eccema curado con levadura de cerveza, hígado desecado, lecitina y zumo de ciruelas pasas, a lesiones cerebrales infantiles mejoradas mediante un intenso programa de nutrición y suplementos.[12] La dieta de alimentos naturales fortalecidos es ciertamente un gran avance con respecto a la dieta norteamericana estándar. Sin lugar a dudas puede ser enormemente beneficioso el cambio. A tres aspectos de esta dieta se pueden atribuir las mejorías referidas:

- No se comen alimentos dañinos, creando así una especie de «curación negativa», es decir, uno se siente mejor porque no come alimentos que puedan causarle enfermedad.
- Se consumen alimentos saludables, creando así una «curación positiva», es decir, un buen estado de salud mediante una mejor nutrición.
- Vitaminas y minerales suplementarios que tienen efecto positivo porque ciertamente hay un estado categóricamente carencial en el cuerpo.

Si bien el uso de suplementos como remedio para tratar trastornos concretos es eminentemente racional, el régimen de tomar corrientemente suplementos nutritivos «por si acaso»[13] no lo es. Tomar 16 o 20 elementos nutritivos en comprimidos «por si» no hubiera los suficientes en los alimentos integrales también consumidos es señal de miedo y de desconfianza en los alimentos y en la propia Naturaleza. Mientras sea el miedo a no tener suficiente lo que motiva nuestras opciones, siempre seremos deficitarios y nada será jamás suficiente.

Comentario sobre los suplementos nutritivos

Las vitaminas son compuestos orgánicos (contienen carbono e hidrógeno) que se encuentran en todos los alimentos, de origen vegetal y animal. Su presencia es necesaria para el normal metabolismo de las proteínas, grasas e hidratos de carbono, la formación de los tejidos y los intercambios de energía celular. Algunas vitaminas se pueden obtener por síntesis bacteriana en los intestinos (sobre todo las vitaminas B) o en la piel en presencia de la luz del sol, como ocurre con la vitamina D. En general, sin embargo, las vitaminas deben obtenerse de los alimentos.

Las vitaminas se necesitan en cantidades pequeñísimas: todas juntas ocuparían un octavo de una cucharadita de té al día. No obstante, su ausencia en la dieta puede ocasionar graves enfermedades carenciales (pelagra, beriberi, escorbuto, ceguera nocturna), así como también trastornos imprecisos como la falta de apetito y la interrupción del crecimiento.

También se necesitan minerales, tales como el hierro, cinc, magnesio, calcio, sodio, potasio y otros, para un metabolismo correcto. Éstos se encuentran, en pequeñas cantidades, en todos los tejidos vegetales y animales. La investigación científica actual sostiene que el cuerpo no puede sintetizar los minerales, sino que siempre han de obtenerse de fuentes exteriores. Tienen un papel principal en la regulación del equilibrio ácido-alcalino, en la entrada y salida de los líquidos de las células, en la actividad eléctrica a lo largo del sistema nervioso, en el transporte del oxígeno y en otras innumerables actividades metabólicas. La carencia de minerales puede ser causa de trastornos tales como la anemia (falta de hierro), mala resistencia de los huesos (falta de calcio) y la excesiva irritabilidad neuromuscular.[14]

El interés por la composición molecular y atómica del cuerpo ha ido en aumento a lo largo del siglo, en la medida en que ha aumentado la complejidad de los microscopios y técnicas de investigación. Cuando se descubrió que las vitaminas eran factores clave en los efectos biológicos de los alimentos, el estudio de la nutrición se convirtió cada vez más en el estudio de los efectos de estos compuestos invisibles. El enfoque científico reduccionista de la nutrición sostiene que sólo es necesario tomar en cuenta los micro y macronutrientes (vitaminas, minerales, proteínas, hidratos de carbono y grasas). Los elementos intangibles, como la calidad, forma, color, aroma, sabor, textura, sentido de crecimiento, de las plantas o los animales, así como los factores climáticos o temperatura atmosférica de su lugar de origen, no tienen nada que ver con la conveniencia de uno u otro alimento.

Pero según el punto de vista de los sistemas u organismos, todos esos factores desempeñan un papel, y hemos de considerar el contexto en el cual aparecen los nutrientes, así como su proporción y relación mutua. Cuando se altera esa relación, el cuerpo tiene que hacer ajustes que no siempre son agradables.

La práctica de tomar vitaminas a modo de «seguro», «por si nos faltara algo», no tiene en cuenta esto. A manera de ejemplo, consideremos una zanahoria:

Agua
Proteínas, hidratos de carbono
Hierro, calcio
Fósforo, sodio
Potasio, vitaminas B
Fibra (la parte masticable)
Vitamina A

En su infinita sabiduría, la Naturaleza ha concebido la zanahoria y todos los demás alimentos vegetales, en forma de organismos que contienen un amplio surtido de elementos nutritivos. Afortunadamente, ya que los seres humanos no siempre tenemos acceso a una gran variedad de alimentos. Como cada alimento posee una gama de nutrientes, tenemos mayores probabilidades de proporcionarnos una nutrición suficiente. La Naturaleza también nos ha hecho a nosotros capaces de masticar, tragar, digerir y asimilar la zanahoria con todos sus elementos nutritivos.

Pero cuando sacamos la vitamina A de la zanahoria, la colocamos en un comprimido con azúcares y almidones, y nos tragamos eso, nuestro organismo se lleva una sorpresa. Como no está acostumbrado ni adaptado a metabolizar un elemento solo, se pregunta: «¿Y dónde están los demás? ¿Dónde está la parte masticable?».

Está bien comprobado que las vitaminas del complejo B (tiamina, riboflavina, niacina, B_6, B_{12}, etcétera) son interdependientes. La toma de una de ellas aumenta la necesidad de las demás.[15] En otras palabras, tomar tabletas de B_6 puede provocarnos carencia relativa de B_1, B_2, B_{12} y el resto. ¿Por qué? Porque el complejo vitamínico B forma una especie de sistema u organismo vivo, y la ruptura de un sistema crea a ese sistema la necesidad de recuperar el equilibrio. Mayores cantidades de B_6 han de equilibrarse con mayores cantidades de B_1, B_2, B_{12}, etcétera.

Una zanahoria también es un sistema. Tomar la vitamina A sola nos produce una carencia relativa de todos los elementos que normalmente la acompañan en la zanahoria (y en otros alimentos naturales). ¿Y cómo reacciona el cuerpo cuando nota esta carencia? Busca algo para corregirla: en este caso, podría ir en busca de «la parte masticable» y hacer surgir los deseos de «picar». Cada vez que saco a colación este concepto en una clase o en una sesión con un cliente, se iluminan los ojos: «¡Ahhh! ¿Entonces a eso se debe que coma tanto, aun cuando no tengo hambre? ¿Por eso me he echado tantos kilos encima desde que comencé un "régimen sano"?». Sí, efectivamente, sí. En otras palabras, si usted se toma una tableta de vitamina A por la mañana, es posible que se pase toda la tarde en busca del resto de la zanahoria.

Otra forma en que el cuerpo trata de corregir un desequilibrio, además de añadir los elementos que faltan, es eliminar, excretar el exceso. Las recomendaciones de tomar vitaminas suelen ir acompañadas de la afirmación al efecto de que si se toman en exceso, el cuerpo sencillamente se librará de ellas. Eso es totalmente cierto. Lo que no se toma en cuenta, sin embargo, es «de qué manera» se va a realizar esa excreción, ni a través de qué órganos: riñones, intestinos, pulmones o la piel. Hace unos años vino a consultarme una joven que tenía toda la parte inferior de la cara cubierta de sarpullidos, como una barba. Ningún dermatólogo ni profesional de la nutrición había conseguido sanarla. Descubrí que la joven comía bastante bien, ni exceso de grasas, ni frutos secos ni productos lácteos, pero sí tomaba 20 comprimidos de vitaminas al día. Le sugerí que dejara de tomarlas y continuara comiendo alimentos buenos y corrientes. Dos semanas más tarde recibí de ella una maravillada carta en que me contaba que la cara se le había limpiado completamente. Sin lugar a dudas, su cuerpo había estado excretando el exceso de vitaminas a través de la piel de la cara.

Los suplementos vitamínicos y minerales, en cuanto elementos solos, han de considerarse medicamentos, ya sean naturales o sintéticos. Van a llenar una laguna en el metabolismo, si es que la hay. Al decir «laguna» quiero significar una carencia relativa de vitaminas o minerales creada por alimentos parciales o incompletos, como el azúcar o la harina blanca, debido a sus hidratos de carbono no acompañados. Así pues, incluso una cantidad pequeña de azúcar en la dieta va a crear lagunas que, teóricamente, podrían ser equilibradas mediante suplementos.

Pero para una persona razonablemente equilibrada que sigue un régimen de alimentos integrales, las vitaminas extra resultan superfluas y sólo van a crear un desequilibrio donde probablemente no había ninguno.

Cuando se usan médicamente los suplementos, es necesario prestar mucha atención a las dosis. Van a contribuir a solucionar una carencia, pero una vez que lo han hecho, ha concluido su trabajo y ha de interrumpirse la toma. Ciertamente son muy útiles cuando hay una carencia clínica o una necesidad individual extraordinaria. Pero, en último término, las sustancias de un solo elemento, como las vitaminas y los minerales, no pueden sanar verdaderamente, porque en sí mismas no son completas. Además, debido a que carecen de la energía vital de las plantas, no pueden estimular a nuestro organismo a que extraiga de los alimentos lo que necesita. Muy a menudo, una carencia nutritiva simplemente significa que el cuerpo no puede asimilar o sintetizar ciertos elementos nutritivos.[16]

El criterio científico que actualmente siguen la medicina y los defensores de las dietas de alimentos naturales fortalecidos, sostiene que las partes determinan el todo, que la célula es el árbitro definitivo y rector del estado del cuerpo en lo referente a nutrición y que, por consiguiente, a lo que hemos de prestar atención es a la composición celular de los alimentos, incluidos las vitaminas y los minerales por separado. La teoría de los sistemas u organismos sostiene el sentido inverso de la jerarquía: el todo determina las partes, la salud es un estado de todo el cuerpo, y un cuerpo sano puede superar el hecho de tener alguna que otra célula enferma aquí y allí.

Pero no desechemos un punto de vista en favor del otro, aun cuando prefiramos el enfoque de los sistemas. El concepto de la nutrición celular es en efecto extraordinariamente importante y nos sirve para hacernos un cuadro más completo de la realidad biológica. Sin embargo, la experiencia me ha demostrado que se atiende mejor a la salud cuando nutrimos el cuerpo entero con alimentos completos en lugar de alimentar células aisladas con nutrientes aislados.

La dieta vegetariana

> Nuestros ciudadanos [...] gustarán de cultivar trigo o cebada para hornear o amasar. Servirán espléndidas tortas u hogazas de pan sobre juncos u hojas frescas y se sentarán al banquete con sus hijos. [...] Se procurarán unos cuantos lujos. Sal, por supuesto, aceite de oliva y queso, y diferentes tipos de verduras con las cuales preparar diversos platos naturales. Y les daremos algún postre, higos, guisantes y alubias, y bayas de mirto y bellotas para asar al fuego mientras beben su vino. De esta manera llevarán una vida sana y pacífica, y morirán probablemente a una edad muy madura, habiendo legado a sus hijos una forma similar de vida.

> Platón, *La República*

Todo lo que tiene de joven la dieta norteamericana estándar, lo tiene de viejo el vegetarianismo. Se remonta por lo menos al siglo VI a. de C., a los antiguos griegos; tanto Platón como Pitágoras fueron entusiastas vegetarianos.

Fundamentalmente, el vegetarianismo se puede definir como una manera de comer que evita intencionadamente la carne de animales: ganado, pescado, pollo, caza, etcétera. Hay tres variantes diferentes de dieta vegetariana:

- El vegetarianismo *ovo-lácteo*, que permite los productos de animales obtenidos sin matanza, como la leche y los huevos.
- El vegetarianismo *lácteo*, que sólo permite la leche y sus derivados (los huevos son pollos sin nacer).
- El *vegetalianismo*, que evita «todos» los productos de origen animal, incluidos la leche, los productos lácteos, los huevos, todos los alimentos que los contengan y, a veces, incluso la miel. Los defensores del vegetalianismo pueden llegar incluso a evitar todos los productos hechos con lana, cuero, hueso y grasa, entre ellos cosméticos, jabones, ropa y otros artículos corrientes.

Actualmente hay un buen número de personas que se dicen vegetarianas pero que comen pescado. Eso es técnicamente incorrecto, de manera que yo prefiero clasificar ese estilo de comer dentro de las dietas de alimentos naturales.

VEGETARIANISMO
OVOLÁCTEO · LÁCTEO · VEGETALIANO
norteamericano amplio · de alimentos naturales · yóguico · de higiene natural · vegetaliano estándar · de alimentos crudos · macrobiótico vegetariano

La diferencia entre los regímenes yóguico y de higiene natural reside en sus diferentes filosofías básicas: el yóguico pertenece a la filosofía hindú clásica, que divide los alimentos en *sattvic* (naturales, calmantes, limpiadores), *rajasic* (cocinados, condimentados, gastronómicos) y *tamasic* (excesivamente cocinados, estropeados, adobados, incompletos); el de higiene natural es hijo del cerebro de Herbert Shelton, quien daba especial importancia a las combinaciones de alimentos correctas e incorrectas.

Una forma vegetariana de comer suele adoptarse a consecuencia de una opción ideológica individual. A lo largo de toda la historia ha habido elocuentes y fervorosos defensores de este régimen, pero normalmente la sociedad en general no les ha hecho caso.[17] Son pocas las sociedades que se aproximan a un régimen exclusivamente vegetariano: los indios lo son por motivos religiosos; los indígenas que habitan los altiplanos andinos, a unos 4.000 metros de altura, y los tarahumaras mexicanos, cuyo principal sostén lo constituyen el maíz seco y las legumbres, viven en regiones muy elevadas, donde, según se ha demostrado, es muy beneficiosa la dieta pobre en proteínas.[18]

Lo que mueve a la elección del vegetarianismo tiene mucha importancia, pues eso va a determinar el tipo de dieta vegetariana a seguir. Hay dos clases de motivaciones: la moral (ética o religiosa) y la orientada a la salud. En muchos casos ambas se conjugan, aunque normalmente predomina una. El punto de vista moral sostiene que está mal matar seres vivos para comerlos, ya que hay suficientes alimentos nutritivos de origen vegetal disponibles. El punto de vista de la salud sostiene que comer proteína de origen animal produce enfermedad porque nuestro cuerpo no está hecho para procesar esos alimentos: nuestros dientes están hechos para moler y masticar, no para rasgar; nuestros intestinos son demasiado largos, por lo cual la carne se pudre durante el lento trayecto a través de ellos, dando lugar a olores corporales, indigestión y enfermedad.[19] Además, se dice que el metabolismo de la proteína de origen animal deja residuos tóxicos y de desecho (como el ácido úrico), los cuales hacen trabajar excesivamente a los riñones y aparato digestivo y son perjudiciales para la claridad de pensamiento. Las proteínas de origen animal contienen también mucha grasa saturada que, exceptuando los aceites de coco y de palma, no se encuentra en una dieta vegetariana, y colesterol. Tanto las grasas saturadas como el colesterol pueden contribuir a las enfermedades cardíacas y a la obesidad.

EFECTOS

Además de los efectos particulares de cada variante vegetariana (véase el cuadro de la página siguiente), se pueden hacer algunas observaciones sobre la forma vegetariana de comer.

Una dieta basada solamente en alimentos de origen vegetal, sobre todo en verduras y frutas crudas, tiene un efecto «limpiador», porque las verduras y las frutas apoyan más el proceso de descomposición que el de construcción. Ése es el motivo de que se pierda peso cuando se consumen cantidades apreciables de estos

VARIANTES VEGETARIANAS

CATEGORÍA	CONSISTE EN	PROHÍBE	TABLAS DE CONTRARIOS				ACIDIFICANTES	ALCALINIZANTES	EFECTOS
			EXPANSIVOS	CONTRACTIVOS	CALORÍFICOS	REFRESCANTES			
Norteamericana amplia	Alimentos de origen vegetal, harina blanca, productos lácteos, verduras enlatadas y congeladas, azúcar, miel	Buey, pescado, pollo, ternera, caza, cordero, cerdo	Ensalada, fruta, yogur, azúcar, bebidas suaves	Queso salado, chocolate amargo, huevos	Sopas, quesos, huevos	Ensalada, frutas, yogur	Pan, azúcar, pasta, huevos	Verduras, frutas, patatas, café	Desequilibrada, hace engordar
Vegetariana natural (ovoláctea)	Frutas y verduras frescas, cereales integrales, legumbres, frutos secos, productos lácteos, huevos, miel	Lo anterior, más alimentos enlatados, harina y azúcar blancos	Como la anterior	Queso seco, cereales, alimentos cocinados	Cereales, legumbres, platos picantes, huevos	Zumos	Legumbres, cereales, harina, huevos	Verduras, frutas, patatas	Sostenible si hay suficiente cantidad de cereales y sin demasiados productos lácteos ni dulces
Lacteariana	Igual que la anterior, excepto huevos	Lo anterior, más huevos	Ensalada, fruta, yogur	Queso seco, cereales, alimentos cocinados	Queso seco, alimentos cocinados	Yogur, fruta, ensalada	Harina, cereales, legumbres	Verduras, frutas, patatas	Como la anterior, pero demasiados productos lácteos pueden ocasionar problemas
Frutariana/alimentos crudos (higiene natural)	Frutas, frutos secos, verduras crudas, cereales remojados	Todo lo demás	Ensalada, fruta	Frutos secos	Frutos secos	Fruta, verdura cruda	Frutos secos	Frutas, verduras crudas	Refrescante, limpiadora, desequilibradora a la larga
Vegetaliana estándar	Frutas, frutos secos, cereales, legumbres, dulces, miel, productos de la harina	Todos los productos de origen animal	Fruta, ensalada, dulces	Frutos secos (cereales y legumbres si se usan)	Frutos secos, alimentos picantes	Fruta, ensalada, verduras	Productos harináceos, cereales, frutos secos	Frutas, verduras, patatas	Sostenible si hay suficientes cereales y legumbres y un mínimo de dulces

alimentos. (Es también posible, por supuesto, que se pierda demasiado peso. Llega un momento en que el péndulo oscila hasta más allá del equilibrado medio y nuevamente se hacen necesarios más alimentos constructores.)

Una dieta que incluya una elevada proporción de leche y sus derivados tendrá los suficientes alimentos constructores para mantener el equilibrio. Esta dieta puede sentar bien a algunas personas, pero a muchas otras les puede causar estragos metabólicos, sobre todo si la persona sufre de alergias o de intolerancia a la lactosa. La leche y el queso, en efecto, pueden agravar diversos problemas de alergia, independientemente de a qué se es alérgico. Como son de por sí potentes alimentos de construcción (¡la leche convierte a las terneras en vacas!) pueden ocasionar indeseados aumentos de peso.

Hay, por cierto, pocos hábitos de alimentación tan dañinos como el vegetarianismo y el vegetalianismo estrictos (sin proteína animal y sin productos lácteos) cuando se combinan con el uso frecuente de azúcar refinado y/o miel. El azúcar es un hidrato de carbono puro y carece de proteínas, de modo que en una dieta vegetaliana provocará una carencia relativa de proteínas y, por consiguiente, será debilitadora. Hay pruebas científicas que respaldan este argumento. En un detallado estudio dirigido por el doctor C. Keith Conners, del Hospital de Niños de Washington, D.C., se comprobó que un alimento azucarado después de una comida a base de hidratos de carbono era «fatal» en sus efectos sobre la capacidad de aprendizaje y el comportamiento, mientras que el azúcar después de una comida a base de proteína animal no tenía un efecto tan negativo.[20]

Un régimen vegetariano bien equilibrado es sanísimo cuando la persona es apta para seguirlo. Estudios realizados con grupos vegetarianos, como los Adventistas del Séptimo Día, arrojan datos de una frecuencia de cáncer mucho menor que la de poblaciones que comen carne.[21] Una dieta rica en proteínas vegetales y consecuentemente pobre en grasas saturadas tiene también una relación positiva con la limpieza de las arterias coronarias.

Una dieta vegetariana de alimentos crudos, aun cuando incluya frutos secos y cereales remojados, tiene una fuerte inclinación a colaborar en el proceso de desintegración, debido a su bajo contenido de proteínas y grasas. Es una manera de comer utilísima cuando deseamos librarnos de exceso de mucosas, grasa o cualquier tipo de materia depositada en los tejidos, vasos sanguíneos o articulaciones. También es extraordinariamente refrescante. La mayoría de las personas que conozco que siguen con éxito un régimen de alimentos crudos viven en climas cálidos, como Florida y California. Aquellas que viven en Nueva York refieren que sienten mucho frío en invierno; entran en calor tan pronto comienzan a comer alimentos de construcción cocinados, como cereales y legumbres.

COMENTARIOS

Los vegetarianos suelen estar interesados en el crecimiento espiritual, la meditación y la visión trascendental de la vida, es decir, en la comprensión de que hay otra realidad más allá del mundo material.* También es popular la creencia de que los vegetarianos son seres pacíficos mientras que los comedores de carne son sanguinarios o belicosos. De acuerdo con mis observaciones, esto se confirma sólo parcialmente. Un vegetarianismo bien equilibrado, acompañado de una predisposición altruista, ciertamente puede favorecer un carácter pacífico y amistoso. Pero no hay ninguna garantía: Caín el labrador de la tierra (¿vegetariano quizá?) mató a Abel, el pastor de ovejas (¿carnívoro quizá?). Hitler fue un fervoroso vegetariano desde 1911 hasta su muerte 34 años después. Su caso es, en realidad, un ejemplo elocuente de vegetarianismo desequilibrado: vivía de frutas, verduras, patatas, leche, arroz blanco, chocolate, y enormes cantidades de azúcar y harina blanca en forma de pasteles y tartas.[23] Pensando en ejemplos menos extremos, he conocido a muchos vegetarianos conflictivos y maniáticos (yo misma, a veces) y a muchísimos carnívoros amables y pacientes. Al fin y al cabo, si es cierto ese dicho que afirma: «Eres lo que comes», cuando uno come carne de vacuno, se hace semejante a la vaca, no al carnicero.

Tuve ocasión de comprobar esto en un viaje en avión de cinco horas que hice con mis hijas cuando tenían tres y seis años respectivamente. Eran muy vivas y bulliciosas y yo, temiendo tantas horas de encierro e inmovilidad, iba bien preparada con tentempiés sanos, juguetes y muchos lápices de colores. Cuando llegó la hora de almuerzo, lo único que había en el menú resultó ser carne de buey al vino; las niñas tenían hambre y exigieron comer «comida del avión», de manera que con mucha inquietud e imaginándome a las diablillas bailando encima de mi cabeza, les permití que lo pidieran. Con gran sorpresa por mi parte, después de comer la carne estuvieron muy relajadas y contentas, jugaron sosegadamente con sus libros para colorear e incluso me permitieron echar una siestecita. Después descubrí que uno de los aminoácidos presentes en la carne es el triptófano, que tiende a relajar y producir somnolencia.

Hay personas que son vegetarianas naturales prácticamente desde que nacen; la idea y el acto de comer productos de origen animal les resulta muy repugnante; estas personas normalmente se mantienen en excelente salud con un sencillo régimen vegetariano. Hay otras personas que no pueden seguir una manera vegetariana de comer sin debilitarse, deprimirse, perder energía, peso, el cabello, la «vena creativa» y sin tener una sensación generalizada de desvalimiento. Y aún hay otro grupo de personas que entran y salen de fases vegetarianas.

---

* Hauschka dice que esto se debe a que es más difícil convertir la proteína vegetal en proteína humana, entonces el esfuerzo extra que se necesita es como un ejercicio que desarrolla nuestros poderes interiores y nuestra fortaleza anímica. He observado que también aquí valen los contrarios: cuando una persona se dedica a la meditación suele ocurrirle que come cada vez menos proteína de origen animal, aun cuando no se haya propuesto hacer eso. (Sin embargo, estas observaciones no pretenden, de ninguna manera, insinuar que las personas que comen carne no puedan ser espirituales.)[22]

Hay varias teorías que hacen una clasificación de tipos de cuerpo con el fin de ayudarnos a decidir qué tipo de alimentos nos conviene más a cada uno. Una teoría, que según personas que la han probado es bastante efectiva, dice que a los tipos de cuerpo con suprarrenales fuertes les va muy bien una dieta vegetariana sin azúcar, mientras que aquellos que tienen una intensa actividad de la pituitaria no llevan muy bien la dieta vegetariana; necesitan proteína de origen animal.[24] Otra teoría sostiene que a las personas que poseen un sistema endocrino fuerte y activo, un ritmo metabólico rápido, cuerpo delgado y son aficionadas al ejercicio, les va muy bien comer grandes cantidades de verduras y frutas, mientras que las personas con sistema endocrino más débil, ritmo metabólico lento y tendencia a engordar, se sienten mal con una dieta vegetariana y les va mejor consumir una buena cantidad de proteína de origen animal.[25]

Según lo que yo he observado, el vegetarianismo funciona mejor cuando va acompañado de un compromiso espiritual profundamente sentido. Cuando el espíritu y la emoción apoyan una dieta desprovista de productos de origen animal (o que sólo permite productos lácteos), el cuerpo parece ser perfectamente capaz de extraer de los productos vegetales todos los elementos nutritivos que necesita y de transformarlos para mantenerse y repararse. Al parecer, el vegetarianismo no tiene efectos igualmente positivos cuando se adopta únicamente por «sensatas» razones de salud; si no intervienen la pasión y la emoción, parece que somos menos eficientes en procesar la materia vegetal y después de unos años pueden aparecer síntomas de carencia. Además, cuando la dieta no funciona, a veces es posible que la ideología o los razonamientos intelectuales nos impidan prestar atención a las señales que emite el cuerpo para indicar dolor o molestias.

Para ilustrar la debilidad de la férrea lógica que defiende el vegetarianismo, permítame que le exponga dos argumentos del debate. Como he dicho anteriormente, el vegetarianismo moral se basa en ciertas premisas referentes a lo poco recomendable que es matar animales y a que nuestros cuerpos no están hechos para el consumo de proteínas animales. Algunos defensores del vegetarianismo sostienen también que no deberíamos comer nada que se pueda defender o huir de nosotros.

Descubrí el otro argumento con la ayuda de un joven que una vez se sentó a mi lado en un tren. Cuando se enteró de mi interés por la alimentación y la salud y de mis inclinaciones vegetarianas, se echó a reír.

—Yo soy todo lo contrario —me dijo—. Sólo como lo que se puede defender y huir; ¿para qué voy a atacar a las plantas indefensas? De manera que sólo como animales, ni siquiera huevos ni leche. Y tendría que ver mis plantas. Me crecen grandes y hermosas, y perfuman mi casa; saben que no me las voy a comer.

Mientras yo permanecía muda, demasiado pasmada como para imaginar siquiera que podría estar tomándome el pelo, él continuó:

—Además, nuestros dientes no son aptos para el consumo de vegetales. Tenemos los incisivos demasiado cortos..., ¡fíjese en los conejos! Y nuestros molares no son lo suficientemente anchos..., ¡fíjese en los caballos y las vacas! Además, tenemos los intestinos demasiado cortos; los intestinos de la vaca son veinte veces el largo de su cuerpo, mientras que los nuestros sólo son unas cuatro o seis veces el largo del cuerpo.

Recuperada el habla, comencé a decir que era todo lo contrario, pero como no podía argumentarlo con cifras, me pareció mejor quedarme callada y reflexionar sobre este punto de vista totalmente nuevo. Finalmente hice algunas indagaciones y descubrí, sorprendida, que el joven tenía razón: los intestinos del perro miden entre 3,60 y 4,50 metros, es decir, alrededor de unas 4 o 5 veces el largo de su cuerpo, si le calculamos entre 60 y 90 centímetros de la cabeza a la cola; nuestros intestinos miden entre 6,60 y 7,80 metros; si nos calculamos unos 90 centímetros de la cabeza al coxis (las piernas no cuentan), eso signficaría que nuestros intestinos miden de 6 a 8 veces el largo de nuestro cuerpo. En cambio los intestinos del herbívoro buey miden unos 39 metros; si le calculamos entre 1,50 y 1,80 metros de longitud desde la cabeza a la cola, entonces los intestinos miden de 20 a 22 veces el largo de su cuerpo.[26] ¿Y dónde quedamos nosotros en este antiquísimo debate? ¡En el medio! Así pues, por lo visto, tenemos a nuestra disposición dietas para elegir según nuestros deseos y comodidad.

Pero el joven no había acabado:

—No sólo no tenemos el cuerpo hecho para consumir vegetales sino que, además, podemos ser mucho más espirituales comiendo proteínas de origen animal, que podemos convertir en proteínas nuestras con más facilidad; así no gastamos demasiada energía en eso y nos queda algo para dedicarla a asuntos espirituales.

Bueno, ¿qué puedo decir? Tal como nos enseñó Einstein, todo es, efectivamente, relativo. Sólo tenemos que coger las ideas que nos gustan y no tendremos problemas para encontrar los argumentos y las pruebas que las respalden.

El tema de la vitamina B$_{12}$

Generalmente se afirma que una dieta totalmente vegetariana es deficiente en vitamina B$_{12}$, causa de anemia perniciosa y de degeneración de la columna vertebral a los diez o doce años. Estudios realizados a comienzos de este siglo con vegetalianos británicos, que sólo comían alimentos de origen vegetal, sin huevos ni leche, revelaron que muchos de ellos finalmente sí manifestaron estos síntomas.

Se supone que la vitamina B$_{12}$ se origina de la fermentación de materia vegetal en el tracto intestinal de los animales herbívoros. Por este motivo, sus órganos y músculos contienen apreciables cantidades de esta vitamina. Sin embargo hay pruebas de que los cereales integrales, como el trigo y la avena, podrían suministrar el complejo vitamínico B completo, proporcionando de 0,1 a 0,4 microgramos de B_{12} por cada 100 g de porción comestible.[27] El Departamento de Alimentos y Nutrición recomienda de 0,3 microgramos para los bebés a 4,0 microgramos para mujeres embarazadas. Un consumo diario de 0,6 a 1,2 microgramos se considera suficiente para el adulto corriente.

Una dieta vegetariana basada en cantidades importantes de fruta y ensaladas crudas, frutos secos y semillas, verduras y patatas cocidas y de vez en cuando cereales, ciertamente va a ser deficitaria en esta vitamina; y ésa era la dieta de los vegetarianos europeos a comienzos de este siglo. Si además se consume azúcar o miel, que tienden a desmineralizar y a debilitar el cuerpo, el problema se complica. Pero cuando la dieta vegetariana está basada en cereales integrales y legumbres como los alimentos principales, el suministro de vitamina B_{12} está cubierto en cantidades suficientes. Una ración de 85 g de avena proporcionará el mínimo diario requerido por un bebé, mientras que sólo 85 g de avena en el desayuno y otros 85 de pan de trigo integral para el resto del día proporcionarán suficiente vitamina B_{12} al adulto normal. Las algas contienen importantes cantidades de esta vitamina (véase el cuadro de la página siguiente) y su inclusión en la dieta asegurará su disponibilidad.

Otro factor a tomar en cuenta es que la fermentación aumenta de manera espectacular el contenido de B_{12} de los alimentos. La soja tiene 0,2 microgramos por cada 100 g, mientras que el tempeh (tarta de soja fermentada, disponible cada vez más en nuestras tiendas de alimentos naturales) ofrece de 1,5 a 6,3 microgramos por cada 100 g (3,5 onzas) de ración promedio. El aumento de B_{12} se debe a una bacteria que acompaña al hongo fermentador.[28] Es interesante señalar en este contexto que los sistemas dietéticos tradicionales que incluyen una elevada proporción de hidratos de carbono complejos y poca, si la hay, carne de vísceras, ricas en B_{12}, también presentan muchos productos fermentados.

Parece posible que otros alimentos fermentados, tales como el chucrut, los encurtidos, el miso, el pan de masa agria, la cerveza natural, en realidad cualquier hidrato de carbono fermentable, podría ayudar a nuestras bacterias intestinales a sintetizar la vitamina B_{12}. Entonces, una dieta vegetariana pura que también incluya cereales integrales, productos de la soja fermentada, verduras encurtidas o fermentadas y algas, debería teóricamente proporcionar y/o ayudar a sintetizar vitamina B_{12} suficiente para cubrir nuestras necesidades. No sería necesario entonces recurrir (como hacen muchos vegetarianos) a las inyecciones ni a los suplementos, a no ser que hubiera un problema de mala absorción intestinal.

Mi propia experiencia corrobora esto. Aunque no he sido vegetariana pura, desde 1964 he comido principalmente cereales, legumbres, verduras, miso, salsa de soja natural, algunas algas, fruta, frutos secos y ya sea pescado, huevos o pollo una o dos veces por semana. Nada de carne ni hígado, casi ningún producto lácteo. En 1977 me hicieron muchos análisis de sangre en el laboratorio hematológico del Hospital Bellevue de Nueva York, después de 13 años de seguir este tipo de dieta, tiempo más que suficiente para el desarrollo de una anemia perniciosa. Los resultados dieron un nivel de hierro en la sangre de 131, dentro de los valores normales de 50 a 160. No creo que haya cambiado el cuadro porque ahora, mientras escribo este libro, en 1984, funciono muy bien y con comodidad con 5 a 6 horas de sueño, sin señales de cansancio ni pereza; y aunque ahora consumo pequeñas cantidades de proteína de origen animal con mayor frecuencia, sigo sin aproximarme a las cantidades recomendadas de proteínas o hígado.

No todos los vegetarianos consumen o absorben toda la vitamina B_{12} que necesitan. Bill Spear, director de la Asociación Macrobiótica de Connecticut en Middletown, ha estado estudiando la carencia de B_{12} en niños macrobióticos. Ha descubierto que este síndrome aparece ocasionalmente en familias que siguen un régimen macrobiótico vegetariano bastante estricto, que también es muy pobre en sal y productos de la soja fermentada, como el miso y el shoyu (tamari).[29] Es posible que los vegetarianos puros (vegetalianos) tengan más dificultades que aquellos que consumen pequeñas cantidades de proteína de origen animal. Si tiene dudas o es vegetaliano y se siente cansado con frecuencia, hágase un análisis de sangre para comprobar su nivel de B_{12}.

Contenido de vitamina B_{12} en los alimentos
Microgramos por cada 100 gramos (o 3,5 onzas)

Judías verdes	0-0,2
Algas kelp	0,5-1,0
Algas kombu	0,5-1,0
Avena	0,3
Algas Nori	0,7
Soja	0,2
Tempeh	1,5-6,3
Wakame	0,6
Trigo	0,1
Pan de trigo integral	0,2-0,4
Huevo	0,3
Halibut (pescado)	0,6
Hígado de buey	31-120
Leche entera	0,3-0,5
Dosis mínima recomendada para adultos	0,6-1,2

Fuentes: Benjamin T. Burton, *Human Nutrition*; Sharon Ann Rhoads y Patricia Zunic, *Cooking with Sea Vegetables*.

La macrobiótica

La palabra *macrobiótica* (del griego *macro*, «grande» o «largo», y *bios*, «vida») fue usada por primera vez por el médico alemán Christoph Wilhelm Hufeland a comienzos del siglo XIX queriendo significar una dieta vegetariana estilo europeo. En los años cincuenta de este siglo, el erudito japonés Sakurazawa Nyoiti, después conocido como George Ohsawa, aplicó el término, que él traducía por «el arte de la longevidad», a su filosofía y dieta de alimentos naturales estilo oriental. Actualmente y gracias al trabajo de sus dos principales discípulos en Estados Unidos, Herman Aihara y Michio Kushi, la macrobiótica goza de considerable popularidad en cuanto régimen alternativo para la salud.

Nacida de la filosofía oriental o, más concretamente, de la cultura y costumbres japonesas, la macrobiótica ofrece un punto de vista dietético que ciertamente difiere del occidental. En realidad se trata de una filosofía total de la vida en la cual los alimentos y la dieta ocupan una pequeña parte, aunque la parte mejor conocida.*

Brevemente, la macrobiótica considera que han de tomarse en cuenta todos los aspectos de nuestra existencia para determinar un estilo correcto de comer: la estación, el clima, la situación geográfica, la ascendencia, el tipo de actividad, las prácticas agrícolas, las costumbres tradicionales y, por supuesto, el estado de salud y constitución del individuo. Está también fuertemente orientada hacia un objetivo; el objetivo no es comer solamente arroz integral, como han malinterpretado diversos escritores sobre nutrición y otros, sino ser feliz, sano, libre, humilde, no exclusivista, saber agradecer la generosidad de la vida y valorar las dificultades con que nos encontramos en tanto en cuanto somos nuestros mejores maestros. Para esclarecer estas enseñanzas, he aquí los siete principios macrobióticos según los formula Aihara:

1. *Ecología:* Comer alimentos cultivados de forma natural, sin aerosoles, y en la región.
2. *Economía de vida:* Nada superfluo. Comer alimentos integrales, evitar los productos parciales, refinados y procesados, entre los cuales se contarían productos supuestamente «integrales» como el germen de trigo, el salvado y las vitaminas en comprimidos.
3. *El principio del yin-yang:* Ya comentado en el capítulo 3 como la teoría de los contrarios.
4. *Un arte de vivir:* Necesitamos responsabilizarnos de nuestra propia vida y salud, que es siempre cambiante, por lo que hemos de estar siempre dis-

---

* Es interesante señalar que el doctor Ronald Kotsch considera a Ohsawa una figura religiosa, «y si bien no es una muy principal, es lo suficientemente importante como para justificar nuestra atenta consideración».[30]

puestos a cambiar y adaptarnos. «No existen reglas absolutas o que puedan seguirse eternamente», señala Aihara. Así pues, la flexibilidad es la clave.

5. *Valoración* o gratitud: «Porque ésa es la raíz de la libertad y de la felicidad», dice Aihara.

6. *Fe* en la sabiduría de la Naturaleza, en el equilibrio de los contrarios que se manifiesta como la justicia universal, en «el amor que lo abraza todo sin excluir nada».

7. *Do-O-Raku*, o Tao, el Orden de la Naturaleza, el disfrute de la vida: «Todo lo que hacemos es un juego. No importa si fracasamos o triunfamos. [...] Do-O-Raku es vivir en un perpetuo éxtasis de placer. Aquellos que así viven son Do-O-Raku-Mono. Si usted es Do-O-Raku-Mono, es macrobiótico, coma lo que coma».[31]

A diferencia de Aihara, Michio Kushi sí considera que el alimento es el principal motor: «Sin alimento no existe el hombre ni toda la vida. Del alimento proviene la vida y también el hombre». Según sus enseñanzas, detrás de prácticamente todos los problemas con que podemos encontrarnos, hay una práctica alimentaria incorrecta; una dieta macrobiótica verdadera nos ayudará a resolver la mayoría de las dificultades de la vida, y eso significa comer cereales, legumbres, verduras, productos de la soja (sopa de miso casi diariamente), nada de fruta cruda, sólo cocida, y una pequeña cantidad de pescado de carne blanca una o dos veces a la semana. Además de estos consejos dietéticos, Kushi ofrece algunas sensatas «sugerencias de forma de vida»: vivir feliz; mantenerse activo; expresar gratitud; masticar bien; «acostarse temprano y levantarse temprano»; evitar la ropa de telas sintéticas y preferir las fibras naturales; evitar utensilios de aluminio y teflón y los hornos microondas; mantener ordenado el hogar, y muchas otras.[32]

CONSISTE EN:

- Cereales integrales (50 a 60 % del volumen total del alimento diario) y legumbres (5 a 10 %) en cuanto fuentes de proteínas.
- Verduras (25 a 30 %), sobre todo raíces, hojas verdes, calabazas, coles y frutas (5 %) de la estación.
- Algas (2 a 4 %), frutos secos y semillas.
- Productos de la soja (como el tofu), y productos de la soja fermentada, como el miso, la salsa de soja shoyu tamari y el tempeh.
- Condimentos, generalmente salados: gomasio (semillas de ajonjolí o sésamo con sal), umeboshi (ciruelas en salmuera), tekka (preparado de verduras de raíz horneado con miso), sal marina y aceites de ajonjolí y de maíz sin refinar.
- De vez en cuando pescado, o un huevo añadido aquí y allá en los guisos.
- Té de rama japonés tostado: de kukicha o de bancha son las bebidas preferidas.

- Para ocasiones especiales, «cualquier» cosa va bien (la malta de cebada, el jarabe de arroz o yinnie, y el jarabe de arce son los edulcorantes preferidos).

PROHÍBE:
- Carne, huevos, ave.
- Productos lácteos.
- Frutas tropicales o semitropicales, sus zumos y las gaseosas.
- El café, el té comercial y las «infusiones aromáticas estimulantes» como las de menta y manzanilla.
- Tomates, patatas, berenjenas, pimientos; a veces también las judías verdes, los calabacines y las espinacas.
- Azúcar, miel, jarabe de maíz, sacarina.
- Todos los alimentos coloreados, conservados, pulverizados artificialmente o tratados con sustancias químicas.
- Alimentos enlatados o congelados, cereales y harinas refinados (blancos).
- Las especias picantes y aromáticas, el vinagre blanco y la sal comercial.

PRESCINDE DE: Ningún producto alimenticio importante.

TABLAS DE CONTRARIOS EN LA DIETA MACROBIÓTICA

EXPANSIVOS, REFRESCANTES
Ensalada
Fruta
Zumo de manzana
Alimentos ligeramente salteados
Aceite
Algas
Pescado crudo y salteado
Tofu

CONTRACTIVOS, CALORÍFICOS
Cereales
Legumbres
Alimentos al horno y fritos
Condimentos salados (miso tamari, gomasio, tekka)
Pescado hervido y al horno
Tempeh

ALCALINIZANTES
Verduras
Algas
Sal, condimentos

ACIDIFICANTES
Cereales, harina
Legumbres
Aceite

PROPORCIÓN DE ELEMENTOS NUTRITIVOS

En esta dieta, las proporciones relativas de los elementos nutritivos pueden acercarse al ideal, si se pone atención. Se puede producir un desequilibrio importante si hay un exceso de hidratos de carbono; por ejemplo, un elevado consumo de dulces, aunque sean dulces «naturales», como las pastas preparadas con trigo integral y miel o jarabe de arce o malta de cebada, además de los cereales y legumbres. Esto puede ocasionar, a su vez, una carencia relativa de proteínas, y causar por consiguiente problemas de salud.

MINERALES Y VITAMINAS	PROTEÍNAS	GRASAS	HIDRATOS DE CARBONO
▫	◻	◻	◻

EQUILIBRIO

Es bastante fácil conseguir el equilibrio con una dieta macrobiótica, siempre que los alimentos que se consuman sean integrales, y no se consuman alimentos excesivamente expansivos ni excesivamente contractivos: es necesario tener precaución, para evitar un exceso de sal, miso, shoyu, tamari, especias, e incluso evitar comer demasiados cereales dejando de lado el pescado, las legumbres y las verduras, ya que esto podría causar un trastorno de exceso de acidez y tal vez una carencia proteínica menor.

EFECTOS

De todas las escuelas de ideología dietética que he conocido, me parece que la macrobiótica ofrece el único enfoque teórico verdaderamente holístico. En teoría, la dieta está diseñada tomando en cuenta todo el conjunto de circunstancias de un individuo: el entorno, la herencia, el estado actual, la propia constitución natural, como también los objetivos y la actividad laboral. Por lo tanto, un esquimal que coma carne de ballena y un jamaicano que coma plátanos fritos, son los dos «macrobióticos». Esta necesidad de adaptar la dieta a las circunstancias individuales es el concepto clave de este libro.

En las regiones templadas, una dieta macrobiótica aplicada con criterio amplio incluye cereales integrales, legumbres, verduras de todas clases (con excepción de las solanáceas, véase capítulo 6) tanto cocidas como crudas, frutas frescas, frutos secos, algas, productos de la soja, aceites no refinados, un mínimo de condimentos, y pescado si se desea. Es, por consiguiente, una de las maneras de comer más equilibrada y sana de entre todas las alternativas que tenemos para escoger. En realidad, los objetivos del *Dietary Goals* apuntan en esta dirección, igual como lo hacen muchos otros comunicados oficiales recientes sobre el tema de la salud y la alimentación. Con o sin solanáceas, con o sin algas, es una manera de comer que va siendo adoptada por un número cada vez mayor de personas, las cuales es posible que ni siquiera hayan escuchado jamás el término *macrobiótica*.

Por lo que he visto y vivido, una de las primeras y más inesperadas consecuencias de seguir una dieta macrobiótica es una sensación de equilibrio interior y de estar centrado. Es ésta una sensación muy difícil de definir, las palabras para explicarla son de lo más esquivas. Aquellas personas que no la tienen saben que no la tienen, la buscan, se quejan de no tenerla, mientras que aquellas que la poseen naturalmente no saben que la tienen y se preguntan de qué va tanto alboroto.

Esta nueva sensación de estar centrado es consecuencia de los efectos contractivos de los cereales integrales y las legumbres, la acción calmante que ejerce sobre los nervios todo el complejo vitamínico B presente en esos alimentos y el lento metabolismo de los hidratos de carbono complejos. Al mismo tiempo, el no comer alimentos más expansivos y descentradores (azúcar, grandes cantidades de frutas, zumos, ensaladas) reduce el «despiste», la dificultad para concentrarse. Se instala la calma, podemos decir, y la inquietud y locura se disipan por falta de combustible.

Muchas personas han comprobado también otro efecto: una visión de la vida nueva, holística, favorecida al parecer por el consumo de alimentos integrales, sobre todo de cereales. No se trata de que el alimento propiamente dicho tenga ese efecto directo; pero al sanar el cuerpo, poniéndolo bien, haciéndolo íntegro, nos lleva a mirar la realidad exterior de manera similar.

Un buen número de personas que siguen la dieta macrobiótica han referido remisión y/o desaparición de diversas enfermedades y trastornos patológicos, entre ellos el acné, problemas de peso, caspa, depresión, hemorroides e incluso el cáncer. Esto ha sido documentado en un libro muy popular y en otro de historias de casos.[33] Bien pueden los escépticos y científicos poner en duda el valor de esos testimonios, pero queda el hecho de que con este régimen, al igual que con muchos otros, muchas personas han experimentado la remisión de una enfermedad a consecuencia inmediata de un cambio de alimentación, y esto no se puede desconocer ni pasar por alto. Desgraciadamente es casi imposible realizar estudios estrictamente controlados de estos testimonios, porque la gama de variables anejas a un cambio de dieta es demasiado amplia. Entre ellas se cuentan no sólo la elección de los alimentos y del estilo de cocinarlos, sino también las expectativas, las creencias, los deseos inconscientes de sanar o no sanar, la constitución natural de la persona, el entorno y muchas otras.

Sin embargo, la macrobiótica no es una panacea; en realidad puede ser exactamente lo contrario. A muchas personas el régimen macrobiótico estándar les resulta demasiado restrictivo, demasiado rico en cereales y demasiado «ajeno» culturalmente. Algunas mujeres suben de peso en lugar de bajar; algunas personas, sobre todo hombres, pierden demasiado peso y viven con hambre, porque no metabolizan bien las proteínas de los cereales y gramíneas y no absorben elementos nutritivos suficientes.

En algunos casos, se ha aplicado el enfoque macrobiótico de manera extre-

madamente restrictiva: arroz integral dos veces al día, solamente verduras cocidas (¡hasta las ensaladas se hierven un poco!), sólo condimentos salados, nada de
hierbas aromáticas ni especias, un mínimo de fruta cruda, y sólo esporádica-
mente pescado. Si bien al comienzo este régimen suele ser beneficioso, puede
resultar demasiado contractivo cuando se sigue durante un periodo de tiempo.
Aparecen, como reacción, los deseos de alimentos expansivos y, según la oscilación del péndulo, no suelen ser infrecuentes los atracones en secreto de helado
y cerveza. Otra consecuencia de una dieta demasiado contractiva es el comer en
exceso. Se puede conseguir un mejor equilibrio aumentando la cantidad de pescado, legumbres, frutas y ensaladas, consumiendo con mayor frecuencia cereales diferentes del arroz, disminuyendo en conjunto la proporción de cereales y de
condimentos salados, y condimentando los alimentos con hierbas y especias.

En cuanto filosofía, la macrobiótica no sólo se ocupa de la alimentación correcta sino que también propone reglas generales de comportamiento y emite
juicios de valor sobre las «auténticas» condiciones de la buena salud y sobre la
maldad del mundo, de manera que a veces genera arrogancia en los maestros y
sentimientos de miedo y culpabilidad en los discípulos, justamente las cualidades
que pretende abolir. Puede de esta forma derrotar sus propios objetivos, demos-
trando al mismo tiempo la verdad de una de sus máximas: «Todo se convierte en
su contrario». Una de las más esclarecidas críticas hechas al movimiento macrobiótico procede de Leonard Jacobs, editor de la revista macrobiótica *East-West
Journal*:

> Si alguien no consigue dar la medida de nuestro modelo ideal de salud, es posible que re-
> leguemos mentalmente a esa persona a una posición de inferioridad. No nos importa en
> absoluto si la persona está o no sana, ni si disfruta de la vida. «Sabemos» que tiene depó-
> sitos de grasa alrededor de una u otra parte, que está aquejada del corazón, que está es-
> treñida, que tiene débiles los riñones, que no tiene vitalidad sexual. «Sabemos» estas cosas
> acerca de los demás, y vivimos juzgando y criticando, a ellos y a nosotros mismos. Tam-
> bién tenemos las respuestas, por supuesto, y, o bien tratamos de obligar a todo el mundo
> a aceptar estas respuestas, o los consideramos demasiado faltos de juicio para alcanzar ja-
> más nuestra sabiduría.[34]

El alimento nos sirve mejor, en lugar de como maestro, como herramienta e
instrumento, como colaborador y agilizador.

La información más valiosa que descubrí en la macrobiótica es el concepto de
los contrarios en su aplicación a los alimentos (véase capítulo 3). No es que esto sea
nada nuevo, pero ninguna otra filosofía alimentaria lo utiliza, que yo sepa. También me parece que los señores Ohsawa, Kushi, Aihara y otros muchos maestros
macrobióticos han tenido una influencia profunda en la formación de la nacien-
te opinión actual referente a la nutrición correcta, aun cuando no se les haya reconocido oficialmente el mérito. Los cereales integrales y las legumbres no constituyen una parte principal de los regímenes vegetariano/alimentos naturales eu-

ropeos en los cuales me eduqué, como tampoco de los movimientos de «alimentos sanos» de Estados Unidos. Tengo edad suficiente para recordar que hubo una época en que era muy difícil encontrar arroz integral en las tiendas, y los productos de la soja, imposible. Únicamente después de que comenzara a propagarse la macrobiótica, con su concepto del cereal como «alimento principal», y de que sus seguidores comenzaran a crear la demanda, se comenzó a tomar conciencia de los cereales en todas partes. El libro *Diet for a Small Planet* [Dieta para un planeta pequeño], de Frances Moore Lappé, tradujo a idioma occidental la teoría de la complementariedad de los cereales y las legumbres, haciéndola comprensible para los médicos y profesionales de la nutrición, pero no creo que el Colegio Oficial de Médicos de Estados Unidos sirviera arroz integral, como de hecho hace, en su banquete anual, si George Ohsawa no nos hubiera recordado la existencia de ese cereal.

5. El estilo de comer alimentos completos sustentadores de la salud

En el capítulo anterior he explicado los rasgos generales de los diversos sistemas dietéticos y sus efectos. Pero ¿cuál es el óptimo? ¿Existe una manera de comer de la cual podamos decir inequívocamente que es la más sustentadora de la salud? ¿Existe alguna prueba indiscutible?

Como he dicho anteriormente, según la creencia popular somos más sanos ahora que en el pasado. Tal vez eso sea cierto sólo si comparamos nuestra vida actual con la vida en Europa y América entre los siglos XV y XIX. Pero si comparamos la situación de nuestra salud con la de las culturas tradicionales de otras épocas y otros lugares, lo que aparece no es una mejoría.

En muchos aspectos, la salud de los pueblos «primitivos» ha sido y es mucho mejor que la de los modernos «civilizados». Los exploradores de siglos pasados hacían extensos comentarios sobre la salud y belleza de los indígenas, jóvenes y viejos, con que se encontraban en sus viajes. L. A. de Bougainville, de Francia, escribía acerca de los tahitianos que conoció (él fue el primer europeo que llegó a esa isla):

> Su vigor y agilidad, incluso en los ancianos, supera la de nuestros jóvenes. [...] La anciani-
> dad feliz y sin achaques que alcanzan, la agudeza de todos sus sentidos y la particular be-
> lleza de sus dientes, que conservan hasta edad avanzadísima... ¡Qué testimonio de lo sano
> que es el clima y lo sano que es el régimen que siguen sus habitantes![1]

Weston Price, dentista que ha realizado detallados estudios de la salud dental de personas antiguas, primitivas y modernas y su relación con sus respectivos regímenes alimenticios, señala que entre 1.276 cráneos de indios peruanos antiguos, no encontró ni una sola deformidad del arco dentario. En comparación, un 75 % de los norteamericanos contemporáneos estudiados mostraba malformación de las mandíbulas y arcos dentarios, con sus consiguientes problemas. Sus informes sobre los indios primitivos demuestran que cerca del cien por cien de sus dientes estaban libres de caries y de posiciones defectuosas.[2]

La obra exhaustivamente documentada del doctor Price, acompañada de fotografías de «antes y después» de la civilización, verifica los informes de los viajeros antiguos y modernos: las personas que llevan o han llevado una existencia sencilla de acuerdo a los ciclos naturales y a la tradición están, efectivamente, mejor que nosotros en lo que a salud se refiere. Con dietas tradicionales regionales desprovistas de alimentos «civilizados», como el azúcar, las verduras enlatadas y los productos de la harina blanca, la gente vive más tiempo, suele ser más guapa y generalmente bastante más sana que sus homólogos modernos. Tan pronto entraron los alimentos procesados en la dieta de los indígenas llegaron también los problemas. Las caries, la tuberculosis, los defectos de estructura ósea en los niños, y los partos dificultosos son los primeros síntomas. Estos trastornos de la salud aparecen incluso si el estilo de vida continúa sin mayores cambios en otros aspectos. Ciertamente no son hereditarios, porque aparecen en los niños, no en los padres.

Tal como el doctor Price descubrió, los trastornos de salud provocados por la dieta suelen ser reversibles de una generación a la siguiente. Cuando los «primitivos» que habían sufrido las consecuencias de los alimentos «civilizados» volvieron a su dieta natural indígena, sus hijos nacieron con la excelente salud y firmeza estructural de sus abuelos.

¿En qué consisten las dietas indígenas? Si bien sus efectos en lo que se refiere a la buena salud y longevidad pueden ser similares, sus contenidos son notablemente diversos a primera vista. La alimentación tradicional de los maoríes (Nueva Zelanda), por ejemplo, se compone de pescado, mariscos, algas kelp, gusanos y raíces. Los antiguos peruanos estudiados por el doctor Price comían pescado y marisco, plantas de río, patatas, maíz, judías, semillas y carne de cobaya. Los indígenas de las islas Hébridas occidentales comían tortas de avena y huevas e hígado de pescado. Los primeros daneses, suizos y europeos orientales se alimentaban de leche cruda y sus derivados, pan de centeno, verduras frescas, frutas, y carne una vez por semana. El alimento principal de los indios trashumantes de las Sierras Altas de Estados Unidos era el maíz y las judías secas, no consumían ninguna otra cosa durante sus largos viajes. Los sijs del norte de la India comen productos de la leche cruda, frutas, verduras de raíz, gachas o mazamorra *(porridge)* de semillas y legumbres, y carne cada diez días. Los masai de África viven casi exclusivamente de carne, leche y sangre, mientras que otros pueblos africanos consumen sorgo, mijo, verduras frescas y caza. Los tasaday, el último grupo de hombres de las cavernas con cultura de la Edad de Piedra, descubierto hace unos años en Filipinas, se alimentan de boniatos silvestres, gusanos, ranas, plátanos y otras frutas. Los antiguos griegos vivían de pan, gachas de cebada, lentejas, linaza, verduras, nabos, higos, aceitunas, queso de cabra, frutas, vino; la carne se reservaba para los banquetes de los días festivos y para la guerra. A propósito de esta espartana dieta, sus efectos eran admirables. Además de sentar los cimientos del pensamiento y la cultura occidentales de los 2.500 años siguientes, los escritores y filósofos griegos vivían muchísimos años. Platón vivió hasta los 87 años, Sófocles hasta los 91, Hipócrates hasta los 83, Eurípides hasta los 78, Demócrito hasta los 90; y a Sócrates le quitaron la vida cuando estaba en sus 70 años.

En los últimos años se han realizado estudios de la alimentación de aquellos pueblos tradicionales cuyas gentes, según se ha descubierto, son sanas y viven muchos años. ¿Qué tienen en común sus dietas? Las pruebas de laboratorio han demostrado que a pesar de ser aparentemente distintas, sus dietas son todas pobres en calorías, proteínas y grasas y ricas en hidratos de carbono complejos. Además, al analizar detenidamente estas dietas tradicionales nos damos cuenta de que se componen de alimentos que son:

- Frescos o conservados por medios naturales (secado, encurtido, ahumado).
- Cultivados o recolectados en la región.
- De la estación.
- Cultivados de manera natural (sin fertilizantes ni pesticidas químicos).
- Preparados según los métodos tradicionales.
- Apropiados a la situación particular del consumidor, es decir, se da alimentos diferentes a los bebés, a las mujeres embarazadas o en período de lactancia, a los enfermos, a los guerreros.
- Agradables al paladar, según los diversos gustos predominantes.

Un detalle interesante es el hecho de que casi ninguna tribu o sociedad tradicional es totalmente vegetariana. (Incluso los primates, a los que siempre imaginamos con un plátano en la mano, comen animales pequeños cuando se les presenta una oportunidad.)[3] Tenemos una excepción en los indios, que se hicieron vegetarianos por dos motivos principales: a) la creencia en la transmigración de las almas, de las religiones budista y jainista, según la cual, matar y comerse un animal que podría albergar a un ser humano equivale a matar y comerse a un ser humano, y b) la prioridad económica de mantener las vacas para usar su leche en lugar de matarlas para comer su carne.[4]

Sin embargo la mayor parte de los habitantes de regiones templadas, consumen una proporción mayor de alimentos de origen vegetal que de origen animal. Por ejemplo, los indios norteamericanos de la Prehistoria vivían de boniatos, patatas, mandioca, calabazas y cantidades pequeñas de carne. En Europa, durante siglos la dieta familiar estuvo compuesta por coles, nabos, cebollas, rábanos, retoños de sauce y abedul, ortigas tiernas, helechos, setas y caza menor. En Próximo Oriente, América Central y algunos lugares de Europa, la parte principal de la dieta la componían alimentos de origen vegetal, tales como judías, lentejas y garbanzos, suplementada por animales de caza y otros pequeños, como caracoles, mariscos y camarones de río.

Usos dietéticos similares se pueden encontrar actualmente en grupos aislados que aún viven de alimentos naturales regionales y se conservan en excelente salud. El estudio del doctor Alexander Leaf sobre los habitantes de Hunza (Pakistán), Vilcabamba (Ecuador) y Abkhazia (Georgia, de la ex Unión Soviética) es un clásico en este campo.[5] Hay personas en esas remotas regiones que viven hasta bien pasados los 100 años e incluso las hay que sobrepasan los 130. Invariablemente, son personas casadas que trabajan mucho, llevan una vida muy activa y útil en sus comunidades, son enormemente respetadas y comen alimentos muy sencillos, producidos en la localidad. En la época del estudio, los abkhazianos de Georgia central sólo obtenían el 70 % de sus calorías de productos vegetales, pero por lo visto eso no había sido siempre así. Según uno de los ancianos, cuando eran jóvenes «sólo comíamos legumbres y arroz, pero ahora comemos carne y tomamos vino todos los días». Es un hecho bien documentado que una dieta baja en calorías durante la primera parte de la vida alarga la duración total de la vida.[6]

Considerados según los cánones actuales, daría la impresión de que los regímenes alimenticios que han mantenido sanos a los pueblos a lo largo de toda la historia son pobres e insuficientes. Una dieta constituida en su mayor parte por hojas, raíces, maíz seco y legumbres no es probablemente la que le recomendaría su médico o dietista. Sin embargo yo tengo la fuerte sospecha de que un régimen de ese tipo podría tener efectos sorprendentemente positivos en la salud.

Mi propia manera de comer, que a falta de un nombre más atractivo o pegadizo denomino estilo de comer alimentos completos sustentadores de la salud, está firmemente anclada en esos usos alimentarios del pasado. Es ciertamente una comida menos espartana y más variada que aquella de los pueblos antiguos y/o primitivos. Pero los principios son los mismos. La diferencia más significativa, quizá, es que en los primeros tiempos la gente que vivía en armonía con la tierra y la naturaleza seguía sistemas de alimentación sanos de forma automática, intuitiva. Veinte años de probar, revisar y cambiar me han llevado a mí a formular los principios dietéticos que presento en este libro.

La manera de comer sustentadora de la salud es la que yo enseño y vivo y con la cual he criado a mis hijas. Tengo la profunda convicción de que es la manera de comer que mejor apoya nuestra salud, en todos los aspectos. Ciertamente ha sido así para nosotras.

En cierto sentido, es una mezcla de todas las dietas que he descrito en el capítulo anterior; coge algo de todas ellas. En general, pone el énfasis en un mayor consumo de verduras y frutas frescas, frutos secos y semillas, y vuelve al consumo de cereales no refinados, legumbres y otros hidratos de carbono complejos. Considera el efecto del alimento en la salud desde una perspectiva mucho más amplia que la que es normal hoy en día: necesitamos saber muchas más cosas sobre el alimento, no sólo su contenido de elementos nutritivos. Lo que subraya, más que la cantidad de estos elementos, es la «integridad», lo saludable de los productos alimenticios. Otros factores importantes son que los alimentos sean frescos, sin aditivos químicos, cultivados de forma natural, sin fertilizantes ni pesticidas petroquímicos, y que sean apropiados para la salud de la persona que los come. También recomienda el consumo de menos proteínas de origen animal y más de origen vegetal que lo que se estila en nuestra sociedad, aunque sí reconoce que muchas personas necesitan cantidades moderadas pero regulares de proteína de origen animal.

Uno de los principios clave de esta dieta es la flexibilidad. Sus limitaciones y concesiones varían de acuerdo a cada persona, de manera que puede oscilar desde un vegetarianismo total al consumo incluso de carne roja; desde una elevada proporción de alimentos crudos a una ausencia total de éstos; desde un 45 o 50 % de cereales integrales a un 5 o 10 %. Una manera de comer sustentadora de la salud dará a una persona la capacidad para hacer muchísimo ejercicio agotador; a otra la de largas horas de concentración; a una tercera le proporcionará la energía suficiente para trabajar catorce horas diarias sin estrés ni esfuerzo excesivo; y a todas, la mayor aproximación posible a los requisitos para la salud (véase capítulo 11).

A lo largo de todo este libro queda reflejada la filosofía que fundamenta esta manera de comer sustentadora de la salud. Además, uno de sus principales componentes es el rechazo de los sentimientos de temor y de culpa en relación con la elección de los alimentos. Podemos tratar el alimento como a un aliado, un maestro, un timón. Nos nutrirá bien si lo escogemos bien; si lo elegimos equivocadamente, nos enseñará algo acerca de nuestro cuerpo, si bien podemos prestar o no prestar atención a esas enseñanzas. Si cometemos errores en la elección de nuestros alimentos, sea por terquedad o por ignorancia, vamos a tener que sufrir las consecuencias, de manera que ¿para qué sentirnos culpables, además? Las consecuencias de nuestra selección, si son negativas, habremos de considerarlas información, no castigo.

CONSISTE EN:

- Cereales integrales, legumbres, verduras y frutas frescas de la estación, frutos secos, algas; todo cultivado orgánicamente siempre que sea posible.
- Verduras o legumbres fermentadas o encurtidas (encurtidos, chucrut, tempeh, etcétera).
- Pescado, huevos orgánicos, o carne de aves criadas naturalmente cuando apetezca y, para algunas personas, una pequeña cantidad de carne roja de vez en cuando, de animales criados naturalmente si es posible.
- Hierbas, especias, sal marina, salsa de soja natural, miso sin pasteurizar (pasta de soja fermentada y salada) y otros condimentos naturales en cantidades moderadas.
- Aceite de sésamo (ajonjolí) sin refinar, aceite de oliva virgen extra, o, para frituras ocasionales, aceite de cártamo prensado en frío; mantequilla sin pasteurizar, tahini (pasta de semilla de sésamo), mantequilla de sésamo (el consumo diario total de grasa de cualquier tipo de fuente, idealmente no ha de sobrepasar las dos cucharadas, más o menos).
- Para endulzar, zumos de fruta, jarabe de arce, jarabe de arroz o malta de cebada, en cantidades muy moderadas.

- Agua de manantial para cocinar y para beber.
- Infusiones de hierbas populares como la menta y la manzanilla, té verde o té de rama tostados (bancha y kukicha respectivamente), cafés de cereales (de achicoria, cebada o muy tostadas, etcétera).
- Productos lácteos, sin pasteurizar si es posible, a modo de festín ocasional y si no son causa de problemas evidentes.
- Comidas fuera con amigos o familiares cuando surge la ocasión, sin sentirse culpable.

PROHÍBE (si es posible, la mayor parte del tiempo):

- Azúcar (blanco, moreno y crudo) y miel.
- Leche pasteurizada, homogeneizada y fortalecida con vitamina D; quesos, helado, crema agria y concentrada, yogur.
- Harina y arroz blancos (excepto ocasionalmente en restaurantes étnicos).
- Alimentos enlatados y congelados.
- Bistec, carnes y pescados conservados en nitratos y nitritos, huevos comerciales.
- Sal yodada, salsa de soja comercial, alimentos muy condimentados.
- Manteca de cerdo, manteca para hojaldres, aceites comerciales, alimentos fritos, mantequillas de frutos secos y de cacahuetes (excepto de vez en cuando en cantidades pequeñas).
- Agua de grifo fluorada y clorada (excepto en restaurantes); agua destilada.
- Café, chocolate caliente, infusión de hierba mate y otras bebidas cafeinadas o medicinales, excepto cuando se necesitan.
- Comidas malísimas que «te convienen».
- Comidas de sibarita que alteran el equilibrio del cuerpo durante más de uno o dos días.

TABLAS DE CONTRARIOS

CONTRACTIVOS	EXPANSIVOS
Cereales	Hierbas y especias
Legumbres	Infusiones
Alimentos encurtidos	Zumos
Pescado	Aceites vegetales
Ave	Frutas
Huevos	Ensaladas
Sal marina y condimentos salados	Verduras, incluidas las patatas

CALORÍFICOS	REFRESCANTES
Sopas, guisos, cocidos calientes	Verduras, cereales, legumbres
Pescado	cocidas y frías

Ave
Huevos
Aceites vegetales

Ensaladas
Frutas
Hierbas, especias
Infusiones, zumos

ACIDIFICANTES
Aceites vegetales
Cereales integrales
Legumbres secas y guisantes
Pescado
Ave
Huevos

ALCALINIZANTES
Frutas
Verduras
Algas
Verduras fermentadas o
  encurtidas
Sal marina y condimentos
  salados

PROPORCIÓN DE ELEMENTOS NUTRITIVOS

En un régimen sano han de estar presentes todos los elementos nutritivos en cantidad suficiente para un funcionamiento fisiológico óptimo, pero no en exceso; también habrán de estar en una relación mutua natural. Para mi gusto, las proporciones adecuadas (en porcentajes de calorías que proporcionan) serían las siguientes:

20 a 25 % de grasas.
10 a 12 % de proteínas.
70 a 75 % de hidratos de carbono (65 % complejos o féculas; 5 % azúcares en fruta).

La mayoría de los alimentos vegetales, a excepción de los frutos secos y las semillas, suelen contener poca grasa (0,1 a 4 %), de manera que la grasa extra que aparece provendría de los aceites para cocinar, de los frutos secos y semillas y del ocasional consumo de mantequilla y alimentos de origen animal.

Porcentajes de calorías obtenidas de los diversos elementos nutritivos de la dieta de alimentos completos sustentadores de la salud

PROTEÍNAS	GRASAS	HIDRATOS DE CARBONO COMPLEJOS	HIDRATOS DE CARBONO SIMPLES
▪	▪	■	▫

EQUILIBRIO

En este método de alimentación se consigue el equilibrio procurando no inclinarse excesivamente hacia ningún lado de las tablas de contrarios, es decir, utilizando las legumbres y los cereales a modo de centro de la comida, ya que éstos son a la vez expansivos (crecen hacia arriba) y contractivos (por su forma y energía) y en consecuencia son de por sí bastante equilibrados. Hay tres factores sencillos por los cuales guiarse para planear una comida bien equilibrada:

1. *Por el color:* La comida habrá de incluir alimentos verdes, rojos, naranja o amarillo, blanco y marrón.
2. *Por el sabor:* En cada comida habrá de haber algo agrio, algo amargo, algo dulce, algo picante y algo salado; así la comida satisface.
3. *Por la textura y la forma:* Ha de haber abundantes féculas (cereales o tubérculos), proteínas (legumbres o alimentos de origen animal), raíces, hojas y frutas. Entre las verduras, deberá haber algo que crezca hacia arriba (hojas, apio, bróculi), algo que crezca hacia abajo (raíces, como las zanahorias o las chirivías), algo que crezca hacia los lados (calabazas) y tal vez algo que cuelgue (judías verdes, frutas).

El concepto de grupos de alimentos (analizado en el capítulo 3) también se puede adaptar al estilo de comer sustentador de la salud. Quiero proponer la siguiente clasificación a modo de variante de los cuatro grupos tradicionales:

GRUPOS DE ALIMENTOS SUSTENTADORES DE LA SALUD

1. El grupo de los hidratos de carbono complejos:
   a) Cereales integrales (2 o 3 raciones diarias): arroz, trigo, cebada, avena, mijo, trigo sarraceno, centeno, maíz, bulgur; palomitas de maíz, kasha, pan de cereales integrales.
   b) Tubérculos feculentos (dos o tres raciones semanales: optativo): boniatos, mandioca, yautias y otros productos similares.
2. El grupo de las proteínas:
   a) Legumbres secas y guisantes (una o dos raciones diarias): guisantes majados, lentejas, garbanzos, alubias, judías azuki, etcétera.
   b) Alimentos de proteína animal (de una a cinco raciones semanales): pescado, ave, huevos, carne.
3. El grupo de vitaminas/minerales:
   a) Hortalizas de hoja verde (una o dos raciones diarias): coles, hojas de mostaza, diente de león, acelgas, hojas de nabos (todas cocidas); lechuga, perejil, eneldo, escarola, achicoria, berro (crudos).
   b) Hortalizas de raíz y calabazas (una o dos raciones diarias): nabos, chirivías, zanahorias, colinabos, calabazas, rábanos y otros productos semejantes.

c) Verduras en general (una o dos raciones diarias): apio, bróculi, judías verdes, coliflor, cebollas, puerros, cebolletas.

d) Algas (de dos a cinco raciones semanales): dulse, musgo irlandés, agar-agar, kelp, hijiki y otras.

e) Solanáceas (dos o tres raciones diarias si la dieta incluye algunos productos lácteos): patatas, tomates, berenjenas, pimientos.

f) Frutas frescas de la estación, crudas o cocidas (una o dos raciones diarias; entre las comidas si son crudas).

4. El grupo lactobacilo (tres o cuatro raciones semanales): alimentos fermentados, como los encurtidos, chucrut, miso, tempeh, productos de la fermentación de la leche (optativos).

5. El grupo de los alimentos para pasarlo bien (fines de semana, fiestas, ocasiones especiales): leche, queso, bebidas alcohólicas, chocolate, azúcar, patés, frituras, etcétera.

Nota: Es particularmente importante recordar que en un sistema dietético que consume una considerable proporción de hidratos de carbono complejos es esencial masticarlo todo muy bien. La digestión de los hidratos de carbono comienza en la boca, con la enzima tialina, que es una amilasa presente en la saliva. Si el alimento no está en la boca el tiempo suficiente para que esta amilasa realice su trabajo, éste recae en la amilasa pancreática del duodeno. El páncreas de muchas personas, sobre todo de las consumidoras de azúcar, sencillamente no es apto para esta tarea. La consecuencia será la sensación de hinchazón y de gases, incomodidad general y, por supuesto, de desilusión con la «saludable» dieta. De modo que, por favor, recuerde: Mastique cada bocado hasta que éste esté totalmente impregnado de saliva, es decir de 35 a 40 veces.

Por definición, la manera de comer sustentadora de la salud está orientada a un objetivo, por lo tanto siempre será algo diferente para cada persona. Creo que las directrices ofrecidas aquí y en el capítulo 8 («El cambio de la manera de comer») son lo suficientemente amplias para cubrir la mayor parte de las necesidades y circunstancias individuales. Proponen los principios generales por los cuales orientarse cada uno. Sin embargo los detalles, por ejemplo, si hoy ha de comer un plato de judías o un trozo de carne, habrá de determinarlos cada persona individualmente. Con el tiempo también irán cambiando, en la medida en que vaya cambiando el cuerpo... y la mente. El objetivo ha de tenerse presente todo el tiempo: ¿Para qué estamos vigilando la dieta? ¿Estamos convirtiéndonos en las personas que deseamos ser? ¿Da resultados? Nunca repetiré lo suficiente la importancia de la flexibilidad y de la adaptabilidad para cambiar. En la dieta sustentadora de la salud no hay cabida para dictámenes rígidos ni reglas estrictas, ni para una lista de alimentos «permitidos» y alimentos «prohibidos».

Adoptar este estilo de comer exige autodeterminación, libre voluntad y aceptar la responsabilidad de nuestras elecciones. Compromete nuestra creatividad e inteligencia. Nos da la posibilidad de crecer, cambiar, descubrir y aprender continuamente, todo lo cual no la hace fácil sino muy interesante e incluso estimulante.

Advertencia: Los comentarios sobre los efectos de los alimentos en nuestra salud, tal como se expresan en este capítulo y el siguiente, no toman en cuenta la posibilidad de que usted pudiera estar tomando medicamentos. Si esto es así, todo cambia de manera imprevisible y devastadora. Muchos medicamentos, con o sin receta, aumentan la eliminación o disminuyen la absorción de los elementos nutritivos, de manera que los alimentos naturales podrían no tener mucho efecto medicinal.

Comer fuera: Cómo arreglárselas

Seguir una dieta sana puede ser un reto para aquellos de nosotros que vamos siempre de prisa.

«Trabajo todo el día –puede que esté usted pensando–, ¡no tengo tiempo para cocinar! Y no sólo eso, es que me gusta comer fuera unas cuatro o cinco veces a la semana, o tal vez más. ¿Cómo voy a encontrar cereales integrales en el bar?»

Otro problema es que nuestro estilo de vida humano es muy complicado. Una cosa tan elemental como comer se ha cargado de millones de sutiles matices, convirtiéndose así en una forma de comunicación. En nuestra sociedad, si pedimos sushi, por ejemplo, nuestros compañeros de mesa tendrán una impresión totalmente diferente de nosotros que si pedimos carne asada. Russell Baker, cuyos artículos satíricos aparecen con regularidad en el *New York Times*, escribió uno una vez deliciosamente irónico aunque increíblemente cierto, titulado «Almuerzo de poder», en el cual pedir un bistec crudo de caimán con nabos se consideraba una expresión de poder. ¿Cuál sería la reacción de los demás comensales en una comida de negocios si uno solo tomara sopa, ensalada y agua mineral?

Tratemos estos dos problemas, materia y mente, de uno en uno. Sobre el asunto de qué comer, pruebe a seguir estas sencillas reglas:

- Nunca coma postre que esté preparado con azúcar blanco. Obtenga sus hidratos de carbono de cereales integrales si los hay, o de pan, pasta y verduras feculentas.
- Pida cosas sencillas, prefiriendo platos con menos ingredientes a aquellas mezclas más complicadas.
- Decídase por las sopas, sobre todo sopas de lentejas, guisantes u otras legumbres y de verduras; pescado, patatas, verduras; ave alguna que otra vez; tostadas de pan de centeno, bocadillos de pavo si le apetece. Tenga

cuidado con las ensaladas de atún y huevo y por el estilo, que generalmente contienen mucha mayonesa comercial.

- Siempre que sea posible coma en restaurantes en que se empleen alimentos naturales, cereales integrales, como el arroz integral, kasha o mijo. Incluso allí, opte por cosas sencillas: la carencia de técnicas para cocinar alimentos naturales concede una enorme libertad a los cocineros para crear platos nuevos. Algunos son deliciosos; otros pueden resultar ser mezclas muy raras. En caso de duda, le irá mejor con cosas más sencillas.

- En los restaurantes étnicos tiene mucho para escoger. De un menú japonés, escoja sushi si le gusta; o el plato de espinacas *(oshitashi)*; rollos de pepino con arroz *(kappamaki)*, de entrante, tofu frío o caliente; sopa de miso; cocidos, como el *yosenabe* (caldo con pescado y verduras); fideos de *soba* (trigo sarraceno) con o sin *tempura* (camarones y verduras rebozadas), aunque esto último será mejor que lo evite si le preocupa el consumo de grasas. Los *teriyaki* (preparados mojados en salsa de soja muy condimentada, con sake y azúcar y, a veces, con ajo fresco y jenjibre) suelen ser muy salados; tenga cuidado con la salsa de soja en cuanto condimento general.

- En los restaurantes chinos, las mejores opciones serán los platos de verduras combinadas, fideos, vieiras, pescado fresco (los camarones son casi siempre congelados en este país), pollo con bróculi, y otros similares. Tal vez sea necesario pedir que pongan menos sal, salsa de soja y aceite y nada de glutamato monosódico en el preparado (y eso se lo respetarán, porque los platos chinos generalmente se preparan según el pedido, a excepción de las sopas, masas hervidas, rollos de huevo y similares). Si es posible evite el huevo *fu* joven, que es probablemente el plato más aceitoso jamás inventado, su hígado se lo agradecerá. Tanto en los restaurantes chinos como en los japoneses puede encontrar un buen número de platos vegetarianos; no obstante, en todos usan pulido arroz blanco, por lo cual el contenido nutritivo no es equilibrado y es menor que lo conveniente. Por ese motivo, estas comidas estarán mejor equilibradas si las acompaña con una pequeña cantidad de proteína de origen animal; ése es también el sistema alimenticio tradicional; es buena idea seguirlo. Si encuentra algún restaurante oriental en el que sirvan arroz integral sin refinar, entonces ciertamente la opción de una comida vegetariana sería excelente.

- En los restaurantes indios procure pedir *dal*, así complementará la abundancia de platos vegetarianos y de arroz blanco con importante cantidad de proteína de las legumbres. La cocina india es probablemente una de las más equilibradas para los vegetarianos, aun cuando también usa arroz blanco; cuando usa arroz integral, se sentirá plenamente satisfecho con una comida india. Sólo habrá de tener cautela con los platos excesivamente picantes y también con los panes fritos, aunque tal vez el crujiente y ligero *pappadum* es un festín tan exquisito que bien vale la pena cometer el pecado de comerlo.

- Los restaurantes mexicanos, brasileños y de otros países latinoamericanos (exceptuando Argentina), suelen ofrecer deliciosos platos de arroz (blanco), maíz y legumbres; es posible que a veces tengan exceso de condimentación. Con alguna sopa y ensalada se puede armar una comida razonablemente satisfactoria.

- Los restaurantes italianos sirven sopas exquisitas, como la menestra, la *pasta e fagioli* y la *escarole in brodo*. Uno de los platos italianos más interesantes es el *bolito misto*, un enorme plato de verduras frescas al vapor o poco hervidas coronado por un trozo de pollo hervido; desgraciadamente, no son muchos los restaurantes que lo sirven. Las pastas suelen hacerse con harina blanca semolada; en algunos restaurantes se ofrece actualmente pasta de trigo integral, pero eso requiere más tiempo de cocción y a veces no se la dan. Decídase por la pasta primavera, que es un plato muy bueno si no está bañado en queso. En general, los platos de pasta con salsa de almejas blancas o pesto van mejor al organismo que los con salsa de tomate en conserva o quesos derretidos. También es posible encontrar calabacines y bróculi salteados, o escarola, pero éstos suelen ir bañados en aceite. (Es curioso, pero yo encuentro que los platos que llevan demasiado aceite son más difíciles de digerir que los que llevan un exceso de mantequilla, aun cuando eso se opone abiertamente a la sabiduría tradicional de alimentación. Usted puede hacer la prueba también, y guiarse más por la respuesta de su cuerpo que por las teorías de alguien.)

- Y hablando de mantequilla, en los restaurantes franceses puede decidirse, sin sentirse culpable, por los platos de pescado hervido, patatas, verduras y ensalada. Si está de ánimo supercauteloso, puede pedir que no le sirvan la salsa de mantequilla, y si está en plan sibarita, puede pedir que se la sirvan aparte y disfrutarla con moderación.

En muchos restaurantes le prepararán un plato de verdura al vapor o salteada si lo pide; cuanto mejor sea el restaurante, más fabuloso será el plato que le preparen, de manera que no dude en pedirlo. En realidad, no sólo en los restaurantes harán eso, como descubrí hace unos cuatro años, cuando fui a una boda en una iglesia de Nueva Jersey; se ofrecía un banquete que tuvo lugar en el comedor de la iglesia. El plato fuerte era un entrecot de medio kilo con patatas y zanahorias. Pensando que sería algo muy sencillo de hacer, le pedí al camarero que me trajera dos raciones de verduras y le diera mi entrecot a otra persona. Bueno, sirvieron a todo el mundo menos a mí, y ya comenzaba a sentirme excluida y desdeñada por la sociedad de carnívoros... cuando apareció el camarero y me colocó delante un precioso plato de verduras surtidas hechas al vapor: zanahorias, calabacines, judías verdes, coliflor, bróculi... En la cocina se habían dado el trabajo de prepararlo, sin previo aviso, al mismo tiempo que servían a más de cien comensales. Mis compañeros de mesa estaban sorprendidos, e incluso un poquitín envidiosos, ¡ciertamente el mío era el plato más hermoso! Afortunadamente era abundante y suficiente para compartirlo, de manera que todos lo disfrutamos.

Creo no equivocarme al decir que en la actualidad hay tal predominio de la conciencia de la salud que prácticamente nadie nos va a mirar con recelo si pedimos platos de verdura y con poca grasa y evitamos el bistec y los martinis.

En realidad, cuando la comida es un acontecimiento social, es conveniente evitar hablar de la comida, a no ser que sea para comentar sus delicias. Tampoco conviene defenderse ni pedir disculpas por la elección de alimentos, sean cuales fueren; si uno lo hace, sólo expresará innecesarios sentimientos de culpa. Uno tiene derecho a comer lo que le plazca, sea esto vegetariano, norteamericano estándar, «nouvelle cuisine», macrobiótico, comida basura o los restos de la noche anterior. Normalmente suele aparecer el sentimiento de culpa cuando las transgresiones quedan sin castigo; en el caso de los alimentos, eso no es necesario, porque si uno comete errores al elegirlos, inevitablemente sufrirá las consecuencias. Si a usted le parece que ha de ser muy estricto con lo que come, será más feliz quedándose en casa. Comer fuera suele ser un acontecimiento social, un medio de intercambiar energía con el mundo que nos rodea. Haga todo lo posible por elegir con sensatez, pero no sufra demasiado, ni tampoco se sienta molesto si la comida no es perfecta; simplemente mastíquela bien, disfrute de la ocasión y agradezca lo que le han servido.

Para los profesionales de la nutrición y de la salud: La nutrición en cifras

Las directrices dietéticas de diversos departamentos oficiales nos dicen invariablemente «cuánto de cada elemento nutritivo» hemos de consumir por día: tantos gramos o miligramos por kilo de peso corporal, tomando en cuenta circunstancias particulares, como el embarazo y la lactancia. El ya citado *Dietary Goals*, junto con sus críticos y enmendadores, y el Programa Pritikin, hablan del «porcentaje de calorías proporcionadas por los diversos elementos nutritivos de la dieta». El método macrobiótico sugiere consumir los diversos alimentos según su porcentaje «por volumen» en la dieta diaria.

Al cocinero o a la cocinera le resultan terriblemente confusas estas tablas de cifras, difíciles de traducir en comidas elaboradas. Como he estado luchando con las cifras, se me ha ocurrido que podría ser muy fácil integrar estos dos modelos científicos en mis propias tablas de «proporción de elementos nutritivos», para ofrecer un modelo ideal con el cual comparar la conveniencia nutritiva de cada comida. A ese efecto, he elaborado siete directrices para planificar los menús, que espero

sean de utilidad para los encargados de planificar los menús en hospitales, instituciones y restaurantes. Estas directrices se basan en la premisa de que el principal
objetivo de un menú bien equilibrado es procurar una nutrición óptima, un mínimo de desperdicio, ningún alimento que merme los elementos nutritivos ni proporcione calorías vacías, y dejar al consumidor con una sensación de equilibrada
satisfacción y agradable energía, y sin antojos. Las comidas que satisfagan este criterio serán rentables; también atraerán gente de negocios a los establecimientos
comerciales que las ofrezcan, porque harán sentirse a gusto a la gente.

Siete directrices para planificar el menú

1. Programe que las *calorías* a consumir provengan de los elementos nutritivos
   en los siguientes *porcentajes*:
   - De *proteínas*: 10 a 12%.
   - De *grasas*: 20 a 25%.
   - De *féculas* (hidratos de carbono complejos): 60 a 70%.
2. En consecuencia, programe las siguientes *proporciones de elementos nutri-
   tivos* por peso:
   - Las calorías procedentes de *grasas* deberán «doblar» a las procedentes de
     proteínas, por lo tanto deberá haber igual cantidad de grasas y proteínas
     por peso (1:1).
   - Las calorías procedentes de *féculas* deberán ser unas «cinco veces» las ca-
     lorías procedentes de *proteínas*, de manera que las féculas han de ser cin-
     co veces el peso (5:1).
3. Planifique la siguiente cantidad máxima de:
   - *Grasas:* 2 a 3 cucharaditas por comida y por persona (25 a 30 g).
   - *Sal:* 1/4 de cucharadita por comida y por persona (1 g).
   - *Azúcar* (refinado): 1/4 de cucharadita por comida y por persona (1 g).
4. Emplee preferentemente cereales integrales como fuente de féculas o hidratos de carbono complejos. Les siguen en orden de importancia las verduras feculentas; en tercer lugar están las patatas. Sólo como último recurso use cereales refinados como pasta o arroz blanco.
5. Emplee mayormente alimentos frescos o secados. Evite cuanto le sea posible
   los alimentos que han pasado por un extenso procesado tecnológico. Evite el
   uso de conservantes químicos como los sulfitos en los alimentos y ensaladas
   crudos.
6. Ofrezca ingredientes y estilos de cocinar de la estación, es decir, productos
   crudos y tropicales en épocas calurosas y sopas y guisos calientes en invierno.
7. Ofrezca al menos un postre de fruta cocida sin azúcar y sin productos lácteos
   para aquellos que lo deseen o para aquellos que no comen trigo ni/o productos lácteos ni/o azúcar.

Estas directrices asegurarán una comida satisfactoria que dejará poco incentivo para darse un atracón o «hacer trampas», siempre, por supuesto, que los ingredientes sean alimentos integrales, naturales, sin sustancias químicas ni azúcar.

Conceptos sencillos que conviene recordar: Para comidas «bajas en sodio», en lugar de concentrar el miedo en la sal, vigilar el sodio oculto en alimentos que no inspiran sospechas: productos lácteos, sobre todo el queso; pastelería preparada con polvos para hornear que contiene bicarbonato sódico, y los productos comerciales que contienen diversos conservantes, aditivos y estabilizadores con compuestos sódicos (citrato sódico, aluminato silicosódico y otros por el estilo).

Para las comidas «bajas en grasa», sencillamente elimine todos los productos lácteos, evite las frituras, las carnes grasas, los adobos o aderezos grasos, y estará encaminado.

6. Efectos de los diferentes alimentos

Antes de cambiar de cualquier manera su dieta, ha de entender con más detalle de qué manera pueden afectarle los alimentos concretos. Todo se ve influido en cierta medida por los alimentos que comemos: el cuerpo, la mente, las emociones, la actividad, el espíritu.[1] Según la cantidad en que los consumimos, la mayoría de los alimentos pueden tener influencias negativas y positivas: demasiada cantidad de un alimento «bueno» puede ser tan perjudicial al bienestar como alguno de la clase «insano», y una cantidad moderada, de vez en cuando, de este último puede tener en realidad pocos o ningún efecto negativo. Aunque ciertamente yo tengo mis opiniones acerca de qué alimentos son «mejores», opiniones basadas en muchos años de estudio, observación y experiencia, trataré de mostrarle los aspectos tanto positivos como negativos de cada producto alimenticio. De usted dependerá decidir cómo encajará cada cual en su vida. Mis comentarios sobre los efectos espirituales de los alimentos están basados en criterios tradicionales, entre ellos las filosofías india y china, como también la antroposofía occidental; sin embargo, sólo transmito aquellas consideraciones teóricas que coinciden con mis observaciones personales.

Las categorías de alimentos que vamos a examinar son la leche y sus derivados, la carne, el pescado, las aves, los huevos, los cereales, las legumbres, las raíces, las hojas, las algas, la fruta, los frutos secos, las solanáceas, las hierbas y especias, y el azúcar, la sal y las grasas.

La leche y sus derivados

- Expansivos: la leche, la mantequilla, el yogur y los quesos tiernos.
- Contractivos: los quesos secos y salados.
- Tampón (neutralizantes), ya sean acidificantes o alcalinizantes.
- Generalmente refrescantes, a excepción de la mantequilla y los quesos con alto contenido graso.
- Alimentos de construcción.

Un recién nacido que bebe la leche de su madre recibe el alimento perfecto, hecho a medida para satisfacer sus necesidades hasta el momento en que el pequeño pueda comenzar a comer lo que comen los adultos. La leche es copiosamente nutritiva, tranquilizadora para el ánimo y portadora del calor vital que permitirá al niño desarrollar su capacidad de amor y cariño. A esto se debe que la leche en general, no sólo la leche materna, se ha venido a asociar con la buena nutrición y con la felicidad, tranquilidad y candor de la infancia. Según Hauschka, «la leche prepara el cuerpo para ser habitado por el alma y el espíritu. Baja a la persona a la tierra y le da el aprecio por la unidad de la raza humana».[2]

Pero ¿qué ocurre cuando el ser humano bebe la leche de otro animal? ¿Y cuándo esa leche, además, está sujeta a diversos procesos que alteran su estado natural? Puede que la leche fresca y cruda de vaca, cabra, oveja, camella, yak y otros animales similares tenga muchos elementos y cualidades nutritivos, pero su composición química difiere de la leche humana, y carece del campo energético humano, de la cualidad de humano. Cuando esta leche es a su vez pasteurizada y homogeneizada, y cuando se le añaden vitaminas sintéticas, puede ser cierto decir que es una sustancia totalmente diferente de la que va directamente del pezón de la madre a la boca de su hijo (sin siquiera estar expuesta al contacto con el aire), y como tal, tiene que tener también un efecto totalmente diferente.

Según el criterio moderno sobre nutrición, la leche (y eso hoy en día significa leche de vaca pasteurizada, homogeneizada y fortalecida con vitaminas A y D) es un «alimento excelente» debido a su elevado volumen de elementos componentes como proteínas y calcio. Últimamente, el elevado contenido graso de la leche ha sido motivo de críticas, de manera que actualmente se considera conveniente consumir leche «desnatada» o «semidesnatada», aunque la Academia de Pediatras no recomienda leche semidesnatada para los bebés. Como hemos visto en el capítulo 2, la leche materna humana es algo más grasa que la de vaca. Yo razonaría, por lo tanto, que tal vez no sea el contenido graso de la leche de vaca lo que debería preocuparnos, sino su concentración de proteína, calcio y sodio.

Comparemos la composición de la leche de vaca y la leche materna en lo que se refiere a elementos nutritivos (véase página siguiente).

Observemos lo siguiente:

- La leche de vaca tiene tres veces más proteínas y casi cuatro veces más calcio (ambos elementos de construcción) que la leche humana. Es, en efecto, perfecta para satisfacer las necesidades de desarrollo de un ternero que, cuando crezca, pesará tres o cuatro veces lo que pesa un adulto humano.

Comparación de los elementos nutritivos presentes en la leche humana y en la de vaca

Macronutrientes (gramos por cada 100 gramos)

	PROTEÍNAS	GRASAS	HIDRATOS DE CARBONO
LECHE HUMANA	1,1	4	9
LECHE DE VACA	4	3,5	4,9

Micronutrientes (miligramos por cada 100 gramos)

	CALCIO	FÓSFORO	SODIO
LECHE HUMANA	33	18	16
LECHE DE VACA	118	97	50

- La proporción calcio-fósforo en la leche humana es de 2,35:1 pero en la de vaca sólo es de 1,27:1. Según el doctor Frank Oski, presidente del Departamento de Pediatría del Centro Médico Interior de la Universidad estatal de Nueva York, en Syracuse, «en cuanto fuentes primarias de calcio sólo han de emplearse alimentos cuya proporción calcio-fósforo sea de dos a uno o mayor».[3] Esto se debe a que en el tubo digestivo el fósforo puede combinar con el calcio e impedir, en realidad, la absorción del calcio. Paradójicamente, entonces, los seres humanos absorbemos menos calcio de la leche de vaca rica en calcio que de la leche materna humana con poco calcio. En otras palabras, en lo que toca a la cantidad de elementos nutritivos que necesitamos, no es la cantidad lo que cuenta sino el contexto.
- La leche humana tiene algo más de grasa que la leche de vaca, 4,0 contra 3,5 g. Esto me indica a mí que al decir que la grasa de la leche de vaca es perjudicial podríamos estar errando el golpe. De hecho, la grasa es el «único» elemento nutritivo que tiene valores similares en ambos tipos de leche; los valores de los demás nutrientes son tremendamente distintos, como lo muestran los cuadros.
- Los hidratos de carbono presentes en la leche humana casi doblan en cantidad a los que se encuentran en la leche de vaca, 9 g contra 4,9. Por consiguiente en la leche de vaca habría una carencia relativa de estos nutrientes. Esto podría explicar la costumbre observable de endulzar la leche de vaca o de incluir azúcar en un régimen dietético a base de productos lácteos. En otras palabras, el consumo de leche de vaca (o sus derivados) provoca un deseo de dulces. Por esta razón, entre otras, la leche y las galletitas van juntas.
- La leche humana sólo contiene 16 mg de sodio, contra los 50 mg de la leche de vaca. Además, a casi todos los quesos se les añade sal para darles sabor. Parece entonces que esa leche de vaca, con su exceso natural, más el queso salado, podrían estar entre las fuentes más corrientes del exceso de sodio en la dieta norteamericana estándar.

De acuerdo con nuestro modelo de sistemas u organismos, más no es siempre mejor, y demasiado de algo puede crear tantos problemas como demasiado poco, desequilibrando el sistema. Si colocamos la leche humana en el organismo de un ser humano, el resultado es un crecimiento normal, un grado de energía correcto, y ningún exceso, porque todos los elementos se utilizan totalmente. Este alimento eminentemente humano casa con el metabolismo humano. Pero si consumimos leche de vaca, digamos 100 g, los cuadros nos indican claramente que tendremos 2,9 g de proteínas y 85 mg de calcio en exceso respecto a las necesidades humanas.

Las proteínas y el calcio son material de construcción; son materia sólida y ayudan a crear materia sólida. Es inevitable entonces que cuando hay una cantidad desproporcionada de estos elementos en el cuerpo creen un exceso de material de desecho.[4] ¿Cuáles son los efectos de este exceso?

Los profesionales de la nutrición dicen que cualesquiera sean los nutrientes que tomemos en exceso, son excretados. Esto es muy cierto, y cuando nuestros órganos excretores no están bloqueados, la eliminación se produce normalmente. Pero ¿y en el caso de nuestro estado actual colectivo? Yo creo que no. Y si no se produce esta eliminación, ¿qué ocurre?

Desde nuestra primera infancia en adelante, comemos alimentos densos y pesados: queso, bizcochos al horno, carnes, patatas fritas, helado. Haga pasar una sustancia espesa y compacta por un colador; verá como muy pronto las pequeñas aberturas se obstruyen y el colador va perdiendo su efectividad. Lo mismo ocurre con nuestros órganos, con el hígado, los intestinos, los pulmones y, particularmente, los riñones. Enfrentados a una diaria carga de desechos en un exceso mucho mayor que el que es capaz de manejar el cuerpo, nuestros órganos van perdiendo eficacia en la eliminación de ese exceso por los conductos normales. Entonces se forman otros canales hacia el exterior, a través de la piel y de las membranas mucosas de todos los orificios corporales. La materia de desecho que no puede ser excretada queda dentro del cuerpo. Según las medicinas ayurvédica y china, la materia del cuerpo no utilizada se convierte en moco o pus, el medio perfecto de cultivo para las bacterias. Así pues, los productos lácteos son un terreno abonado para el cultivo de infecciones.

La plaga de problemas corrientes de construcción y excreción que nos asola hoy en día (asma, alergias, faringitis estreptocócica, meningitis, infecciones de oídos, espinillas, acné, sobrepeso) pueden considerarse pruebas de que nuestros órganos excretores no funcionan bien. El hecho de que estos trastornos y muchos otros tiendan a remitir cuando se retiran los productos lácteos de la dieta indica que la leche de vaca y sus derivados podrían estar íntimamente relacionados con ellos, debido a su elevado contenido de los elementos constructores proteínas y calcio.

La adición de vitamina D sintética a la leche de vaca parece ser también causa de bastantes problemas. Introducida con la mejor de las intenciones, para impedir el raquitismo en los niños, esta vitamina favorece el depósito de calcio en el cuerpo. Estimulado artificialmente, el calcio suele depositarse en lugares no convenientes. Por ese motivo la adición de vitamina D ha sido identificada como factor causal de frecuentes daños al sistema cardiovascular, calcificación de los riñones y retraso mental.[5]

En muchos casos, el exceso de calcio de la leche de vaca fortalecida es eliminado por los riñones. Cuando no puede salir porque los agujeros del colador, como si dijéramos, ya están obstruidos, puede quedarse en los riñones y formar los cálculos renales. También puede formar depósitos en diversas zonas de los órganos reproductores de la mujer, endureciéndose a veces y formando quistes. Podría haber alguna relación entre el consumo de productos lácteos y la tendencia de algunas mujeres a que se le formen depósitos de calcio en las espirales del DIU (dispositivo intrauterino). El caso más elocuente que he conocido de exceso de calcio en el organismo humano, fue el de una joven que vino a consultarme sobre su dieta. Le habían practicado una operación en los riñones durante la cual le insertaron temporalmente un tubo exterior que unía los riñones con la vejiga, evitando así el paso de la orina por el uréter. Ante la sorpresa del doctor, en el período de un mes el tubo estaba completamente obstruido por depósitos de calcio endurecido que impedían el flujo de la orina. En esa época ella bebía de dos a tres vasos diarios de leche. Cuando yo la conocí ya estaba recuperada de la operación, aunque los riñones continuaban dándole problemas. Tenía además problemas de piel y alergias. Cuando eliminó totalmente la leche y sus derivados de la dieta, poco a poco fueron desapareciendo todos esos problemas y, según sus propias palabras, la energía le aumentó notablemente.

De hecho son muchas las personas que refieren un notable aumento de energía cuando dejan de consumir productos lácteos como alimento principal.

–Yo solía sentir un letargo terrible –comentaba una guapa mujer de mediana edad después de asistir durante diez meses a mis clases de cocina–. ¡Ahora me siento estupendamente!

Las mujeres sufren más que los hombres los efectos constructores y bloqueadores de los productos lácteos, y los problemas tardan más tiempo en curarse. Desde el punto de vista natural de los sistemas esto tiene perfecto sentido: la leche ha de salir de la mujer, no entrar en ella. Cuando se invierte el flujo, el sistema energético da marcha atrás y todo queda bloqueado. Una mujer vino a consultarme aquejada de dolorosa hinchazón de los pechos durante la menstruación. Todo lo que le sugerí fue que dejara de beber su cuarto de litro de leche diario; después de todo, ¿de dónde procede la leche? Pasado un mes me llamó y me preguntó:

–¿Es esto verdad? ¿Es posible que se haya producido un cambio tan pronto?

Cinco meses después hablé con ella. Según me dijo, el dolor de pechos sólo recurría de forma suave el mes en que comía queso o tomaba helado.

El consumo de productos lácteos (leche, queso, yogur, helado) parece estar fuertemente ligado a diversos trastornos del sistema reproductor de la mujer, entre ellos, tumores y quistes ováricos, secreciones e infecciones vaginales. Veo esta relación confirmada una y otra vez por las innumerables mujeres que refieren la disminución o desaparición de esos problemas después de haber dejado de consumir productos lácteos. Sé de tumores uterinos benignos que se han expulsado o disuelto, de cáncer cervical detenido, de irregularidades menstruales corregidas. La doctora Christiane Northrup, especialista en ginecología y obstetricia en Portland, Maine, comentaba: «Parece que los productos lácteos están muy relacionados con los espasmos menstruales y los flujos excesivamente abundantes». La doctora Northrup también me informó, en una conversación telefónica, que las mujeres que padecen los casos más graves de endometriosis o fibromiomas solían consumir mucho queso, helado, mantequilla o leche. A varias de sus pacientes se les habían reducido los fibromiomas después de eliminar estos productos. Incluso varios casos de infertilidad parecen haber sido resueltos por este método; y no es tan raro, si consideramos que algunas veces la infertilidad es consecuencia de estar bloqueadas por mucosa las trompas de Falopio. Cuando se limpian de la mucosa ocasionada por los productos lácteos. es más probable que haya concepción. Además, al ser la leche un producto de las glándulas reproductoras, sus macronutrientes también contienen apreciables cantidades de hormonas, entre ellas, las gonadotropinas, las liberadas por el tiroides, esteroides ováricos y un factor de crecimiento epidérmico.[6] Aún no ha sido estudiado el papel que podría tener el factor de crecimiento en la obesidad excesiva o en el cáncer, pero yo sospecho que en un futuro próximo sabremos más sobre este tema.

Si bien la pasteurización de la leche eliminó muchas enfermedades infecciosas, no han faltado sus inconvenientes. En pruebas realizadas con animales, terneros que han sido alimentados con la leche de su madre previamente pasteurizada no vivieron más de seis semanas. En animales de laboratorio alimentados con leche pasteurizada durante varias generaciones, se observó un aumento en la frecuencia de problemas, entre ellos, una capacidad reducida de reproducción. Durante la pasteurización, además, se reduce en un 50 % el contenido de vitamina C de la leche,[7] factor que podría explicar nuestra continua inquietud por tener suficiente vitamina C.

También ha recibido ataques el proceso de la homogeneización. El doctor Kurt Oster, de Bridgeport, Connecticut, ha formulado la teoría de que, al romper las moléculas de la leche en partículas más pequeñas, la homogeneización permite que algunas sustancias pasen a través de la pared intestinal sin haber sido transformadas por el proceso digestivo. Una de estas sustancias es una enzima llamada xantina oxidasa (XO), que se encuentra normalmente en la grasa de la leche y que colabora en la ruptura de las proteínas. Cuando esta enzima pasa a través de la pared intestinal, es recogida por el sistema linfático y finalmente se incorpora al torrente sanguíneo, explica el doctor Oster. En su viaje a través de las arterias, va rascando y corroyendo el interior de las paredes arteriales, causando pequeñas lesiones. En defensa contra esto, el cuerpo deposita fibrina y colesterol sobre estas lesiones para evitar más daño.[8] (En 1975, la Federación de Sociedades de Biología Experimental preparó una reseña de la teoría de Oster para el Departamento de Alimentos y Fármacos (FDA), titulada «Análisis de la importancia de la xantina oxidadasa de la leche de vaca en la etiología de la aterosclerosis»; atribuía cierto mérito a la teoría pero, como siempre, los resultados fueron considerados poco convincentes.)

Esta costumbre norteamericana de homogeneizar la leche y después fortalecerla con vitamina D sintética, que favorece los depósitos de calcio, podría ser uno de los motivos de por qué los niños pequeños de este país ya tienen endurecimiento de las arterias. También podría explicar por qué aquí hay más problemas de salud causados al parecer por los productos lácteos que en otras partes. En otros países la leche se consume cruda o, como mucho, pasteurizada. En 1960 se realizó en Estados Unidos un estudio con enfermos de úlcera. Se descubrió que entre aquellos enfermos que seguían una dieta con elevado contenido de leche (la dieta Sippy) se producían más del doble de ataques al corazón que entre los que no seguían una terapia a base de leche. En la época del estudio, hacía diez años que se homogeneizaba la leche en Estados Unidos. Un estudio similar realizado en Gran Bretaña (informaba el mismo artículo), demostró que entre los enfermos de úlcera británicos que seguían esa dieta con alto contenido lácteo se producía un 50 % menos de ataques al corazón que entre sus homólogos estadounidenses. (Pero entre ellos se daba casi el doble de ataques al corazón que entre los que no seguían la dieta de la leche.)[9] El artículo fue escrito en 1960; en 1967, sólo el 7 % de la leche se homogeneizaba en Gran Bretaña, frente al 95 % en Estados Unidos.

Según la teoría de los sistemas u organismos, un sistema se altera por la adición o sustracción de un solo elemento; esto permite que otros elementos presentes en el organismo, súbitamente alterado, causen problemas que normalmente no causarían. Tomando en cuenta eso, podemos tener nuestras dudas acerca de quitarle la grasa a la leche. ¿Qué es peor, un exceso de alimento completo o un exceso relativo de un alimento parcial (leche descremada)? Ambos van a causar problemas, pero siempre hay un buen motivo para la proporción natural de los elementos presentes en un organismo alimenticio. La nata podría colaborar en la asimilación del calcio de la leche;[10] de ahí se sigue que la leche descremada podría generar una carencia relativa de calcio, aun ante el aparente exceso de calcio de la leche de vaca. Además, según señala Oster, debido a que la nata contiene una enzima desintegradora de las proteínas (XO), al quitarle esa grasa podríamos hacer que la proteína de la leche fuera más difícil de digerir. Quitar la grasa de la leche tiene, por añadidura, como consecuencia un 20 % de aumento relativo de proteínas, lo cual hace trabajar más a los riñones. Al bebé de una amiga mía le aparecieron sarpullidos en toda la zona que cubren los pañales cuando ella comenzó a darle leche desnatada y leche en polvo. Como el sarpullido por los pañales suele ser la consecuencia de exceso de amoniaco en la orina, y el amoniaco es un subproducto del metabolismo incompleto de las proteínas, pensé que podría haber una relación. Cuando ella eliminó la leche descremada y aumentó la lactancia natural y las verduras frescas, desaparecieron los sarpullidos.

Recientemente se ha estado investigando la lactosa, que es el hidrato de carbono de la leche. Por fin los profesionales de la salud se han fijado en que muchas personas tienen reacciones agudas frente a la leche, entre las que se cuentan calambres, hinchazón, gases intestinales, y diarrea. Estos síntomas se deben a la falta de lactasa, la enzima necesaria para digerir la lactosa. Este trastorno se llama intolerancia a la lactosa. Este nombre suena a enfermedad, de manera que las personas a quienes se les diagnostica creen que algo les funciona mal.

Pues no funciona nada mal. Una vez destetados, todos los mamíferos normales dejan de producir las enzimas que necesitaban para digerir su alimento de bebés. Unas pocas poblaciones humanas han tenido que depender de la leche de sus rebaños para alimentarse en situaciones difíciles o inhóspitas: los europeos del norte durante las largas noches invernales que duran varios meses, los bereberes que atraviesan el Sáhara con sus camellos, los indios vegetarianos. Estas poblaciones desarrollaron la capacidad genética de continuar produciendo las enzimas lactasas, con lo cual continuaron siendo capaces de digerir la leche durante todos sus años de adulto. Casi todos los demás, incluidos de un 70 a un 90 % de negros, chinos, japoneses, judíos askenazi y mediterráneos, han perdido esa capacidad.[11] En Estados Unidos, hasta el 25 % de la población caucasiana es intolerante a la lactosa. También parece haber relación entre los cólicos que sufren los bebés lactantes y la leche de vaca bebida por sus madres.

Igual como ocurre con todas las demás cosas, los productos lácteos tienen sus aspectos positivos. La leche fresca, cruda y sin pasteurizar de vacas o cabras sanas, consumida en pequeñas cantidades, es un buen alimento para los niños pequeños. De hecho, cuando es imposible darle el pecho al bebé, la leche de cabra cruda es la opción siguiente a la leche materna. Si bien sus valores nutritivos son similares a los de la leche de vaca, al parecer provoca menos reacciones alérgicas y no ha sido homogeneizada ni fortalecida. Los quesos secos de buena calidad, sin pasteurizar, son un agradable alimento para las fiestas; favorecen los sentimientos de amistad y la buena conversación.[12] El yogur y las leches fermentadas, como el kefir y el suero de leche, son fáciles de digerir, porque la lactosa se ha descompuesto por el proceso de fermentación, y pueden ofrecer un sabroso y refrescante placer en verano.

En el plano espiritual, a mí me parece que la leche nos reúne con la energía materna y alienta esos sentimientos asociados con nuestra infancia: las emociones a flor de piel, la risa fácil, las lágrimas fáciles, la satisfacción y la dependencia. Nos mantiene en inocente felicidad y ausencia de plena conciencia. Efectivamente, mientras consumimos leche o productos lácteos con regularidad, no hemos sido totalmente destetados, y así, al margen de nuestra edad cronológica, continuamos siendo incapaces de desarrollar en plenitud el potencial de un adulto. Encuentro interesante que los cultos religiosos que animan la dependencia de la figura paterna o guru, animen también el consumo regular de dulces y productos lácteos, que son los alimentos infantiles por excelencia. Debe de haber una profunda verdad en lo que escribió san Pablo a los hebreos en su epístola (5:12-13): «Habéis vuelto a necesitar leche en vez de alimento sólido; y, claro, los que toman leche están faltos de juicio moral, porque son niños».

El tema del calcio

Siempre que se sugiere que han de evitarse la leche y sus derivados, surge la inevitable pregunta: «¿Y de dónde voy a sacar el calcio?». Aunque el calcio se encuentra en innumerables productos alimenticios, se nos ha hecho un lavado de cerebro para que creamos que sólo lo encontramos en la leche. Pero ¿cómo mantienen su estructura ósea y tamaño las vacas y los elefantes? Ciertamente no lo hacen bebiendo leche de otro animal. Lo hacen comiendo sus alimentos naturales, es decir, hojas, hierba u otras materias vegetales.

Se ha discutido muchísimo acerca de cuánto calcio se necesita en la dieta. La Organización Mundial de la Salud sugiere 400 mg diarios; la ración diaria recomendada en Estados Unidos ha sido de 800 mg hasta hace poco, en que se cambió a 1.200 mg. Este interés por el consumo adecuado de calcio ha sido motivado por la preocupación acerca del problema del adelgazamiento de los huesos, llamado osteoporosis, el cual, por razones aún no muy bien comprendidas, parece atacar de manera especialmente fuerte en nuestra sociedad a las mujeres que han pasado la menopausia.

Hay muchos alimentos que contienen calcio en una forma natural y fácil de asimilar, y que son una sensata alternativa a los productos lácteos. Éstos son:

- Las legumbres y los frutos secos.
- Las verduras, sobre todo el bróculi, las coles, las hojas de mostaza y de nabos, el perejil, los berros y el diente de león.
- Las algas.
- Las semillas de ajonjolí (sésamo) y la pasta o salsa hecha con ellas (tahini).
- El salmón y las sardinas enlatadas con sus respectivas espinas.
- Las sopas preparadas con uno o más huesos (de pescado, ave o vacuno) y con una cucharada de vinagre de vino (que extrae el calcio y lo deja en el caldo).

El cuadro de la página siguiente muestra la cantidad exacta de calcio presente en alimentos no lácteos.

Podemos hacer la comparación con los siguientes valores:

Leche humana	33
Leche de vaca	118
Queso Cheddar	750
Queso fresco	94
Queso suizo	925
Salmón en lata, con la espina	200-250
Sardinas en lata, con la espina	300-437
Zanahorias cocidas	33

Fuentes no lácteas de calcio

Alimento	Miligramos de calcio por 100 gramos
VERDURAS	
Acelgas cocidas	73
Berro	151
Bróculi crudo o cocido	130
Chirivías cocidas	57
Coles cocidas y escurridas*	188
Colinabos cocidos	55
Hojas de diente de león cocidas y escurridas	187
Hojas de mostaza cocidas y escurridas	138
Hojas de nabo cocidas y escurridas	184
Hojas de remolacha cocidas	118
Judías pintas cocidas	40
Nabos cocidos	40
Perejil	203
Quingombó cocido	82
SEMILLAS	
Ajonjolí (sésamo)	1.160
Almendras	254
Cacahuetes tostados	74
Nueces de Brasil	186
Nueces tostadas	83
Uvas pasas	62
ALGAS	
Agar-agar	567
Dulse	296
Hijiki	1.400
Kelp	1.093
Kombu	800
Wakame	1.300

Fuentes: Benjamin T. Barton, *Human Nutrition*; *USDA Handbook*, n.° 8, y Michio Kushi, *The Book of Macrobiotics*.

* La espinaca también contiene una apreciable cantidad de calcio, pero es también rica en ácido oxálico, que rodea al calcio y lo hace difícil de asimilar. Fíjese en que los platos más populares de espinacas van acompañados de queso, huevos o, por lo menos, de bacon: éstos sirven para contrarrestar al ácido oxálico. Las semillas de girasol también tienen ese mismo efecto.

Ahora contemplemos el tema del calcio desde otro punto de vista. En lugar de considerar la osteoporosis un problema de «carencia», considerémoslo un problema de «pérdida». En otras palabras, no nos vamos a preguntar: «¿Cuál es la manera de añadir más calcio al organismo?», sino más bien: «¿Qué es lo que hace perder el calcio o no asimilarlo?». Si podemos encontrar una respuesta a esto, también podemos encontrar una solución diferente a la escasez de calcio. Es decir, en lugar de aumentar el consumo, podemos sencillamente cambiar las condiciones de manera que no haya salida o pérdida indeseada.

La lista de productos alimenticios que afectan de uno u otro modo al equilibrio del calcio en nuestro cuerpo es increíblemente larga, incluso omitiendo los alimentos sencillos y nutritivos de la lista anterior. Algunos van a añadir calcio en un contexto desequilibrado; otros van a contrarrestar los efectos de los anteriores; otros van a eliminar el calcio del organismo, lo cual es bueno si hay en exceso, pero perjudicial si no lo hay. Otros incluso van a hacer que el calcio se deposite en los tejidos blandos o en otros lugares no adecuados. Es importante comprender que no es suficiente que un alimento sea rico en calcio. El cuerpo tiene que ser capaz de asimilarlo y utilizarlo apropiadamente.

Alimentos que de alguna manera afectan al equilibrio del calcio

PRODUCTOS LÁCTEOS
Leche
Quesos
Yogur
Helado

AZÚCARES CONCENTRADOS
Azúcar
Miel

ALIMENTOS RICOS EN PROTEÍNAS
Carne
Ave
Pescado

SOLANÁCEAS
Patatas
Tomates
Berenjenas
Pimientos (rojo, picante, verde,
    cayena, pimentón, tabasco, etc.)
Tabaco

VINO

VINAGRE

CAFÉ

CÍTRICOS
Limón (sobre todo en el té)
Naranjas
Pomelos
Otros zumos en algunos casos

BEBIDAS ALCOHÓLICAS

SAL

Consideremos cada uno de estos grupos por separado.

PRODUCTOS LÁCTEOS

Como hemos visto, en los productos lácteos, el calcio se presenta en relación desequilibrada con el fósforo, de manera que una buena parte de calcio será absorbida de manera incompleta o asimilada de manera incorrecta.*

AZÚCARES CONCENTRADOS

Generan en el cuerpo una reacción ácida, y la acidez desmineraliza el organismo; esto se debe a que cuando se metaboliza el azúcar, crea diversos ácidos orgánicos.[14] El consumo de azúcar también altera la proporción calcio-fósforo en la sangre, al disminuir el nivel de fósforo. Cuando no hay suficiente fósforo, el calcio no puede ser absorbido por el cuerpo.[15]

ALIMENTOS RICOS EN PROTEÍNAS

Según estudios realizados en la universidad de Wisconsin por las doctoras Helen Linkswiler y Josephine Lutz, una dieta de elevado contenido proteínico acidifica la sangre (igual que el azúcar), y la sangre acidificada disuelve el calcio de los huesos. En un estudio dirigido por la doctora Lutz, las personas que siguieron una dieta en que se incluían 103 g de proteína (que es la cantidad promedio) eliminaban casi el doble de calcio que aquellas que consumían sólo los 44 g de la dieta norteamericana recomendada. Como el calcio consumido por ambos grupos era el mismo, el calcio eliminado tenía que haber sido quitado de los huesos. Las investigadoras sugerían reducir el consumo de proteínas para evitar la pérdida de calcio.[16]

En otro estudio se descubrió que entre los vegetarianos, efectivamente, hay una frecuencia mucho menor de osteoporosis que entre los carnívoros.[17]

SOLANÁCEAS

En este grupo botánico se cuentan los tomates, las patatas, las berenjenas, los pimientos y el tabaco. (Para un estudio más amplio sobre las solanáceas, véase más adelante en este capítulo.) Al parecer, los alcaloides de estas plantas afectan de alguna manera al equilibrio del calcio. Según los informes de un investigador, los animales de ganado que se alimentan de una variedad de solanáceas presentan malformaciones óseas y pierden la capacidad de caminar, teniendo que pastar de rodillas.[18] Los regímenes dietéticos que incluyen estos alimentos contienen invariablemente una considerable cantidad de leche y sus derivados: las pizzas, las berenjenas a la parmesana, patatas con crema agria, etcétera. Mi teoría es que

---

* La opinión actual sobre nutrición también postula que las caries encontradas en los dientes de niños que se van a la cama con el biberón de leche se deben a que la lactosa concentrada en la boca es caldo de cultivo para las bacterias que atacan a los dientes. Sin embargo, estudios presentados a la Asociación Internacional de Investigación Dentaria, demuestran que las bacterias no atacan a los dientes sanos de un individuo bien nutrido.[13]

la elevada cantidad de calcio presente en los productos lácteos queda retenida por las solanáceas, o tal vez destruida o agotada, y así se mantiene el equilibrio. Según mi propia experiencia y la de algunos de mis alumnos, el consumo de solanáceas en una dieta sin productos lácteos ha tenido como consecuencia la pérdida de calcio, puesta en evidencia por las uñas quebradizas, encías dolorosas y caries dentales. El problema se ha resuelto eliminando las solanáceas, no aumentando los productos lácteos. También es interesante señalar aquí los resultados de un estudio con enfermos de osteoporosis: se descubrió que las tres cuartas partes del grupo fumaba entre uno y dos paquetes de cigarrillos al día.[19] El tabaco, por cierto, es una solanácea.

VINO, VINAGRE Y CÍTRICOS

Debido a su natural acidez, estos productos requieren la acción neutralizadora (tampón) del calcio durante el metabolismo, de manera que o bien lo encuentran en una dieta rica en productos lácteos o lo extraen de los dientes y huesos. En otras palabras, es prudente beber vino acompañado por queso, y sólo poner vinagreta en la ensalada si hay crema o queso en el resto de la comida, o beber zumo de naranja en el desayuno sólo si además se toma leche o queso cremoso. Si se sigue una dieta pobre en productos lácteos o desprovista de ellos, los productos tales como el vino, la vinagreta o el zumo de naranja descalcificarán el organismo. El té con limón es una bebida particularmente corrosiva. Las uñas me comenzaron a crecer normalmente una vez que dejé totalmente de beber esa bebida; varias de mis alumnas han descubierto que dejar de beber zumo de naranja ha tenido los mismos efectos. A las personas que tienen pocas reservas de calcio se les pueden poner quebradizas las uñas con otros zumos también.

CAFÉ, BEBIDAS ALCOHÓLICAS Y SAL

Todos estos productos producen pérdida de calcio. Los efectos del café son menos graves; habría que tomar ocho o más tazas de café al día para que la pérdida de calcio fuera significativa. Algunos estudios demuestran que el consumo de alcohol obstaculiza la absorción de calcio y puede ser tóxico para las células óseas. El riesgo de contraer osteoporosis que corren los bebedores sociales es dos veces y media la que corren los no bebedores; además, se sabe que los alcohólicos pierden masa ósea. Por lo que se refiere a la sal, en un estudio realizado con estudiantes holandeses, cuando consumían 6.000 mg de sodio al día, eliminaban un 20 % más de calcio que cuando consumían sólo 3.000 mg.[20]

En general, parece bastante probable que cualquier producto acidificante presente en cantidades apreciables desmineralice el organismo. Entre éstos se cuentan, además del azúcar y los alimentos ricos en proteínas, la harina, el pan, las legumbres y los cereales, sean integrales o refinados. Siempre que se consumen estos alimentos, es importante equilibrarlos con otros que sean alcalinizantes, de preferencia verduras y algas. De otra manera, los minerales amortiguadores, entre ellos el calcio, serán extraídos de sus lugares de almacenamiento en el cuerpo, como los dientes y los huesos.

La carne

- Contractiva.
- Acidificante.
- Calorífica.
- Alimento de construcción.

Se han escrito miles y miles de palabras sean de alabanza o de crítica al consumo de carne.* Creo que ningún otro alimento ha exaltado tanto las pasiones de los teóricos de la alimentación como la carne, metáfora adecuada tal vez, porque la carne en la dieta tiene fama de exaltar nuestras pasiones.** Tradicionalmente, la carne se ha relacionado con la fuerza y con el principio masculino de la acción y la expansión. Los guerreros y los gobernantes eran alimentados con carne, mientras que los monjes y los estudiosos, sobre todo en Oriente, se alimentaban de una sencilla comida vegetariana.

Debido a su elevado contenido proteínico, la carne es un alimento de construcción. Su contenido graso también la hace particularmente calorífica. En cantidades apropiadas para determinado organismo, proporciona energía y fortalece. Un exceso de carne, por otro lado, muy pronto causa problemas de acumulación de materia: vasos y órganos obstruidos, putrefacción e infección. Con el tiempo afloja los músculos y pone rígidas las articulaciones. El consumo diario de carne, junto con productos lácteos, está en la raíz de nuestro excesivo consumo de proteínas, el cual ha sido asociado con la deshidratación y la insolación de los atletas, fatal exacerbación de los riñones, mal funcionamiento hepático, aumento de acidez en los líquidos corporales, muertes de bebés, envejecimiento prematuro, enfermedades cardíacas y cáncer.[23] Una dieta rica en proteínas genera subproductos tóxicos en forma de nitrógeno no utilizado; la eliminación de estos subproductos puede sobrecargar seriamente a los riñones a no ser que se beban grandes cantidades de agua.

---

* «La carne sólida es propia de los adultos, de aquellos que con la razón o la práctica tienen una sensibilidad entrenada en distinguir lo bueno de lo malo», continúa san Pablo en su epístola.[21] Pitágoras, por su parte, pensaba que la carne nubla la razón, y recomendaba a los jueces no comer carne durante al menos doce horas antes de un juicio.

** «[La carne] nos agobia y nos hunde con su peso terrenal, y despierta fuerzas instintivas que se expresan en las pasiones y emociones.»[22]

En nuestros tiempos modernos, y como sucede con casi todos los demás alimentos, el mayor problema relativo a la carne es la degeneración de su calidad intrínseca. Hay una enorme diferencia de efecto entre comer la carne de un ciervo salvaje recién cazado y comer la de un buey que ha estado encerrado en el corral durante meses y además afectado de tuberculosis y cáncer. Los antibióticos y las hormonas esteroides que se añaden al pienso para prevenir infecciones y conseguir que engorden rápidamente, pasan al consumidor a la hora de comerla. Los antibióticos así consumidos se relacionan con una reacción disminuida a las terapias antibióticas cuando éstas son necesarias por motivos médicos.

En 1977, el doctor Richard Novick, director del Instituto de Investigación de la Salud Pública de la ciudad de Nueva York, escribía: «Estos últimos años han sido testigos de un aumento masivo en el empleo de antibióticos para la alimentación del ganado y para medicina humana. Esto ha sido causa del desarrollo de enormes poblaciones de bacterias productoras de enfermedades que son resistentes a muchos y diferentes antibióticos a la vez que son una amenaza cada vez mayor para la salud humana y animal».[24]

El problema de las hormonas sexuales que se añaden a los piensos o se inyectan al ganado es de una magnitud que aún no alcanzamos a comprender. Yo sospecho que ha de pasar otra generación para que comencemos a darnos cuenta de lo que ocurre. Durante los últimos treinta años se han empleado hormonas sexuales tanto en ganadería como en avicultura para favorecer un crecimiento más rápido y una mejor asimilación de los elementos nutritivos de los piensos. Entre esas hormonas están los andrógenos (hormonas masculinas como la testosterona), los progestógenos y los estrógenos (ambas hormonas femeninas como la progesterona y el estradiol). Los desequilibrios hormonales que se pueden producir por la introducción de hormonas desde el exterior pueden ser causa de trastornos tales como obesidad, infertilidad, diabetes, enanismo, gigantismo, enfermedades renales, hipertensión, pubertad precoz, hipoglucemia, masculinización de las mujeres y feminización de los hombres e incluso el cáncer.[25] Entre 1973 y 1981 hubo en Puerto Rico una espectacular frecuencia de pubertad precoz, de desarrollo de las mamas (en chicos y chicas), y de quistes ováricos en niñas pequeñas, hasta de ocho meses algunas; en casi un 8 % de los casos los síntomas remitieron cuando los niños dejaron de tomar leche fresca y carne de animales de la zona.

Las hormonas sexuales no sólo se usan para engordar al ganado. Se usan para que todo un establo de vacas entren en celo y puedan ser montadas al mismo tiempo; para producir abortos en vaquillas destinadas al matadero, o para aumentar la producción de leche. Es significativo que en las instrucciones técnicas que acompañan a los productos de suplementos de hormonas para consumo animal se advierta a las mujeres en edad de tener hijos que extremen las precauciones cuando los manejen. Al parecer, pueden provocar abortos y cambios del ciclo menstrual simplemente por absorción a través de la piel.[26]

Según la especialista en obstetricia y ginecología Christiane Northrup, podría haber una enorme relación entre las hormonas presentes en la carne y la leche y la excesiva sensibilidad de pechos y útero que experimentan algunas mujeres. Es posible que no sea irracional sospechar que así como las hormonas engordan a las vacas, igual engordan a las personas propensas que consumen la leche y la carne de vacas así tratadas.

Además de estas dosis de medicamentos y aditivos, los animales que pastan condensan en sus tejidos muchos de los pesticidas, herbicidas y otras sustancias tóxicas empleadas en el cultivo de los pastos. Como estas sustancias se acumulan muy concentradas en la grasa, hígado y riñones de estos animales, también presentan un evidente riesgo a los que consumen su carne. El problema actual de la carne, entonces, no es que sea carne, sino que es carne sucia, adulterada con productos químicos, carne de animales enfermos y excesivamente medicados. En todo caso, mis comentarios sobre los efectos de la proteína de origen animal se refieren generalmente a animales razonablemente sanos y criados de manera natural. Sencillamente no tenemos suficiente información para discernir cuántos de los efectos fisiológicos se deben a las sustancias químicas o a la calidad intrínseca de la carne.

La carne tiene ciertos efectos que no están directamente relacionados con su composición física. Según mis observaciones, el consumo de carne favorece la seguridad en sí mismo, la competitividad, el empuje. En cantidades apropiadas, mantiene la agudeza de los sentidos, buena capacidad de razonamiento, y genera entusiasmo y mucha energía para el trabajo físico. Por otro lado, también puede causar letargo y pereza, embotamiento de los sentidos, como también agresividad, ira, impaciencia y un carácter belicoso.

Desde el punto de vista espiritual, la carne nos mantiene atados a la realidad física y a las consideraciones materiales, incitándonos a manipular la materia y a ampliar nuestro territorio, a veces hasta llegar al extremo de la guerra. Comer carne en exceso inhibe una conciencia de unidad con el universo. Puede favorecer el fariseísmo, la intolerancia y la arrogancia estilo bullicioso que exige ser el foco de atención y en todas partes ve enemigos.

El pescado y las aves

- Contractivos.
- Acidificantes.
- Moderadamente caloríficos.
- Alimentos de construcción.

El pescado y las aves tienen algunos de los mismos efectos que la carne aunque en un grado considerablemente menor.

Son alimentos de construcción, ricos en proteínas; su contenido graso es menor, lo que los hace menos caloríficos que la carne, situación útil en los climas calurosos. El bajo consumo de grasas va asociado, como todo el mundo sabe, a un menor riesgo de enfermedades cardiovasculares. Sin embargo, como ocurre con la carne, no es irracional preguntarse si la manera en que se alimentan y crían estos animales puede tener efectos fisiológicos y psicológicos en el consumidor.

Hoy en día los pollos y pavos criados comercialmente, que son los que suelen consumirse, están contaminados con hormonas del crecimiento artificiales y alimentados con productos químicos. Nuestro sentido del gusto suele ser un buen indicador de la calidad de los alimentos naturales. Hay una sorprendente diferencia de sabor entre la carne de pollos criados comercialmente y la de los criados con alimentos naturales y que corren y picotean libremente; estos últimos saben notablemente mejor.

El pescado es sospechoso si proviene de ríos que podrían estar contaminados con residuos industriales. Incluso los pescados de mar son dudosos, ya que es posible que se los haya irradiado o rociado con productos químicos para conservar la frescura durante el trayecto desde mar adentro hasta el mercado. El consumidor normal no tiene ninguna manera de saber cómo ha sido tratado el pescado que ve en la tienda, ya que la ley no exige ninguna etiqueta informativa. Idealmente deberían exigirse para así nosotros hacer valer nuestra opinión informada. Mientras tanto, la única opción que tenemos es comer o no comer lo que hay.

En general, y al igual que la carne, el pescado y las aves son alimentos que dan energía y calor. Puede que el pescado sea ligeramente más estimulante, mientras que el pavo podría tener un efecto más calmante, porque contiene el aminoácido triptófano.[27] Cuando se consumen en cantidades correctas según las necesidades individuales, estos alimentos favorecen la seguridad en sí mismo, la capacidad de trabajar mucho y continuar trabajando. En exceso, o cuando no se necesitan, pueden originar todos los problemas relacionados con el excesivo consumo de proteínas, entre ellos pereza, somnolencia, riñones con excesivo trabajo, impaciencia, agresividad y miopía.

Los huevos

- Contractivos.
- Acidificantes.

- Caloríficos.
- Alimento de construcción.

La mayoría de los alimentos proteínicos de origen animal que se consumen en nuestra cultura son partes de un todo, con la excepción de los eperlanos/truchas, sardinas, espadines/chanquetes, camarones de caparazón blanda y los huevos.

¿Son tan sanos los huevos como creemos? ¿O tan dañinos? La controversia al respecto está de moda. Como siempre, cada lado tiene la razón la mitad del tiempo. Lo que es cierto es que los huevos se digieren fácilmente y que el cuerpo utiliza casi todas sus proteínas. Tal vez esto se debe a que es un alimento completo, no hay ningún elemento en exceso ni en desequilibrio con respecto a los otros y por lo tanto se aprovecha todo (excepto la cáscara que no es comestible).

Evidentemente, puede darse un consumo excesivo de huevos, sobre todo cuando en la dieta ya hay muchas otras proteínas y grasa de origen animal. Yo recuerdo que, de niña, me impresionó muchísimo cuando mi madre me explicó que el huevo es un pollo en potencia. «Es un alimento muy potente –me dijo–, tiene muchísima energía que sale al exterior, aun cuando parezca tan suave. Ten cuidado con él.» Los chinos consideran que un huevo es suficiente para seis personas (como cuando se mezcla en la sopa o en el arroz frito).

Debido a que son productos del sistema hormonal femenino (fabricados por los ovarios de la gallina), es posible que los huevos afecten de alguna manera al sistema reproductor. Es posible que lo activen demasiado o que, en la oscilación inversa, lo debiliten. Tal vez las mujeres que tienen problemas relacionados con los ovarios deberían pensar muy bien si necesitan comer huevos o no.

Separar el huevo y comer sólo la clara (en su mayor parte, proteína) y desechar la yema (rica en grasas) puede ser una práctica razonable desde el punto de vista mecanicista de la nutrición, que tiene en gran estima las proteínas y desaconseja la grasa. Pero eso es absurdo desde nuestro punto de vista de los sistemas. La clara y la yema forman un todo y se equilibran mutuamente; las grasas contenidas en la yema ayudan a la asimilación de las proteínas de la clara. En realidad, comer sólo la clara del huevo equivaldría a comer sólo harina blanca porque el germen de trigo contiene demasiado aceite.

Los huevos sufren las mismas indignidades de la producción comercial que los pollos. Las gallinas ponedoras, cuya alimentación es reforzada con antibióticos y hormonas, están confinadas en pequeñísimas jaulas y bajo luces que no se apagan jamás. Se hace trabajar excesivamente sus sistemas hormonales para que pongan huevos a una velocidad mayor que la normal y natural. Tal vez la apariencia y el contenido proteínico de estos huevos así producidos sean los mismos que los puestos por gallinas sanas, que comen alimentos naturales y tienen posibilidad de jugar con los gallos. Pero si nos atenemos al punto de vista de los sistemas, tendremos que reconocer que la alimentación y ambiente en que viven las gallinas tienen gran influencia; los huevos tienen que ser muy diferentes. El hecho de que esta diferencia no se pueda analizar a través del microscopio no significa que no exista ni que haya que descartarla. En qué grado es significativa esta diferencia, es algo discutible y podemos no estar de acuerdo, pero que hay diferencia, la hay. Yo personalmente proclamo mi entusiasta preferencia por los huevos «orgánicos», es decir, producidos en condiciones naturales y que se pueden conseguir en muchas tiendas de alimentos sanos. No sólo saben más limpios, más a huevo que los comerciales, sino que sencillamente me siento más segura comiendo lo más parecido al orden natural que sea posible. Con toda probabilidad, es menos agotador para nuestro organismo consumir alimentos frescos cultivados o criados por métodos naturales.

¿Cuáles son los efectos psicoespirituales de los huevos? Según mi observación de personas cuya principal fuente de proteína de origen animal son los huevos, yo diría que demasiados huevos favorecen una actitud dura y brusca, y quizá sentimientos abrumadoramente más tiernos de amabilidad y paciencia. Por otro lado, el consumo moderado de huevos, igual como el de carne, pescado y ave, favorece la agresividad, el empuje, la capacidad de dirigir una empresa y de hacer realidad la energía potencial.

Los cereales

- Contractivos.
- Acidificantes.
- Moderadamente caloríficos.
- Alimento de construcción.

Los cereales están ligados al surgir de la civilización en todo el mundo. Las mitologías atribuyen a seres sobrenaturales el mérito de haberlos traído y de haberles enseñado su uso a los humanos. Alimentos preparados con cereales (arroz, pan, maíz) forman parte de ritos y ceremonias religiosas y son reverenciados como algo esencial para la vida en todas partes. Son el primer alimento sólido que se da a los bebés; cuando en épocas pasadas se alimentaba con pan (integral) y agua a los prisioneros, esto se debía a que podían vivir de eso. Gulliver, el personaje creado por Jonathan Swift, descubrió eso en uno de sus viajes:

Los granos de avena... Los calentaba al fuego cuanto podía y los frotaba hasta que se desprendía la cáscara... Los molía y golpeaba entre dos piedras, les añadía agua y formaba una pasta que después tostaba al fuego, y la comía con leche... Y no puedo por menos que decir que jamás estuve enfermo ni una sola hora durante el tiempo que estuve en esa isla...

La popularidad de los cereales se fundamenta en muy buenos motivos. Son, junto con las legumbres, los únicos alimentos que contienen todos los grupos importantes de elementos nutritivos que necesita el cuerpo: hidratos de carbono, proteínas, grasas, vitaminas, minerales y fibra. Los alimentos de origen animal contienen proteínas pero no hidratos de carbono (a excepción de la leche y sus derivados); el azúcar es puro hidrato de carbono sin proteína, y las frutas y verduras tienen muchos minerales y vitaminas pero contienen demasiado pocas proteínas y grasas. Ésa es la razón por la cual los cereales «más que cualquier otro producto vegetal, son los que mejor proporcionan una dieta adecuada».[28]

Su contenido proteínico convierte a los cereales en constructores del cuerpo, mientras que su contenido en hidratos de carbono asegura un nivel uniforme de azúcar en la sangre, favorecedor de la actividad mental intensa. La cantidad correcta de cereales integrales en la dieta favorecerá la resistencia al estrés (gracias al complejo vitamínico B), aguante, tenacidad, firmeza y la capacidad para el trabajo continuado.

Demasiados cereales pueden producir acidez, igual que la carne, a no ser que vayan acompañados de las cantidades apropiadas de verduras, algas o frutas. Si no se mastican bien, también pueden causar flatulencia y sobrepeso. La saliva contiene una enzima llamada tialina, que inicia la descomposición de las féculas; si esa enzima no tiene la oportunidad de actuar, el resto del proceso digestivo será mucho más laborioso.

El consumo de cereales tiene también ciertos efectos no físicos, es decir, psicológicos o espirituales. En exceso, podrían causar una cierta rigidez, rigorismo perfeccionisa y el tipo de callada arrogancia que no admite rectificación. En cantidad adecuada, los cereales integrales, no partidos ni molidos sino enteros, pueden favorecer una visión holística del mundo. Según el saber popular de los antiguos indios de América Central, los cereales facilitan la amistad y las relaciones sociales; en Occidente, compartir el pan con el vecino es el símbolo máximo de un lazo espiritualmente fuerte. Una y otra vez escucho decir a mis alumnos que el hecho de cambiar a una dieta que incluye una buena proporción de arroz integral, mijo, cebada, kasha y granos de trigo les ha ayudado extraordinariamente a cambiar su percepción de la vida, a pasar de una visión fragmentada, separada, egocéntrica, a una visión de conexión, integración y unidad.

Las legumbres

- Contractivas.
- Acidificantes.

- Caloríficas.
- Alimento de construcción.

Tradicional y universalmente, los cereales y las legumbres han formado pareja en los sistemas dietéticos. Podemos nombrar las combinaciones casi como si fueran una sola palabra: arroz con alubias, lentejas con cebada, cuscús con garbanzos. En las tres Américas encontramos el pan de maíz y los frijoles como alimento principal de los nativos. Las judías azuki, la soja, el arroz y el mijo son los alimentos básicos en China y Japón. Las judías pintas, los guisantes, las lentejas y las judías blancas son populares en Europa como complementos del trigo, la cebada y el centeno. Las lentejas, los guisantes, las judías enanas mung y muchas otras legumbres se consumen diariamente con arroz en la India. Los garbanzos y las habas son los favoritos en África y Próximo Oriente, acompañados de mijo, cuscús y trigo bulgur.

En su famoso y acertadamente titulado libro *Diet for a Small Planet* [Dieta para un planeta pequeño], Frances Moore Lappé concede comprensión científica a este emparejamiento tradicional. Actualmente el concepto «proteínas complementarias» está bien establecido incluso entre aquellos que sólo tienen un interés marginal en la nutrición. Según este concepto, es la combinación de ciertos alimentos de origen vegetal (cereales con legumbres, o legumbres con semillas) lo que proporciona una cantidad de proteínas utilizables mayor que la que cabría esperar si sólo consideramos el contenido proteínico de estos productos por separado. Por ejemplo, si usted fuera a comer el trigo necesario para obtener 30 g de proteína utilizable y las legumbres necesarias para obtener 70 g, si los come juntos, realmente obtendría 133 g, no 100.

Aunque todos los alimentos de origen vegetal tienen los ocho aminoácidos esenciales (aquellos que no puede fabricar el cuerpo), éstos están presentes en formas que al parecer los hacen menos utilizables que las proteínas de los huevos, leche y carne. Sin embargo, cuando las personas son criadas con dietas bajas en proteínas, como ocurre en muchas partes del mundo, son mucho más eficientes en extraer todo el valor nutritivo de los alimentos vegetales que cuando están criadas con dietas de alto contenido proteínico. Entonces, cuando una persona pasa de un régimen de proteínas de origen animal a una dieta vegetariana, es especialmente importante que consuma proteínas vegetales complementadas, porque su organismo está condicionado a esperar proteínas que sean totalmente utilizables. Desgraciadamente, muchas personas que han añadido cereales integrales a su dieta y eliminado o disminuido considerablemente su consumo de proteína de origen animal, descuidan el consumo de legumbres, con gran perjuicio para su nutrición.

Todas las legumbres tienen elevado contenido proteínico. De hecho, crudas tienen el contenido proteínico más elevado de todos los alimentos naturales (algunos quesos secos pueden contener algo más, pero el queso es un alimento «parcial» concentrado por cuanto se hace quitando el suero a la leche):

GRAMOS DE PROTEÍNA EN 100 GRAMOS CRUDOS

Judías rojas	Arroz integral	Leche	Queso seco	Carne
22,5	7,5	3,5	21-26	20-22

En las legumbres cocidas, que es como las comemos, el contenido proteínico es más bajo, mientras que en la carne cocinada es mayor:

GRAMOS DE PROTEÍNA EN 100 GRAMOS COCINADOS

Judías rojas	Arroz integral	Carne
7,8	2,5	28-30

Fuente: *USDA Handbook,* n.º 8.

El motivo de esta discrepancia es que las legumbres y los cereales se cuecen en agua y así se diluyen; la carne, por su parte, pierde agua durante la cocción, lo cual la hace más concentrada.

Pero antes de saltar a nuestra creencia condicionada de que «más es mejor», recordemos que la leche materna sólo contiene 1,1 g de proteína en 100 g. Como comida diaria, por lo tanto, podría ser mejor para nosotros elegir alimentos con menor contenido proteínico.

Debido a su contenido proteínico, las legumbres son alimentos caloríficos y de construcción. Nos proporcionan las proteínas que necesitamos para reparar el cuerpo sin cargarnos de colesterol, de grasa y de los subproductos tóxicos del nitrógeno que tienen las carnes. Los efectos caloríficos de las legumbres se manifiestan en platos como las sopas, guisados y cocidos, que antes del advenimiento de la calefacción central eran el recurso favorito para las frías noches de invierno.[29]

La soja es un alimento totalmente diferente de las demás legumbres. Muy usada en Oriente en diversas formas de fermentación y envejecimiento (miso, natto, shoyu, tempeh, tofu), la soja ha venido a ser llamada la «vaca vegetal», debido a su versatilidad nutritiva. De entre todas las legumbres, es la que tiene mayor contenido proteínico; su proporción de aminoácidos esenciales se aproxima a la de los productos de origen animal y, por lo tanto, se considera una «proteína completa». De ahí que el movimiento consciente de la nutrición que se ha ido formando en los últimos diez o quince años ha elevado la soja a una encumbrada categoría, y los productos de la soja, como el tofu, el miso y el tempeh, han sido adoptados entusiastamente por los cocineros naturales (entre los cuales me cuento yo).

Sin embargo el entusiasmo puede ir demasiado lejos. Una vez tuve a un alumno que siempre estaba terriblemente pálido. Le pregunté por su dieta, y resultó que diariamente comía cinco o seis tartas de tofu. Su razonamiento, como el de muchas personas, era que como éste es una «buena fuente de proteínas», cuanto más comiera mejor. Sus comidas, incluso sus tentempiés, consistían en una rodaja de tofu, un trozo de pan, algo de lechuga y brotes, y aliño. Cuando redujo la cantidad de tofu y comenzó a comer regularmente legumbres, cereales integrales y más tipos de verduras, su color mejoró enormemente, al igual que su energía y salud general. Si bien el tofu es «rico en proteínas», no es un alimento completo. Contiene un 28 % menos de hierro, sólo un 10 % de fibra y de vitaminas B, y nada de las vitaminas A y C que se encuentran en la soja completa cocinada (el «alimento entero»).

La dieta tradicional japonesa, que incluye el tofu y otros productos de la soja, los usa en pequeñas cantidades; es el arroz, no el tofu, el alimento principal. Resulta interesante que los japoneses también consuman algas diariamente: la sopa de miso con tofu se prepara con caldo de algas, el sushi se envuelve en algas nori; otras algas, como agar-agar, hijiki y wakame, se consumen con regularidad. Esta costumbre comienza a adquirir sentido cuando descubrimos que la soja contiene un elemento depresor del tiroides;[30] las algas, ricas en yodo, el mineral necesario para el buen funcionamiento del tiroides, contrarresta ese efecto.

Según la tradición popular, el consumo de apreciables cantidades de soja y de sus derivados, sobre todo de tofu, puede reducir o enfriar la energía sexual. Estudios realizados en las universidades de Illinois y Kansas han demostrado que la soja puede obstaculizar la absorción de cinc.[31] El cinc es uno de los minerales más acusadamente relacionados con el buen funcionamiento de las glándulas sexuales, de manera que, al parecer, este elemento de sabiduría popular es bastante realista. Es posible entonces que una comida compuesta de hamburguesas de soja, frituras de tofu, batidos de leche de soja y una porción de cremoso pastel de tofu ocasione muchos problemas, aunque diferentes de los ocasionados por la comida rápida que intenta reemplazar.

En los regímenes tradicionales se consumen legumbres de todas clases con cereales, en una proporción de más o menos una parte de legumbres por dos partes de cereales.[32] La dieta macrobiótica sugiere una parte de legumbres por cinco partes de cereales.[33] Sin embargo, al hacer cualquier cambio de una dieta con mucha carne a una con muchas legumbres, es conveniente hacerlo lentamente. Es posible que los intestinos necesiten de seis meses a un año para acostumbrarse y poder digerir fácilmente las legumbres.

Al ser un alimento proteínico, las legumbres son pesadas y nos mantienen atados al mundo material. Consumidas en exceso, podrían ser causa del endurecimiento y mayor densidad de los tejidos, igual como lo es la carne.[34] Tal vez ése fuera el motivo de que Pitágoras, el matemático y filósofo griego, que fue también uno de los primeros vegetarianos conocidos, recomendase a sus seguidores que se abstuvieran de las legumbres.

Sin embargo todas las cosas tienen dos caras; la pesadez de las legumbres tiene sus claras ventajas: en una dieta vegetariana que puede tender a llevarnos hacia arriba haciéndonos sentir ligeros y dilatados, las legumbres proporcionan el ancla material que nos mantiene inmersos en la realidad que nos rodea.

Las raíces

- Contractivas.
- Alcalizantes.
- Caloríficas (cuando están cocidas).
- Alimento moderadamente desintegrador.

En su crecimiento hacia abajo de la semilla, la raíz se aleja de la luz, abriéndose camino e internándose más y más en la fría y húmeda tierra. Afirma el brote que crece hacia arriba, extrae el alimento de la tierra y lo envía hacia arriba. La raíz representa la estabilidad y la fuerza. Algunas raíces son tan fuertes que pueden romper las rocas que le obstaculizan su crecimiento.

Los seres humanos reflejamos la estructura de la planta pero a la inversa. Mientras las plantas crecen de la semilla hacia arriba, nosotros crecemos de la cabeza hacia abajo. Aunque mi razonamiento discurre más por expresiones poéticas que por las estrictamente científicas, se puede establecer cierta correspondencia entre la raíz y la cabeza. Cuando estamos de pie en posición de descanso, la cabeza, el asiento de nuestra identidad, apunta hacia arriba mientras el tronco y las extremidades apuntan hacia abajo. En la planta, la raíz, que es la que le da fuerza y estabilidad, se estira hacia abajo, hacia el centro de la tierra mientras el tronco y las ramas crecen hacia arriba. El sistema de la raíz suele ser mucho más pequeño que el del resto de la planta; nuestra cabeza también es mucho más pequeña que el resto del cuerpo, en una proporción que va aproximadamente de 1:6 a 1:8. Comienza a cobrar sentido otro dicho popular sudamericano: que el consumo de raíces nos va bien para establecer nuestra identidad. A propósito de esto, podríamos observar la popularidad de que goza la zanahoria entre los niños. Tal vez, de manera inconsciente, lo que hacen es tratar de consolidar sus identidades particulares. Las raíces son contractivas, crecen en la oscuridad y el silencio, se comunican con la tierra, extraen y distribuyen el alimento; tal vez también estimulan esas mismas cualidades en nosotros cuando las comemos: la contractilidad, la estabilidad, el pragmatismo, la capacidad de nutrir y sustentar.

Hay dos tipos de raíces muy diferentes: las que se utilizan como verdura y las que se emplean como condimentos. Las raíces más populares, que se consumen como verduras, son las dulces, como las zanahorias, los nabos, los rábanos, el apio nabo y el colinabo. La bardana, que es una raíz silvestre, es muy delgada y larga, muy difícil de extraer de la tierra. Se dice que transmite su flexibilidad, firmeza y resistencia al frío a las personas que la comen.

Entre las raíces que normalmente se emplean como condimento o constituyen platos secundarios están los rábanos, las cebollas, el ajo, el *daikon* (rábano japonés rallado), el jengibre y el rábano picante. Son contractivas pero tienen un sabor fuerte y expansivo; unión de opuestos particularmente notable. Debido a eso favorecen la «integración» (unión de los contrarios) o curación. Y en realidad estas raíces picantes son muy estimadas por sus propiedades medicinales. Se consideran muy útiles para limpiar las mucosidades y descongestionar: la acumulación contractiva de materia se dispersa ante el penetrante sabor de la raíz.

En la tradición culinaria étnica se usa el rábano picante, el jengibre y el rábano común para ayudar a la digestión de los alimentos grasos, oleosos o fritos. Se dice que el rábano picante sobre todo, empleado para condimentar carnes asadas, estimula el hígado y la secreción de bilis.

No he conocido a muchas personas que consuman raíces en exceso, de manera que no puedo ofrecer un comentario de primera mano sobre los efectos que podría tener tal exceso. Lo que sí he notado, sin embargo, es que la contractilidad y estabilidad de las raíces, unidas a la contractilidad y solidez de los cereales y legumbres en algunas dietas vegetarianas, pueden favorecer un cierto endurecimiento interior, un fariseísmo si se quiere, una especie de rigidez emocional y falta de movimiento físico. En general, las personas que comen una elevada proporción de raíces, cereales y legumbres son propensas a sentarse a pensar, no a correr y bailar. Si se desea, esta tendencia se puede contrarrestar con la estimulante y expansiva energía de las frutas, hierbas y especias.

Las hojas

- Expansivas: lechuga, perejil.
- Contractivas: hojas verdes amargas hervidas.
- Alcalinizantes.
- Refrescantes.
- Alimento de desintegración.

Cuando la semilla adentra sus raíces en la tierra, un brote crece hacia arriba en la dirección opuesta. Este brote se transforma en el tallo y las hojas, que se yerguen hacia el cielo. Las hojas absorben la luz y la transforman en materia; allí se asienta la luz del sol que se ha materializado en clorofila e hidrato de carbono. Nosotros, seres torpes que somos, necesitamos las plantas y hojas para que nos sirvan de intermediarias para nuestro intercambio de energía con el cosmos, porque somos incapaces de realizar este intercambio directamente.

Las hojas se mueven al viento, y tal vez por ese motivo, según la sabiduría popular sudamericana, son las más adecuadas para favorecer el movimiento. Es interesante observar como las personas que comienzan a practicar el ejercicio del tipo de la caminata o carrera presentan la tendencia a comer más ensaladas que antes.

Como ocurre con las raíces, entre las verduras de hojas podemos distinguir dos tipos: aquellas que tienen un sabor ligero y suave, como las diversas clases de lechuga, y aquellas de sabor fuerte o amargo, como los berros, la achicoria, el diente de león, las hojas de mostaza, etcétera. Mientras las hojas amargas cocidas son contractivas, las de sabor ligero, crudas (lechuga, perejil, eneldo) son expansivas. En general, éstas favorecen la agilidad y la apertura. Las ensaladas crudas en un régimen que también incluye alimentos contractivos va a asegurar una necesaria agilidad y alegría.

La ausencia de hojas frescas en la dieta puede causar palidez y un aspecto amarillento. Por otro lado, un exceso de hojas crudas puede ser causa de molestias intestinales en las personas propensas a ellas, y tal vez originar deseo de comer dulces.

La fruta

- Expansiva.
- Alcalinizante.
- Refrescante.
- Alimento de desintegración.

La fruta es el estadio final del desarrollo de una planta. En cierto sentido, con su fruto la planta llega a su madurez total, alcanza su objetivo último. El resto depende de los pájaros, las abejas, el viento y la lluvia. La lucha ha concluido, reina la paz y ya no queda otra cosa que volver atrás: después de madurar, la fruta se pudre. Sólo entonces la semilla que lleva tiene la oportunidad de brotar a una nueva vida.

La fruta suele ser expansiva, refrescante, relajante y generalmente alcalinizante (a excepción de las ciruelas, las ciruelas pasas y los arándanos agrios, que pueden ser acidificantes). Debido a que su energía sube y se expande hacia los lados, muchas frutas van a favorecer la apertura, la agilidad y ligereza, incluso el ánimo alegre y el comportamiento expansivo. En exceso, podrían ser causa de que nos expansionemos demasiado, nos «emborrachemos». Hablando en metáfora, si nos alejamos demasiado del centro contraído, perdemos la concentración y el enfoque. (Otros derivados de plantas, como el azúcar, el alcohol y las drogas harán aún más pronunciado este efecto.)[35]

En algunos casos, el exceso de fruta o de zumos de fruta pueden debilitar los intestinos, debido al exceso de expansión. Son necesarios los laxantes y enemas para mantener este órgano en funcionamiento. A veces el cabello encrespado, muy rizado y tal vez abierto en las puntas, es un síntoma indicador de ese trastorno.

La mayoría de las frutas, al ser productos del calor y de la luz del sol, se digieren bien a temperatura ambiente. La cocción de las frutas tropicales puede llevar la energía al borde de la expansión convirtiéndola en contraída languidez. Por consiguiente, las frutas de climas más frescos, como las manzanas y las peras, aceptan mejor la cocción que las papayas y las piñas; innumerables variantes de manzanas asadas, pasteles de manzana y tartas de pera son testimonios de este hecho.

Por otro lado, enfriar la fruta aumenta su capacidad refrescante; puede que esto sea conveniente en el abrasador calor del verano, pero menos conveniente en invierno. De hecho, al ser de por sí tan refrescante la fruta, las personas que siguen dieta exclusivamente de frutas durante el tiempo frío se sienten heladas hasta los huesos.

De acuerdo con mis propias observaciones, una dieta totalmente frutariana parece favorecer la placidez, la amabilidad, el desinterés competitivo, a la vez que un cierto desprendimiento afectivo e incluso tal vez el celibato. Es evidentemente una dieta ideal para la consecución de la paz interior, o para nutrir a aquellos que ya la han alcanzado. Las frutas no son constructoras de tejidos, pero ayudan a que el cuerpo y el espíritu trabajen juntos en armonía.[36] El consumo de fruta también estimula la expresión artística, lo cual, en sentido amplio, vendría a ser al ser humano lo que la flor a una planta. Sin embargo, no estimula la creatividad en áreas más mundanas, como la planificación empresarial o urbanística, por ejemplo.

Las solanáceas

- Expansivas.
- Alcalinizantes.
- En general, refrescantes, a excepción de la salsa de tomate de larga cocción.
- Alimentos de desintegración, a excepción de la patata, que es constructora.

La clasificación de las plantas que hemos visto hasta aquí ha sido sencilla, basada más en el sentido de la percepción que en la biología estricta. No obstante hay un grupo de plantas que ha de ser considerado según su clasificación botánica porque la sola percepción no nos bastaría para comprender sus efectos ni significado.

La familia de la dulcamara o *solanáceas* comprende unos 92 géneros con más de 2.000 especies; entre sus miembros se encuentran muchas plantas estimulantes, venenosas y medicinales, como el tabaco, el beleño negro, la mandrágora y la belladona; plantas ornamentales como las petunias y otras, y algunos de nuestros alimentos más universalmente usados: patatas, tomates, berenjenas, y pimientos de todas las clases (verdes, rojos, guindilla o chile, pimentón o páprika, cayena, dulces, picantes, etcétera) a excepción de las pimientas blanca y negra.

Las patatas, los tomates y los pimientos fueron alimentos usados por los incas, desconocidos en Europa hasta que fueron llevados por los españoles en el siglo XVI. Al parecer, las patatas eran mucho más pequeñas que ahora en esa época, su tamaño variaba entre el de un cacahuete y el de una ciruela pasa; debido a la facilidad de su cultivo, la patata se convirtió finalmente en un importante alimento feculento, sobre todo en el norte de Europa, reemplazando a los más tradicionales, la cebada y la avena. Los tomates se usaron al principio como plantas ornamentales; se había descubierto que las hojas y ramas eran venenosas y pensaron que el fruto sería igualmente insalubre; más tarde comenzaron a usarse en sopas y salsas, en el sur de Europa. El cultivo de la berenjena en el Viejo Mundo bien puede remontarse a unos 5.000 años atrás; en Grecia y Oriente Medio, fue durante siglos alimento principal en las comidas.

Las solanáceas son ricas en alcaloides, sustancias químicas resultantes del metabolismo de la planta que tienen fuertes efectos fisiológicos. Los alcaloides comparten con las proteínas un elevado contenido de nitrógeno, pero en realidad son «proteínas desnaturalizadas», la otra cara de la moneda; es decir, en lugar de ser constructoras de los tejidos, son estimulantes, alucinógenos, remedios y venenos. La presencia de nitrógeno las hace también alcalinas, por lo tanto, neutralizan la acidez. Entre los alcaloides mejor conocidos se encuentran la cafeína (en el café), la teobromina (en el chocolate), el opio, la morfina, la heroína, la estricnina, la quinina; en las solanáceas, la nicotina, la atropina, la belladona y la escopolamina.

Los alcaloides se encuentran en todas las partes de las solanáceas alimenticias; en algunas, los frutos maduros sólo contienen ligeras trazas, como en las berenjenas, los pimientos y tomates. La patata contiene el alcaloide solanina, sobre todo en la parte interior y bajo la piel. Las condiciones de almacenamiento con luz y calor podrían, con el tiempo, aumentar este contenido hasta grados tóxicos. Se sabe de patatas viejas almacenadas de manera no adecuada que han causado inflamaciones gastrointestinales, náuseas, diarrea, mareo y otros síntomas, algunos tan graves que han necesitado hospitalización.[37]

El ganado que pasta con la solanácea *Solanum malacoxylon* enferma y se deforma por exceso de vitamina D, que causa un aumento de calcio y fosfato en la sangre, trastorno que lleva a la calcificación de la aorta, de los riñones, pulmones y de la nuca.[38] Tal vez sea oportuno señalar aquí que la calcificación de los tejidos blandos, es decir, el depósito de calcio (materia ósea) en lugares no apropiados del cuerpo, es el síntoma físico posiblemente más predominante en las culturas industriales modernas. Hans Selye lo ha llamado «el síndrome calcifiláctico»; interviene en la artritis, la artritis reumatoide, la arteriosclerosis, la insuficiencia coronaria, la esclerosis cerebral (senilidad), los cálculos renales, la bronquitis crónica, la osteoporosis, el lupus eritematoso, la hipertensión, e incluso en ciertas formas de cáncer.[39]

Los alimentos solanáceos podrían extraer sutilmente el calcio de los huesos y depositarlo en las articulaciones, riñones, arterias y otras zonas del cuerpo en donde no ha de estar.[40] Esto podríamos explicarlo por medio de la teoría de los contrarios, en este caso de lo ácido y lo alcalino. En una dieta a base de carne y productos lácteos, la proteína de la carne (acidificante) ha de ser alcalinizada por los minerales; los alcaloides presentes en las patatas y los tomates podrían colaborar en retener el alcalinizante calcio de los productos lácteos en solución, o en extraerlo de la sangre y los huesos. Si el proceso se dispara y se libera demasiado calcio, el exceso podría redepositarse en los tejidos blandos en forma de espolones (excreciones óseas), placas, cálculos u otras calcificaciones. Se ha descubierto que la vitamina D_3 presente en las solanáceas *Solanum* contribuye a la calcificación de los tejidos corporales. Este proceso entonces puede intensificarse con la adición de vitamina D a los alimentos, como se hace con la leche y sus derivados, los cereales para el desayuno y la margarina enriquecidos.

Un investigador ha aconsejado a las personas artríticas que sigan una dieta sin solanáceas, y que eviten no sólo los propios productos sino también los procesados que tengan el más mínimo rastro de harina de patatas, pimentón, cayena, tabasco, pimentones picantes, y cualquier otro condimento que los contenga. También se desaconseja el consumo de alimentos con vitamina D añadida, ya que normalmente el sol nos proporciona la cantidad suficiente de esta vitamina. Las personas que han seguido estas sugerencias han dado cuenta de buenos resultados: remisiones de dolores artríticos, de artritis reumatoide, osteoartritis, bursitis, codo de tenista, gota, dolor de la parte baja de la espalda, dolores de cabeza, presión arterial alta, y un sinfín de otros trastornos relacionados.[41]

Yo personalmente he conocido un buen número de casos en que los dolores articulares han desaparecido totalmente después de varios meses de seguir una estricta dieta sin solanáceas y sin fumar (el tabaco también es solanácea). Ha habido otros casos en que después de una comida con abundantes pimientos dulces o condimentada con pimientos picantes, se han producido dolores musculares y calambres (que se atribuyen a falta de calcio).

Es interesante señalar aquí que hace más de treinta años, mucho antes de que las solanáceas cayeran bajo cualquier tipo de sospecha, el régimen macro-biótico propuesto por George Ohsawa recomendaba una abstención total de es-tos alimentos, por considerarlos demasiado expansivos: crecen con rapidez, son ricos en potasio y agua, son fuertes de sabor en algunos casos. Esta abstención de solanáceas en el régimen macrobiótico va pareja con la abstención de car-ne y productos lácteos. Tal vez el evitar estos productos mientras al mismo tiem-po se aumenta el consumo de verduras frescas, cereales y legumbres podría contribuir a calmar el metabolismo alterado del calcio, y podría explicar el evi-dente éxito obtenido por la macrobiótica en restablecer la flexibilidad de las ar-ticulaciones y en reducir o hacer desaparecer los espolones, placas y cálculos. Se sabe que una de las solanáceas, el tabaco, está comprometido en la causa del cáncer. Queda aún otro interrogante por considerar: las patatas y los tomates se reproducen fácilmente, crecen rápido y con facilidad..., ¿podría haber una cone-xión entre ellos y los cánceres de evolución rápida, por rebuscado que esto pueda parecer?

Dejando a un lado las recomendaciones macrobióticas, sí parece existir una relación entre el extendido consumo de patatas y tomates y el elevado consumo de leche y sus derivados. Suelen ir casi irrevocablemete juntos: salsa de tomate con queso, patatas con crema. ¿Qué es primero, los productos lácteos o las so-lanáceas? Si las solanáceas afectan el metabolismo del calcio, entonces se nece-sitarían los productos lácteos para proporcionarnos calcio extra; o, a la inversa, el excesivo consumo de calcio con los productos lácteos crearían una necesidad de alimentos como los tomates para disolver esa acumulación. Para mantener el equilibrio, entonces, ¿son los tomates los que necesitan el queso, o es el queso el que necesita los tomates? La respuesta es sí a ambas preguntas. Le resutará más fácil dejar las solanáceas «y» los productos lácteos que dejar sólo uno «o» el otro. Una dieta sin productos lácteos que sí incluye solanáceas en cantidad apre-ciable, podría tener como consecuencia una pérdida de calcio, como le ocurrió a una alumna mía a la que le diagnosticaron clínicamente este trastorno. Cuando eliminó las solanáceas de su dieta, la pérdida de calcio echó marcha atrás.

Avancemos un paso más en el asunto de las solanáceas. ¿Por qué las patatas y los tomates, en otro tiempo considerados venenosos, han llegado a ocupar un lugar tan importante en la dieta occidental? Mi pensamiento no va a discurrir ahora según los criterios de la nutrición, científicos ni económicos sino desde el punto de vista «holístico-cósmico». Yo creo en un universo racional, en el cual las cosas no suceden por casualidad sino por buenos motivos, sea que veamos esos motivos inmediatamente o no; también creo que las sociedades suelen actuar como organismos totales, una conciencia colectiva y un inconsciente colectivo. Así pues, para encontrar una respuesta que satisfaga mi creencia en la interco-nexión de todas las cosas, voy a recurrir una vez más a mi filósofo de la alimen-tación preferido, el antroposofista Rudolf Hauschka. Él dice que la patata y el to-mate son «regalos del hemisferio occidental», y que aparecieron al comienzo de una nueva fase del desarrollo de la conciencia, a saber, la Edad de la Razón. Podrían considerarse, sostiene Hauschka, alimentos que estimulan la actividad intelectual, el pensamiento abstracto y el materialismo. También «fomentan una cierta autosuficiencia egoísta». Ésta es la actitud que se oculta tras el origen de la espada de doble filo de la ciencia y la tecnología occidentales; el precio que hemos tenido que pagar por estos gigantescos pasos en el conocimiento y en nuestra capacidad de influir en el medio ambiente ha sido «un desvío temporal hacia un punto de vista materialista». Esta fase podría estar llegando a su fin. Las solanáceas, escribe Hauschka, «nos han ayudado en nuestro camino por una fase materialista que ahora nos deja un legado de capacidades que, si las conservamos, pueden ser los cimientos de una nueva perspectiva científica».[42]

Efectivamente, son muchas las personas que están reemplazando las patatas por cereales integrales, en la medida que avanzan desde una visión materialista del mundo hacia otra más holística y espiritual, no obstante reteniendo al mismo tiempo la información y técnicas conseguidas durante la fase «materialista».

Las algas

- Contractivas.
- Alcalinizantes.
- Refrescantes.
- Favorecen la construcción y la desintegración.

Las algas han sido utilizadas por muchas sociedades costeras, tanto como alimento como por sus propiedades medicinales. Ya en el año 3000 a. de C. se empleaban en China, Japón y Corea; en sus tratados dietéticos, Pitágoras hacía referencia a las especies de algas comestibles; también fueron un elemento esencial en la alimentación de los aztecas, vikingos, irlandeses, escoceses, maoríes y muchos isleños del sur del Pacífico.

En nuestra sociedad, desde hace mucho tiempo, las algas han tenido muchísimos usos industriales: para los piensos y fertilizantes, como espesante y emulsionante en los helados y otros productos procesados, en los artículos de belleza como cremas y lociones, en las pinturas, el papel y muchos otros productos. Pero sólo ha sido en los últimos veinte años más o menos, cuando han comenzado a emplearse en cantidades algo apreciables «como alimento». Este aumento del consumo de algas se debe probablemente a la creciente popularidad del régimen macrobiótico, que se basa, a su vez, en la cocina tradicional japonesa. Las algas más conocidas, que se encuentran normalmente en las tiendas de alimentos dietéticos, son el kombu o kelp, el wakame, el hijiki, el nori (que se usa en la preparación del sushi) y el kanten o agar-agar, alga que actúa como gelatina. También es cada vez mayor la disponibilidad del musgo de Irlanda y el dulse, muy utilizados en las islas Británicas, al igual que otras algas como la alaria y el kelp, recogidas en las costas de Maine y Massachusetts.

Las algas son fuentes muy concentradas de elementos nutritivos. El dulse y el nori secos tienen de un 20 a un 34 % de proteínas; todas las algas son ricas en calcio, hierro, fósforo, potasio, manganeso, sodio, cinc y, por supuesto, yodo, ya que crecen en agua de mar. También contienen vitaminas A, C y del complejo B, incluida la B$_{12}$, en apreciables cantidades. Debido a esto, las algas son particularmente valiosas en las dietas pobres en o desprovistas de proteínas de origen animal y productos lácteos. Pequeñas cantidades, tal vez un máximo de una o dos cucharadas diarias, son un excelente añadido a un régimen vegetariano sin productos lácteos. Se sabe que las algas contribuyen a un crecimiento sano de las uñas, cabellos, huesos y dientes; aseguran un metabolismo correcto; reducen el nivel de colesterol en la sangre; estimulan los órganos reproductores; tienen propiedades antisépticas; ayudan a la digestión, y mantienen el buen funcionamiento de las glándulas endocrinas, sobre todo del tiroides.[43]

Una ventaja adicional en nuestros tiempos nucleares, es que, al parecer, el alginato de sodio de las algas neutraliza las sustancias radiactivas del cuerpo, como el estroncio 90, por ejemplo, «quelándolas» (o enlazándolas) y eliminándolas luego de manera no perjudicial. A mí me ha resultado particularmente tranquilizador tomarme un plato de sopa de miso con algas después de pruebas con rayos X para una u otra cosa.

También es posible, ciertamente, consumir algas en exceso. Esto provoca un exceso de minerales en el cuerpo, lo cual puede afectar negativamente a ciertos órganos, en especial la piel y la glándula tiroides. En un caso que me tocó observar, los comprimidos de kelp originaron una serie de rojeces en los brazos y cara; por lo visto el cuerpo no podía arreglárselas con tantos minerales concentrados y sencillamente los hizo salir a través de la piel (el problema desapareció cuando esta persona dejó de tomar los comprimidos de algas kelp). Los problemas del tiroides se pueden deber tanto a un exceso de yodo como a una carencia. Tomando en cuenta que ya consumimos grandes cantidades de este mineral, por su presencia en los fertilizantes y la sal de mesa, ciertamente vale la pena vigilarlo. Entre los primeros síntomas de advertencia de un exceso de yodo se encuentran un adelgazamiento excesivo, la hiperactividad, la piel áspera, el desequilibrio mental o emocional y la sensación de despiste o «borrachera». (Es interesante señalar que una comida rápida, «basura», consistente en hamburguesas, patatas fritas y batido de chocolate, proporciona un 200 % del yodo presente en las raciones dietéticas recomendadas. Mala noticia, quizá, para los que sufren de acné.)

Las hierbas y especias

- Normalmente expansivas.
- Normalmente alcalizantes.
- Caloríficas o refrescantes.
- Estimulantes del metabolismo en general.

Las hierbas y las especias son especiales, porque pertenecen a dos mundos: al de la cocina, en virtud de sus propiedades sazonadoras, y al de la medicina, en virtud de sus propiedades curativas. De hecho, puede ser muy sano emplear una cantidad moderada de hierbas aromáticas y de sabrosas especias: ayudan a la digestión, evitan la flatulencia, colaboran en la desintegración de las grasas, tonifican, estimulan, relajan y, en general, nos regalan el alma con sus aromas.

Las hierbas y especias se usan en cantidades tan mínimas que su valor nutritivo, en el sentido de su densidad, es insignificante. Sin embargo, en los regímenes dietéticos tradicionales se consideran importantes mediadoras de los procesos metabólicos. Aryuveda, el antiquísimo arte hindú de la medicina y la prolongación de la vida, sostiene que la presencia de un condimento puede cambiar totalmente e intensificar muchísimo el efecto fisiológico de un producto alimenticio. Por ese motivo, la comida india va perfumada con especias aromáticas tales como jengibre, cilantro o coriandro, comino, anís y clavo, las cuales se dice que favorecen la digestión y la asimilación, sobre todo de las verduras, legumbres y cereales, que son feculentos. El uso del pimiento muy picante (guindilla, chile o ají), que es una solanácea, no es verdaderamente tradicional en la India, ya que sólo tiene unos pocos siglos: fue importado originariamente de las Américas. Actualmente se usan con gran ligereza por cocineros insensibles o excesivamente entusiastas, costumbre que ha sido causa de muchas inflamaciones e irritaciones gástricas. Yo personalmente he descubierto que si como un plato condimentado con mucha cayena o chile, tengo después problemas musculares, como espasmos en la espalda o calambres en las pantorrillas.

Las hierbas verdes, como el eneldo, el perifollo, el perejil, las mentas, el tomillo y la mejorana, aligeran comidas que de otra manera serían pesadas. Calman y armonizan, ayudan a la sangre a asimilar las sustancias nutritivas. Las semillas aromáticas, como las de alcaravea, cilantro, enebro y anís, ayudan al metabolismo de los hidratos de carbono; es interesante que suelan usarse en la elaboración de panes y otras exquisiteces al horno.[44]

El aroma clasifica a la mayoría de las hierbas en la categoría «expansivas». Las «contractivas» son pocas y tienen sabor amargo, áspero o seco: la resina de asafétida (Hing), las bayas de enebro y tal vez la canela y las semillas de cilantro, si tomamos en cuenta el sabor más que el aroma. (Muchas de las hierbas curativas.

en comparación con las que se usan más en la cocina, tienen esos sabores fuertes, «contractivos»; para un estudio más detallado del que podemos ofrecer aquí sobre estas hierbas, consulte por favor algunos de los muchos y buenos libros sobre herbolaria que existen actualmente.)[45]

Adoptando una postura opuesta a la aryuvédica, la macrobiótica recomienda evitar todas las hierbas y especias aromáticas por considerarlas «expansivas».[46] La verdad es que esa abstinencia es bastante conveniente a veces para las personas que están tratando de corregir un exceso de expansión, ya sea mental o física. El ejemplo más elocuente que he conocido de una situación así fue el de una de mis alumnas. Se apuntó a un año de clases, de manera que yo la veía semanalmente y pude observar su cambio. Al principio era una chica rellenita, desgarbada, mentalmente desparramada. De pronto decidió seguir una dieta contractiva. Se puso muy estricta en sus hábitos alimenticios; sólo comía cereales integrales, legumbres, verduras hervidas y algas. No comía nada que fuera expansivo: ni frutas, ni zumos, ni dulces, ni condimentos. Durante un tiempo fue tal su sensibilidad que incluso una pizca de orégano en el plato la exaltaba. Esta fase duró unos ocho meses, al final de los cuales volvió lentamente a una dieta más variada; añadió ensaladas, fruta y algún condimento a sus comidas. Al cabo de otro año comenzó nuevamente a comer también algo de proteína de origen animal. En un período de dos años se convirtió en una mujer esbelta, elegante, bien centrada; es uno de los casos de alquimia personal más espectaculares que me ha tocado ver.

Sin embargo, de acuerdo con mi propia experiencia y lo que he observado, la ausencia de condimentos aromáticos en la comida puede dar pie a dificultades de asimilación, exceso de mucosidades, una cierta apatía, un porte sombrío o grave y una visión de la vida excesivamente seria, incluso penosa. En otras palabras, nada de diversión, nada de ligereza.

Por otra parte, un exceso de condimentos estimulantes y comidas muy condimentadas puede causar molestias digestivas, debilidad muscular, un estado de «borrachera, exaltación» e hiperactividad y falta de concentración. Como ocurre con todas las cosas, lo que funciona es «la medida correcta»: la correcta cantidad de hierbas y especias es la que mantiene el buen funcionamiento de los procesos digestivos y el alma contenta.

Productos alimenticios de un solo elemento nutritivo: Los cristales y las grasas

Las tres sustancias menos alimenticias que consumimos son la sal, el azúcar blanco y el aceite. Respectivamente, son un mineral puro, un hidrato de carbono puro y una grasa pura. Comencemos por considerar los dos primeros, dejando de lado todo prejuicio cultural, alimentario y gustativo, como si los examináramos por primera vez.

Tanto la sal como el azúcar son cristales. Se precipitan de líquidos (agua de mar, jugo de la caña) y adquieren la forma de moléculas muy ordenadas con superficies planas y lisas. Tienen por lo tanto una característica muy clara: son formas creadas a partir de algo sin forma. Y son formas muy ordenadas: las sustancias cristalinas están compuestas por capas y capas superpuestas de moléculas similares nítidamente conformadas.

Los cristales son fenómenos fascinantes. Aunque son minerales y, por lo tanto, carecen de vida, sin embargo crecen. De hecho, se los hace «crecer» regularmente en los laboratorios para diversos fines científicos. Toda una ciencia, la cristalografía, está dedicada al estudio de las propiedades de los cristales. Sin los cristales no podría existir el mundo de la electrónica, de los semiconductores y transistores.

¿Cómo crecen los cristales? Emergen, como Afrodita del mar, de una solución muy saturada. Cuando el líquido se enfría o se evapora, la sustancia disuelta en él se precipita para formar una forma sólida de superficies lisas. Si el proceso de cristalización se produce en la naturaleza, de manera lenta y uniforme, los cristales resultantes serán grandes y hermosos: las piedras preciosas, los diamantes, el cuarzo. Si el proceso se acelera y tiene que soportar cambios bruscos de temperatura, los cristales serán más pequeños, a veces incluso imposibles de distinguir a simple vista. Pero, al margen del tamaño, siempre habrá un orden preciso y una repetitividad en la disposición molecular de una sustancia cristalina.

El azúcar y la sal, los cristales comestibles, han sido en ciertas épocas considerados preciados lujos. En la antigua Roma, donde los soldados ganaban un «salario»,* se usaron trozos de sal endurecida a modo de moneda. En Persia, alrededor del año 600 de nuestra era, el azúcar se consideraba una «nada frecuente y preciada droga milagrosa», un sedante que se administraba con muchísima prudencia.[47] Ambas sustancias estuvieron íntimamente ligadas al tráfico y comercio entre Europa y las tierras lejanas, igual como lo estuvieron, en realidad, las especias de la India.

Actualmente, el azúcar y la sal, preciadas sustancias que fueran en otra época, han pasado de su encumbrado lugar original al opuesto. Son abundantes, baratos, asequibles a todo el mundo, y durante este siglo se han consumido en cantidades cada vez mayores. Como sabemos que la cantidad cambia la calidad de las cosas, no nos viene de sorpresa que los antiguos remedios mágicos se hayan convertido en veneno.

---

* De *salarium*, lo que se les daba originariamente a los soldados romanos para que compraran sal.

Veamos ahora las diferencias entre nuestros condimentos cristalinos. Primero la sal, que es más antigua.

La sal

- Contractiva.
- Alcalinizante.
- Conserva el calor.
- Favorece el metabolismo.

La sal es única entre todos los alimentos y condimentos tradicionales. No crece en una huerta ni se extiende por los campos, sino que se obtiene de la evaporación del agua de mar o, lo que es más común hoy en día, se extrae de minas en la tierra. La sal da al mar su carácter y a nuestras lágrimas su sabor peculiar. Los científicos dicen que toda la vida emergió de las profundidades salinas del océano. Aunque no es «viva», la sal actúa de base y de sostén de la vida. «La vida comenzó en la salinidad y no se puede librar de ella», escribió el experto en oligoelementos Henry Schroeder.[48]

Por lo que se refiere a los contrarios, la sal es contractiva y tensora. Su principal elemento, el sodio, es un importante componente alcalino del líquido que baña las células del cuerpo; está íntimamente relacionado con la transmisión de los impulsos eléctricos y con el mantenimiento del equilibrio ácido-alcalino. La sudoración prolongada, los vómitos, la diarrea y el uso muy frecuente de diuréticos, pueden ser causa de un agotamiento del sodio; esta carencia provoca entonces calambres musculares, debilidad, dolor de cabeza y el bloqueo de los vasos sanguíneos.[49] Nuestro sistema nervioso no podría funcionar sin sodio; seríamos entonces, muy posiblemente, vegetales.

Aunque principalmente se piensa en la sal en relación con su contenido de sodio, el cloruro presente en ella también es importante. De hecho, el cloro es un componente del potente jugo gástrico, el ácido clorhídrico. Éste podría ser el motivo de que en la medicina aryuvédica, la sal se considerase digestiva, especialmente útil en la asimilación de los alimentos cocidos.

Pero no es sólo el sodio o el cloro lo que necesita nuestro cuerpo. Nos sentimos atraídos hacia el todo, hacia el sistema cloruro de sodio (NaCl), que es lo que la naturaleza nos ofrece en cristales de sal. Ha habido batallas, se han trazado rutas comerciales, se ha explorado la tierra por la sal. ¿Por qué?

Tal vez lo que anhelamos es su naturaleza cristalina. Así como la sal sustenta los procesos vitales en el plano físico, es posible que también lo haga en el plano no físico. Hauschka dice que ponemos sal a los alimentos «no sólo para darles sabor sino también para que nos haga pensar».[50] Nos ayuda a *cristalizar* nuestros pensamientos. Históricamente, la idea tiene su cierto respaldo indirecto: las sociedades primitivas, intuitivas, rara vez usan la sal, pero los griegos, sociedad intelectual, pensante, si la hubo, la usaban con enorme respeto. Un ejemplo más cercano: me fijé en que mis hijas comenzaron a exigir un sabor más salado en sus comidas, negándose a tomar las papillas sin salar de bebés, alrededor de la edad en que comenzaron a hablar, y por lo tanto también a pensar conceptos abstractos.

Nuestra necesidad de sal se ha establecido en 0,5 g diarios para el adulto medio; 3 g (tres quintos de cucharadita) aún se considera un consumo razonable. Pero el norteamericano medio consume 12, y es posible que hasta 18 g, es decir tres o más cucharaditas. En esta cantidad se cuenta no sólo la sal que se echa en la olla o a la comida en la mesa, sino también el cloruro de sodio que se usa de conservante en los quesos, carnes procesadas, verduras en conserva, en el ketchup, en las almendras u otros frutos secos salados, en las patatas fritas, etcétera. Otras fuentes adicionales de sodio son los panes y pastelería, ya que hay bicarbonato de sodio en la levadura, los conservantes a base de compuestos sódicos, e incluso el agua de sifón.

Si bien un poquitín de materia mineral en forma de sal es esencial para nuestra vida, para estimular la digestión y fortalecernos y activarnos en todos los aspectos, un exceso de sal puede causar muchos problemas, como vamos descubriendo. No sólo favorece la rigidez y el endurecimiento sino que también actúa como freno o dique, reteniendo las grasas. Se ha descubierto que un elevado consumo de sal obstaculiza la capacidad del cuerpo de eliminar las grasas del torrente sanguíneo.[51] El exceso de sodio está implicado en los problemas renales, la retención de líquido, la hipertensión, las enfermedades cardiovasculares, posiblemente el cáncer de estómago, y las migrañas.

Pero antes de echar toda la culpa a la sal en general, no pasemos por alto el hecho de que la sal terrestre comercial, que normalmente es la que se vende hoy en día, tiene un contenido de sodio más alto que la sal marina tradicional, tanto porque se extrae de la tierra como debido a los diversos compuestos sódicos que se le añaden. La presencia de estos aditivos tiene que tener un efecto en el cuerpo, quizá nocivo. La sal que se obtiene por evaporación del agua del mar contiene alrededor del 78 % de cloruro de sodio (NaCl), más un 11 % de cloruro de magnesio, y cantidades más pequeñas de sulfatos de magnesio y calcio, cloruro de potasio, bromuro de magnesio y carbonato de calcio. Por su parte, la sal extraída de la tierra, en Utah, contiene un 98 % de NaCl más un 0,2 % de hierro, un 0,31 % de calcio y cantidades más pequeñas de azufre, aluminio y estroncio.

Los valores del Departamento de Agricultura para la «sal de mesa» o «categoría de sal para los alimentos» están establecidos en nada menos que 97,5 % de NaCl, nada más que un 2 % de calcio y magnesio y un margen de hasta 2 % de «aditivos aprobados». Entre estos últimos se encuentran: el yoduro de potasio, para compensar la falta de yodo en las dietas de personas que no tienen acceso

al pescado o a las algas; la dextrosa, un tipo de azúcar, que se añade para que el yoduro no se oxide; bicarbonato de sodio, para que la sal no se ponga púrpura con la adición de los dos anteriores; y o bien aluminato silicosódico, carbonato de calcio, ferrocianuro de sodio, citrato amonicoférrico verde, prusiato de sosa amarillo, o carbonato de magnesio para evitar los agentes endurecedores o modificadores de cristales. La categoría de sal marina para alimentos, procesada en Francia y obtenible en este país en las tiendas de alimentos dietéticos y de especialidades gastronómicas, tiene un elevado contenido de NaCl (99,94 %) pero no aditivos;[52] en mi opinión, sólo esto último ya la hace preferible.

Ciertamente no se han realizado estudios suficientes para determinar qué efectos podría tener a largo plazo, por ejemplo, el prusiato de sosa amarillo en presencia del bicarbonato y del yoduro de sodio. Suficiente yodo para la función del tiroides se puede obtener con un moderado consumo de pescado o algas. Recordemos que una sola comida «rápida» proporciona el 200 % del presente en la ración dietética recomendada.

Si volvemos por un momento al modelo de proporción de elementos nutritivos (capítulo 3), veremos que un elevado consumo de sal debe ir acompañado de un consumo correspondientemente elevado de proteínas e hidratos de carbono. Por lo tanto, las sustancias alimenticias naturales saladas, como el miso, el tamari shoyu, los encurtidos y los condimentos pueden provocar una situación de hambre crónica, la cual puede aliviarse disminuyendo el consumo de sal y aumentando algo las proteínas comiendo más legumbres y pescado.

En el plano espiritual, la falta de sal si no estamos enfermos «finalmente nos quita el apoyo donde se afirma el espíritu de cada uno de nosotros».[53] Sin esa base no podemos construir, y así nuestra evolución personal queda parada. Por otra parte, el exceso de sal puede causar marchitamiento y endurecimiento o hinchazón y retención a medida que el alma se pone rígida, aferrada al pasado, y se convierte en un pilar endurecido.

Entre los dos extremos, la sabiduría popular reconoce una relación entre la sal y un agradable ánimo y humor; observemos, si no, las expresiones «saleroso», «salado», «sal de la tierra». No hay ningún sabor que pueda reemplazar al salado.

El azúcar

- Expansivo.
- Acidificante.
- Conserva el frío.
- Favorece en exceso la construcción y la desintegración.

Por lo que se refiere a los contrarios, el azúcar es expansivo y aflojante; es hidrato de carbono, por lo tanto es acidificante (los hidratos de carbono se metabolizan en agua y ácido carbónico, que después se convierte en dióxido de carbono CO_2. El azúcar y la sal, entonces, aunque ambos son cristales tienen efectos opuestos.

La palabra *azúcar* tiene dos significados, lamentable situación que ha sido motivo de enorme confusión entre el público lego. Un significado es el popular: azúcar es esa materia dulce blanca o marrón que se echa en cucharaditas al café, se esparce sobre el pomelo y se mide en tazas para preparar pasteles y tartas. El otro significado es químico: los azúcares son hidratos de carbono cristalinos de sabor dulce que forman parte de los alimentos. Suelen llamarse de acuerdo con el nombre del alimento al que van asociados. Son la lactosa (leche), la maltosa (malta, cereal malteado), la fructosa (fruta), como también la glucosa (forma de azúcar que se encuentra en la sangre), la sucrosa (azúcar refinado) y otros.

Los hidratos de carbono (tanto azúcares como féculas o almidones) se encuentran en alimentos naturales como los cereales, las legumbres, las verduras y las frutas. Los azúcares se llaman hidratos de carbono simples, y las féculas, hidratos de carbono complejos. En los alimentos naturales, estos últimos se presentan con un equipo de elementos nutritivos colaboradores que ayudan al cuerpo a metabolizarlos; entonces se llaman hidratos de carbono naturales. El azúcar, el arroz y la harina blancos, separados de los minerales, vitaminas, proteínas y fibras que los acompañaban originalmente, se conocen como hidratos de carbono refinados.

El azúcar de mesa cristalino, hidrato simple refinado, se obtiene extrayendo primero el jugo de la caña de azúcar, desechando la parte sólida y la fibra. Entonces el jugo se filtra, purifica, concentra y reduce haciéndolo hervir hasta que el jarabe cristaliza.* En las diversas etapas de este proceso de refinación industrial se usan, a modo de agentes purificadores, sustancias como dióxido de azufre, lechada de cal, dióxido de carbono, huesos de buey carbonizados y bicarbonato de calcio. También sustancia purificada, el azúcar es un hidrato de carbono «desnudo»: se lo ha separado de sus compañeros de equipo naturales (agua, minerales, proteínas, vitaminas, fibra). ¿Qué sucede en nuestro cuerpo cuando lo tomamos?

Nuestro sistema corporal está diseñado para interactuar con otros sistemas: en el caso de los alimentos, estos sistemas son alimentos naturales, completos, tal como los entrega la tierra. Cuando comemos una parte aislada de un sistema, han de ser activados los mecanismos de ajuste y compensación para mantener el

---

* Cuando el jugo sencillamente se hierve por métodos naturales, como en la elaboración del jarabe de arce, el resultado es un azúcar pesado, pegajoso, marrón, con una buena cantidad de melaza remanente. Este azúcar natural no es tan perjudicial como el refinado blanco; pero suele estar contaminado con arena, tierra, moho y bacterias. Además, es difícil comprarlo en Estados Unidos. Los tipos de azúcar «moreno» que se venden en este país simplemente son azúcar blanco al que se le ha añadido nuevamente melaza.

equilibrio homeostático. Cuanto más complejo es un sistema orgánico, más variado será su abanico de respuestas. Nuestro cuerpo es enormemente ingenioso: para metabolizar el azúcar refinado, extrae de otras fuentes los elementos nutritivos que le faltan (se necesitan como catalizadores en el proceso digestivo). Esas fuentes pueden ser los otros alimentos presentes en la misma comida o bien los propios tejidos del cuerpo. Por esa razón, cuando comemos azúcar blanco sin mezcla (o harina blanca), perdemos vitaminas B, calcio, fósforo, hierro y otros elementos nutritivos que salen directamente de nuestras reservas. Ése es el otro motivo de las caries dentales: no son sólo las bacterias las que atacan los dientes, sino que los dientes, lugares de almacenamiento de calcio, se debilitan al serles quitado el calcio desde dentro, y quedan por tanto más sensibles al ataque de las bacterias. Este efecto «chupador» del azúcar es también lo que explica el deseo de mordisquear que produce; como el hambre es de los elementos que faltan (fibra, vitaminas, minerales, proteína, agua) puede ser causa de los grandes atracones que se da el goloso al tratar de satisfacerla. El mejor equilibrio nutritivo sería una buena cantidad de proteína animal extra, pero sólo si el atracón de azúcar no es consecuencia de un elevado consumo de proteína anterior.

¿Qué quiero decir con eso?

Hemos visto anteriormente (capítulo 3) que hay un cierto equilibrio en el consumo de carne y de azúcar blanco. El hidrato de carbono desnudo del azúcar blanco calza perfectamente con la proteína sin hidratos de carbono de la carne. En otras palabras, si se come carne se necesita azúcar y viceversa. Esta relación podría explicar el estado de salud al parecer sano de algunas personas que comen con moderación ambos tipos de alimento: se conservan en una especie de equilibrio. Los problemas graves se presentan cuando el consumo de azúcar excede la cantidad necesaria para equilibrar la carne. Esto puede ocurrir, y ocurre, fácilmente, pues el azúcar es físicamente adictivo, más o menos como una droga. William Dufty escribe en *Sugar Blues* [La nostalgia del azúcar]: «La diferencia entre la adicción al azúcar y la adicción a los narcóticos es en gran parte una diferencia de grados».[54]

Dos reacciones del «consumidor» de azúcar lo clasifican entre las sustancias adictivas: a) tomar una cantidad pequeña (un caramelo, un bocado de tarta) genera el deseo de más azúcar; algunas personas no pueden parar una vez que comienzan, y b) abstenerse totalmente de azúcar produce «mono», un síndrome de abstinencia que puede durar de tres días a tres semanas: terribles deseos, cansancio, depresión, lasitud, frecuentes cambios de humor, posibles dolores de cabeza.

Se cree que el consumo excesivo de azúcar está implicado en un montón de problemas muy corrientes: hipoglucemia o hiperinsulinismo, diabetes, enfermedades cardíacas, caries dentales, elevado nivel de colesterol en la sangre, obesidad, indigestión, miopía, dermatitis seborreica, gota;[55] estrechamiento genético de las estructuras pélvica y mandibular, malformación y superposición de los dientes;[56]

hiperactividad, falta de concentración, depresión, ansiedad;[57] trastornos psicológicos, locura,[58] e incluso comportamiento delictivo violento.[59] En el número de julio de 1984 de la *Journal of Reproductive Medicine* apareció el informe de un estudio realizado con 100 mujeres. En el estudio se comprobó que el consumo de azúcar, productos lácteos y edulcorantes artificiales mostraba una relación positiva con los casos de candidiasis vulvovaginal; después de seguir una dieta estrictamente desprovista de estos productos, más del 90 % de las mujeres afectadas se vieron libres, durante más de un año, de esta infección por hongo.[60] Probablemente el principal inconveniente del azúcar es que al elevar el nivel de insulina, inhibe la liberación de las hormonas del crecimiento, situación que, a su vez, deprime el sistema inmunitario.

Insisto en que estos problemas ocurren cuando el consumo de azúcar proporciona más «hidratos de carbono desnudos» de los que se necesitan para equilibrar el consumo de proteína de origen animal. Si tomamos en cuenta que la harina blanca proporciona «hidratos de carbono desnudos» adicionales, es posible que sólo una pequeña cantidad de azúcar cree un exceso. Esto ha sido corroborado por un reciente estudio en que se demostraba que la combinación de una comida a base de hidratos de carbono y postre azucarado es «fatal» en sus efectos sobre la capacidad de aprendizaje y el comportamiento, mientras que el dulce después de una comida con proteína de origen animal no tiene un efecto tan negativo.[61] En una dieta vegetariana, el azúcar va a originar rápidamente una carencia relativa de nutrientes; por lo tanto, los vegetarianos que toman azúcar enfermarán con más rapidez que los que comen carne y hacen lo mismo.

Hay muchas personas, por cierto, que no son vegetarianas de modo consciente; simplemente ocurre que consumen poca proteína animal y grandes cantidades de dulces; entonces experimentan muchos de los problemas provocados por el exceso de azúcar. Esto no sólo les ocurre a las personas carnívoras que no cuidan su alimentación sino a muchas personas pobres y desamparadas que obtienen una enorme proporción de sus calorías diarias comiendo alimentos y bebidas baratos y azucarados. Es posible que gran parte de los problemas sociales de los barrios superpoblados de las ciudades, entre ellos la delincuencia, estén directamente relacionados con el estado de desnutrición y desmineralización de personas que viven sobre todo de esos productos. En el pasado, la gente pobre al menos comía pan, legumbres y los restos de la comida de otras personas; ahora comen donuts y caramelos. Esta mala alimentación los hace inestables e incompetentes, disminuye su capacidad de aprender, progresar y crecer. Se sienten estafados, y con razón; se les estafa..., entre otras cosas, la alimentación normal. La mejoría de muchos y graves problemas sociales podría parecerse bastante a un plato de azúcar proscrito: algunos programas de cambio de dieta y eliminación del azúcar establecidos para delincuentes presos han conseguido notable éxito en la prevención de reincidencia en la actividad delictiva.[62]

Teniendo en cuenta todo el daño que causa el azúcar, ¿por qué a todo el mundo le gusta tanto? Indígenas que jamás lo han probado antes lo adoptan con entusiasmo; los niños no pueden pasar sin él, incluso cuando han sido criados con alimentos «sanos». Por lo visto las únicas personas que son capaces de abstenerse de azúcar son aquellas que la han dejado conscientemente con el fin de mejorar su salud. Una vez que han superado el síndrome de abstinencia, comprenden que no desean volver a sufrir las consecuencias físicas y mentales de tomarlo. Pero a casi todos los demás les encanta. ¿Por qué?

Si, como hemos supuesto, toda la Tierra es un sistema, y los sistemas u organismos vivos tienden a mantener el equilibrio a medida que evolucionan a una mayor complejidad, en alguna parte de esta acción equilibradora ha de entrar el azúcar. ¿Cuál es la razón «cósmica» que hace tan atractivo el azúcar para la gran mayoría de la gente? La respuesta que mejor consigue satisfacer mi curiosidad procede nuevamente del filósofo de la alimentación Rudolf Hauschka.

Hauschka hace notar que la naturaleza cristalina del azúcar lo asemeja a la sal, pero en lugar de cristalizar los pensamientos, el azúcar refuerza la conciencia del ego y desarrolla la personalidad. Geográficamente, el consumo de azúcar ciertamente va ligado a las sociedades de individuos acusadamente desarrollados: en los países occidentales orientados al individualismo se consume mucho más azúcar que en los países orientales, de orientación social, si bien es cierto que estos últimos hacen todo lo posible por ponerse a la altura. El azúcar ha realizado su tarea, dice Hauschka, cuando la persona ha desarrollado una plena conciencia de sí misma y del lugar que ocupa en el orden del universo. Una vez se ha alcanzado esa fase de desarrollo, el azúcar resulta superfluo, aun en cantidades mínimas, y es bastante fácil eliminarlo de la dieta.

Por cuanto es un cristal que semeja un mineral, el azúcar ha de ser tratado con respeto. Es un producto potente. Si se ha de usar un poco, después de todo, probablemente sería más eficaz (por lo que toca al fortalecimiento de la personalidad) y menos dañino si se consumiera de la misma forma que la sal: una cucharadita al día, disimulada en diversos alimentos para no saborearla directamente.

Desde un punto de vista espiritual, un exceso de azúcar nos hará demasiado individualistas, hasta el extremo quizás de la marginación e incluso de la delincuencia, porque la sensación de aislamiento es intensa y profundamente dolorosa. Si la conciencia de la individualidad no se despierta, el péndulo oscilará y se pondrá de manifiesto el efecto contrario: el goloso se convierte en un sonámbulo y vive en una niebla de inconsciencia. La cantidad correcta de azúcar (¡que debería ser ninguna!) favorecerá nuestra conciencia de nosotros mismos y fortalecerá nuestra personalidad. Por mi constante comunicación e intercambio de ideas con personas que han dejado el azúcar, a mí me parece que una vez que nos sentimos tranquilos y a gusto con nosotros mismos, ya no volvemos a necesitar dulces.

Las grasas y los aceites

- Expansivos.
- Acidificantes.
- Caloríficos.
- Alimentos de construcción.

Al igual que el azúcar, la grasa se presenta en la dieta en dos formas: a) como elemento simple en forma de aceite, mantequilla o manteca, y b) acompañada de proteína, como parte de los alimentos naturales (carne, queso, aguacates, frutos secos, cereales integrales). Como todos los demás productos alimenticios, la grasa también tiene sus efectos positivos y negativos.

En el aspecto positivo, la grasa da el sabor, es lo que hace deliciosos los alimentos. Los alimentos verdaderamente bajos en grasa pueden ser comibles, reconfortantes, y hasta sabrosos, pero jamás serán totalmente «de rechupete». En el sentido biológico, la grasa es la transportadora de las vitaminas solubles en grasa (A, D, E y K) a la vez que fuente de los ácidos grasos esenciales necesarios para el buen funcionamiento celular y para el desarrollo de todo el organismo. El metabolismo de las grasas genera calor corporal, y como contienen el doble de calorías que las proteínas y los hidratos de carbono, una dieta rica en grasas mantiene normales las temperaturas del cuerpo en el tiempo frío mejor de lo que lo harían las dietas ricas en proteínas o en féculas.[63] Las costumbres alimenticias tradicionales apoyan esta observación: los fuertes y robustos esquimales consumen una elevada proporción de grasas de origen animal, sobre todo el aceite de foca, mientras que los longevos campesinos de Ecuador llegan a su avanzada edad con una dieta que no obtiene más del 12 % de sus calorías de las grasas. Además, las grasas son fuente de energía, su presencia deja libres a las proteínas para que se encarguen de la reparación de los tejidos. (Los hidratos de carbono también tienen este efecto «liberador de proteínas», pero la grasa es el doble de eficiente.)

Mucho se ha dicho y escrito sobre las grasas saturadas e insaturadas. De acuerdo con la sabiduría convencional, las grasas saturadas (de origen animal en su mayoría) pueden dar origen a enfermedades cardíacas, mientras que las grasas insaturadas (de origen vegetal) pueden prevenirlas e incluso mejorarlas. Sin embargo, hay estudios más recientes que muestran una relación entre las grasas poliinsaturadas procesadas de origen vegetal y el cáncer.[64] Así pues, a la hora de escoger nuestros aceites y grasas para cocinar nos vemos cogidos entre la espada y la pared. Un consumo total elevado de grasa parece estar ligado tanto a las enfermedades cardiovasculares como a los cánceres de mama y de colon. Diversas instituciones de Estados Unidos, entre ellas el gobierno, el Instituto para Investigación del Cáncer, el Centro Médico Cornell del Hospital de Nueva York y el Centro para el Cáncer Memorial Sloan-Kettering, recomiendan encarecidamente una reducción del consumo de grasa en los alimentos, de un 45 a un 35 % del total de calorías. Otros investigadores de la salud, comenzando por el fallecido Nathan Pritikin, opinan que es más seguro bajar el consumo de grasa a un 10 % del total de calorías.

Por lo que a la práctica se refiere, he descubierto que en una dieta sana, en su mayor parte vegetariana, son suficientes de una a dos cucharadas de aceite de cocina por persona y por día, y esto permite la adición del equivalente, tal vez, a un cuarto o un tercio de taza de frutos secos o semillas o de otro alimento rico en grasa. Esto puede acercarse al 20-25 % del total de calorías.

Grasa y *aceite* son términos genéricos; es importante que identifiquemos muy bien con cual estamos tratando. El cáncer se asocia con las grasas de origen vegetal «procesadas», incluidas las grasas hidrogenadas, como la margarina y la manteca para hojaldre (por lo visto no ha aumentado el riesgo de cáncer entre los africanos, japoneses y esquimales, cuyas grasas alimenticias consisten principalmente en aceites poliinsaturados de pescado y vegetales). La margarina es un aceite insaturado en el cual se ha introducido hidrógeno; este proceso la convierte en grasa saturada, para que conserve su solidez a temperatura ambiente. En realidad esta tecnología es una manipulación molecular, que podría causar problemas aún no detectados. La hidrogenación, así como los extremos de calor, pueden cambiar la forma de la grasa insaturada al hacer girar los grupos carbono-hidrógeno en sus enlaces, cambiando así la forma real de la molécula de grasa.[65]

Puede parecer que este detalle no importa, pero sí importa. La investigación ha demostrado que la «forma» de las moleculas tiene gran relación con su funcionamiento, como también con sus efectos;[66] un cambio en la forma podría entonces alterar su función, y tal vez de manera adversa. Los estudios realizados sobre la hidrogenación han demostrado que ésta puede alterar la función de la membrana celular, haciéndola más permeable a las sustancias cancerígenas.[67]

Las grasas de mejor calidad para el consumo son, según mi experiencia, el aceite de oliva virgen extra, el aceite de sésamo sin refinar, y el ghi (mantequilla casera de nata cruda, sin sal). Generalmente uso solamente los dos primeros porque soy demasiado perezosa para batir y lavar la mantequilla; sin embargo, encuentro que el uso de un poquitín de mantequilla natural sin sal para mi familia es muy satisfactorio y no nos ha producido ningún mal efecto visible. Prefiero estas grasas para cocinar porque se han usado en las poblaciones tradicionales durante miles de años. Se requiere poca tecnología para su extracción y duran bastante tiempo fuera de la nevera sin ponerse rancios (el ghi, no la mantequilla). Alguna que otra distante vez uso algo de aceites de sésamo o de cártamo «prensados en frío» para freír; pero estos aceites han sido decolorados y desodorizados, además tienden a ponerse rancios con más rapidez que los no refinados.

Los aceites se ponen rancios con el paso del tiempo y además por ser calentados y enfriados ya sea al cocinar o debido a los métodos que se usan para su elaboración. La ranciedad supone la oxidación de los ácidos grasos poliinsaturados, que a su vez conlleva la formación de radicales libres (sustancias que poseen un electrón extra que tiene propiedades magnéticas, son muy reactivas y están implicadas en la aparición del cáncer, la artritis, las enfermedades cardiovasculares, ataque cardíaco o apoplético, y en el proceso del envejecimiento).

Para alguna ocasional repostería al horno, encuentro que la mejor grasa es la mantequilla casera sin sal, de nata cruda. Los postres preparados con harinas integrales, endulzantes naturales y aceite suelen tener un paladar pesado; su facilidad para digerirlos y el sabor mejoran enormemente cuando la misma receta se prepara con esta mantequilla sin sal. Dado el hecho de que yo no empleo productos lácteos en mi cocina, esta recomendación podría parecer herética; sin embargo creo que el sabor significa mucho. La cocción al horno es una técnica desarrollada en las culturas del trigo y los productos lácteos y hay que prestar cierta atención al hecho de que la pastelería con trigo integral y aceite resulta pesada, mientras que los mismos pasteles preparados con mantequilla casera resultan ligeros.

Desde nuestro punto de vista de los sistemas, podemos suponer que hay más probabilidades de que se originen problemas con la grasa extraída (sea de animal o de vegetal) que con la grasa presente naturalmente en los alimentos completos, en donde forma parte de un contexto de otros elementos nutritivos equilibradores, como las proteínas. Un elevado consumo de aceite y/o de mantequilla podría dar, en efecto, excesivo trabajo al cuerpo, sobre todo si va acompañada de mucha sal y de un estilo de vida sedentario. Si se desarregla el metabolismo de las grasas debido al abuso, es concebible que adquiramos también una intolerancia a las grasas naturales. En ese caso sería utilísima una dieta pobre en grasas, ya que eso le daría al cuerpo la oportunidad de reparar la situación.

De acuerdo a nuestro modelo, el cuerpo puede arreglárselas con un consumo excesivo de grasa de dos maneras: eliminándola o acumulándola. La eliminación o excreción puede efectuarse a través de los conductos normales o a través de la piel, el cuero cabelludo o las membranas mucosas. Las espinillas, por ejemplo, son una reacción corriente al elevado contenido de grasa del queso, la mantequilla, los frutos secos y las mantequillas de frutos secos. La acumulación puede causar obesidad, depósitos grasos en las arterias y alrededor de los órganos interiores y un elevado nivel de lípidos en la sangre.

La carencia de grasa puede producir una sensación de frío interior; las funciones corporales se hacen más lentas por falta de calor y los tejidos se vuelven frágiles. Un exceso de grasa produce calor corporal interior y también puede hacer más lenta la circulación y obstruir los vasos sanguíneos, causando así frío en las extremidades. Cuando se acumula demasiada grasa alrededor de los órganos las funciones corporales se hacen más lentas debido a la obstrucción del flujo de líquidos y de energía. Así pues, las dos situaciones contrarias (exceso de grasa y carencia de grasa) tienen el mismo efecto, una mayor lentitud del proceso metabólico.

Por increíble que parezca, el exceso de grasa también puede estar relacionado con la piel seca. Cuando se acumula bajo la piel, impide que la humedad interior pase a través de las capas superiores de la epidermis. La caspa, las grietas, la descamación, por lo tanto, puede que sean resultado no de poca sino de demasiada grasa.[68]

En el plano psicoespiritual, un escaso consumo de grasa tiende a quitarnos la alegría y a enfriarnos. Un consumo excesivo, por su parte, desalienta la actividad psíquica y espiritual, embota los sentidos y en general hace más lentas todas nuestras funciones, sobre todo cuando va acompañado de mucho dormir. La cantidad y la calidad correctas de grasas nos conservarán la piel tersa, los ojos vivos y brillantes, la temperatura corporar agradable y nuestra disposición general acogedora y amistosa.

7. Efectos de la preparación de los alimentos

Los alimentos crudos son naturaleza no diluida. Nos ofrecen su ser puro sin distracciones. Una zanahoria cruda es una zanahoria pura; el trigo o una patata crudos son inconfundibles; la carne cruda es simplemente eso. Sin embargo, nosotros no siempre aceptamos la abundancia de la naturaleza sin adornos. Todas las culturas «modifican» sus productos alimenticios, ya sea por aplicación de calor (cocción) o empleando los servicios de microorganismos (fermentación o encurtido). La conservación de los alimentos no es la única razón de estas técnicas transformadoras. Ambas tienen efectos metabólicos y psicoespirituales en el organismo humano. Es importante tener en cuenta estos efectos cuando elegimos lo que vamos a comer.

La cocción

Todas las culturas cocinan. Tal vez no todos los alimentos pero sí algunos. ¿Cuál es el fin de esta extraña y laboriosa actividad? ¿Por qué no comer todas las cosas tal como las encontramos, puras, naturales, como hacen los animales?

El antropólogo Peter Farb, autor de *Consuming Passions – The Anthropology of Eating*, cree que las peculiaridades de la conducta humana siempre tienen una explicación racional. Así pues, debe de haber una razón lógica que nos explique la universalidad de la cocción, porque si no, no habría durado lo que ha durado. Y efectivamente la hay: la cocción ablanda la celulosa y la fibra de los alimentos feculentos con lo cual se hacen más digeribles sus componentes nutritivos. En el caso de las proteínas de origen animal, aun cuando el calor las endurece, contribuye a dejar inactivas las bacterias y los microorganismos que podrían causar putrefacción y enfermedad. Aunque la cocción altera el campo energético de los alimentos, esto no hay que interpretarlo de manera negativa, aunque parezca que algunos nutrientes se pueden perder. Evidentemente nos viene mejor comer carne o pollo asado o cocido, arroz hervido, las legumbres en sopa o guiso, que comer cualquiera de esos alimentos crudos.

Calor, humedad, oscuridad, tiempo..., ésos son los elementos de la cocción.

Son también los elementos de la digestión. Así pues, como observa Farb, la cocción es una especie de predigestión.[1] Se hace cargo de parte del trabajo que corresponde al estómago, al páncreas y al hígado, con el fin de que al cuerpo le resulte «más fácil» absorber los nutrientes que necesita. Pero ¿por qué necesitamos esta ayuda extra?

El sistema digestivo está íntimamente comunicado con el sistema nervioso. Un dolor de cabeza a consecuencia de un trastorno emocional, un bloqueo mental a causa de un estreñimiento: estos dos ejemplos ilustran esa comunicación en ambos sentidos. Cuando se gasta mucha energía en la digestión, queda poca para pensar. Después de una comida pesada necesitamos echar una siesta, dar un paseo o unas cuantas vueltas en la pista de baile; lo tendríamos difícil para escribir una tesis doctoral. Y a la inversa, cuanto menos energía gastamos en la digestión, más energía le queda disponible al cerebro. Por lo tanto, cuando la cocción o fermentación nos simplifica esos procesos, tenemos ese poco de energía extra necesario para las actividades concretamente humanas, como escribir, construir puentes, diseñar vestidos.*

Muchas personas que tienen problemas digestivos encuentran alivio cuando no comen todos los alimentos crudos, porque la cocción hace la digestión menos agotadora. La cantidad de elementos nutritivos que supuestamente se «pierde» al cocerlos es insignificante si consideramos el hecho de que los elementos que quedan son mejor digeridos. La mayor cantidad de elementos nutritivos de los alimentos crudos es inútil si no se absorbe. Si los alimentos crudos provocan trastornos, como le ocurre a algunas personas, pueden llegar al punto de ser nocivos.

La cocción contrae los alimentos vegetales, reduciendo su volumen; así entonces tenemos más nutrientes con menos masa. Esta reducción también significa que el alimento está más «concentrado». Por lo tanto, para muchas personas, la cocción favorecerá más la concentración mental que, digamos, las ensaladas expansivas con muchos ingredientes diferentes. La aplicación del fuego, entonces, podría haber dado origen al desarrollo de la civilización, al generar concentración y foco mental.[3] Evidentemente, también podría haber sido al revés: primero adquirimos el foco mental y después descubrimos la manera de comer que favoreciera ese estado.

Existen siete técnicas principales para cocer los alimentos, con variantes según cada cocina étnica. Éstas son, en orden de las más expansivas a las más contractivas:

---

* El antropólogo Carleton Coon especulaba que «la introducción de la cocción de los alimentos bien podría haber sido el factor decisivo que sacó al hombre de su existencia primariamente animal y lo llevó a una más plenamente humana».[2] La tribu más primitiva descubierta en nuestra época, los tasaday de Filipinas, no tenían rueda ni armas, pero sí tenían fuego, el cual encendían con palos de madera y sobre el cual asaban boniatos silvestres y otros alimentos.

- Hervir
- Cocer al vapor
- Saltear o sofreír removiendo
- Asar a la parrilla (el fuego arriba)
- Hornear
- Freír
- Escabechar, encurtir o adobar

Hervir y adobar son métodos opuestos: el primero añade agua y quita minerales, expandiendo así el alimento; el segundo añade minerales y quita el agua, contrayéndolo. Señalemos también en este punto que la ebullición ha cobrado una inmerecida mala fama durante estos últimos treinta o cuarenta años. «Demasiado hecho» es el comentario que solemos escuchar cuando se ha hervido demasiado un alimento. La realidad es que muchas veces la ebullición hace comestible un alimento no comestible, aun cuando lo haga a expensas de alguna aparente «pérdida» de elementos nutritivos. Ejemplos que hacen al caso son las hojas amargas, tales como las coles, las hojas de mostaza, e incluso las hojas de las zanahorias, rábanos y nabos.

Hasta hace unos veinte o treinta años, se acostumbraba a hervir estas verduras de hoja y tirar el agua. Con el descubrimiento de las vitaminas y del hecho de que estas sustancias quedaban en el agua al hervirlas, con lo cual al tirar el agua se tiraban también las vitaminas, se arremetió contra esta costumbre. Actualmente se recomienda cocer las verduras al vapor, con poca cantidad de agua, hasta que adquieran un color verde vivo y estén aún crujientes, y conservar el agua en que se hirvieron para utilizarla en otra cosa, con el fin de no perder los nutrientes.

Sin embargo, las costumbres populares no suelen ser irracionales ni equivocadas. Podría ser que al hervir estas verduras y tirar el agua se tiren también ciertos elementos medicinales y tal vez no deseables que tienen un sabor fuerte y amargo. Es un hecho que en la actualidad no se consumen mucho las hojas de mostaza, las hojas de nabo, las coles ni otras verduras similares, que en otra época constituían el alimento principal de la comida de los sanotes campesinos; esto podría deberse a que la ligera cocción al vapor recomendada como el método ideal de cocinar deja en estos alimentos un sabor demasiado fuerte y desagradable.[4] La cocción de las verduras también elimina el ácido oxálico, que dificulta la absorción del calcio, haciendo así más asimilable el calcio presente en estas verduras.[5]

Saqué a colación este comentario en una clase de cocina y algunos alumnos decidieron probar si era cierto. Descubrimos que hervir la berza, sin tapar, durante diez minutos, la dejaba dulce y deliciosa; aunque parezca increíble, el color quedó de un verde más vivo que cuando se cuece al vapor. Hecha al vapor queda dura, amarga y sosa, lo cual no es ningún éxito culinario. Con la mayoría de las verduras de hojas amargas, descubrimos que la cocción al vapor no las deja lo suficientemente sabrosas para comerlas con regularidad, mientras que hervirlas les da un sabor muy agradable. Saltearlas depués de hervidas, con un poquito de aceite de oliva y ajo o setas les da un sabor aún más sabroso.

Contrariamente a lo que podríamos imaginar, la ebullición no deja a las verduras totalmente desprovistas de elementos nutritivos, porque, en primer lugar, la cantidad de vitaminas y minerales que tienen es asombrosa.

Elementos nutritivos en 100 gramos
(3,5 onzas o 1 taza de verduras, crudas o hervidas y escurridas)

VERDURA	VITAMINA A	VITAMINA C	HIERRO	CALCIO
Col cruda	9.300 IU	152 mg	1,5 mg	250 mg
Col hervida	7.800 IU	75 mg	0,8 mg	188 mg
Berza cruda	10.000 IU	186 mg	2,7 mg	249 mg
Berza hervida	8.300 IU	93 mg	1,6 mg	187 mg
Ración recomendada para adultos	5.000 IU	45 mg	18,0 mg	1.000 mg

Fuente: *USDA Handbook*, n.° 8.

Como nos muestra esta tabla, una taza de col hervida y escurrida satisfará nuestra necesidad diaria de vitaminas A y C y nos dará un 5, un 10 % o más del calcio y del hierro diario que necesitamos. No está mal para una sola ración de verdura hervida a fuego lento.

A la luz de todo esto podríamos muy bien volver a los anticuados métodos de cocinar las hojas verdes. Es posible que al hacerlo recuperemos algunos de los alimentos más nutritivos que formaban parte principal en la dieta de nuestros antepasados y obtengamos de forma natural (y más barata) los nutrientes que muchos ingerimos ahora en forma de comprimidos.

La cocción al vapor es hoy en día una manera muy popular de preparar las verduras, ya que al ponerles muy poquita agua no se van los elementos nutritivos. Es lo que reemplaza a dar un hervor, que consiste en hervir muy brevemente las verduras fuertes, pero dejando, por lo tanto, los elementos nutritivos en el agua. La desventaja de las verduras al vapor es que es difícil añadirle cualquier condimento a no ser que sea con una salsa; entonces, a pesar de lo sanas que son, acaban por hacerse muy aburridas.

El método de saltear y sofreír, realizados sobre una superficie caliente con poco aceite, rápidamente encierra las sustancias nutritivas dentro del alimento, al mismo tiempo que ablanda la celulosa de las verduras. Estas técnicas se prestan a añadir hierbas, especias y condimentos. En la cocina francesa suele usarse el salteado a manera de preliminar para después continuar la cocción, como cuando se preparan sopas y guisos o potajes. Los platos sofritos al estilo chino se preparan rápidamente a elevada temperatura y se sirven enseguida.

El método de asar a la parrilla, a elevada temperatura, dorando primero el alimento, es moderadamente contractivo, ya que le saca el agua. Es una técnica utilizada muy a menudo en los hogares modernos, con aparatos a gas o eléctricos, que mantienen constante el fuego, dejando espacio debajo. En las tecnologías tradicionales, como los fuegos al aire libre y los hornos de ladrillo, es difícil seguir este método.

El tiempo de cocción más corto es generalmente más apropiado para la época de calor, ya que no contrae excesivamente el alimento ni aporta mucho calor añadido. La cocción más larga, a elevada temperatura, como en el horneado y la fritura, resulta mejor para el tiempo frío. La fritura, aunque es una técnica antigua y muy popular, por lo general no se recomienda, a la luz de nuestros actuales conocimientos sobre nutrición. A pesar de ello, los fritos continúan gozando del favor de muchas personas y se sirven desvergonzadamente en muchísimos restaurantes. Yo encuentro que sólo son comestibles cuando están crujientes y secos y se acompañan de algo fuerte, como rábanos picantes, mostaza, jengibre o rábano japonés rallado (daikon) para ayudar a la digestión de las grasas.

Muchos de mis alumnos me preguntan sobre la cocción con hornos de microondas; suelen tener la intuición de que tiene que afectar al alimento, pero no saben de qué manera. El fuego calienta el alimento por fricción, ya que hace circular las moléculas rozándose entre ellas. Las microondas calientan el alimento alternando la polaridad magnética de los átomos, es decir, el polo positivo se convierte en negativo y nuevamente en positivo miles de veces por segundo. En otras palabras, se altera el campo electromagnético. Se ha investigado muy poco sobre el efecto de la cocción con microondas en la salud. Sin embargo, el alimento tiene un sabor raro cuando se prepara de ese modo, de manera que yo comparto la sensación intuitiva de mis alumnos de que algo no está muy bien. Si se altera el campo electromagnético del alimento, tiene que cambiar de algún modo la forma de sus diversos componentes, es decir, no cabe duda de que hay un *efecto* adverso sobre las vitaminas; probablemente se debilita el campo energético del alimento. Yo también me pregunto si una dieta regular de alimentos «microondeados» no irá a influir de alguna manera en nuestra capacidad de pensar. El tiempo lo dirá.

La cocción hace sabrosos y más seguros los alimentos de origen animal. La otra cara de la moneda es que demasiada proteína animal provoca indigestión, putrefacción intestinal, olor corporal, mal aliento y, además, sobrecarga de trabajo a los riñones e hígado. Es posible que la proteína de origen animal sea más digerible cruda,[6] pero eso nos acerca demasiado al ser animal, de manera que instintivamente nos acobardamos y la evitamos. Las pocas veces en que la comemos, como en el sushi (pescado crudo) o en el bistec tártaro, siempre va acompañada de condimentos fuertes (jengibre, mostaza, alcaparras, pimienta negra) y de adornos visuales elaborados, como para distraernos de su crudeza.

Demasiadas verduras cocidas y la ausencia de crudas, suele producir pereza y palidez; he visto niños pequeños raquíticos que han sido alimentados con todas las verduras cocidas, y sospecho que podría haber una correlación ahí; pero de momento esta teoría no pasa de ser en gran parte especulativa.

En el plano espiritual, comer demasiados alimentos cocidos nos priva de la luz, nos obstruye los sentimientos de alegría interior y de diversión. Comer demasiado pocos, por su parte, nos priva del calor y de esa maravillosa sensación de comunidad que sólo se puede encontrar alrededor del fuego y de la humeante olla.

La fermentación

La creencia general es que el descubrimiento del proceso de fermentación ocurrió por casualidad: un puré de frutas o bayas que quedaron al sol y al cabo de un tiempo cogieron un olor sorprendente, un sabor no desagradable y un efecto físico inesperado. Ya debe de hacer alrededor de unos diez mil años que están en circulación las bebidas alcohólicas fermentadas; pero hay muchos otros productos fermentados que consumimos.

El pan, el vino, el queso y la cerveza, junto con los encurtidos y el chucrut, son los más conocidos en el hemisferio occidental. Muchas culturas fermentan la leche y sus derivados, sobre todo en las regiones de clima cálido donde no es común la refrigeración. El yogur, el kefir, el koumis y los quesos de todo tipo, hechos de leche de vaca, cabra, oveja, yak, camella, yegua, búfala y probablemente de otros animales, han sido alimento esencial en la dieta de los nómadas asiáticos, los indios, los africanos del norte y los europeos.[7]

Los productos de cereales y verduras fermentados se usan con frecuencia, a veces diariamente en Extremo Oriente. Entre los más conocidos están el tempeh en Indonesia, el miso y el shoyu (de la soja fermentada) en Japón, una salsa de pescado fermentado llamada nampla en Tailandia, Vietnam y Camboya, alubias negras fermentadas en China, kimchi en Corea, y muchos otros.

Así como la cocción exige un agente externo en forma de calor, no puede darse la fermentación sin la colaboración de levaduras y bacterias externas. Estos microscópicos organismos vivos comienzan por descomponer los hidratos de carbono y proteínas del alimento en dióxido de carbono, sus aminoácidos constitutivos y alcohol. Cuando se añade sal durante este proceso, ésta impide la formación de microorganismos productores de toxinas. Al principio, la fermentación se dejaba a la casual presencia de hongos o bacterias invisibles transportadas por el aire, pero eso no garantizaba que cada lote de alimentos fermentados fuera de calidad similar. Finalmente se descubrieron y domesticaron estos organismos, con lo cual fue posible conseguir una cualidad constante mediante la administración de esporas u hongos concretos, como el *Lactobacillus bulgaric* para el yogur, el *koji* para el miso, *Rhizopus oligosporus* para el tempeh, y los cultivos de masa agria para la levadura del pan.

La fermentación cambia totalmente el carácter de un alimento. Da más sabor, suculencia y fuerza a los alimentos sosos; mejora su grado de conservación de manera que en las regiones donde no existe la refrigeración el alimento puede continuar siendo sano. Y lo más importante: la fermentación aumenta su riqueza nutritiva; las bacterias sintetizan enzimas y vitaminas adicionales, creando así un equilibrio aminoácido más digerible.[8] Son especialmente útiles en la síntesis de la vitamina B_{12}.

Los alimentos fermentados, además, mejoran la flora intestinal, ayudando, por lo tanto, a la digestión de los alimentos con gran densidad de proteínas o de hidratos de carbono. Probablemente por este motivo, las cecinas de vacuno, en conserva, en embutidos o ahumados, siempre se sirven acompañadas de encurtidos o chucrut, y los japoneses acompañan el arroz con sopa de miso y encurtidos de salvado de arroz.

Demasiados alimentos fermentados (vino, cerveza, encurtidos, chucrut, miso, tempeh) van a ocasionar algunos problemas, aunque la naturaleza de los problemas variará enormemente según cuál sea el producto implicado. Los efectos de beber demasiado alcohol son bien conocidos. Un exceso de miso puede producir dolor de espalda, retención de líquido, irritabilidad, ya que su elevado contenido de sal hace trabajar mucho a los riñones. Otros productos fermentados salados pueden ocasionar problemas similares a las personas propensas. Además, no se recomienda comer alimentos fermentados, ni panes ni bizcochos con levadura a las personas que tienen infecciones, sean sistémicas o localizadas.

La cantidad correcta de alimentos fermentados, por otro lado, ayudará a la digestión del resto de la comida, sobre todo cuando tiene mucha proteína, grasas o cereales.

8. El cambio de la manera de comer

El alimento se elige de acuerdo a un orden armonioso para dar cuerpo a nuestros pensamientos, y nuestros pensamientos determinan nuestra elección de los alimentos. De manera que nuestra elección de alimentos encarna perfectamente nuestra visión de la realidad en cualquier momento dado.

Richard France, *Healing Naturally.*

¿Cómo se siente?

A lo largo de la mayor parte de la historia, los seres humanos han comido lo que les ha proporcionado la tierra y su entorno inmediato. Los alimentos naturales, de la estación, ya fueran recolectados, cultivados o cazados, eran la norma en todos los lugares del planeta. Se preparaban de manera sencilla, según los métodos tradicionales: crudos o asados al fuego, a veces fermentados, quizá secados o ahumados para conservarlos para las épocas de escasez. Los alimentos especiales, para ocasiones y situaciones determinadas, formaban parte del legado cultural de cada grupo. En general, se estaba agradecido de lo que se obtenía.

Todo esto ha cambiado radicalmente en nuestra época. Tanto en las ciudades y urbes más sofisticadas como en las más sencillas tiendas rurales se pueden encontrar alimentos exóticos y normales de todos los rincones del mundo, ya que los modernos sistemas de transporte nos traen a la puerta la abundancia de toda la Tierra. En cierto modo, el alimento ha pasado de ser nutrición y sustento a ser arte y juguete. Libres ya de toda vieja tradición dietética, cada día hemos de elegir conscientemente lo que vamos a consumir, con frecuencia basando la decisión en nuestras papilas gustativas, y a veces en nuestro concepto de lo que es y no es sano. «Cambiar de dieta» por motivos de salud es indicio de nuestra abundancia. No la cambiaríamos, no podríamos, durante una hambruna. El tener tanto delante para elegir nos exige mayor responsabilidad, una visión más clara.

Con todo lo que se habla últimamente sobre el comer «sano», es importante recordar una cosa: el alimento «no nos hace sanos». El tipo correcto de alimento nos permitirá alcanzar nuestro máximo potencial de salud, ser todo lo sanos que nos permitan ser nuestros genes y constitución. Nos ayudará a ser lo más y mejor que podemos ser; no nos obstaculizará el desarrollo, pero no nos hará ser más de lo que podemos ser. En resumen, el buen alimento es eficaz porque es pasivo. El tipo equivocado de alimento hará el papel de un dique o represa, desviando el crecimiento y frustrando nuestro desarrollo. En otras palabras, será activo en crearnos problemas y «nos hará enfermizos».

Hemos de tener esto muy claro siempre que decidamos cambiar de dieta. Al margen de las apariencias, ningún alimento ni manera de comer en particular es una panacea. Seguro que todos hemos oído casos de personas que se han curado de trastornos de toda la vida con un cambio de dieta. Pero aunque parezca que ha sido la dieta lo que ha realizado la curación como una varita mágica, yo prefiero considerarlo de otra manera. Yo creo que no se trata de la levadura de cerveza, ni la macedonia de frutas, ni la melaza, ni el arroz integral, ni la sopa de miso ni el yogur. El buen alimento nos nutre sin producirnos estrés, y de esta manera permite que el sistema inmunitario emplee sus energías en curarnos. Y así ocurre que muchas dietas diferentes tienen efectos curativos. Con frecuencia, lo que nos ayuda a recuperar la salud no es solamente lo que comemos sino también «lo que no comemos».

Aunque yo pienso que las teorías rígidas sobre lo que hay y no hay que comer están equivocadas, ya que la realidad es fluida y cambiante, sí hay ciertos principios válidos. Los he esbozado en el capítulo 5, «El estilo de comer alimentos completos sustentadores de la salud».

Sin embargo, los detalles de este estilo de comer sustentador de la salud dependen de la persona; de cada uno depende ajustar continuamente la elección de los alimentos concretos. Para hacer eso tenga presente los efectos de los diferentes alimentos, como los he explicado en el capítulo 6. Igualmente importante es que escuche a su cuerpo.

Pero no basta con escuchar; es necesario también ser capaz de interpretar lo que se escucha. A modo de ejemplo de la manera en que puede usar los modelos anteriores, he aquí un breve vistazo general de algunas molestias indicativas y de los cambios generales en la elección de los alimentos que ayudarían a corregirlas:

1. ¿Se siente como «en las nubes», incapaz de concentrarse, desparramado, despistado, incapaz de «organizarse»? ¿Se le caen las cosas de las manos, tropieza o choca con las cosas, comienza muchos proyectos pero no los acaba? Es posible que esté demasiado «expandido»: Aumente los alimentos contractivos y disminuya los expansivos.

2. ¿Se siente constreñido, tenso, como que va por un sendero estrecho? ¿Le

han dicho las personas que le rodean que es rígido e inflexible? ¿Es propenso a dolores de cabeza opresivos y tiene dificultades para cambiar o para comenzar nuevos proyectos? Es posible que esté demasiado «contraído» o «tenso»: Coma menos alimentos contractivos y más expansivos.

3. Cuando se despierta por la mañana o en otras ocasiones, ¿siente un sabor agrio en la boca, diferente al del limón o vinagre? Es posible que su dieta sea demasiado «ácida»: Coma más alimentos alcalinizantes.

4. ¿Suele darse atracones de dulces después de una comida vegetariana con mucha ensalada y frutas? Es posible que su dieta sea demasiado «alcalina» o demasiado pobre en proteínas: Añada algo de legumbres, cereales, pescado o ave a su dieta.

5. ¿Suele sentirse cansado o deprimido con frecuencia? Cualquiera de los puntos anteriores puede ser su caso, o tal vez está consumiendo demasiado azúcar o miel. Evite estos alimentos como primer paso; si eso no surte efecto, vea el punto 4.

Entremos ahora en más detalles concretos sobre cómo lograr que nos resulte nuestro sistema de alimentación.

Cuándo cambiar de dieta

Si está considerando la necesidad de cambiar de dieta, hay varias preguntas que ha de plantearse: ¿Qué desea conseguir con la dieta? ¿Cuándo debería cambiarla? ¿Cómo debería hacerlo? ¿Cómo saber que elige bien? ¿Qué hacer si no? ¿Qué puede esperar de un cambio importante? Yo le daré algunas respuestas pero, ciertamente, no todas. En primer lugar, en términos generales, su dieta debería:

- Favorecer su estado de salud general, su actividad, su trabajo elegido, y sus aspiraciones espirituales.
- Ser agradable, sabrosa, saciar su apetito, hacerle sentirse a gusto.
- Hacerle sentirse «centrado» y «limpio».
- Mantener su peso y energía en niveles cómodos.
- Ayudarle a recuperar la salud si la ha perdido.

Su dieta no debería:

- Obstaculizar su salud, su actividad ni su trabajo.
- Producirle depresión, hinchazón, mucha inquietud, irritación y/o cansan-

cio; no ha de hacerle subir ni bajar de peso en exceso ni causarle ningún dolor en el tubo digestivo.
- Producirle sentimiento de culpa ni preocupación ni confusión.

El cambio es el verdadero secreto para una vida próspera: la capacidad para adaptarse a nuevas formas, nuevas circunstancias y nuevos acontecimientos que surgen de los viejos. El cambio continuo es también lo que mantiene sanos nuestros cuerpos: mudar las células viejas, eliminar los residuos del metabolismo, circulación normal y tranquila de la sangre y de la linfa, constante control y ajuste del equilibrio ácido-alcalino. Siempre que nos quedamos atascados, cuando se obstruyen el cambio y el movimiento, se instala el anquilosamiento y la enfermedad.

Es hora de cambiar de dieta cuando:

- No nos reporta lo que creemos que debería reportarnos (véanse puntos anteriores).
- Se «siente» que se está preparado para el cambio.

Además, es posible que haya diversas dolencias o molestias que atribuimos a nuestra manera de comer. Muchas veces el médico de cabecera nos dirá: «Son imaginaciones suyas», o «La comida no tiene nada que ver», pero en lo más profundo de nosotros mismos, «sabemos» que las cosas mejorarían muchísimo si comiéramos mejor, y la mayor parte de las veces, tendremos toda la razón.

Hay otro momento para cambiar de dieta y ése es el más difícil de todos: cuando uno ya ha cambiado a un régimen de salud recomendado, claramente explicado y aparentemente sensato, y no nos da resultado o deja de funcionarnos. Uno no se siente bien, tiene poca energía, el ánimo bajo, tal vez está perdiendo demasiado peso, o engordando demasiado, y se siente culpable porque parece que fuera de uno la culpa, no del régimen, con todos los respaldos y testimonios que tiene de su efectividad. (Más sobre esto en el apartado «¿Pueden ponernos enfermos los alimentos saludables?» del capítulo siguiente.)

Es un momento difícil, porque ya uno ha hecho un cambio, un nuevo compromiso. Si se ha invertido considerable tiempo y energía en ponerlo en práctica, es más difícil aún. Pero no tiene ningún sentido aferrarse a un régimen que a uno no le va bien, independientemente de su validez objetiva, su base científica o su rectitud filosófica; independientemente también de la convicción, claridad, credenciales o retórica de sus defensores. Y esta advertencia vale para «todas» las dietas, desde la más «sensata» dieta norteamericana recomendada (RAD) hasta el más «extravagante» régimen de alimentos crudos.

Siempre es necesario tomar en cuenta en qué lugar del tiempo está uno: si lleva cinco años comiendo alimentos crudos, es muy posible que necesite cambiar a una dieta macrobiótica o a la generosa RAD; o si ha estado siguiendo la dieta norteamericana estándar (SAD) es posible que necesite un régimen de alimentos crudos para alcalinizarse y limpiarse.

El momento más indicado para un cambio es aquel en que uno se siente estancado y necesita salir del atasco.

Cómo cambiar de dieta

Prestar atención a las señales del cuerpo

Si ha decidido que necesita cambiar su manera de comer, entonces habrá de decidir «cómo» hacerlo. Lo primero será «prestar atención» a todo lo que come y a cómo se siente después hasta pasadas 24 horas. Francis Bacon escribió: «Hay [en el cuerpo] una sabiduría que supera las reglas de la medicina. Las propias observaciones del hombre, lo que siente que le va bien y lo que siente que le hace daño, es la mejor medicina para conservar la salud».

Cada uno de nosotros sabe más de sí mismo de lo que supone. El problema es que este conocimiento no es verbal, es decir, no es ni racional ni intelectual. El conocimiento más profundo de nosotros mismos reside en el cuerpo, y éste, la mayor parte del tiempo no habla el mismo idioma de la mente. Nuestros sentidos están dirigidos hacia fuera y ningún nervio sensorial está comunicado con los principales órganos que sustentan la vida. Por lo tanto, la única información «corporal» que recibimos son sensaciones vagas y señales generalizadas. Normalmente no es consciente el conocimiento que tenemos de la enorme cantidad de información útil que archiva nuestro sistema informático acerca de nuestro estado general y concreto, de manera que hemos de acudir a un médico o terapeuta cuyo trabajo consiste en descifrar o interpretar las señales de los demás. Si es posible descifrar nuestros códigos y el terapeuta nos dice lo que ya sabemos de nosotros mismos, pensamos que tiene razón y nos volvemos a casa muy contentos, creyendo que hemos conseguido una información nueva.

Debido a que las señales del inconsciente no son verbales, nuestra sociedad, extraordinariamente verbal, suele no hacerles caso o considerarlas no importantes, no reales. La expresión «siento» no es una afirmación acerca de nuestro estado físico aceptable médicamente, si no va respaldada por un fallo o diagnóstico clínico. Y sin embargo, como me dijo una vez un médico, «uno está enfermo cuando se siente enfermo». Puede que a la inversa también sea cierto.

Lo que yo creo importante no es que pueda sentirme cansada, por ejemplo, sino que tenga la impresión de que «no es normal» sentirme cansada de esa manera particular. Evidentemente hay ocasiones en que es perfectamente normal sentirse cansado, como después de una vigorosa caminata o un partido de fútbol. Pero cuando la sensación es que «esto no es normal», es el momento de investigarlo. Y ésa es la clave para acceder al sistema informático de nuestro cuerpo.

Realmente podemos considerar nuestro cuerpo como si fuera un ordenador que se expresa en un sistema binario de respuestas 0-1, sí-no, conectado-desconectado. Y podemos comenzar a utilizar las respuestas que nos resulta más fácil identificar, como «normal, bien», «no normal, mal». Muy a menudo no sabemos precisar lo que sentimos, ni explicarlo con palabras; pero casi siempre podemos distinguir si es una sensación agradable o desagradable, buena o mala, todo va bien o algo va mal. Estos conjuntos de respuestas sí-no son una excelente brújula con la cual se puede trazar la ruta a seguir, no sólo en lo referente al alimento sino a todos los aspectos de la vida.

Es posible comunicarse muy fácilmente con estas sensaciones de la siguiente manera. Relájese durante unos minutos con los ojos cerrados; envíe una pregunta al plexo solar (diafragma) igual que si estuviera lanzando una onda sonar al fondo del océano. La pregunta ha de pedir solamente una respuesta sí/no, o bien/mal. Por ejemplo, pregúntese: «¿Me conviene este alimento (esta dieta)?», y no: «¿Qué debería comer?». Surgirá una sensación respuesta muy clara: «Sí, está bien», o «No, mal, no es bueno, peligro». Al margen de lo «bueno» que sea el alimento al que desea cambiarse, de lo sensata y lógica que sea la teoría que lo respalda, o de lo desesperado que esté, «hágale caso a sus instintos». Si no lo siente conveniente, busque en otra parte, pruebe otra cosa. Parafraseando a Pascal, el cuerpo tiene razones que la razón no comprende. (Sin embargo, ojo: si con la mayoría de los alimentos le ocurre que los siente inconvenientes, es posible que sea anoréxico. En ese caso, por favor busque ayuda hasta que consiga encontrar una buena variedad de alimentos que pueda comer.)

Hay otro detalle esencial que tener presente en esto. La sensación «sí, bien» no ha de confundirse con «delicioso». Puede que el helado sea delicioso, pero no inducirá necesariamente una sensación de «bien». Si está comenzando un nuevo régimen curativo, es posible que se resista a algunos alimentos nuevos, como las algas y las legumbres, pero su guía interior probablemente le va a susurrar: «Sí, bien».*

Además de la reacción corporal afirmativa o negativa, es posible, por supuesto, que no ocurra nada: la onda del sonar no rebota, o usted no sabe interpretar el significado. En ese caso, vuelva a hacer la pregunta, pensando un poco. O pida ayuda, consulte a algún experto, pida una segunda opinión. Las respuestas o con-

---

* El doctor Eugene Gendlin ha estudiado en profundidad esta técnica para acceder a los sentimientos e información del inconsciente a través de las sensaciones corporales. Ha descubierto que las personas que mejor reaccionan a la terapia invariablemente consultan de algún modo sus sensaciones corporales y utilizan las respuestas para trazar y corregir su plan de acción. Según asegura, esta técnica está al alcance de «todo el mundo en todas las situaciones de la vida». Para un estudio sólido y claro de esta técnica, véase su libro *Focusing*.

sejos que reciba los somete al mismo tratamiento: «¿Es bueno para mí, me conviene este método?».

En nuestra búsqueda de la curación por la comida, sólo cada persona, individualmente, puede saber si le hace sentirse mejor o no, y cuándo. Escuchar al guía interior, entonces, sencillamente significa hacer caso a las señales sí/no del cuerpo. Con un poquitín de práctica, es una técnica a su alcance que le guiará no sólo en lo que ha de hacer sino también en qué consejos seguir.

¿Con qué rapidez?

A continuación hay dos maneras evidentes para hacer el cambio de dieta: de manera gradual o de manera drástica.

Un cambio lento es fácil, pero no espectacular. Va acabando los alimentos que aún tiene en los armarios o en la nevera y los va reemplazando por los nuevos poco a poco. Cambia los alimentos de las comidas de uno en uno, deja de usar los antiguos favoritos y va añadiendo cosas nuevas y extrañas. Poco a poco va entrando en un nuevo estilo; si es el correcto, le encanta. Y como el cambio es gradual, hay buenas posibilidades de que siga con él, porque ha tenido oportunidad de ajustarse a esos alimentos, a la vez que de adaptar el alimento a sus necesidades.

En un cambio gradual, es frecuente que las mejorías de salud no se noten muy claramente; a veces se atribuyen a otra cosa. Por lo tanto, puede ser práctico hacer una evaluación antes de comenzar y seis meses después del cambio. Es sorprendente la cantidad de cosas que solemos olvidar.

Un cambio brusco, drástico, puede ser exactamente lo que necesitamos en los casos extremos de estancamiento, como para iniciar la marcha. Es también el estilo que va mejor a algunas personas. Si es usted alguna de éstas, tirará todos los productos antiguos en una tarde y traerá los nuevos, rápidamente se pondrá estricto y aconsejará a todos sus amigos y familiares que hagan lo mismo. Probablemente experimentará espectaculares mejorías claramente relacionadas con el cambio de sus hábitos alimenticios.

En este caso el inconveniente es el efecto del péndulo: el cambio drástico es una fuerte oscilación a la que podría seguir otra fuerte oscilación en sentido contrario. También podría ser que fuera una oscilación suave que mantendría un cómodo equilibrio; sin embargo esto requiere cierto esfuerzo. Si el péndulo vuelve libre, sin restricciones, es posible que nos demos unos desmadrados atracones de los alimentos «prohibidos». Esa vuelta del péndulo podría ocurrir en cualquier momento pasados unos días después del cambio. Cuanto más rígida y reglamentada sea la nueva dieta, más violenta será la oscilación en sentido contrario, de manera que es necesario tener cuidado.

¿A qué dieta cambiar?

Hay muchas combinaciones y cambios posibles entre las dietas reseñadas en los capítulos 4 y 5. Veamos aquellos cambios que son más corrientes y útiles:

SI HA ESTADO SIGUIENDO:	CONVIENE QUE CAMBIE A:
Dieta norteamericana estándar	Vegetariana con alimentos crudos (por un tiempo), o Alimentos naturales fortalecidos (si es necesario)
Alimentos crudos	Macrobiótica o Sustentadora de la salud
Vegetariana con productos lácteos	Macrobiótica
Vegetaliana	Sustentadora de la salud
Alimentos naturales fortalecidos	Sustentadora de la salud
Macrobiótica	Sustentadora de la salud con alimentos crudos
Sustentadora de la salud	Coma lo que le apetezca

La progresión que suele seguirse con más frecuencia, por lo que yo he visto, es la siguiente: Estándar → Alimentos naturales fortalecidos → Vegetariana alimentos crudos/Vegetariana con productos lácteos → Macrobiótica y, finalmente, Sustentadora de la salud. A veces los cambios son: Estándar → Rica en proteínas → Vegetariana con productos lácteos → Macrobiótica. Y por supuesto, hay muchas variantes entre medio. Si usted necesita más detalles concretos, o si su dieta es demasiado ecléctica y no calza en ninguna de las mencionadas, he aquí algunas normas sencillas para desatascarse rápidamente:

Si ha estado demasiado constreñido (mucha proteína, sal, grasas, dieta macrobiótica estricta)	Aflójese (con ensaladas, fruta cruda, zumos)
Si ha estado demasiado expandido (alimentos crudos, zumos)	Contráigase (con legumbres, cereales, alimentos cocidos)
Si ha tomado demasiado azúcar	Coma mucha verdura, algo de cereales, legumbres y proteínas
Si ha consumido demasiada carne	Siga un régimen vegetariano
Si ha seguido una dieta vegetariana estricta	Añada algo de pescado y pollo orgánico, con gratitud
Si ha estado añadiendo suplementos fortalecedores a su dieta	Simplifíquela
Si ha estado siguiendo un régimen muy austero y comienza a sentirse vacío	Ábrase, amplifique la dieta, dése algún atracón
Si ha estado comiendo demasiado	Ayune

Además de equilibrarse de esta manera, tenga presentes las siguientes sugerencias:

Elección de alimentos según la situación

SITUACIÓN	EVITE	COMA
Tiempo caluroso	Elevada proporción de alimentos contractivos Grasas Mucha proteína Alimentos muy guisados calientes Verduras de raíces en grandes cantidades	Más alimentos expansivos Proteínas de origen animal con poca grasa (cantidad moderada) Ensalada, frutas Verduras de hoja verde
Tiempo frío	Elevada proporción de alimentos expansivos Fruta cruda y zumos Ensaladas Alimentos fríos	Más alimentos contractivos Verduras de raíz, calabazas de invierno Guisos, potajes, sopas de legumbres Algo de grasa y de proteína de origen animal Alimentos encurtidos o fermentados
Para favorecer la concentración mental	Azúcar y dulces Bebidas alcohólicas Comer en exceso Mucha ensalada Alimentos enlatados y congelados	Cereales y legumbres Frutos secos y semillas (cantidad moderada) Raciones pequeñas Sopas y potajes Verduras cocidas
Para favorecer la actividad física	Grasas Carnes suculentas Más de un 40 % de cereales y legumbres Exceso de sal, miso, tamari	Ensaladas, verduras de hoja Frutas Proteína de origen animal en cantidad moderada Cereales y legumbres en ensaladas
Para favorecer la actividad artística	Elevada proporción de alimentos contractivos Exceso de sal Alimentos grasos Cualquier régimen demasiado estricto	Más alimentos expansivos Verduras dulces (calabazas, boniatos, chirivías) Frutas dulces (plátanos, dátiles)

Elección de alimentos según la situación

SITUACIÓN	EVITE	COMA
Para perder peso	Mucha proteína Productos lácteos Grasas Alimentos suculentos muy guisados Hidratos de carbono refinados Alimentos salados	Cantidad moderada de proteínas (legumbres, pescado) Verduras Cereales integrales Platos livianos, refrescantes Hidratos de carbono complejos Alimentos fermentados Frutas, algo de zumos
Para trabajar con maquinaria, electrónica, luces fluorescentes, ordenador, procesador de textos	Vegetarianismo estricto (vegetaliano o macrobiótico) Azúcar Demasiados zumos	Verduras cocidas Cereales integrales, legumbres Algo de proteína animal diaria En algunos casos, café Alimentos fermentados Algo de grasas
Para favorecer la meditación, las disciplinas espirituales (yoga, tai chi)	Proteínas de origen animal, carne roja Alimentos procesados Azúcar Productos lácteos	Cereales integrales Legumbres Verduras Frutas y frutos secos

Algo importantísimo: NO LE TENGA MIEDO A LOS ALIMENTOS. Los alimentos son nuestros amigos, nuestros aliados, no podemos vivir sin ellos. Pero sí es posible que abusemos, que no los entendamos, que no escuchemos lo que nos dice el cuerpo después que los comemos. Sólo entonces los convertimos en enemigos.

En el capítulo siguiente veremos qué podemos esperar respecto a la reacción del cuerpo ante un cambio de dieta.

9. Qué se puede esperar de un cambio de dieta

Síntomas de abstinencia

No es necesario decir que un cambio positivo de dieta ha de hacernos sentir mejor. No en un cien por cien quizás, pero tiene que haber una inclinación notable hacia el lado de la curación. El proceso curativo suele manifestarse mediante ciertos síntomas físicos generales de abstinencia. Es importante saber de antemano cuáles son, porque a veces se pueden confundir con síntomas de enfermedad. La siguiente información se fundamenta en el modelo del cuerpo como sistema con el que hemos estado trabajando, en mi experiencia y observaciones de los últimos 25 años, y en los conceptos sobre la curación formulados por muchos teóricos de la salud natural, independientemente de los detalles de sus respectivas propuestas dietéticas, entre otros, los de Michio Kushi, Samuel Hahnemann, Paavo Airola y Herbert Shelton. (Es una lástima que la molesta retórica y la mala elección de las expresiones de los diversos exponentes de teorías sobre la curación natural hayan impedido que sus ideas llegasen a un público más amplio, porque muchas de las ideas son francamente valiosas.)

Tengamos presente nuestro modelo del cuerpo como un sistema en el cual, entre entradas y salidas, tiene lugar muchísima actividad. Esta actividad consiste en la construcción, destrucción, transformación, transporte, síntesis, retención, eliminación y otros tipos de manipulación de la materia y la energía.

Suele ocurrir que la salida no puede mantener el mismo ritmo de la entrada: es posible que los órganos excretores (intestinos, riñones, pulmones, piel) sean remolones, ineficientes o estén obstruidos. La consecuencia es una retención de materia; el cuerpo comienza a acumular residuos en forma de depósitos de grasa y calcio, placas (en las arterias y los dientes), mucosidades, heces endurecidas, tumores, quistes, cálculos e incluso agua. La mayoría de nosotros, tal vez todos, vamos por ahí con algún tipo de acumulación en alguna parte del cuerpo. (Es importante reconocer que, pese a esto, tomándolo todo en cuenta, funcionamos sorprendentemente bien.)

Es imposible tener el cuerpo totalmente limpio todo el tiempo. Incluso si pudiéramos librarnos de todo trocito de desecho metabólico, esa limpieza duraría sólo unos cuantos minutos; casi inmediatamente se formaría nueva materia de desecho producida por las actividades normales de las células. En algunas filosofías de curación natural hay una excesiva y predominante preocupación por la «limpieza» continua. Este tipo de obsesión puede ser paralizante y destructiva.* Lo que sí hemos de desear, sin embargo, es un buen funcionamiento del cuerpo que movilice los desechos de modo uniforme y los elimine con prontitud y eficiencia antes de que tengan tiempo de endurecerse, podrirse o volverse tóxicos.

La naturaleza nos hace la mayor parte del trabajo. En el mundo exterior a nuestro cuerpo, siempre que hay algún montón de basura, llegan insectos y animales carroñeros a destruirla y convertirla en algo útil, como el humus (tierra negra) o el abono. Lo mismo ocurre en el interior del cuerpo: si comienza a acumularse un montón de desechos, el sistema inmunitario decide que es hora de hacer limpieza. Entonces provoca, digamos, un resfriado o algún otro tipo de descarga de mucosidades para despejar la obstrucción, llamando a un ejército de bacterias para que ayuden en la tarea de eliminación. Es una lástima que hayamos llegado a interpretar mal estas reacciones menores de limpieza considerándolas enfermedades y, por lo tanto, indeseables. Según el modelo de la medicina, la infección (o enfermedad) está «causada» por las bacterias. Al sistema inmunitario se le encarga la tarea de acabar con la infección y se emplean antibióticos para acabar con las bacterias. Este modelo no ofrece ninguna explicación lógica de las inmunidades naturales ni adquiridas. Sería más útil considerar esas reacciones de limpieza por lo que realmente son: ajustes que hace el cuerpo para conservarse íntegro, sano y en buen funcionamiento. Con mucha frecuencia, las infecciones graves, como la meningitis o la neumonía, vienen a continuación de las infecciones menores, justamente porque la tarea de estas últimas no se ha realizado completamente. Los antibióticos y otros medicamentos están destinados a detener la infección, sin tomar en cuenta si la infección ha hecho o no lo que «se disponía a hacer».

El cambio de una dieta del tipo norteamericana estándar a cualquiera de las dietas de modalidad curativa (ayuno, vegetarianismo, macrobiótica) aligera automáticamente la carga acumulada y hace mucho más fácil que la naturaleza siga su curso. Generalmente se consumen menos alimentos, menos proteínas, menos grasas; en resumen, las dietas curativas utilizan menos alimentos de construcción y más de desintegración. Dan al cuerpo unas vacaciones, como si dijéramos, le quitan trabajo para que pueda dedicar su tiempo a la colada, a la correspondencia y a la limpieza de los armarios. E invariablemente, eso es lo que hace.

---

* Hauschka observa: «El miedo a un "estado impuro" conduce a un culto del cuerpo que fácilmente degenera en un materialismo de la peor especie. Los frecuentes lavados e irrigaciones por fuera y por dentro del hombre reflejan, en realidad, una falta de confianza en el poder del alma y del espíritu para trabajar en las funciones corporales de una manera vivificante y curativa».[1]

Michio Kushi ha clasificado los indicios de que el cuerpo está realizando una «limpieza de la casa» en diez claras categorías de síntomas:

1. Cansancio general.
2. Dolores y achaques.
3. Fiebre, escalofríos, tos.
4. Sudoración anormal y micciones frecuentes.
5. Supuraciones dérmicas y olores corporales no habituales.
6. Diarrea o estreñimiento.
7. Disminución temporal del deseo y la vitalidad sexual.
8. Cese temporal de la menstruación.
9. Ánimo irritable.
10. Otros síntomas menores transitorios: sueño inquieto, caída de cabello no importante, sensación de frío.

Cada persona experimentará sólo algunos de estos síntomas, y cuanto mejor sea su estado de salud general menos serán los síntomas. También es característico que los síntomas sean transitorios, de una duración que puede variar entre unas cuantas horas y varios días. La actividad física regular acelera el proceso de limpieza y a eso se debe que en los regímenes dietéticos curativos se incluya el ejercicio.

Cuando estaba escribiendo el primer borrador de este capítulo me llamó por teléfono un viejo amigo. Sin saber en qué tema estaba yo inmersa me animó a que escribiera sobre lo que ocurre cuando uno hace un cambio de dieta y comienza a sanar. Resulta que hacía cuatro días había dejado bruscamente (otra vez) de tomar café, queso y azúcar, para librarse de un quiste que le había aparecido en la nuca. Comenzó un régimen que incluía semillas de lino (para ayudar a eliminar a los intestinos), sopa de miso, verduras, maíz y pequeñas cantidades de cereales integrales. También se obligaba a caminar durante media hora al día por las fuertes pendientes de los caminos de su barrio.

Los dos primeros días se sintió terriblemente cansado, con dificultades para caminar y para tragar, sufrió de extraños dolores de cabeza que le comenzaban en la base del cráneo. Al cuarto día ya habían desaparecido los dolores de cabeza y la dificultad para tragar, además se le hacía más fácil caminar. Poco a poco comenzaba a sentirse nuevamente sano. Me hizo notar que si no hubiera sabido lo del síndrome de reacción y eliminación que acompaña la curación, se habría sentido aterrado y quizá habría dejado su semiayuno. El quiste continuaba allí (¡llevaba sólo cuatro días con su régimen!) pero ya no le molestaba ni dolía. Suponía que pasados uno o dos meses de cuidado en el comer, el quiste se abriría solo y se secaría, como ya le había ocurrido en otras ocasiones. (Y eso fue, efectivamente, lo que ocurrió. A los dos meses el quiste había desaparecido casi completamente.)

A continuación hay un cuadro de los posibles síntomas que pueden surgir cuando se eliminan ciertos alimentos. Piense en lo que sucede cuando le quitan una muleta que ha estado usando durante un tiempo; el uso de la muleta le ha debilitado las piernas y, aun cuando ya las tenga perfectamente bien, se va a sentir inseguro, vacilante, algo cojo, hasta que recupere la fuerza normal. En este caso, entonces, los síntomas son esa inseguridad y debilidad; desaparecerán una vez que el cuerpo haya recuperado su fortaleza.

Cuadro de eliminación y síntomas

CUANDO ELIMINA	PUEDE ENCONTRARSE CON	DURANTE
Azúcar	Cansancio, somnolencia, depresión, sensación de enajenación, falta de coordinación	1 a 5 días
Café	Dolores de cabeza, temblores, nerviosismo	1 a 10 días
Alcohol	Tensión, incapacidad para relajarse	2 a 5 días o más, según en qué grado haya bebido
Leche y sus derivados	Eliminación de mucosidades a través de la piel, senos nasales, membranas mucosas, pulmones, órganos sexuales	Desde 3 meses después de dejarlos hasta, incluso, 1 o 2 años
Carnes, grasas, proteínas	Mal olor corporal, lengua sucia, sensación de intoxicación, erupciones cutáneas	Puede variar: 1 a 4 semanas con ayuno; 6 a 10 meses para las acumulaciones más profundas

Si se ha efectuado un cambio de dieta y se experimentan ciertos síntomas molestos, ¿cómo saber si ésos son signos de una crisis de curación o de hábitos no buenos que aún persisten? Un juicio equivocado en esta situación puede significar más problemas.

En primer lugar, puede remitirse a la lista de síntomas de Kushi que he expuesto anteriormente; si su síntoma aparece en la lista y usted se siente bien al respecto, se trata de una reacción de curación. O puede considerar un concepto muy útil acerca de los síntomas de curación advertido por los homeópatas. Éstos han descubierto que los síntomas de eliminación de la modalidad curativa tienden a seguir un orden o progresión determinado, a saber:

1. Los síntomas van desde el interior al exterior del cuerpo (la mucosidad de los pulmones sale con la tos; la materia tóxica del interior del organismo sale en forma de diviesos o sarpullidos).
2. Los síntomas avanzan desde la parte superior del cuerpo hacia la inferior (los medicamentos que afectan a los riñones, como los esteroides, pueden eliminarse mediante sarpullidos en las piernas).
3. Los síntomas relativos a trastornos crónicos desaparecen en orden inverso al de su aparición; los últimos en surgir son los primeros en marcharse y los primeros en aparecer son los últimos que se van. Esto significa que mucho tiempo después de haber iniciado la senda de la curación podríamos revivir síntomas de problemas muy antiguos, si éstos fueron suprimidos o tratados equivocadamente. Si se trata la curación de manera natural y se le permite seguir su curso, la reaparición de síntomas (a veces llamada regresión, recurrencia o recaída) sólo significará que el cuerpo se está curando solo. Por ejemplo, si usted sufría mucho de tos cuando era niño y le daban medicamentos, y después tuvo asma, es posible que cuando entre en la modalidad curativa tenga un breve resurgimiento del asma y después, incluso varios años después, una reaparición de la tos, lo que en realidad es una «regresión» al trastorno que tuvo en la infancia.

Estas tres reglas constituyen las Leyes de Curación de Hering, llamadas así por haber sido Constantine Hering (1800-1880) quien las formulara. El doctor John Garvy ha añadido otras dos:

4. Una crisis de curación va precedida de una sensación de bienestar.
5. También hay una íntima sensación de bienestar durante la crisis, es decir, en el fondo uno se siente bien.

Estas dos últimas son la clave para distinguir una crisis de curación de una enfermedad que podríamos estar perpetuando: en la enfermedad uno siente que algo va categóricamente mal. Si no está seguro, consulte con un profesional de la salud.

Cuanto más tenga que limpiar el cuerpo, más fuertes y largas serán las reacciones de eliminación. También serán más pronunciadas si el cambio de dieta es brusco; serán menos pronunciadas si se hace gradualmente.

Algunos alimentos, en especial el azúcar, la carne, el café y los productos lácteos, no se eliminarán totalmente si no hay abstinencia total de ellos. Es decir, mientras continúe poniendo una cucharadita de azúcar en el té una vez al día, y no tome más azúcar el resto del día, la adicción se mantiene y no hay abstinencia.

En el caso de que se hagan demasiado desagradables los síntomas de abstinencia, a veces se pueden detener por el método aquel de «un traguito para la resaca»: un traguito de café elimina milagrosamente el dolor de cabeza producido por el «mono» del café. De hecho, eso es lo que hace continuar con la adicción. La sustancia adictiva (café, azúcar, drogas) «cura» la molestia que se produce cuando el cuerpo trata de limpiarse de esa misma sustancia. Detener la eliminación puede prolongar un tanto la agonía, ya que se para el proceso curativo durante unos días; sin embargo, es preferible esto a tirar todo el programa curativo por la ventana porque es demasiado difícil o doloroso continuarlo.

Resulta más fácil soportar estos aparentes síntomas de enfermedad que ocurren al comienzo de una dieta curativa cuando se conoce su verdadera naturaleza. Si uno no sabe la diferencia entre un dolor de cabeza de tensión y uno de abstinencia, es posible que se aterre y recurra precipitadamente a un medicamento. El miedo nos pone más enfermos que la propia enfermedad.

Tenga también presente que no todo el mundo va a experimentar los mismos síntomas de eliminación, así como tampoco van a durar lo mismo en todos los casos. Use el cuadro de eliminación y síntomas sólo para orientarse, para saber qué puede ocurrir y estar al tanto. Y cuando sus bienintencionados amigos le pregunten cómo es que se ha resfriado si está comiendo tan sano, limítese a sonreír y decir: «Porque me estoy poniendo bien».

¿Cuánto tiempo...? ¿Cuánto?

Cuando entramos en una modalidad curativa, hemos de deshacer como Penélope lo que llevamos tejido hasta ese momento. Esto lleva tiempo, detalle que puede resultar molesto a aquellos cuya congestión hepática (como dice la medicina china) los hace impacientes. Uno de mis alumnos me dijo una vez: «Yo no quiero esperar. ¡Yo quiero estar bien ya!».

Tal vez el hecho de decidir curarnos, o de aceptar la curación, nos mejora instantáneamente en el plano espiritual. Pero el lado material de nuestro ser es más compacto, más tupido y tarda más en reaccionar. Si bien el cuerpo sigue, ciertamente, la dirección de la mente, tiene sus leyes y progresiones que no se pueden saltar (excepto en el caso de los milagros). Cuando el aspecto mente-espíritu de nuestro ser sana, se hace íntegro, el aspecto cuerpo, que es su contrario complementario, también lo hace, pero a su propia velocidad.

Nuestras células se están renovando continuamente. Los cambios más rápidos ocurren en la sangre y la linfa, porque están en constante movimiento. Es posible que a consecuencia de la dieta cambien el nivel de azúcar en la sangre y el equilibrio ácido-alcalino en cuestión de horas, o quizá de minutos.*

Pero antes de que cualquiera de estos cambios nos haga realmente «sentir» diferentes, el nuevo régimen necesita su tiempo para hacer su efecto fisiológico. Comer más alimentos alcalinizantes que acidificantes puede tener un efecto perceptible en uno o dos días. En los casos de «estancamiento» extremo es posible que la mejoría tarde unos siete o diez días en hacerse notar, porque hemos de contar con los altibajos de los síntomas de abstinencia.

En general, a la semana de un cambio importante de dieta, si es un «buen» cambio, habrá de sentirse:

- Mejor
- Seguro respecto a la nueva dirección

Lleva entre 90 a 120 días renovar todos los glóbulos rojos. A medida que los glóbulos rojos viejos van siendo reemplazados por los nuevos construidos con materia prima de buena calidad, uno se va sintiendo cada vez mejor. Pasados unos tres o cuatro meses, el proceso curativo comienza a profundizar más. Comienza a sacar residuos de los espacios intercelulares; alrededor de este tiempo, entonces, con mucha frecuencia viene una nueva racha de síntomas de eliminación. Comprobará la verdad de esto sobre todo si ha dejado de consumir productos lácteos. Muchísimas veces, cuando alguno de mis alumnos ha dejado de comer estos productos, recibo una llamada por teléfono y la conversación discurre más o menos así:

–Tengo un resfriado horroroso –escucho.

–¿Cuánto tiempo hace que cambiaste de dieta o dejaste los productos lácteos? –pregunto entonces.

–Hará unos tres meses –es la respuesta.

–Ah... ¿Y cómo lo notas muy, muy al fondo? ¿Bien o no bien?

Pausa de reflexión.

–Lo noto bien. Lo siento como una especie de limpieza.

Siempre tomo estas expresiones en sentido literal. Es esencial que la persona que está ayudando a otra a sanar, y la propia persona que está sanando, escuchen todas las sensaciones y señales del cuerpo en proceso de curación. Éstas siempre nos dirán si vamos por el camino correcto o no. En el caso que acabo de contar, evidentemente lo estábamos. Lo único que había que hacer era atender a los aspectos externos, ayunar, beber infusión de jengibre, o hacer lo que sea que facilite la completa y rápida eliminación de mucosidades, y esperar hasta que acabe.

---

* Carl Englund, del Centro de Investigación Sanitaria de la Armada, de San Diego, descubrió que «la fluctuación del nivel de minerales, hormonas y otras sustancias en la sangre puede variar durante todo el día hasta en un 500 %».[2]

Pasado este período inicial de tres o cuatro meses, es posible que haya de vez en cuando otras rachas de eliminación durante los meses siguientes, lo que puede durar de seis meses a un año. Cada vez habrá de preguntarse cómo se siente, cómo lo nota en lo profundo de su interior. Siempre que la respuesta sea: «No muy bien, estoy preocupado», le aconsejo que consulte a un médico u otro profesional de la salud para un diagnóstico más completo.

Se calcula que la renovación de todas las células del cuerpo tarda alrededor de siete años. Eso significa que cada siete años más o menos somos un ser nuevo, totalmente diferente, en el sentido material, al que éramos siete años antes. Mi experiencia en cuanto al cambio de dieta ha sido la siguiente: durante los primeros siete años, cualquier transgresión de algún régimen curativo que me venía bien, la notaba fuertemente en alguna reacción inmediata (solía resfriarme cada vez que salía a comer a un restaurante). Pasados los siete años, estas reacciones son menos pronunciadas y podemos arreglárnoslas mejor con las interrupciones o desviaciones. Pasados los 14 años, los errores en la dieta se sienten más en el plano psicoespiritual que en el físico. Por ejemplo, en el período intermedio entre los 12 y 14 años D.C. (después del cambio), si comía carne y no la necesitaba, lo cual puede ocurrir tal vez una o dos veces al año, no enfermaba pero me peleaba con la gente y tenía dificultades para concentrarme. Pasados 20 años, es decir ahora, sencillamente me siento agradecida de encontrar alimento cuando lo necesito, sea lo que sea. Si como carne cuando no la necesito simplemente me siento algo pesada. Sé de qué debo abstenerme siempre (leche, azúcar, miel), con qué he de tener cuidado (pimientos picantes, guindilla o chile, frituras, comidas grasas o con mucho aceite, vinagre, espinaca cruda, queso, alimentos excesivamente cocidos, demasiado miso, salsa de soja, algas, más de un 30 % de cereales) y qué me puedo permitir cuando me apetece (pescado, pollo, mantequilla, bocadillos de atún, pizza, comida china). Siento curiosidad por saber cómo será la situación cuando hayan pasado 25 o 30 años.

¿Pueden ponernos enfermos los alimentos saludables?

Así como demasiado poco o un exceso de un alimento determinado puede ser perjudicial para la salud, también puede ocurrir lo mismo con un régimen que se pase del punto de equilibrio.

Si una persona que tiene digestiones difíciles u otro problema gastrointestinal sigue una dieta enteramente desprovista de alimentos crudos, eso es juicioso. La ausencia de alimentos irritantes animará al cuerpo a iniciar el proceso de curación; si el resto de la dieta se compone de alimentos sanos e integrales que mantienen el cuerpo equilibrado y en marcha, ese proceso continuará hasta que se complete. Pasados unos meses el cuerpo se habrá fortalecido y un poco de fruta o ensalada aquí y allá no causará problemas. Mucho después, cuando ya ha acabado la curación, un consumo más frecuente de alimentos crudos será tan sano para esa persona y, en efecto, tan aconsejable, como para todas las demás.

Mientras se está sanando, es necesario modificar el consumo de alimentos para acomodarse a esa situación de cambio. En otras palabras, mientras uno cambia ha de efectuar cambios en la manera de comer. Si no lo hace, se quedará estancado, por muy «buenos» que sean los alimentos, y si hasta aquí lo ha ido leyendo todo, sabe que eso puede ser un problema.

Volvemos al concepto del péndulo. Un «régimen saludable» es aquel que uno comienza con la expresa intención de oscilar hacia una manera de comer adecuada y, por lo tanto, a) de reparar el daño hecho hasta el momento, y/o b) mejorar el estado presente. El régimen curativo tiene éxito en cuanto nos ayuda a conseguir uno o los dos objetivos.

En nuestra sociedad, los regímenes curativos que reparan el daño causado por la dieta y el estilo de vida modernos consisten invariablemente, como hemos visto, en alimentos naturales frescos, a veces con suplementos, pero siempre ricos en verdura, fruta, cereales, legumbres, y pobres en grasa, carne, sal, azúcar, café, productos lácteos y alimentos enlatados y congelados. Sin embargo, el péndulo oscila, y hemos visto que también surgen muchos desequilibrios al aplicar estos regímenes con rigidez. Estos desequilibrios se producen por dos razones principales:

1. *Exceso en la ejecución*, es decir, excederse en el énfasis y dependencia de alimentos o sustancias determinados que en realidad pueden ser muy sanos y buenos pero que, si somos realistas, no están dotados de superpoderes.
2. *Desatender* o buscar cualquier otra explicación a los *síntomas de alarma* que emite el cuerpo, porque el intelecto dice: «No es posible que esto pueda hacerme daño». Generalmente, en estos casos no se ha realizado la prueba de preguntar al cuerpo (¿Me conviene o no me conviene? ¿Lo noto bien o no bien?), o no se ha hecho caso de la advertencia.

EXCESO EN LA EJECUCIÓN	EFECTOS
Vitaminas y suplementos	Hambre constante, subida de peso, grietas y erupciones en la piel, otros síntomas inexplicables que, cambiando de dieta pero continuando con los comprimidos, no se marchan
Alimentos crudos y zumos	Pérdida de peso excesiva, distracción, fragilidad de cabellos y uñas, falta de concentración, depresión

EXCESO EN LA EJECUCIÓN	EFECTOS
Cereales	Hinchazón (esto puede deberse a no masticar bien), pereza, palidez o piel amarillenta, pérdida de peso excesiva (asimilación insuficiente), aumento de peso, lasitud, ansias de café y cigarrillos, exceso de acidez, desmineralización
Alimentos cocidos	Constreñimiento, rigidez, falta de alegría, posible raquitismo en los niños

SÍNTOMAS DE ALARMA	CAUSAS POSIBLES
Hambre constante	Demasiados suplementos; falta de alimentos con proteínas; azúcar
Pérdida de peso excesiva	Calorías insuficientes, proteínas de origen vegetal no complementadas, legumbres o proteínas de origen animal insuficientes
Atracones y antojos	Exceso de azúcar, sal o suplementos; falta de proteínas; comidas cargadas hacia un solo lado

Tener presentes estos cuadros le ayudará a evitar uno de los principales escollos de asumir la responsabilidad de la propia salud: el de hacerlo peor, lo cual puede ocurrir si es excesivamente teórico y no presta suficiente atención a las señales de su cuerpo.

Un joven que vino a mi consulta, llamémosle George, era el ejemplo perfecto de la persona atascada en regímenes curativos que le habían hecho pasarse del punto de equilibrio. Comenzó un régimen de alimentos crudos para curarse de una faringitis estreptocócica. Tuvo rápidos y excelentes resultados, por lo que decidió continuarlo, comiendo frutas, frutos secos, ensaladas, higos, plátanos y otros alimentos de climas cálidos. Lo pasó maravillosamente bien todo el verano; se sentía alegre, despejado, sano y animado espiritualmente. Pero tan pronto llegaron las lluvias y los fríos, cayó enfermo. Se sentía deprimido, con un frío tan terrible que a veces tenía que ponerse varios suéteres para poder soportarlo; tenía un hambre constante, aun cuando comía buenas y frecuentes raciones de los alimentos antes mencionados. A pesar de las cantidades que comía bajó de peso, de 66 (lo cual no es mucho para empezar en un hombre de casi 1,80 m) a 54 kilos. Sus familiares y amigos se preocuparon, pensando que algo iba mal;

pero George creía que el régimen era moral y filosóficamente correcto y continuó firme.

Finalmente, cuando ya los pantalones no se le sujetaban en las caderas y cinco capas de camisetas y suéteres no le bastaban para mantenerse abrigado, cambió de dieta. De alimentos principalmente crudos (todos expansivos) pasó a un régimen macrobiótico de alimentos cocidos: arroz integral, legumbres, algas, raíces, miso (casi todos contractivos). Comenzó a sentirse mejor, entró en calor y subió unos pocos kilos, pero no los suficientes. Continuaba sintiéndose deprimido y tenía algunos ataques de tos y estallidos de rabia. Igual que con el régimen de alimentos crudos, le dijeron que sus síntomas seguían siendo «eliminación de toxinas».

Un día se dio una buena mirada a su huesuda figura y se preguntó de cuántas toxinas tendría aún que liberarse. También se puso en comunicación con su sensación de fondo de que «esto no está bien». La tos era algo nuevo para él; nunca antes había tenido problemas de bronquios ni de pulmones que ahora pudieran estar reparándose. Entonces fue cuando decidió buscar ayuda en otra parte y vino a verme.

Hablamos del hecho de que él no tenía problemas importantes de salud de qué curarse aparte de esa faringitis estreptocócica y algo de mucosidades acumuladas que había tenido. Eso ya se había curado hacía meses. Él había continuado limitándose sin necesidad; y como su cuerpo no tenía tanta materia en exceso de qué desprenderse, se había liberado de mucha materia útil. En términos científicos occidentales, padecía de una carencia de proteínas.

Cada filosofía de la alimentación tiene sus dogmas, sus demonios, sus pecados y su salvación. Cuando creemos que nuestro camino dietético es «verdadero» y estrecho, y nos atrevemos a desviarnos de él, nos entra la paranoia, el miedo y la culpa, que son sentimientos infinitamente más dañinos y proféticamente autocastigadores que algunas imprudencias dietéticas de poca monta.

Para una persona como George el problema no está en la comida sino en el pensamiento. El problema no es el alimento en sí mismo sino el temor de comer algo equivocadamente. Yo me concentré en disipar ese temor. Además, le sugerí que continuara con su régimen macrobiótico hasta un 70 % del total de su dieta y que poco a poco fuera añadiendo más legumbres, algo de pescado, pollo, huevos, ensaladas y fruta, evitando el azúcar y los productos lácteos la mayor parte del tiempo. Una persona que sigue estilos naturales de comer como hacía él, es muy consciente de los alimentos y de sus efectos en la salud, de manera que no podía ni quería animarle a que comiera «de todo». Pero sí le animé a que saliera a comer fuera con amigos, que de vez en cuando se sirviera una pizza o un bocadillo de atún y que poco a poco fuera reconstruyéndose, con alegría y gratitud, con el sustento que Dios le daba.

Al día siguiente de venir a verme me llamó por teléfono. Con tono alegre me contó que la noche anterior había comido dos hamburguesas de tempeh con lechuga y tomates en lugar de su habitual plato de arroz y verduras al vapor. No tuvo hambre después de las hamburguesas y se sentía bastante más feliz. Le volví a ver varios meses después; había subido casi siete kilos, ya no estaba deprimido y tenía muchísima más energía.

George había experimentado dos de los tres síntomas de alarma enumerados anteriormente: hambre constante y pérdida de peso excesiva. Había seguido primero una dieta rica en alimentos desintegradores y después cambió a otra en que continuaba consumiendo insuficientes proteínas (su proporción de cereales a legumbres era de 7:1, en lugar de ser de 2:1 como en las dietas más tradicionales). Si hubiera tenido gran acumulación de proteínas y grasas de qué liberarse, se habría sentido fabulosamente. Pero él no tenía ese problema, de modo que el régimen curativo se le convirtió en su contrario y lo puso enfermo.

El hambre después de una comida indica normalmente que los elementos nutritivos no están equilibrados. El exceso de sal, de azúcar o de suplementos, y las dietas pobres en proteínas y en grasas pueden producir ese síntoma. Las legumbres, el pescado, los huevos, el pollo y la carne son los alimentos que corregirán ese problema con mayor eficacia. Los frutos secos pueden servir de algo, ya que contienen proteínas y grasa, pero rara vez son suficientes. La grasa puede solucionar el hambre pero no satisface la necesidad de nutrientes concretos, de la cual es expresión el hambre. Observe, por favor, que añadir alimentos integrales equilibrados, es decir, verduras y cereales, no corrige esta situación. Tampoco lo hacen los dulces, ni las tartas ni los pasteles, que son lo primero a que recurren muchas personas.

Bajar un 20 % o más del peso ideal y no poder corregirlo con la cantidad de comida, si la causa no es una enfermedad orgánica, también indica que hay un desequilibrio en el consumo de alimentos. He conocido a jóvenes muy delgados que se sirven dos y tres grandes raciones de cereales y verduras y que ni aun comiendo así de abundante cada día, y masticando muy bien, logran ponerse encima ni un gramo más.

Lógicamente cabe esperar una cierta pérdida de peso cuando se comienza un régimen curativo. En la mayoría de los casos esto es beneficioso. Significa que el cuerpo se está limpiando de residuos viejos, se está librando de materia no necesaria que, con toda probabilidad, podría causar problemas más adelante. Con frecuencia, el peso que se pierde está constituido por células construidas con alimentos de baja calidad, que son reemplazadas por células formadas por alimentos de mejor calidad. A muchas personas que comienzan con un peso normal les ocurre que bajan un poco por debajo de lo normal durante unos meses y después el peso vuelve a su nivel adecuado sin ningún esfuerzo. El proceso normalmente dura alrededor de un año.

La pérdida de peso que pasa de la raya de la sensación «está bien» suele estar causada por un consumo bajo o desequilibrado de proteína y grasa. Pero no siempre. En muchos casos, un cuerpo acostumbrado a consumir cantidades usuales de carne, pan, tarta, pasteles y patatas es incapaz de extraer de los cereales y legumbres los elementos nutritivos que necesita. Esto se debe o bien a pereza de los intestinos que están revestidos interiormente por grasas viejas o heces endurecidas, o bien a ausencia de las bacterias necesarias para descomponer las proteínas de origen vegetal. Este problema se puede resolver con limpieza intestinal mediante hierbas o unas pocas irrigaciones colónicas, consumo de alimentos fermentados (que ayudan a la digestión) junto con cereales integrales, y una buena y concienzuda masticación para insalivar cada bocado. También hay que concederle al cuerpo el tiempo suficiente para adaptarse a la nueva comida. Mientras tanto, no tiene ningún sentido matarse de hambre: no dude, si le apetece, en comer proteína de origen animal de acuerdo a su necesidad.

Si bien prácticamente todos los hombres van a perder peso con un régimen a base de cereales y legumbres, sólo a la mitad de las mujeres les ocurrirá lo mismo; la otra mitad, en realidad va a subir de peso. Esta diferencia, creo yo, tiene que ver con las diferencias en velocidades de asimilación, de excreción y de eficiencia en la construcción que hay entre hombres y mujeres. Si es usted mujer y se encuentra con que sube de peso después de cambiar a una dieta curativa, pruebe a disminuir el consumo de cereales y legumbres y de aumentar el de verduras crudas y cocidas. Evite también la sal y los aliños salados, consuma muy poco de aceite y grasa, consuma pescado a la parrilla, hervido o al horno y de vez en cuando ave, por las proteínas.

Otra manera en que los alimentos, sean sanos o no sanos, nos hacen enfermar es cuando comemos lo mismo o los mismos sabores siempre. Según la teoría de las cinco fases, si no variamos los alimentos o los sabores, estimulamos excesivamente una sola fase energética a la vez que agotamos otra. Por ejemplo, los alimentos salados (fase del agua) estimulan los riñones cuando se consumen con moderación, pero en exceso los hacen trabajar más lento, producen retención de líquidos y al mismo tiempo debilitan el corazón (fase del fuego). Esto sucede de acuerdo con el conocimiento actual sobre nutrición: normalmente se limita el consumo de sal a las personas que tienen problemas cardíacos y/o hipertensión, en la cual están implicados los riñones.

Se produce una situación similar cuando consumimos grasas o aceites (fase de la madera). Una pequeña cantidad sustenta al hígado y a la vesícula biliar, pero si consumimos demasiado, esos órganos se ven sobrecargados, mientras el estómago y el páncreas (fase de la tierra) se debilitan. Y, efectivamente, algunos estudios señalan a las dietas ricas en grasas como factor causante de la diabetes, que es un mal funcionamiento del páncreas.[3] Un exceso de dulces (tierra) estimula excesivamente el estómago, el bazo y el páncreas mientras debilita los riñones y las suprarrenales (agua); tal vez ésa sea otra explicación de por qué el azúcar nos hace sentirnos cansados.

Los alimentos sanos no variados pueden provocar problemas similares. He visto muchísimos casos en que el exceso de frutas y ensaladas agrias (fase de la madera) han causado problemas de estómago o terribles ansias de comer dulces (fase de la tierra ambos). Demasiado arroz, aunque sea integral (fase del metal), hace trabajar excesivamente a los pulmones y al intestino grueso, lo que provoca un funcionamiento más lento y, como consecuencia, el estreñimiento y un hundimiento del tórax;* esto genera también un terrible deseo de grasas (madera), por ejemplo, de comer tahini, mantequilla de cacahuetes y frituras. Un consumo exagerado de algas estimula excesivamente los riñones y el tiroides (todos fase del agua) y debilita el corazón y el intestino delgado (fase del fuego).

El mejor seguro contra la sobrecarga de una sola fase es comer diferentes cereales y legumbres en cada comida. Algunas combinaciones posibles podrían ser arroz con judías blancas, cebada con lentejas, maíz con judías negras, guisantes con mijo, kasha con lentejas rojas. Una gran variedad de verduras de diferentes colores, formas y sabores ayudará a equilibrar la comida. Para los no vegetarianos, también es útil comer diferentes tipos de pescado y ave en cada comida.

---

* He oído decir que a esto se le llama «tórax de arroz».

10. Deseos locos y atracones: ¿Qué significan?

¿Cuántas veces hemos decidido «portarnos bien», cuidarnos y comer sano, para luego estropearlo todo con un desmadrado atracón? ¿Cuánto tiempo no podríamos continuar con una dieta sana si no fuera por esos incontrolables y locos deseos que hemos reprimido por considerarlos «dañinos»? Pero normalmente hay buenas razones para esos deseos y atracones. No son tentaciones del demonio que no tenemos la fuerza de voluntad de resistir. Recordemos que el cuerpo, organismo vivo que es, tiende a conservar y proteger, si no la forma, al menos la función. La mayoría de sus sensaciones y actividades tienen por «objetivo» continuar funcionando a pesar de los obstáculos o averías. Freud nos enseñó que no son actos «arbitrarios» los que surgen de nuestro inconsciente, el cual en nuestro modelo abarca lo físico y lo psicológico. El truco consiste en descubrir qué nos dicen estos atracones.

Basándome en mi propia experiencia, he logrado distinguir tres categorías principales, o causas, de ansias desesperadas: la *adicción/alergia,* la *eliminación* de limpieza o descarga y el *desequilibrio de los organismos* o sistemas. Cuando se comienza un régimen curativo, es posible verse sujeto a cualquiera de estas tres categorías o a todas ellas. Nos será útil entonces comprender qué es lo que sucede en el cuerpo.

Con el fin de cambiar de modo efectivo a una forma de comer más sana, hemos de distinguir entre los deseos que indican un defecto funcional o una mala interpretación de las señales de apetito y aquellos que indican una verdadera necesidad. Los deseos del primer tipo se pueden resistir o desviar, pero los del segundo, es necesario escucharlos. Las adicciones, las alergias y la eliminación de limpieza nos hacen desear precisamente aquellos alimentos que nos producen reacciones fisiológicas o psicológicas no deseadas. Los deseos que surgen de un desequilibrio expansivo-contractivo, ácido-alcalino o de proporción de elementos nutritivos en el organismo nos ofrecen importante información sobre cómo estamos y, si no prestamos atención a eso, nos llevarán a darnos atracones que no podemos resistir ni controlar.

La adicción y la alergia

Somos adictos a un alimento o bebida (y por tanto lo deseamos) cuando: a) éste nos produce síntomas de desequilibrio, como dolor de cabeza, cansancio, problemas de la piel, trastornos digestivos o tensión algún tiempo después de consumirlo, y b) los síntomas se alivian al consumir más de lo mismo. Si, por ejemplo, usted ha dejado los dulces o el café, al principio le van a acometer terribles deseos de comer dulces o tomar café y se va a sentir deprimido y tenso. Coma una galleta o una taza de café y los síntomas desaparecerán, aunque no la adicción.

La alergia a un alimento es lo contrario de la adicción: aparecen síntomas desagradables casi inmediatamente después del consumo de la sustancia culpable[1] y lo mejor para controlar esos síntomas es evitar totalmente esa sustancia. Sin embargo, hay muchos casos en que no relacionamos los síntomas alérgicos con el alergeno (el alimento que los causa) y continuamos deseándolo y sufriendo el cansancio, la tensión o los dolores de cabeza sin comprender cuál es la causa ni lo sencillo que sería sanarlos.

Las adicciones son más difíciles de detectar que las alergias: no siempre tenemos claro que nos atraen alimentos determinados sólo porque los hemos comido antes y nos duele no comerlos. La sustancia adictiva más común de esta categoría, de cuya adicción no se libra casi nadie, es el azúcar refinado.[2] Un bocado de tarta, si no hemos comido nada dulce durante un tiempo, y al día siguiente desearemos otro; pensamos: «Seguro que necesito esto» o «Un goloso, eso es lo que soy» y vamos a por el bocadito de tarta. Y después necesitamos otro y otro y otro. El deseo de hoy ha sido causado por el caramelo de ayer.

Dejar el azúcar es muy parecido a dejar una droga adictiva. Se producen los deseos o ansias vehementes, dolores de cabeza, depresión, cansancio y ánimo bajo. Afortunadamente, estos síntomas no suelen durar más de tres o cuatro días después del último dulce comido. Pasados esos días, viene una perceptible sensación de ligereza, de claridad que finalmente resulta, creo yo, mucho más adictiva que el azúcar.

Son muy corrientes las adicciones a estimulantes como el café, el chocolate, los cigarrillos, los narcóticos y el alcohol. Para acabar con un adicción se necesita fuerza de voluntad, además de otros cuantos trucos (véase más adelante al final de este capítulo) y la abstención durante al menos cuatro días, si no más, hasta que el vehemente deseo se apaga.

Las ansias físicas de los alimentos o estimulantes adictivos desaparecerán cuando hayan acabado los síntomas de abstinencia. Sin embargo, cada vez que se consume aunque sea un bocado de la sustancia culpable, es necesario tener cuidado y vigilarse por si la adicción estuviera de regreso con una oscilación total, si no, muy fácilmente podría dominarnos nuevamente. Si ha tenido una adicción al azúcar, pruebe con sucedáneos como los dátiles, plátanos congelados, frutas pasas no totalmente secas, o pastelería endulzada con malta de cebada o jarabe de arce, y sobre todo con verduras dulces color naranja, como los boniatos o batatas y la calabaza de invierno; éstas satisfacen la golosinería sin hacer retornar la adicción.

Las alergias alimentarias más comunes son las alergias a la leche y sus derivados, a los huevos, al trigo, maíz, mariscos, frutos secos, chocolate, café y alcohol. Si las reacciones no son físicas, como por ejemplo la ansiedad, la somnolencia o el cansancio extremo, es posible que uno ni se dé cuenta de que tiene una alergia alimentaria. Con muchísima frecuencia, las personas que son alérgicas a un alimento también son adictas a él, es decir, tienen los síntomas cuando «no» los consumen; por lo tanto, durante un breve período, la eliminación del alimento alergénico provocará desagradables síntomas de abstinencia (similares en realidad a los de una «crisis de curación») con los cuales habremos de arreglárnoslas igual como se ha dicho anteriormente con respecto a las adicciones. La consecuencia más beneficiosa de romper el círculo vicioso de las adicciones y alergias es la desaparición de los síntomas desagradables, tanto físicos como psicológicos. Además, varios de mis alumnos me han contado que con sólo eliminar el azúcar y los productos lácteos de sus dietas han desaparecido también una diversidad de alergias no relacionadas con éstos (a los gatos, a las plumas, e incluso al trigo).

La eliminación de limpieza o descarga

Los deseos vehementes de comer algo provienen también de la eliminación, de la limpieza que realiza el cuerpo cuando se comienza una dieta curativa.

Según las escuelas ideológicas de curación natural de orientación holística, probablemente lo que sucede es lo siguiente: con los años se van almacenando toxinas en los espacios intercelulares del cuerpo. Estas toxinas pueden ser subproductos del metabolismo que no han sido excretados, o tal vez incluso cargas eléctricas dejadas por los alimentos. Cuando se pasa de una dieta usual a una de modalidad curativa, parece que el sistema inmunitario comienza a barrer esas toxinas lanzándolas en el torrente sanguíneo para ser procesadas y finalmente eliminadas a través de los riñones, pulmones, piel o hígado. Antes de abandonar el cuerpo, estos elementos o cargas quedan en libertad de movimiento por el sistema circulatorio. En el cerebro, el hipotálamo funciona como un cabezal de magnetófono, recogiendo información del torrente sanguíneo, como si éste fuera una cinta magnética que está en marcha.* Cuando estos residuos pasan junto al hipo-

---

* Quedé encantada cuando escuché explicar este concepto a John Beaulieu, del Polarity Wellness Center de Nueva York, durante un curso de Anatomía esotérica, en febrero de 1983.

tálamo en su viaje por el torrente sanguíneo, activan los recuerdos de las hamburguesas y de los pastelitos que preparaba mamá, y entonces surgen, como caídos de la nada, los deseos de comer esos alimentos. Una alumna nos contó una vez en clase:

–De pronto me entró un deseo fuerte y clarísimo de comer un bistec grande y jugoso, como los que solía comer antes. Era tal el deseo que casi podía saborearlo. De modo que esa noche en la cena pedí un bistec. Cuando iba por la mitad me di cuenta de que no lo deseaba en absoluto. En realidad me sentó bastante mal y estuve medio enferma esa noche y al día siguiente. Ahora que lo pienso, más que un deseo era un recuerdo.

¿Cómo reconocer un deseo del tipo descarga o limpieza? Con frecuencia son deseos de algo ya conocido, de algo que uno solía comer muchísimo antes. También con frecuencia suelen desaparecer a las pocas horas. Si no desaparecen y uno no está seguro de si realmente necesita el bistec o sólo está «recordándolo», se puede probar el método mencionado antes del «traguito para la resaca»; es decir, cuando el deseo o las ansias parecen estar relacionadas con la eliminación o descarga de carne, azúcar, productos lácteos, alimentos procesados o estimulantes, hay que considerarlas honestas necesidades del cuerpo y hacerles caso. Hay que comer lo que se desea «en pequeña cantidad».[3] Según la medicina homeopática, «lo semejante cura lo semejante», pero en cantidades opuestas; una pequeña cantidad del alimento que se solía comer en grandes cantidades eliminará el deseo. Así pues, si mi alumna hubiera tomado sólo uno o dos bocados del bistec, se habría sentido perfectamente bien.

El desequilibrio de los organismos

Para comprender los diversos deseos o antojos que pueden tener su origen en el desequilibrio, hemos de tener presentes los modelos que hemos visto en este libro:

- Proporción de los elementos nutritivos
- Lo expansivo y lo contractivo
- Lo ácido y lo alcalino
- La dinámica de las cinco fases

1. De acuerdo con el cuadro de proporciones de elementos nutritivos en los alimentos (capítulo 2), un deseo vehemente de comer dulces (hidratos de carbono) podría provenir de un consumo excesivamente elevado de proteínas, grasas o minerales/vitaminas, e incluso de sal. A la inversa, un deseo loco de proteínas de origen animal podría tener como objetivo llenar el hue-

co creado por un exceso de hidratos de carbono, minerales (incluida la sal), líquidos o grasas.

Sin embargo, he notado también que el deseo de dulces, sobre todo cuando va acompañado del deseo de grasas, suele indicar una carencia mínima de proteínas. Esto lo he observado especialmente en niños y hombres que han hecho un cambio a un régimen vegetariano o macrobiótico. Sienten ansias de tomar zumos, comer dulces, pan con mantequilla, mantequilla de cacahuetes, frutos secos, tahini, etcétera. Por increíble que pueda parecer, este deseo de dulces y grasas desaparece cuando se añaden más alimentos proteínicos a la dieta (legumbres, pescado, pollo, huevos).

2. De acuerdo con el modelo de los contrarios expansivo-contractivo (capítulo 3), un elevado consumo de alimentos contractivos (carne, sal, cereales, alimentos cocidos) generará una exigencia de cosas expansivas (frutas, dulces, bebidas alcohólicas, ensaladas). Si se reprime el deseo, la consecuencia final será un gran atracón de cerveza o helado. Esto funciona en ambos sentidos: demasiados alimentos expansivos crean un deseo de alimentos contractivos, aunque, por lo que yo he visto, en este caso los deseos no serán muy fuertes. Una dieta rica en frutas, por ejemplo, le hará desear legumbres o carne, pero el deseo de esas cosas se rechaza o se desatiende con más facilidad, con lo cual, lamentablemente, suele mantenerse el desequilibrio.

3. Los deseos originados por un desequilibrio ácidoalcalino suelen ser muy fuertes y casi imposibles de resistir. Un exceso de alimentos alcalinizantes, como la fruta, las ensaladas, las verduras y las patatas, causa un deseo imperioso de alimentos acidificantes para equilibrar. Si una persona que sigue una dieta muy alcalina no come carne, pescado, ave ni huevos, y muy poco o nada de cereales, que son acidificantes, entonces la necesidad de dulces (acidificantes) le echará abajo toda fuerza de voluntad. Esa necesidad no quedará totalmente satisfecha con las frutas dulces, porque éstas también son algo alcalinizantes; sólo la pastelería, las galletas de miel, el helado de crema natural o no natural y los caramelos van a satisfacer el deseo. Muchos adeptos del yoga conocen muy bien esta situación. Se puede rectificar simplemente añadiendo suficientes cereales integrales, legumbres y productos de la harina a la dieta, los cuales, al ser acidificantes eliminarán el deseo de azúcar.

Es curioso como el equilibrio ácido-alcalino anula la relación contractivo-expansivo. La fruta, que es alcalinizante y expansiva, no elimina el deseo de las igualmente expansivas miel o galletitas azucaradas porque éstas son acidificantes, y lo alcalino las exige. Lo mismo es válido para los alimentos contractivos: un elevado consumo de acidificantes cereales, legumbres

DESEOS LOCOS Y CÓMO ARREGLÁRSELAS CON ELLOS

Para aplacar los deseos de	El alimento ha de ser	Comer más	Comer menos	Reemplazar por
AZÚCAR (tartas, galletas, pasteles, caramelos, helados)	Eliminado	Cereales integrales; boniatos, calabazas, manzanas al horno; dátiles; fruta cocida	Carne, sal, productos lácteos	Plátanos congelados (en lugar de helado); postres endulzados con malta de cebada, jarabe de arroz, jarabe de arce
ALCOHOL	Disminuido o eliminado	Hidratos de carbono complejos, verduras, maíz, hojas verdes amargas	Grasas, sal, miso, salsa de soja, proteína animal	Cerveza sin alcohol, zumos de fruta
CAFÉ	Eliminado	Verduras, ensaladas	Alimentos acidificantes: carne, azúcar, harina, cereales; sal	Postum
SAL	Disminuido	Algas, alubias negras, verduras	Dulces, grasas, alcohol, carne, cereales	Salsa de soja natural, miso (pequeñas cantidades), hierbas y especias
PRODUCTOS LÁCTEOS	Muy disminuido o eliminado	Hojas verdes, cereales integrales, legumbres, pescado	Azúcar, repostería al horno, frutas, carne	Tofu (pequeñas cantidades), leche de almendras o avellanas
GRASAS Y DULCES (incluidas las elaboraciones al horno hechas con harina de trigo integral, enduzantes naturales y aceites)	Disminuido	Proteínas: legumbres, pescado, pollo, huevos	Cereales, frutas, ensaladas	

o productos de origen animal genera el deseo de sal, que es alcalinizante, aun cuando es también muy contractiva. Por otro lado las verduras, que son expansivas pero alcalinizantes, no despiertan deseos de sal, cuya contractilidad equilibraría la expansividad de las verduras, pero, lo que es más importante, no alcalinizaría más el organismo. A esto se debe que en las dietas sin sal se consuma tanta verdura. A la larga rara vez funcionan los regímenes que dan mucha importancia a un tipo de alimento (proteínas, cereales, frutas/ensaladas) y no atienden al sistema ácido-alcalino: surgen deseos incontrolables de un alimento o bebida contraria o complementaria (café, dulces, pescado, alcohol, azúcar) para producir el necesitado equilibrio.

Deseos que equilibran las dietas unilaterales

4. DIETA

DESEOS DE

Rica en carne (contractiva, acidificante)

Alcohol, azúcar (expansivos), café (alcalinizante)

Rica en cereales (contractivos, acidificantes)

Ensaladas, café (expansivos, alcalinizantes)

Rica en frutas y ensaladas (expansivas, alcalinizantes)

Alimentos salados (contractivos), dulces (acidificantes), proteínas (contractivas, acidificantes)

A veces los desequilibrios energéticos que se pueden explicar por el modelo de las cinco fases se manifiestan por una atracción hacia combinaciones no habituales de alimentos, no necesariamente alimentos nocivos. Mis ejemplos favoritos de comer cosas raras son las veces en que me apetece comer pimientos rojos asados (fuego) para desayunar y algunos días en que casi sólo como pan de trigo integral con levadura agria, chucrut y legumbres (madera y agua). Si usted desea saber más lo que come desde el punto de vista de la energética de las cinco fases, le convendría consultar con algún terapeuta de la salud que conozca este sistema. Mientras tanto, puede fiarse de usted mismo para equilibrar automáticamente las cinco fases; mientras se atenga a la dieta de alimentos frescos, naturales y sanos, puede dejarse llevar por sus inclinaciones hacia la variedad con un buen grado de confianza. Simplemente procure consumir cada día un tipo diferente de legumbre y un tipo diferente de cereal.

Tercera parte

La curación

*La semilla de la salud está en la enfermedad, porque la
enfermedad contiene información.*

Marilyn Fergusson

*La enfermedad no es aquello para lo cual está hecho el
cuerpo.*

A Course in Miracles

11. La salud y la enfermedad: Nuevas definiciones

Hemos de redefinir nuestros conceptos de salud y enfermedad si nos contemplamos desde el punto de vista de los sistemas, es decir, si consideramos que somos organismos compuestos de elementos físicos y de un campo energético, y que innumerables alteraciones y estímulos influyen en el todo, siempre, infinitamente y de maneras difíciles de precisar o concretar. Cuando comprendemos qué representan la salud y la enfermedad, qué es normal sentir y qué anuncia problemas, podemos tomar decisiones más responsables sobre cómo mejorar nuestro estado de salud.

¿Qué es la salud?

En primer lugar, qué no es. No es un estado que podamos alcanzar de una vez para siempre. Así como cambia nuestro cuerpo al respirar, toser, tener hambre y todas las demás actividades, así cambia nuestra salud. No «llegamos allí» y nos quedamos, como quien llega a su casa y se arrellana en su sillón.[1] E incluso en ese caso, ¿cuánto tiempo podemos quedarnos arrellanados en el sillón sin levantarnos a hacer algo? ¿Cuánto tiempo podemos estar en algún lugar sin movernos finalmente?

Nuestro movimiento, nuestro avance, puede ir dirigido hacia la salud, es decir, hacia la integridad, unidad de cuerpo y mente, comunicación y conexión con nuestros colegas humanos y con nuestro entorno; o puede ir dirigido hacia la enfermedad, lo cual se manifiesta en alienación, disgregación y desunión. Casi siempre, cuando vamos por el primer camino nos sentimos a gusto y optimistas interiormente. Si vamos por el segundo nos sentimos preocupados, tristes e insatisfechos.

No es suficiente definir la salud como ausencia de enfermedad. La salud es más bien el conjunto de una serie de requisitos determinados. Estos requisitos son condiciones ideales y en cierto modo se pueden considerar también como objetivos a alcanzar. Estamos considerando a los seres humanos como sistemas u organismos completos, complejos en el interior e interactivos en el exterior, de manera que su buen funcionamiento o «salud» no sólo ha de manifestarse en el plano físico sino también en los planos mental, emocional, social y espiritual.

Las descripciones que vienen a continuación están basadas en «Los siete requisitos para la salud» postulados por George Ohsawa (véase página 42); he añadido diversas observaciones, mías y del doctor Harold Gardner, sobre la autodeterminación y las opciones de control de la propia salud. Para mayor claridad, los he clasificado en requisitos de salud física, psicológica, social y espiritual, aun cuando cada una de estas condiciones se pone de manifiesto en todos estos planos.

SALUD FÍSICA

1. *Ausencia de cansancio.* Esto significa no despertar cansado por la mañana ni sentirse «agotado» todo el tiempo, situación muy común hoy en día y señal categórica de desequilibrio. La «ausencia de cansancio» también comprende el aspecto psicológico: significa estar dispuesto a aceptar los desafíos y a trabajar sin decir: «Uy, esto es demasiado para mí, no puedo con esto» y otras expresiones por el estilo.
2. *Buen apetito.* Esto significa disfrutar plenamente de la comida, ya se trate de un sencillo plato de sopa con un trozo de pan o de una comida muy elaborada. Significa, además, apetito de vida, sed de conocimientos, ilusión por tener experiencias nuevas y enriquecedoras, y un sano y alegre apetito de actividad sexual.
3. *Dormir bien.* Quedarse dormido a los cuatro o cinco minutos de acostarse, dormir profundamente de cinco a siete horas, despertar a la hora precisa, sin despertador y con la mente despejada..., ésas son las principales características. Dormir bien también significa tener un mínimo de sueños (a no ser que deseemos expresamente acceder a la información almacenada en el inconsciente), no dar vueltas y vueltas en la cama, no roncar y no hablar en voz alta. En resumen, este requisito significa ser capaz de relajarse y descansar completamente durante un período de tiempo claramente definido y salir de él totalmente alerta y dispuesto a funcionar.

SALUD PSICOLÓGICA

4. *Buena memoria.* Es un requisito esencial de la buena salud recordar lo que hemos dicho, hecho, visto, oído y leído. Sin memoria no podemos aprender ni crecer, porque estamos condenados a repetir nuestros errores olvidados. Una buena memoria nos permite recordar cómo hemos llegado al lugar en que estamos, y si estamos en un apuro nos permitirá rectificar, volver a trazar, volver a pensar nuestros actos para obtener mejores resultados.
5. *Buen humor.* Uno de los requisitos más difíciles. Significa no impacientarse ni enfadarse nunca, lo cual no es reprimir la rabia, sino simplemente no sentirla. Significa ser auténticamente alegre, tener una visión positiva de la vida, ver el lado bueno de las cosas, ser capaz de reírse de uno mismo y de

sus debilidades. En la medicina china tradicional, la rabia se relaciona con un desequilibrio de energía en el hígado; un estallido de ira, la impaciencia crónica, los prontos de genio, manías y estados de ánimo similares podrían ser la expresión de un hígado congestionado. Y a la inversa, los chinos creen que una violenta expresión de cólera puede dañar ese mismo órgano.

6. *Precisión de pensamiento y acción.* Igual como el gato siempre cae de pie, la persona sana es capaz de tomar decisiones correctas en fracciones de segundo y de llevarlas a cabo con precisión y esmero. Esto presupone la existencia de un sistema nervioso sano y una conexión cuerpo-mente fuerte y fluida. Golpear las cosas, dejarlas caer, raspar la puerta del garaje con el coche, e incluso decir lo que no corresponde, son siempre señales de que nuestro juicio, percepción y movimientos no están correctamente integrados, y así nuestro estado de salud es menos bueno de lo que podría ser.

SALUD SOCIAL

7. *Responsabilizarse.* Esto significa que nos damos cuenta de la inutilidad de culpar a otros de nuestros problemas. Si aceptamos el hecho de que somos los creadores de nuestra vida, de allí se sigue que también nos hemos creado el lío o problema en que estamos, sea éste de salud o de cualquier otra cosa. Y aquí es innecesario el sentimiento de culpa porque paraliza. Una franca mirada a los hechos, por otro lado, nos permite ver la salida. Si hemos causado el problema, lo podemos reparar también. Asumir la responsabilidad es el cimiento sobre el cual se asienta el poder personal, la capacidad de cambiar nosotros mismos y cambiar el mundo de una manera positiva y sanadora.

8. *Capacidad de elegir.* Ejercitar nuestra capacidad de elegir podría estar entre los requisitos más esenciales para un buen estado de salud. Para cumplirlo necesitamos: a) conocer las opciones que tenemos y b) la capacidad de comunicar nuestras decisiones. Y, evidentemente, para escoger, hemos de aceptar la situación y el resultado. En el ámbito de la salud, hemos de ser capaces de tomar decisiones meditadas sobre la mejor técnica curativa para corregir lo que nos aqueja, frente a posibilidades que van desde la oración con ayuno a los análisis, exploraciones y cirugía con rayos láser de la alta tecnología médica. (Podría ser de interés para los médicos y otros terapeutas el hecho de que cuando un enfermo elige libremente y a sabiendas una terapia determinada, con pleno conocimiento de sus limitaciones, es muy raro que se dé el caso de negligencia médica. Esto sólo ocurre en los casos en que el enfermo, en lugar de asumir personalmente la responsabilidad de su enfermedad y de su curación, entrega ciegamente esa responsabilidad al terapeuta.)

SALUD ESPIRITUAL

9. *Honradez.* Cuando nuestro estado de salud es bueno, no tenemos ningún temor ni, por lo tanto, ninguna necesidad de mentir. Esto no significa que tengamos que decir todo lo que nos pasa por la cabeza; el tacto y la discreción son necesarios. Pero sí significa no mentirnos a nosotros mismos, ser limpios y honestos, fidedignos y rectos; significa, en realidad, integridad.

10. *Gratitud.* Este requisito presupone una buena memoria. Cuando recordamos lo mal que pueden ir las cosas, o con qué facilidad podemos perder lo que nos es más querido, valoramos y agradecemos muchísimo todo lo que nos rodea. Cuando nuestro cuerpo está sano y nos sentimos bien, todo nos parece magnífico y admirable. Al mismo tiempo, una sensación de maravillada gratitud puede ser en sí misma una expresión de salud, sea cual sea nuestro estado físico.

11. *Humildad.* Respecto a este requisito para la salud podemos hacer muy poco, porque no podemos curarnos nosotros mismos de la arrogancia, esa incurable enfermedad del espíritu. Si la tenemos, sólo podrán curárnosla la edad, el recuerdo de nuestros errores, «las burlas y oprobios de la cruel fortuna, los azotes y vendavales del tiempo». Nuestra humildad, si la tenemos, no la hemos de advertir nosotros sino los demás.

12. *Amor.* Ya podemos cambiar de dieta y limpiarnos de erupciones la piel, ya podemos curarnos el cáncer, que si no tenemos amor de nada nos sirve. La salud no es otra cosa que un viaje del ego, vanidad, una lucha inútil, si no aceptamos incondicionalmente la vida, a nosotros mismos y a los demás tal como somos, tal como son, es decir, si no amamos. Criticar la manera de comer de nuestro prójimo, considerarlo enfermo cuando no hace lo que nosotros hacemos, desaprobar su estilo de vida..., todo esto sólo delata nuestra propia sensación de no integridad. Las personas capaces de amar incondicionalmente siempre, son eternamente sanas, al margen de cualquier trastorno físico que puedan tener.

¿Qué es la enfermedad?

Los requisitos (u objetivos) para la salud que acabo de enumerar nos presentan un modelo muy preciso con el cual medirnos. Siempre nos va a faltar algo para estar a la altura de algunos de ellos (y si pensamos que no, no estamos muy bien en los números 9 y 11), pero serán sobre todo nuestras deficiencias en los seis primeros los que nos alertarán rápidamente sobre si estamos, de alguna manera, enfermos. En realidad tenemos razón cuando pensamos, por ejemplo, que estar cansado todo el tiempo es una señal de que algo va mal, aun cuando «no se encuentre nada». Una pérdida de memoria suele acompañar un endurecimiento de las arterias, mientras que caerse y dejar caer las cosas habitualmente indica el comienzo de enfermedades degenerativas del sistema nervioso. Aun cuando no haya una «enfermedad real» en el sentido de la medicina moderna occidental, este modelo de salud nos ayudará a identificar en nuestro organismo desequilibrios que pueden corregirse.

Por lo general, la medicina moderna sólo reconoce las causas físicas de nuestros trastornos: bacterias, virus, genes, contaminación, desnutrición. En los casos en que no parece haber ninguna de estas causas, se apunta el dedo en dirección a los problemas psicológicos: estrés o «nervios». A veces parece ser que este último término es simplemente una categoría que abarca todo lo de «origen desconocido», no un agente causal real.

Hipócrates escribió: «A mí me parece que deberíamos saber las enfermedades que surgen en el hombre debido a los poderes [fuerzas] y las que surgen debido a las estructuras». La medicina antigua, la medicina popular y la sabiduría esotérica, basadas en la premisa de que «todo es uno», aceptan lo no físico (los «poderes») y lo físico (las «estructuras») en igualdad de condiciones. La medicina holística (de conformidad con el criterio de los sistemas) se alinea con esa venerable visión del mundo; por lo tanto, si ha de ser precisa, una lista de las causas de la enfermedad ha de abarcar todos los planos de la realidad, ya que la salud, como hemos visto, se manifiesta en todos los aspectos de la vida humana.

De todas las listas, la que me ha parecido más comprehensiva y útil es la propuesta por Paracelso, el gran místico suizo del siglo XVI, reformador de la medicina. Él reconocía cinco categorías principales de causas de la enfermedad.

1. *Exteriores y ambientales:* Calor, frío, viento, lluvia, traumatismos y, en nuestra terminología moderna, bacterias, virus y contaminación.
2. *Venenos e impurezas:* Alimento estropeado, alimento no adecuado, sustancias venenosas, sustancias químicas de todo tipo, hierbas y medicamentos con efectos secundarios indeseables.
3. *Genéticas y hereditarias:* Hemos de incluir aquí no sólo los trastornos de origen genético de muy antiguo, sino también aquellos causados por problemas de alcohol, drogas, medicamentos, desnutrición y régimen alimenticio insano que haya tenido cada progenitor, como también la madre durante el embarazo.
4. *Psicológicas:* Estrés, aflicción, trauma psicológico, histeria y otros trastornos emocionales.
5. *Espirituales o kármicas:* En la cosmovisión de Paracelso, así como en la de muchas sociedades y filosofías, las vidas anteriores son reales, y somos responsables en la vida presente de las maldades cometidas en las anteriores. Según esta creencia, el desprecio hacia los lisiados en una vida puede significar ser lisiado en otra.

En esta lista, la dieta equivocada sólo es una entre muchas causas de nuestros trastornos. Sin embargo, ahora sabemos que la dieta puede exacerbar los efectos de las demás debilitando nuestra resistencia y minando el sistema inmunitario.

La dieta correcta no siempre es, entonces, una cura directa sino que obra indirectamente fortaleciendo el cuerpo nuevamente y permitiendo que el sistema inmunitario recupere su poder. Por este motivo muchas dietas diferenes parecen ser «curas» para muchas enfermedades; las personas que las han experimentado ni están equivocadas ni mienten cuando relatan sus casos. Lo que ocurre simplemente es que cada caso individual es la historia de cómo el sistema inmunitario de una persona fue estimulado para volver a ponerse en acción, y no cómo una manera de comer «ha curado» una enfermedad. Es el punto de vista relativo lo que tenemos que cambiar: la leche materna no sólo «confiere inmunidades» sino que también no enferma al niño. Una dieta sin frutos secos, sin mantequillas, ni gaseosas, ni frituras, ni mayonesa ni productos lácteos no «cura» el acné; simplemente no causa acné, por lo tanto el cuerpo vuelve a su estado normal y el acné desaparece.*

Todos los síntomas transmiten un mensaje acerca del estado interior de nuestro organismo. Ellos son el único método potente de comunicación entre el cuerpo y la conciencia despierta, la cual normalmente está enfocada hacia el mundo exterior. En realidad, vienen a ser más o menos como las luces rojas que se encienden en el tablero cuando al coche le queda poca gasolina o aceite. Los primeros síntomas, a cuyo mensaje no se presta atención finalmente, dan paso a otros más fuertes; si seguimos sin entender lo que el cuerpo trata de decirnos, vendrá de seguro algún problema grave.

Si sólo se elimina el síntoma y no se encuentra ni se atiende su causa subyacente más profunda, eso se puede comparar a dar un martillazo al tablero en lugar de poner la gasolina o el aceite que necesita el motor. Es posible hacer ambas cosas: eliminar el síntoma, o el lugar donde aparece el síntoma (como en el caso de amigdalitis) y corregir su causa (la dieta inadecuada). Pero eso es como dar el martillazo al tablero y después poner la gasolina o el aceite. El coche funcionará bien, pero la comunicación futura entre el coche y el conductor quedará dañada: ¿cómo va a comunicar el coche su necesidad de gasolina o aceite la próxima vez?

Los síntomas siempre son un cambio en el funcionamiento y finalmente en la estructura del cuerpo. ¿Qué significa ese cambio? El cambio puede formar parte del movimiento de elementos a través del organismo; puede formar parte de la estructuración del organismo, y puede formar parte del desmoronamiento del organismo.[3] Los síntomas entonces podrían clasificarse en dos categorías opuestas

---

* El médico británico Thomas McKeown escribió: «Se da por sentado que estamos enfermos y nos ponemos bien, pero está más cerca de la verdad decir que estamos bien y nos ponemos enfermos».[2]

pero complementarias, según indiquen un movimiento hacia la curación (estructu-ración) o un alejamiento de ella: a) síntomas de la modalidad integradora, y b) sín-tomas de la modalidad desmoronadora.

Como ocurre con todas las clasificaciones de fenómenos observados, esta cla-sificación es un tanto arbitraria, porque todas las actividades del cuerpo están esencialmente destinadas a mantenerlo en funcionamiento. Es cuando el sínto-ma opone al cuerpo contra sí mismo que se apresura el desmoronamiento. Por ejemplo, en la formación de un quiste, podemos suponer que el sistema inmuni-tario aparta y aísla desechos celulares no eliminados o células inútiles. Pero si el tumor comienza a crecer excesivamente, obstruyendo los vasos sanguíneos y ha-ciendo presión sobre los nervios, ya no es útil; se ha transformado en perjudicial para el funcionamiento del organismo.

La modalidad integradora es aquella en la cual el cuerpo actúa inconsciente-mente la mayor parte del tiempo. Paradójicamente, la conciencia puede obstruir su funcionamiento normal al tratar de «mejorar» las cosas, mediante la interven-ción mecánica o química. Estas intervenciones (cirugía, fármacos) suelen parecer perfectamente racionales y apropiadas. Pero acaban por tener efectos secundarios desvastadores, porque se fundamentan en el concepto de que sin la intervención las cosas van a empeorar. Esto ocurre muy rara vez. Lewis Thomas escribió: «El gran secreto, conocido por los médicos internistas pero que aún se oculta al gran público, es que la mayoría de las cosas mejoran solas. La mayoría de las cosas, en realidad, están mejor a la mañana siguiente».[4] Cuando no reconocemos ni cola-boramos con la capacidad autoorganizadora innata a nuestro cuerpo, con nues-tro sistema inmunitario, nuestras técnicas curativas más elegantes invariablemen-te son contraproducentes.

Propongo una clasificación de los síntomas según el grado o fase de la enfer-medad que representan. En parte se basa en la obra de diversos terapeutas na-turales, especialmente la de Michio Kushi,[5] y en parte también en mis propias observaciones. No es mi intención presentarla como una categorización definiti-va de las fases de la enfermedad, sino más bien como otro aspecto del modelo mental del organismo humano, un modelo práctico fácil de usar para las personas legas en la materia, y verdadera solamente en tanto en cuanto sea útil para ha-cer evaluaciones y predicciones acertadas.

Esta clasificación me ha sido de utilidad para determinar los trastornos que se pueden atender con alimentos y remedios caseros, y los que precisan la asisten-cia de profesionales de la salud. Los síntomas, entonces, se pueden considerar los siguientes:

1. *De ajuste:* Síntomas sin gravedad, como las fiebres y los dolores de cabe-za, que pueden desaparecer fácilmente sin tratamiento o con remedios na-turales sencillos; son los esfuerzos del organismo por mantenerse en equi-librio homeostático.

2. *De eliminación:* Éstos son los intentos del organismo de liberarse de materia inútil o nociva a través de conductos distintos de los normales. Aquí entran los estornudos, la tos, las erupciones de la piel y eliminación de mucosidades. La mayoría de estos síntomas deberían tratarse con dieta y remedios caseros naturales.

3. *De acumulación:* Ésta es la fase siguiente, cuando se suprime la eliminación o ésta no es adecuada. Aquí entran los quistes, los tumores benignos, el exceso de peso, los depósitos grasos, los cálculos. De aquí en adelante, es posible que se requiera atención profesional.

4. *Mal funcionamiento:* Cuando hay obstrucción por acumulación, o el sistema eléctrico (energético) del cuerpo va mal, los órganos y el sistema inmunitario trabajan menos y con menos eficiencia, como ocurre en la diabetes, la apendicitis, primera fase del cáncer, ataque al corazón o fibrilación, hepatitis, insuficiencia renal.

5. *De cambio estructural:* Finalmente cambia la forma misma de los órganos o de otras estructuras corporales, a veces de manera irreversible. Aquí entrarían la artritis, la cirrosis, las cataratas, ensanchamiento del corazón, apendicitis perforativa, fases avanzadas de cáncer, arteriosclerosis avanzadas.

Es conveniente que tengamos presentes estas cinco fases, sobre todo para definir los límites de este libro. En los capítulos siguientes vamos a analizar de qué manera puede el alimento favorecer o colaborar en la curación de problemas no graves, de ajuste y de eliminación o descarga. Respaldada por veinte años de experiencia, estoy convencida de que si a estos desequilibrios en fase inicial se les permite o se les ayuda a curar de manera natural y suave, en lugar de atacarlos y suprimirlos mediante medicamentos químicos, no hay ninguna necesidad de que el cuerpo avance a problemas más graves. En resumen, la prevención de la enfermedad está en la dieta sana y en el tratamiento natural (sin fármacos) de los desequilibrios menores de la salud.

12. El alimento en cuanto medicina

Las enfermedades del cuerpo han dado origen a tantas variedades de medicinas como tribus, razas y sociedades han existido. Se han empleado para uso medicinal todo tipo de sustancias encontradas en la región: cortezas, hojas, raíces, insectos, partes de animales, e incluso materia mineral. Se ha practicado la medicina de tipo físico, como en la extracción de sangre, o de tipo espiritual, como en los ritos para expulsar los espíritus malignos. Y todas las medicinas, en una u otra época, por uno u otro motivo, han sido, o han dado la impresión de ser, efectivas de alguna manera. Si esto se ha debido a la presencia de un verdadero sanador, al remedio correcto o a la credulidad del enfermo, no importa probablemente. Lo que sí importa es que existen muchas medicinas, y que las técnicas médicas modernas occidentales constituyen una de ellas, no necesariamente la definitiva ni la mejor, pero hoy en día tal vez la más convincente e influyente,[1] al mismo tiempo que la más cara.

¿Puede ser medicina el alimento?

Como hemos visto en este libro, si es el adecuado, el alimento puede sanar continuamente nuestro cuerpo, reequilibrándolo cuando se ha desviado ligeramente del centro. Es, por lo tanto, una sustancia «curativa». ¿Pero es una «medicina» o remedio, en sentido estricto? Normalmente pensamos que las medicinas o remedios son sustancias raras o poco comunes, difíciles de obtener, o preparadas de manera especial por los expertos, que nos van a curar la enfermedad y eliminar el dolor. Del alimento pensamos que es algo que nos nutre, nos agrada y nos mantiene vivos. Pero a lo largo de toda la historia, los buenos médicos y sanadores han sabido siempre que así como el alimento construye continuamente nuestro cuerpo, así también puede alterarlo.*

---

* El doctor Henry Bieler escribió: «Dado que el cuerpo es más o menos el producto de lo que come, alterar la química corporal mediante la dieta no sólo es factible sino muy aconsejable durante la enfermedad».[2]

Éste no es un concepto nuevo. Hipócrates enseñaba, en una máxima repetida con frecuencia, que el alimento debería ser nuestra medicina y la medicina ser nuestro alimento. En los sistemas médicos más tradicionales de la tierra (excepto el nuestro) el alimento tiene un papel esencial; los alimentos corrientes suelen emplearse con fines medicinales.

Si bien hemos de admitir que el alimento no es la panacea última, hay en él un poder que en nuestra cultura hemos comenzado apenas a vislumbrar; el alimento es, de maneras no del todo claras, «medicina poderosa». No olvidemos que, según el Antiguo Testamento, el conocimiento del bien y del mal, así como la posibilidad de la inmortalidad, estaban condicionados ambos al hecho de comer algo, en ese caso la fruta de un árbol. Me ha venido a la cabeza una anécdota bastante divertida para ilustrar este concepto del poder del alimento.

En 1978 volví a Argentina, de visita, después de más de 16 años de haberme marchado de allí. Mis amigas y amigos de mi época de colegio sabían de mi trabajo en alimentación y tenían curiosidad. «¿Qué enseñas?», me preguntaban. De manera que me ofrecí a prepararles una comida y explicarles algunas cosas. La oferta fue aceptada con gran entusiasmo y a los pocos días me encontré preparando una cena para doce personas. Preparé una comida ligera y abundante: crema de zanahorias, arroz integral, calabaza verde salteada con hierbas, ensalada aliñada con limón y aceite de oliva, pescado asado a la parrilla, pan casero con mantequilla casera; de postre, manzanas al horno con pasas y canela.[3] Nada terriblemente raro, pensé, pero sí un cambio total respecto a la comida habitual de los argentinos, bistec o filetes de ternera empanados con patatas fritas, ensaladas bañadas en mayonesa y queso o natillas para postre.

Antes de la cena mis amigos me preguntaron si podían beber un poco de vino en la comida. Claro, dije yo encogiéndome de hombros, si están acostumbrados, ¿por qué no? De manera pues que durante la cena los hombres se bebieron sus habituales ocho botellas de borgoña y, ante la gran sorpresa de todos, cogieron una borrachera de miedo. Como ésta era una reacción totalmente inesperada, no se dieron cuenta de su estado hasta el día siguiente, cuando comprobaron cómo había terminado todo: uno de ellos acabó con un estrafalario corte de pelo hecho por otro; otro tuvo un accidente de coche (sin daños importantes); una pareja se quedó dormida por la mañana, con la consiguiente llegada tarde al trabajo y los niños ausentes de la escuela, y en fin, varios otros contratiempos y complicaciones. En resumen, una experiencia inolvidable... que todavía deben de estar comentando.

¿Qué había ocurrido? Por lo visto, sus comidas normales, ricas en grasas y proteínas se equilibraban con el vino que las acompañaba, de manera que nunca había el peligro de emborracharse. De hecho, el vino (expansivo) probablemente hacía más fáciles de asimilar esas comidas pesadas y contractivas. Pero la comida ligera (poca grasa, poca proteína), rica en hidratos de carbono complejos que yo preparé, les alteró totalmente la reacción fisiológica al alcohol, con el resultado de que lo que era una cantidad normal de vino se convirtió en un exceso y los emborrachó.

Esta experiencia aumentó enormemente mi respeto por la capacidad que tienen los alimentos de cambiar muy rápidamente el metabolismo. Una sola comida, y tal vez un solo bocado, pueden tener un efecto acusado. Tal como creían tradicionalmente los indios americanos, en muchas situaciones el alimento es, efectivamente, algo que puede «controlar la naturaleza», hacernos fuertes o débiles, darnos o quitarnos «poder» (la capacidad de afectar y de ser afectados), causa y remedio de muchas de nuestras enfermedades; una potente medicina, por lo tanto.

La ley de los remedios

Es importante tener presente que cualquier remedio, sea fármaco, hierba o alimento, puede, efectivamente, *causar* un trastorno y *curarlo*. Éste es en realidad uno de los principios fundamentales del sistema de curación natural llamado homeopatía, según la cual, la sustancia que causa un determinado síntoma lo curará si se consume en cantidades más pequeñas.[4]

Un caso que me ocurrió a mí ilustra con mucha claridad este principio. Cuando mi hija mayor tenía nueve años, un día, así de pronto, empezó a tener accesos de tos. No había mucosidades, ni frío ni enfermedad ni ninguna otra cosa que acompañara la tos; era simplemente una tos misteriosa. Como durante todo el mes no había tomado ni productos lácteos ni helados, que suelen ser los culpables, yo no lograba imaginar de dónde podía haber salido. Entonces recordé que hacía tres días había venido a vernos una amiga que acababa de llegar de Europa y nos trajo palitos de regaliz puro sin endulzar, de Holanda. A mí nunca me ha gustado el regaliz, de manera que no lo probé, pero a mi hija le encantaba, de modo que en un santiamén los acabó todos. Movida por una corazonada, busqué lo relativo al regaliz en un libro de herbolaria.[5] Allí descubrí que uno de los trastornos que contribuye a curar es el asma, la cual implica tos. Por lo tanto, especulé, como mi hija no tenía ni tos ni asma que necesitaran ser curadas, el remedio, tomado en grandes dosis, había invertido su cualidad y había causado el mismo trastorno que normalmente cura. Me pareció que si era eso lo que había ocurrido, en uno o dos días ya se habría eliminado de su cuerpo, sin otros cuidados. Y efectivamente, pasados un par de días ya no quedaba ni rastro de tos.

Basándome en ésta y otras experiencias, he formulado la siguiente Ley de los Remedios. Creo que vale igualmente para cualesquiera remedios que se estén usando, sean productos farmacológicos, suplementos vitamínicos y minerales naturales o sintéticos, remedios homeopáticos, hierbas o cualquier alimento que se emplee con fines medicinales:

1. Cualquier sustancia (fármaco, suplemento o hierba) que cure un síntoma, producirá el mismo síntoma: a) administrada en diferente dosis, sea mayor o menor, y b) si se administra en ausencia del síntoma. (Los tranquilizantes pueden producir ansiedad; la digital, empleada en el tratamiento de las arritmias, puede provocar arritmias cardiacas.)
2. Un remedio que ha curado un síntoma ha de dejarse de tomar una vez desaparecido el síntoma.
3. Los síntomas causados por el exceso de un remedio o medicina ya no pueden curarse con el mismo remedio, aun cuando éste lo haya curado la primera vez. Es obligado interrumpir el tratamiento con ese remedio; en muchos casos, un antídoto o sencillamente el paso del tiempo, restablecerá finalmente el equilibrio. Esta técnica reducirá al mínimo la resistencia a los remedios que se genera.

Los alimentos, hierbas y otras sustancias naturales suelen ser remedios muy potentes. Son también muy abundantes en número. Por lo tanto, los sistemas de curación que se basan en ellos son tan complejos y sofisticados como los de la medicina moderna. Cualquier orientación detallada hacia estos sistemas curativos queda fuera del objetivo de este libro; lo que me he propuesto es exponer aquí cómo podemos emplear los alimentos para sanarnos de manera continua, cotidiana, mediante las formas naturales más sencillas a nuestro alcance. He descubierto un buen número de remedios-alimentos fáciles de preparar, como por ejemplo un plato de avena que puede contribuir a devolvernos el equilibrio si nos hemos inclinado en exceso en uno u otro sentido. Los alimentos, por lo tanto, nos son muy útiles para arreglárnoslas con la salud a nivel cotidiano. Tenga en cuenta, por favor, que si usted padece de algún problema crónico, molesto, será mejor que consulte a un terapeuta profesional que entienda sus necesidades.

Remedios caseros

A lo largo de la historia, cada familia ha contado con sus propios remedios para diversos problemas y achaques sin gravedad; éstos se han ido transmitiendo de generación en generación. Generalmente esos remedios reflejaban el sistema curativo aceptado en cada sociedad en particular.

En nuestra sociedad tenemos una mezcla de muchas tradiciones. Yo personalmente soy una mezcla: europea por nacimiento y ascendencia, sudamericana por educación y crianza, estadounidense por elección, oriental por estudios. Los remedios que empleo en casa para pequeños trastornos de la salud son asimismo una mezcla de estas tradiciones: algunos son de la escuela europea de la salud natural; otros son del sistema macrobiótico oriental; otros cuantos provienen del movimiento de «los alimentos sanos»; y mi infusión digestiva favorita es una mezcla argentina llamada Cachamai.

Respecto a los remedios que enumero a continuación, los he usado durante 15 a 20 años o incluso más, y los he encontrado eficaces en muchas situaciones diferentes. No quiero decir con ello que éstos sean los únicos remedios que vale la pena emplear; sólo que éstos son los que yo entiendo mejor y con los que he trabajado con más constancia. Además, soy partidaria de simplificar la vida, que ya es lo suficientemente complicada, de manera que uso pocos y lo más sencillos posible, para evitar confusión. Espero y deseo que cada lector o lectora añada y quite en esta lista para que acabe con un botiquín de remedios caseros muy personales e individualizados, adecuados a su propia situación. En los siguientes apartados de este capítulo encontrará información sobre cómo se pueden usar estos remedios para equilibrar diversos trastornos de desequilibrio. Tenga en cuenta, por favor, que los remedios naturales de cualquier tipo pueden tener *menos efecto o ninguno si además se están tomando fármacos.*

En primer lugar, una lista de abreviaturas o códigos para categorizar los remedios. Al fin y al cabo vamos a considerar los diferentes trastornos y la forma en que se pueden usar estos remedios para contrapesarlos.

ABREVIATURAS O CÓDIGOS

E:	expansivo(s)	**d-C:**	de construcción
C:	contractivo(s)	**d-D:**	de descomposición
Ac:	acidificante(s)		o desintegración
Alc:	alcalinizante(s)	**+ :**	más
Ca:	caloríficos(s)	**− :**	menos
R:	refrescante(s)	**± :**	más o menos

Zumos de fruta (E/Alc/R/d-D), sobre todo los de manzana y albaricoque; de uva, de pomelo, y también se puede emplear el zumo de naranja fresco, de acuerdo al gusto.

Zumos de verdura (E/Alc/R/d-D), por ejemplo de zanahorias, apio, hojas verdes, sean solos o mezclados.

Infusión de limón (E/Alc/Ca/d-D): Corte un limón por la mitad, exprima una de las mitades y ponga el zumo en una taza. Corte en trozos la cáscara de la mitad exprimida y póngala a hervir a fuego lento en 1 taza y 1/4 de agua durante 8 a 10 minutos. Cuélelo sobre la taza con el zumo. Si queda demasiado ácido o amargo, añádale una cucharada de jarabe de arce o de malta de cebada.

Infusión de jengibre (± C/Alc/Ca/d-D): En 1 taza de agua ponga a hervir 4 o 5 rodajas de jengibre fresco, a fuego lento y tapado, durante 10 a 15 minutos.

Infusión de menta con limón (E/Alc/Ca/d-D), en algunos casos con 1/2 cucharadita de miel.

Tisana Cinco Fases (E/Alc/Ca/d-D): Mezcle 1 taza de infusión de limón con 1 cucharada de jarabe de arce o al gusto. Añada un pizca de cayena o 5 gotas de Tabasco (efecto refrescante) o 1/2 cucharadita de jengibre fresco rallado (efecto calorífico). Revuélvala bien y bébala caliente.

Sopa vegetariana de «pollo» (C/Alc/Ca/d-D): Ingredientes: 6 tazas de agua, 1 zanahoria, 1 puerro, 1 calabacín, 1 apio (de ensalada), 1 puñado de judías verdes, 1 hoja de laurel. Lave y corte las verduras y hiérvalas a fuego lento y tapadas durante 30 minutos. Quite la hoja de laurel. Tome la sopa con las verduras o sólo beba el caldo. (Advertencia: no lleva sal esta sopa).

Sopa de miso (C/Alc/Ca/d-D): El miso es una pasta hecha con soja fermentada, sal marina y, a veces, con un cereal, como arroz o cebada; en la cocina japonesa se usa para condimentar sopas y salsas. Es un excelente alcalinizante y tiene generalmente un efecto contractivo. La sopa de miso debe prepararse con miso sin pasteurizar con arroz o cebada, de preferencia hecho en el país o japonés de buena calidad (se vende a granel en las tiendas de alimentos naturales y macrobióticos). La manera más sencilla de prepararla es disolver de 1/2 a 1/3 de cucharadita de miso en 1 taza de agua caliente. En los viajes se puede llevar un pote pequeño de miso para beber en lugar del café de la mañana. Una sopa de miso más sabrosa y con más minerales se puede preparar poniendo en el agua media hoja de alga nori desmenuzada e hirviéndola a fuego lento durante 4 a 5 minutos, con unos cuantos cubitos de tofu, tal vez; el miso se echa al final, aderezando con un poco de cebolleta picada. No he encontrado nada mejor para contrarrestar un atracón de azúcar o el sabor agrio que queda en la boca después de un exceso de productos farináceos, repostería al horno, dulces y cereales.

Rábano rallado (± C/Alc/R/d-D): Ralle finamente daikon, rábano de piel negra o de piel blanca (carámbano) y añádale unas pocas gotas de salsa de soja natural (tamari shoyu).

Jengibre recién rallado (± C/Alc/Ca/d-D): El rábano picante es de naturaleza algo similar.

Ajo (± C/Alc/R/d-D): Empléelo fresco.

Gomasio (C/Alc/R/d-D): También llamado sal de sésamo o sésamo con sal. Receta: En el mortero triture a medio moler una taza de semillas de sésamo (ajonjolí) tostadas, de preferencia del tipo japonés, llamado suribachi, que tiene surcos. Añádale 2 cucharaditas de sal y continúe moliendo hasta que se mezclen bien sal y semillas. (Proporción de semillas a sal, 20:1).

Ciruelas umeboshi, o pasta umebochi (C/Alc/± R/d-D): También llamadas ciruelas en salmuera, se encuentran en las tiendas de alimentación japonesas y de productos dietéticos. Las ciruelas se conservan en sal durante alrededor de dos meses, a veces con hojas siso (filamentos del hongo *Fistulina hepatica*), que les dan un color muy vivo. Tienen un sabor salobre agrio. Asegúrese de que no hayan sido adulteradas, fijándose en los ingredientes: solamente ha de haber ciruelas, agua y sal, y tal vez hojas siso. Las ciruelas enteras llevan el hueso, que a muchas personas les agrada chupar como si fueran caramelos. La pasta preparada con estas ciruelas es en cierto sentido más práctica, porque es más fácil medir la dosis, que generalmente se consigue metiendo en el pote un palillo o la punta del dedo meñique; de ahí que encontrará sugerencias de «una o dos chupaditas» de pasta de ciruelas umeboshi. (También se encuentra el concentrado de *ume*, que se emplea, con agua caliente, como bebida alcalinizante, y el *vinagre umeboshi*, delicioso con cereales, sobre todo maíz, y para aliñar ensaladas.)

Kuzu (C/Alc/Ca/± d-D): Ésta es una fécula obtenida de la raíz del kudzu, planta que crece silvestre como plaga en América del Sur. La única fécula de kuzu que se puede encontrar en Estados Unidos es importada de Japón, se vende en las tiendas de alimentos dietéticos con el nombre de arrurruz de kuzu. El buen kuzu es un poco caro. Si usted encuentra uno muy barato que no sea grumoso, probablemente ha sido adulterado.

El kuzu se asemeja al arrurruz o a la maicena en que ha de disolverse en agua o líquido frío, es necesario remover la mezcla mientras se calienta y se espesa al comenzar a hervir. Tiene un efecto alcalinizante. Una cucharada de kuzu espesa una taza de líquido a la consistencia de la salsa de verduras china; con 2 cucharadas y 1/2 de kuzu en 1 taza de líquido se prepara un pudin que cuando se enfría tiene la consistencia del tofu blando. Como remedio, el kuzu se puede emplear de dos maneras: el shoyu kuzu (salado, no muy espeso, como una sopa espesa) y zumo de manzanas kuzu (espeso y dulce como un pudin).

El *shoyu kuzu* se puede preparar de tres maneras:

1. Shoyu kuzu solo: Disuelva 1 cucharada de kuzu en 1 taza de agua fría, llévelo a ebullición removiéndolo hasta que espese. Añada 1 cucharada de salsa de soja natural (tamari shoyu) o a gusto, hasta que quede delicioso.

2. Shoyu kuzu con umeboshi: A la mezcla de kuzu y agua anterior añádale 1 ciruela umeboshi molida o ± 1 cucharadita de pasta de ciruelas umeboshi, y deje hervir a fuego suave la mezcla 2 minutos más. Añada menos cantidad de salsa de soja que al shoyu kuzu, puesto que las ciruelas ya son saladas.

3. Shoyu kuzu con umeboshi y jengibre: A la receta anterior, número 2, añádale al comienzo de 1/2 a 1 cucharadita de jengibre recién rallado.

Zumo de manzanas kuzu: En una taza de zumo de manzanas disuelva 2 cucharaditas de kuzu y ± 1 cucharadita de extracto de vainilla (optativa). Hiérvalo hasta que espese sin dejar de remover. Espolvoréele 1 cucharadita de tahini (pasta de semilla de sésamo o ajonjolí). Sírvaselo frío o caliente. (Esto sabe a postre pero es un remedio.)

Agua de cebada (C/Ac/Ca/d-C): Cocer 2 cucharaditas de cebada en 2 tazas de agua, tapado, durante 1 hora aproximadamente. Mezclar.

Arroz blando (C/Ac/Ca/d-C): Cocer 1 taza de arroz integral lavado en 4 tazas de agua durante 2 horas, removiendo a menudo. También se puede preparar volviendo a hervir arroz ya cocido en la misma cantidad de agua a fuego muy suave, removiendo a menudo, hasta que quede cremoso.

Crema de arroz tostado (C/Ac/Ca/d-C), o una mezcla mitad y mitad de arroz y mijo. Lave una taza del cereal. Espárzalo en una fuente para hornear y póngalo al horno a 180 °C, removiendo una o dos veces, hasta que adquiera un color ligeramente amarronado y un olor fragante (entre 15 y 20 minutos). Muélalo en un molinillo de café. Disuelva el polvo obtenido en agua (1 taza de cereal molido para 2 tazas de agua), llévelo a hervor sin dejar de remover, después cubra el cazo y deje cocer la crema entre 35 y 40 minutos a fuego muy suave, removiendo con frecuencia. Queda deliciosa (y más alcalinizante) con unas gotas de salsa de soja natural, con vinagre umeboshi o con un poco de gomasio. Para darle un sabor fuerte y un buen efecto alcalinizante, la crema de arroz se puede preparar mezclándola, durante la cocción, con ciruelas umeboshi enteras; entonces ya no se necesita ningún otro condimento.

Todos estos remedios tienen un sabor característico. La ventaja de usar alimentos como remedios es que nos podemos guiar por el sabor: es muy seguro vivir el concepto de que si un remedio-alimento nos sabe bien nos conviene, y viceversa. El kuzu, en sus diversas formas, es un ejemplo especialmente bueno de esta premisa. La preparación que le apetece en un momento determinado deberá ser la que se sirva en ese momento (y puede variar y variará); aquella que le resulta difícil de tragar no le hará ningún bien. El cuerpo sabe lo que necesita; no es conveniente que se obligue a tragar ningún remedio-alimento que no le guste.

REMEDIOS DE USO EXTERNO

He descubierto que los remedios-alimento se complementan muy bien con los tratamientos externos con agua. El agua es probablemente el más antiguo de los instrumentos curativos; siempre asequible, ya sea de arroyo, del mar, de lluvia o incluso de la lengua. Se puede utilizar:

- Como hielo
- Fría
- Tibia
- Caliente
- Como vapor

en forma:

- Sólida
- De compresas
- De baños
- De aerosoles
- De vapores

Un estudio comprehensivo de la hidroterapia escapa al propósito y alcance de este libro. Hay varios libros excelentes sobre el tema que se publican periódicamente y después se quitan de catálogo porque el público estadounidense, a diferencia del europeo, no está familiarizado con esta fácil y muy efectiva forma de curación natural.[6] Sin embargo hay varios tratamientos sencillos que yo he utilizado con gran éxito para diversos trastornos, sobre todo para fiebres y dolor de oídos; encontrará los detalles en la sección dedicada a cada trastorno.

Sobre los aspectos generales, por favor tenga en cuenta lo siguiente:

- El agua fría, en aplicaciones breves, baja la fiebre, alivia el dolor y tonifica el organismo. En forma de compresa (un paño mojado en agua, escurrido y doblado) colocada sobre el abdomen o sobre un músculo torcido, cubierta por toallas secas, el agua fría reanima y activa la circulación; por lo tanto activa el metabolismo y la eliminación de desechos. Las aplicaciones largas de agua son deprimentes y pueden enfriar el cuerpo. Un baño de pies en agua fría puede aliviar la congestion de la parte superior del cuerpo, ya que la sangre se precipita hacia abajo a calentar los pies.
- El agua caliente, en baños o en forma de compresas, relaja los músculos y combate la tensión. Tambien aumenta la sudoración y la circulación super-

ficial, aliviando, por lo tanto, la congestión en lo profundo del cuerpo. La reacción final al agua caliente será refrescante, cuando se evapora el sudor; si no se lleva cuidado, una aplicación prolongada de agua caliente puede debilitar y enfriar el cuerpo. Por este motivo, conviene acabar cada ducha de agua caliente con unos segundo de agua fría, para producir en el cuerpo una reacción de calor.

ADVERTENCIA: Nunca se ha de usar agua caliente sobre:

● Heridas o lesiones abiertas
● Inflamaciones en la superficie de la piel
● Esguinces, torceduras ni huesos quebrados.

Podría empeorarse muchísimo el problema.

El ayuno

En ninguna otra cosa es tal vez más evidente el poder de los alimentos como en la abstinencia de comer. Por el ayuno de un hombre han evolucionado religiones enteras, caído imperios, acabado guerras. No es necesario buscar muy lejos para recordar a Jesús, Mahoma, Buda, Gandhi.

«Oración y ayuno» es el camino clásico hacia la comprensión e iluminación seguido por los maestros espirituales de Oriente y Occidente. El judaísmo, el cristianismo y el islamismo observan días de ayuno; las religiones griegas de misterio, el jainismo, el budismo, las culturas indias de América del Norte y del Sur, los chamanes siberianos, y prácticamente todas las culturas tradicionales usan el ayuno por motivos religiosos, espirituales y de salud.

Además, no comer es probablemente la técnica de curación relacionada con el alimento más antigua y más universal. Rutinariamente los animales dejan de comer si no se sienten bien. Y desde los albores de la historia, así como desde la más tierna infancia, los seres humanos también han ayunado cuando les golpea la enfermedad.

Esta práctica de ayunar reconoce tácitamente el hecho de que el nuestro es un organismo que se autocura. La curación se realiza de forma natural, «si se la permite»; el alimento no adecuado o excesivo sencillamente desbarata los procesos naturales de curación en marcha. Obligar a una persona enferma a comer «para que conserve su energía no tiene en cuenta el hecho de que la digestión también gasta energía: la energía disponible se usa mejor para sanar el problema que para la digestión. Además, como al parecer el ayuno libera una hormona que estimula el sistema inmunitario, contribuiría a acelerar la recuperación de fiebres e infecciones. No comer, entonces, es tan importante como comer. Porque así como el cuerpo necesita sus horas de sueño y de vigilia, de movimiento y descanso, así también alternamos entre comer y no comer. Demasiado de uno de los dos y perdemos el equilibrio.

Es importante distinguir entre ayuno e inanición. El ayuno es algo totalmente voluntario, una elección individual; tiene un comienzo, un fin y un objetivo claro, sea éste la curación, una consecución política o una visión espiritual. La inanición, por su parte, es involuntaria; no supone libertad de opción, sino que ocurre a consecuencia de circunstancias externas, como la guerra, la sequía, la pérdida de las cosechas, la pobreza. Significa no tener lo suficiente para comer durante mucho tiempo y produce un debilitamiento y desgaste que consume el cuerpo. Hoy en día hay también en nuestra sociedad personas que se dejan morir de hambre voluntariamente porque piensan o bien que están «muy gordas» y necesitan hacer «régimen» o que están siguiendo una «dieta verdaderamente sana»; una fuerte voluntad, la ideología y el temor, las mantiene por una senda estrecha, sin reconocer su verdadera hambre, pensando que sus instintos más profundos están de alguna manera «equivocados» o son «malos». Esta rigidez sólo aporta desdicha y dolor y no tiene nada que ver con usar el alimento como un instrumento de curación.

¿Cómo ayunar?

Hay diversas maneras de ayunar. Un ayuno puede durar desde cuatro horas a muchos días; la reducción del alimento puede estar en la cantidad y/o en la clase de alimento que se consume. En todos los casos, sin embargo, ha de ser abundante el consumo de líquidos, de otra manera se producirá rápidamente deshidratación y debilidad.

Podemos ayunar:

A. Diariamente
B. Hasta media tarde
C. Uno o más días
D. Una o más semanas

Podemos seguir:

1. Un ayuno de agua
2. Un ayuno de zumos y caldo
3. Una monodieta

Veamos una a una estas posibilidades.

a. La manera más sensata y natural de ayunar es una vez al día.[7] Idealmente, esto significa abstenerse de alimento durante 10 a 14 horas, o desde alrededor de las 6 de la tarde hasta las 8 de la mañana siguiente, con una o dos horas de más o de menos. Esta práctica concede al cuerpo el tiempo suficiente para limpiarse de los productos de desecho metabólico a la vez que favorece la liberación de las hormonas estimulantes del sistema inmunitario, las cuales son liberadas por el ayuno y el sueño. Si se practica regularmente este tipo de ayuno no se producirá en el cuerpo acumulación de residuos metabólicos ni acumulación del trabajo de eliminarlos, se reducirán las posibilidades de enfermedades graves y se harán innecesarios ayunos más prolongados.

b. Cuando hay una pequeña acumulación, como cuando uno siente una sensación de plenitud en el estómago o está hinchado y ha comido en exceso, unos pocos días de «ayuno hasta media tarde» serán suficientes para limpiar el organismo. Esto significa abstenerse de todo alimento sólido hasta las 3 de la tarde, servirse entonces una ligera colación de fruta, ensalada o pan o galletas de cereal integral, y alrededor de las 6 de la tarde hacer una comida vegetariana completa y bien equilibrada. Entre esa cena y las 3 de la tarde del día siguiente, sólo se ha de tomar infusiones, agua o zumos. Este tipo de ayuno es excelente cuando se ha de continuar con el trabajo y las actividades cotidianas normales. Las personas cuyo metabolismo es lento, pero limpio y eficiente, pueden seguir bien este programa de comidas durante períodos prolongados con excelentes resultados.

c. Un ayuno o monodieta de uno a diez días, ya sea absteniéndose de alimento o comiendo un solo tipo de alimento, pueden seguirlo sin riesgos muchas personas que se sienten ligeramente desequilibradas. Se lo ha llamado ayuno profiláctico (que previene la enfermedad).[8] Es más efectivo cuando se sigue animado por un profundo impulso o deseo interior. Sin embargo, es preciso tener en cuenta que cualquier persona que padezca alguna enfermedad cardíaca o diabetes deberá consultar con un médico antes de embarcarse en cualquier tipo de ayuno, sobre todo si está tomando medicación prescrita. No es aconsejable ayunar, ni siquiera durante cortos períodos, cuando se está tomando cualquier tipo de medicación, ni cuando se está embarazada o amamantando. Es recomendable interrumpir la toma de suplementos vitamínicos o de otro tipo durante un ayuno, ya que el cuerpo no puede utilizar adecuadamente los suplementos a no ser que también se coma alimento.* Los medicamentos plantean un problema, porque el ayuno produce una supersensibilidad en el cuerpo, por lo que los efectos secundarios pueden ser muy pronunciados. Se desaconseja ayunar duran-

---

* Paavo Airola, partidario incondicional de los suplementos, recomendaba encarecidamente interrumpir su toma durante un ayuno.[9]

te el embarazo y la lactancia porque también disminuirá la provisión de energía para el bebé. (Yo probé a ayunar uno o dos días en diferentes ocasiones cuando estaba amamantando a mis hijas, para reparar un resfriado o alguna imprudencia en la comida; en seguida las nenas protestaron, aun cuando a mí no me pareció que hubiera disminuido la cantidad de leche. Era como si la misma cantidad de leche no les proporcionara el sustento habitual. Me imagino que la densidad de los elementos nutritivos tiene que haber disminuido.)

d. Cualquier ayuno terapéutico que dure más de diez días, con el fin de perder peso o de superar una enfermedad crónica, ha de seguirse bajo la supervisión de un experto. Un ayuno prolongado puede precipitar una intensa crisis de curación, más o menos a los quince días de comenzado, la cual hace muy recomendable tener cerca a alguien con experiencia que comprenda el proceso. También es aconsejable realizar este tipo de ayuno lejos de las obligaciones y trabajo cotidianos, en un ambiente propicio y relajante, un lugar en la naturaleza, rodeado de árboles y de verdor, y con mucha luz del sol. Como no habrá energía procedente de los alimentos, toda la energía que necesitará el organismo habrá de proporcionarla el lugar acogedor, la luz y el oxígeno. (Ciertas teorías recientes afirman que «la energía de la luz estructura la materia», y que necesitamos la luz en igual medida que el alimento para construir nuestro cuerpo.)[10] Un ayuno terapéutico es el momento para dirigir la atención hacia el interior, hacia la curación y la reintegración; hacer ejercicio, caminar y tomar el sol intensificarán su efectividad. Un ayuno prolongado sin estas precauciones puede hacer mucho daño. Una buena amiga mía siguió una vez un ayuno a base de zumos durante 28 días a mitad del invierno en Nueva York, continuando con su ajetreada vida y trabajo. Quiso interrumpirlo a los diez días, pero el doctor que la asesoraba la animó a continuarlo. Se sentía congelada hasta los huesos, agotada e incapaz de subir caminando una pendiente; y el ayuno no la sanó de la tos crónica, motivo por el cual lo había emprendido. Según sus cálculos, le llevó dos años deshacer el daño y volver a sentirse bien.

Sea cual fuere la duración del ayuno, éste supone una reducción no sólo de la cantidad sino también de la clase de alimento que se consume. A continuación expongo las variantes posibles de ayunos según la clase de alimento:

1. El ayuno de agua es lo que los puristas consideran el único ayuno «verdadero». Consiste en no tomar nada fuera de agua. Personas que lo han seguido han referido reacciones curativas y también debilidad y cansancio. Un ayuno de agua puede tener sus inconvenientes en nuestra sociedad in-

dustrial. Ya hará unos 20 años que se hizo la observación de que todos llevamos en el cuerpo almacenes de insecticidas, pesticidas, estroncio y otras sustancias tóxicas. Generalmente estas sustancias se almacenan en los lugares donde plantean menos riesgo: en los depósitos de grasa. Un ayuno que deshace estos depósitos de grasa también libera estas sustancias tóxicas dentro del torrente sanguíneo, donde pueden producir enfermedad e incluso quizá la muerte. Se sabe de aves migratorias que han muerto a causa de los insecticidas liberados en su sangre al deshacerse su grasa corporal durante sus largos vuelos.[11] El ayuno de agua, sobre todo si es prolongado, no sólo no neutraliza estos contaminantes liberados en el interior del cuerpo sino que tampoco proporciona minerales necesarios para el continuado funcionamiento nervioso. Por lo tanto, sólo aquellas personas que tienen una constitución fuerte y gran abundancia de reservas pueden seguir sin riesgo un ayuno de agua de más de dos días, aunque deberán hacerlo siempre bajo supervisión profesional.

2. Para evitar el problema de la liberación demasiado rápida de los contaminantes almacenados en el torrene sanguíneo, varios profesionales de la nutrición recomiendan el ayuno de zumos, es decir, beber zumos de frutas y de verduras en lugar de agua. También se puede beber el caldo resultante de la cocción de verduras. Parece ser que al tomar la energía de los elementos nutritivos disueltos, se neutralizan, diluyen o se liberan con más lentitud las sustancias tóxicas de los depósitos de grasa, creando por lo tanto menos problemas.

Un ayuno a base de zumos y caldos es también muy alcalinizante, debido a los minerales presentes en el zumo o el caldo. Contribuye por lo tanto a equilibrar los efectos acidificantes de una dieta que ha sido muy rica en proteínas, harinas y azúcar. Es muy eficaz cuando se combina con el ejercicio y una actividad física enérgica. En algunos balnearios de salud, es obligatorio un enema diario con los ayunos, para ayudar a la limpieza de la materia tóxica que podría permanecer en los intestinos y ser reabsorbida.

El ayuno es de por sí muy contractivo, de modo que la cualidad expansiva de los zumos contribuye bastante bien a equilibrarlo; ésa es una de las razones por las cuales es tan popular este tipo de ayuno para contrarrestar los efectos de un exceso de comida. Sin embargo, en algunos casos, el ayuno a base de zumos (igual como el de agua) puede sobrecargar de trabajo a los riñones, por el exceso de líquido. Una de mis alumnas, que hacía tres días de ayuno de zumos al mes, notó que tenía los riñones sobrecargados porque sentía dolor de espalda, en la zona de los riñones. A sugerencia mía, dejó de ayunar, y por lo tanto de consumir tanto líquido, añadió a su dieta algo de judías azuqui (que tienen un efecto diurético) y un poco de algas, y comenzó a sentirse mucho mejor.

3. Las monodietas consisten en comer sólo una categoría de alimento duran-te un período determinado de tiempo. Al igual que los otros ayunos, su ob-jetivo es dar menos trabajo al metabolismo. Las monodietas son tan varia-das como las personas que las inventaron: entre las más conocidas están la dieta de uvas, la de manzanas y la dieta «número siete» macrobiótica, toda cereales (la cual, por ser la última de una serie de diez variantes, se malin-terpretó durante mucho tiempo, tomándola como el objetivo último de la alimentación macrobiótica «pura»). Según mi experiencia, las monodietas al-calinizantes a base de frutas y verduras, como ocurre en el ayuno de zumos, son útiles en los casos en que hay exceso de proteínas y grasas. Debido a su acidez, el ayuno macrobiótico todo cereales es más efectivo cuando se amortigua con un poco de algas, miso y sal marina (alcalinizantes); ha te-nido excelentes resultados cuando ha sido seguido durante siete a diez días por personas que han dejado el azúcar o las drogas recreativas o sociales. Se ha de considerar ayuno terapéutico y en ningún caso ha de hacerse du-rante más de diez días, ya que puede ser excesivamente acidificante.

¿Cómo sienta?

Una vez comenzado el ayuno, suele haber una pequeña «crisis de curación» el segundo o tercer día: dolor de cabeza, dolor de estómago, lengua sucia, mal alien-to, etcétera. Normalmente estos síntomas desaparecen al cuarto día, junto con las punzadas de hambre. Una vez que se deja de sentir el hambre inicial, se pue-de continuar sin riesgo hasta que se instala la verdadera hambre. La verdadera hambre suele ir acompañada de una sensación de desvalimiento, vacío y fatiga. Su comienzo dependerá de la cantidad de desechos metabólicos acumulados. Se sabe de personas que han ayunado alegremente durante 40 días, mientras que yo, la última vez que ayuné no conseguí pasar de cuatro días. Me imagino que ten-go un metabolismo muy limpio, aunque, por otro lado, probablemente me de-rrumbaría rápidamente durante una hambruna. Irónicamente, algunas personas que sobrevivieron a la inanición en los campos de concentración durante la Se-gunda Guerra Mundial se encontraron con que desaparecieron sus achaques, do-lores y enfermedades durante esa penosa experiencia, sólo para volverles nue-vamente una vez reanudaron su alimentación «normal» pasada la guerra. Varios familiares y amigos de mis padres tuvieron justamente esas experiencias. Uno de los casos fue el de una pianista que había tenido que abandonar su carrera debi-do a un dolor en las manos que padecía desde hacía tiempo. El dolor desapare-ció mientras estuvo prisionera pero le volvió cuando regresó a casa. «Yo sé que algo tiene que ver con lo que como –le comentaba repetidamente a mi madre–, pero no sé qué puede ser lo que está mal en lo que como.»

Romper el ayuno

Es importante romper el ayuno con suavidad, comiendo cantidades pequeñas de alimentos ligeros (sin grasas, pocas proteínas). Tómese el mismo tiempo que duró el ayuno en volver poco a poco a comer normal. Todo el bien conseguido con un ayuno se puede evaporar rápida o excesivamente comiendo tan pronto se acaba. De hecho uno puede enfermar de esa manera. Una amiga mía volvió a comer normal pasados dos días de haber acabado un ayuno de una semana; se puso enferma y tuvo que repetir todo el ayuno nuevamente y salir de él gradualmente. Entonces se sintió bien.

Reglas elementales para un ayuno logrado

1. Ayune cuando está enfermo y no tiene nada de apetito.
2. Ayune solamente cuando de verdad desee hacerlo, no cuando cree que debería.
3. Interrúmpalo cuando comience a sentirse débil y vacío.
4. ¡Ojo con el regreso a lo normal! Vuelva con lentitud a su dieta habitual, tomándose para volver el mismo tiempo que duró el ayuno.
5. Los ayunos de más de diez días habrán de realizarse en un lugar de ambiente natural y soleado, lejos de las actividades laborales normales y bajo vigilancia profesional.
6. En la época de calor, ayune con zumos, fruta y verduras crudas. En época de frío, ayune con caldos, verduras y cereales cocidos.

El ayuno adecuado es una de nuestras mejores herramientas de curación. Aprendamos a usarlo con sabiduría y prudencia.

Trastornos que responden al control de la dieta y a los remedios caseros

Ahora que ya hemos visto los diversos sistemas dietéticos y los remedios naturales, estamos preparados para estudiar tanto los trastornos a los cuales se pueden aplicar como los marcos de tiempo aproximado para el alivio o la desaparición de los síntomas. Estos tiempos dependen de los pormenores particulares de cada caso y ciertamente no tienen validez universal. En conjunto, son generalizaciones amplias basadas en mi observación de casos concretos y en la velocidad de regeneración de los tejidos (capítulo 9).

He aquí, entonces, a continuación, una lista de trastornos concretos, de los remedios más sencillos que, según he visto, contribuyen a reequilibrarlos y del tiempo aproximado que tardan en mejorar.

Dolores de cabeza

El más corriente y a veces el más debilitador de los síntomas de ajuste, el dolor de cabeza invariablemente anuncia un desequilibrio sistémico general. Su frecuencia está testimoniada por los innumerables medicamentos que no precisan receta destinados a eliminarlo, las clínicas especializadas en dolores de cabeza, las citas canceladas, las postergaciones de la actividad sexual. Oímos hablar de dolores de cabeza debidos a la enfermedad, a la tensión, a las resacas, de migrañas.

Según la clínica para dolores de cabeza Bircher-Benner, de Zurich, Suiza, los dolores de cabeza pueden estar causados por sobrecarga metabólica, arteriosclerosis, afecciones cardíacas, problemas hepáticos, gastrointestinales y renales; pero también pueden estar causados por estrechamiento del espacio intercraneal, enfermedades mentales, calor e insolación, congestión de los senos paranasales, enfermedades infecciosas, tuberculosis, esfuerzo de la vista, desviación de las vertebras cervicales, neuralgia, herpes y alergias. En todos los casos el trastorno subyacente ha de sanarse para que el dolor de cabeza desaparezca para siempre.[12]

De acuerdo con la ciencia médica, los dolores de cabeza sólo pueden deberse: a) a dilatación de los vasos sanguíneos de la cabeza, o b) a la tensión o excesivo esfuerzo de los músculos del cuello, cuero cabelludo y cara. Los del primer tipo se llaman dolores de cabeza *vasculares*; los del segundo tipo, dolores de cabeza *de tensión*. A mí me ha resultado muy útil clasificar los sencillos en dolores de cabeza *de expansión* y *de contracción*, con otras categorías secundarias para los dolores de cabeza «hepáticos», de abstinencia de cafeína, y otros.

Los dolores de cabeza *de expansión* suelen ser consecuencia de demasiado:

- Líquido de cualquier tipo, incluidos los zumos.
- Alcohol.
- Helado y otros alimentos fríos y demasiado azucarados.

Los remedios para estos dolores de cabeza deberán hacer efecto en un plazo de 2 a 15 minutos y se encontrarán entre los alimentos contractivos, especialmente los salados:

- Gomasio.
- Ciruelas umeboshi o ciruelas en salmuera.

Los dolores de cabeza *de contracción* suelen ser consecuencia de:

* Tensión, exceso de trabajo.
* Calor.
* Consumo de carnes y alimentos salados (sobre todo con el estómago vacío).
* Falta de alimento y/o de líquidos.
* Excesiva concentración mental o actividad física además de lo anterior.

Los remedios para estos dolores de cabeza deberán hacer efecto en un plazo de cinco minutos a 24 horas y consisten en algo frío y líquido, dulce o agrio, como por ejemplo:

* Zumo de manzana o de albaricoque.
* Puré de manzana o de otra fruta cocida, frío y sin endulzar.

Los dolores de cabeza *hepáticos* son parecidos a los contractivos, pero más intensos, más fuertes y más difíciles de aliviar. También se los llama migrañas. Aparecen dos, cuatro y hasta ocho horas después de haber comido el alimento desequilibrador, motivo por el cual rara vez se ve la relación. Generalmente son la consecuencia de comer alimentos grasos con el estómago vacío, por ejemplo huevos fritos o queso en el desayuno, tofu o tempeh fritos, ensaladas con aliño oleoso, aguacates y tempura.

Los remedios para estos dolores de cabeza son los mismos que se usan para los de contracción, y además:

* Infusión de limón.
* Tisana Cinco Fases.
* Si nada de esto resulta, dormir. (También se puede limpiar el hígado con un ayuno a base de zumos seguido por varios días de comida vegetariana sin grasa.)

Los dolores de cabeza de *abstinencia de cafeína*, que suelen aparecer al día siguiente de haber dejado el café, el té o el chocolate, pueden variar desde un moderado malestar generalizado a una migraña o jaqueca en forma. Conviene tratarlos como un dolor de cabeza de contracción, aunque a veces no hay reacción. Es entonces el momento de volverse a la cama y esperar a que pase, lo que finalmente ocurre. Si es demasiado insoportable, pruebe el método del «traguito para la resaca», un sorbito, ya comentado anteriormente.

Respecto a las *alergias*, muchas personas reaccionan con un dolor de cabeza ante las sustancias alergénicas, las más comunes de las cuales son el trigo, el maíz, la leche y sus derivados, el chocolate y los tomates; las sustancias químicas de los productos de limpieza y los humos de los tubos de escape les siguen muy de cerca. Este tipo de trastorno será mejor diagnosticado por un especialista en nutrición o en alergias y tratado con terapias fortalecedoras del metabolismo y con la abstinencia de la sustancia causante.

Para descubrir de qué tipo es el dolor de cabeza se puede:

- Hacer una lista de lo comido en las últimas seis horas más o menos y ver si los alimentos son expansivos, contractivos o grasos.
- Si no logra descubrirlo, pruebe un poquito de ciruela umeboshi. Si sigue igual o mejora un poco, tiene un dolor de cabeza de expansión. Si empeora, tiene un dolor de cabeza de contracción o uno hepático.

Los dolores de cabeza crónicos pueden estar relacionados con muchas enfermedades, disfunciones de órganos y acumulaciones; si usted padece de dolores de cabeza frecuentes y no le resulta ninguno de los tratamientos mencionados, puede suponer que hay algún trastorno subyacente y que es esencial que consulte con un profesional de la salud.

Fiebres

Durante miles de años se consideró beneficiosa una elevación de la temperatura; se pensaba que aceleraba el proceso de la enfermedad y contribuía a la recuperación. Pero durante los últimos ochenta años más o menos, la medicina farmacológica ha insistido en que la fiebre no es buena y que hay que bajarla tan pronto como aparece, en otras palabras, que la fiebre es la enfermedad.

Afortunadamente, la ciencia ha hecho progresos suficientes para comenzar a descubrir, mediante métodos científicos, lo que los antiguos sabían por sueños, visiones o intuición. Recientemente se ha descubierto que las bacterias no pueden sobrevivir a temperaturas febriles, y que durante el estado febril bajan las reservas de hierro y cinc que necesitan las bacterias para su desarrollo. Durante el estado febril, por lo tanto, las bacterias se cuecen y se mueren de hambre.[13] De manera que actualmente se reconoce que la fiebre no es una enemiga sino una aliada en el tratamiento de la enfermedad.

Generalmente la fiebre comienza en los intestinos; según mi experiencia, casi siempre está relacionada con el consumo de proteínas de origen animal, como la de la carne, pollo, huevos y productos lácteos. Si no pasa rápido por los intestinos, el exceso de proteínas se pudre e invita a las bacterias a hacer de carroñeras. Entonces aparece la fiebre para quemar la materia en putrefacción al mismo tiempo que a las bacterias. Interrumpir este proceso equivale más o menos a matar a la mujer de la limpieza cuando está a mitad de su trabajo, cuando todo está en gran desorden. Como el trabajo no está acabado, todos los desechos quedan allí tirados, incluidos los cadáveres de las bacterias muertas, y ya está preparado el escenario para la aparición posterior de infecciones y enfermedades más prolongadas y complicadas. Testimonio de esto es el descubrimiento, hace unos años, de que existe una relación entre el síndrome de Reye y la administración de aspirinas a niños afectados de infecciones víricas sencillas; este descubrimiento ya ha tenido como consecuencia que se desaconseje en todas partes el uso de aspirinas para las infecciones y fiebres de los niños.[14]

Cada infección interrumpida deja desechos y residuos en el cuerpo. Las «enfermedades» posteriores intentan limpiar no sólo el problema que en ese momento sea agudo sino también los restos de trabajos anteriores sin terminar. Cuando tomamos en consideración esto, podemos comprender por qué las personas enferman cada vez más a medida que envejecen. Todas las veces que el cuerpo ha intentado hacer una limpieza, se ha interrumpido el proceso con medicamentos, y el cuerpo se ha ido sobrecargando cada vez más. Un día cualquiera el sistema inmunitario echa una mirada a la suciedad y dice, efectivamente: «Esta basura no es de aquí; vamos a sacarla», y dándose media vuelta la emprende contra todo el cuerpo. Éste podría ser el comienzo de las enfermedades autoinmunes, como las alergias, el síndrome de Guillain-Barré (o polineuritis infecciosa), la artritis reumatoide, la esclerosis lateral amiotrófica, la esclerosis múltiple, el lupus e incluso el cáncer y el sida.[15]

El tratamiento de una fiebre sencilla que no exceda los 40 °C y no vaya acompañada por otros síntomas, será más efectivo si:

a) se deja que la fiebre haga su trabajo, y
b) se evita exacerbar la situación causante de la fiebre.

Esto se puede realizar tomando las medidas siguientes:

- Mantenerse abrigado para permitir que el cuerpo se caliente.
- Ayunar, es decir, no comer ningún alimento sólido, o al menos nada de proteína ni grasa.
- Beber líquidos calientes, tal vez con algo de condimento para favorecer la sudoración: la tisana Cinco Fases, el caldo de verduras, la infusión de jengibre.
- Si el enfermo tiene escalofríos o desasosiego, un baño caliente, a la misma temperatura de la fiebre, es muy tranquilizador y eliminará los escalofríos. Este remedio es particularmente bueno para los niños.
- Después que remite la fiebre, o si el enfermo está francamente hambriento, los mejores alimentos son: el agua de cebada, el arroz blando y la sopa de verduras sin sal.

Debido a que es una reacción física beneficiosa, puede dejarse, e incluso favorecerse, que una fiebre sencilla siga su curso. Si durara más de dos o tres días, o presentara cualquier aspecto extraño, es mejor consultar a un profesional de la salud competente.

El resfriado común

Uno de los síntomas más corrientes de ajuste/eliminación, el resfriado común, también se suele interpretar mal. Considerado una amenaza, es, como lo son la mayoría de estas «enfermedades» sencillas, un buen amigo que viene a avisarnos, al mismo tiempo que a reparar, las desviaciones, estrés y errores dietéticos de nuestra vida. En lugar de prestar atención y corregir lo que va mal, hacemos caso omiso del mensajero o le disparamos, quedando así abiertos a más mensajes que suelen ir haciéndose más intensos. La naturaleza es perseverante: si no reaccionamos a una palmadita en el hombro finalmente nos llevaremos una patada en el trasero.

¿Qué hemos de hacer, entonces, ante un resfriado?

En primer lugar hemos de descubrir qué tipo de resfriado es. Al igual que con los dolores de cabeza, me ha resultado muy útil clasificar los resfriados en aquellos provocados por la expansión y aquellos provocados por la contracción.

Los resfriados *de expansión* pueden estar causados por:

- Azúcares, dulces, féculas refinadas y otros alimentos igualmente acidificantes.
- Helados, leche y otros productos lácteos.
- Grandes cantidades de líquido, zumos, frutas.

Entre los síntomas están el goteo de nariz, mucha eliminación de mucosidad, tos, estornudos y respiración sibilante. Normalmente no hay fiebre y el enfermo se siente muy dispuesto y capaz para continuar el trabajo y las actividades cotidianas, tomándose un tiempo para sonarse la nariz de tanto en tanto.

Un resfriado de este tipo a veces se puede aliviar al comienzo mismo con algún contractivo rápido, con una o dos ciruelas umeboshi, por ejemplo. Si eso no resulta, es mejor dejarlo estar y permitir que el cuerpo continúe con su proceso de limpieza. Un poquitín de estímulo y, en general, la no intromisión funcionan mejor, y esto se puede ayudar con:

- Ayuno parcial, es decir, nada de grasas ni proteínas durante unos días. (El viejo dicho: «Alimenta un resfriado y matas de hambre a una fiebre» es la forma distorsionada con el tiempo, en la repetida transmisión oral, del dicho original: «Si alimentas un resfriado, despues tendrás que matar de hambre a una fiebre», es decir, te pondrás peor si continúas comiendo. Mi experiencia respalda esto.)

- Alimentos alcalinizantes, pero del lado de los contractivos: verduras cocidas, sopas (incluida la de miso), patatas al horno.
- Líquidos solamente cuando se desean o cuando hay una sensación de tener mucosidades atascadas (en ese caso beber abundante líquido para ayudar a soltarlas). Advertencia: Grandes cantidades de líquidos en un resfriado de expansión lo empeorarán.
- Actividad moderada.

Los resfriados *de contracción* suelen estar causados por:

- Tensión, exceso de trabajo, cansancio.
- Alimentos grasos y salados.
- Exceso de proteínas y azúcar.

Entre los síntomas: opresión del pecho y cabeza, dolor de cabeza, fiebre, agotamiento, congestión en los senos paranasales, escalofríos, dolores. Esta enfermedad también se conoce como gripe.

Los remedios han de tener por objeto soltar y relajar. Son útiles los siguientes:

- Ayuno parcial (nada de sal, ni grasas, ni proteínas, ni féculas) hasta que desaparezca la fiebre si la hay.
- Mucho líquido, en forma de zumos (pruebe con zumo caliente de manzana o pera con canela); de infusión de manzanilla, jengibre o limón; o agua caliente sola con limón, para aflojar la congestión.
- Alimentos alcalinizantes, del lado de los expansivos: frutas y ensaladas, sopa de verduras sin sal.
- Descanso obligatorio. En realidad, con frecuencia el descanso sólo permitirá al cuerpo recuperarse fácilmente.

Como debe ser evidente, estos remedios no tienen por objetivo interrumpir el proceso del resfriado sino más bien aliviar la molestia de los síntomas.

Tos

El tratamiento va a depender de si se trata de una tos útil que elimina mucosidad o de una tos inútil, seca, causada por irritaciones locales (un «cosquilleo en el pecho»). A la tos del primer tipo habrá que animarla y permitirle que realice su trabajo; se acelerará el proceso no comiendo alimentos salados, que tienden a congestionar y a impedir la salida de mucosidades. Esta tos puede tratarse como la opresión del pecho en un resfriado contractivo: beber infusión caliente de limón, tal vez con miel; pruebe con una compresa caliente en el pecho; beber zumo caliente de pera con canela.

La tos del segundo tipo puede detenerse con una o dos chupaditas de algo salado, en especial, de pasta de ciruelas umeboshi. Una vez estaba dando una clase de demostración en Artpark, que es una exposición de arte al aire libre cerca de las cataratas del Niágara; dije algo sobre este tema y nada más acabar de decirlo a una señora del público le sobrevino un fuerte acceso de tos seca. Las cincuenta personas presentes guardaron expectante silencio mientras viajaba de mano en mano hacia ella mi pote de pasta umeboshi. Ella metió la punta del dedo meñique en el pote y se la chupó... al instante dejó de toser. Todo el mundo aplaudió. Ella dio otra chupadita de añadidura y me envió de vuelta el pote sonriendo y asintiendo.

Si no da resultado el umeboshi, que es bastante contractivo, casi siempre suele resultar la infusión de regaliz, que es algo más expansivo. Las toses crónicas persistentes habrán de ser diagnosticadas por un médico.

Dolor de garganta

La infusión de jengibre, la de olmo rojo resinoso y el shoyu kuzu con jengibre calman mucho la garganta irritada. También es efectivo un remedio de aplicación de una compresa de agua fría: moje en agua de grifo un pañuelo de algodón grande, escúrralo, dóblelo a lo largo y envuélvase el cuello con él, envolviendo encima una toalla de mano seca igualmente doblada; para afirmarlo bien se cubre todo con una bufanda de lana. El pañuelo se calentará con el calor del cuerpo, lo cual va muy bien. La compresa se ha de dejar puesta durante un mínimo de dos horas y un máximo de cuatro. Entonces será necesario o renovarla o quitarla totalmente.

Dolor de oídos

En la medicina china los oídos y los riñones están relacionados; es decir, los problemas de oídos reflejan desequilibrios en el sistema renal-suprarrenal. Este concepto encuentra cierto respaldo en la ciencia occidental, que ha comprobado que en el embrión los oídos y los riñones se desarrollan más o menos al mismo tiempo y finalmente resultan ser de forma y tamaño similar. Según mi experiencia, las principales causas del dolor de oídos son:

- Los alimentos lácteos: leche, queso y helado.
- Una dieta rica en proteínas.

La primera es con mucho la causa más común de los problemas de oídos en nuestra sociedad, sobre todo en los niños pequeños. Los remedios más efectivos a corto plazo son los siguientes:

Para dolores de oído suaves:

- Dieta vegetariana sin productos lácteos durante al menos unos días.
- Compresas calientes en el oído: un paño mojado en agua muy caliente y escurrido, más un gorro de lana para mantenerlo sujeto. Este remedio da muy buen resultado durante la noche, cuando tanto la madre como el niño desean continuar durmiendo.

Para dolores e infecciones de oídos más serios:

- Shoyu kuzu con umeboshi una o dos veces al día durante dos días.
- Sopa de pollo vegetariana, cereales y verduras; incluir jengibre, ajo y rábanos en las comidas.
- Nada de productos lácteos ni proteína de origen animal.
- Compresa caliente sobre el riñón: En un cazo con agua muy caliente prepare una infusión de eucalipto (un puñado de hojas envueltas en estopilla en 2 litros de agua caliente), o de jengibre (un puñado de jengibre rallado envuelto en estopilla en 2 litros de agua). Coja un paño de cocina y enróllelo a lo largo de manera que quede una tira de 10 a 12 centímetros de ancho. Sujetándolo por los extremos meta en el agua la parte central y escúrralo torciéndolo bien; colóquelo sobre la espalda en la zona de la cintura. Deberá estar todo lo caliente que se pueda soportar sin molestia. (Advertencia: no aplique esta compresa a personas que no puedan decir o expresar cómo la sienten, por ejemplo a bebés, a personas muy mayores o muy enfermas.) Coloque toallas secas encima, y cambie la compresa cada 2 minutos o cuando se enfríe, durante un total de 20 minutos. Aplíquela una vez al día durante tres días.
- En caso de infección, si sale pus o líquido del oído, coloque una compresa fría (un paño mojado en agua fría del grifo y escurrido) sobre el hueso mastoides, detrás de la oreja, para evitar que se extienda la infección.
- Con una pera de goma lave el oído con infusión de manzanilla tibia.

Si el dolor de oídos dura más de dos días o si es causa de llantos o malestar extremo, consulte con un especialista. En el caso de un dolor de oídos persistente pero en que no hay fiebre ni sensación de estar enfermo, ni falta de apetito, no desestime la posibilidad de que haya algún objeto extraño en el oído, como una piedrecilla o un insecto. Ni las compresas ni los antibióticos son efectivos contra un dolor de oídos provocado por una chinche.

Problemas de piel

Desde el punto de vista de los sistemas, los estímulos o entradas de todas clases están relacionados con las salidas de todas clases. El alimento, por lo tanto, tendría una relación directa con la materia expulsada a través de la piel. Continuamente me sorprende que los dermatólogos sigan considerando la piel simplemente como una envoltura protectora del cuerpo, atribuyendo sus erupciones a «virus» y a disfunciones imprecisas, apoyando el mito de que «la dieta no tiene nada que ver con el acné».

Según mi experiencia, la dieta tiene todo que ver con el acné. No sólo me he mejorado yo misma de mis problemas de piel mediante la dieta correcta sino que he visto entre mis alumnos muchísimos casos de acné grave (del tipo grande y púrpura en las mejillas y barbilla) «completamente curados» en tres meses por un cambio de dieta.

La perspectiva de los sistemas que consideran la piel como un órgano de eliminación, como un «tercer pulmón» o un «tercer riñón» es mucho más útil que el que la considera aislada del resto del sistema cuerpo. La materia tóxica que no se elimina a través de los conductos normales suele encontrar la salida a través de la piel. Tratar esta eliminación con aplicaciones externas de pociones químicas muy rara vez da resultados; en cambio, aligerar la carga de los órganos interiores mediante un cambio de dieta, puede obrar maravillas en un plazo de 10 días a tres meses.

Como muchísimas adolescentes de nuestra cultura de leche y azúcar, he tenido mi parte de problemas de piel, por lo tanto he estudiado muchísimo el tema. De acuerdo con mis observaciones (limitadas por mi experiencia cotidiana que no incluye enfermedades raras ni graves), hay por lo menos tres causas de los trastornos de la piel:

- Exceso de grasas, proteínas y azúcar.
- Exceso de agua mineral.
- Disfunción orgánica (normalmente de riñones o pulmones).

La manera más sencilla de tratar las erupciones de descarga por la piel es eliminar la causa, es decir, la entrada que las provoca; entonces la piel se curará sola de manera natural. La abstención de ciertos alimentos se convierte en medicinal. Examinemos cada una de estas tres causas por separado.

Las combinaciones de grasa y proteína son la causa más común de las erupciones por la piel en forma de espinillas, acné y furúnculos grasos. Si el cuerpo está sobrecargado de mucosidades y/o depósitos de grasa, los riñones, el hígado y los órganos de la digestión no dan abasto para el trabajo de eliminación, entonces el cuerpo expulsa la materia a través de la piel.* Los alimentos responsa-

* Es interesante que la descripción del furúnculo que da la *A.M.A. Family Medical Guide* sea «como queso».[16]

bles son normalmente la leche, el queso, el helado, las carnes grasas, los frutos secos y la mantequilla de cacahuete. Las personas afectadas no son solamente aquellas que comen al estilo dieta norteamericana estándar. Con frecuencia veo a personas que se han hecho vegetarianas y aumentan su consumo de queso y frutos secos para «tener suficientes proteínas» y que se encuentran con problemas de piel que nunca habían tenido antes. El azúcar está implicado, ya que al parecer activa el proceso, ya sea porque deprime el sistema inmunitario o porque su energía expansiva hace salir el exceso.

En opinión de Michio Kushi, el exceso de proteínas y grasas también se elimina en forma de verrugas, lunares, callos y tumores. Pero yo creo que estos trastornos pueden también indicar a veces un mal funcionamiento del metabolismo de las proteínas. Las pecas y los lunares marrones podrían ser la consecuencia de demasiado azúcar atraído a la superficie de la piel por el calor del sol.[17]

El azúcar, en especial en la forma de azúcar de la fruta, puede endulzar la sangre haciéndola atractiva a los insectos y hongos. Así pues, las picaduras de insectos y las infecciones por hongos responden bien a la eliminación de los zumos y frutas dulces y a las aplicaciones locales de antibióticos naturales como el miso, la arcilla verde,* o el vinagre de arroz integral.

El exceso de grasas tambien puede afectar a la textura general de la piel, haciéndola grasa o, sorprendentemente, muy seca. Cuando el exceso de grasa se elimina por los poros grandes de la piel, ésta se pone grasa. Cuando la grasa se acumula bajo la piel de grano fino, impidiendo que la humedad natural del cuerpo llegue a la superficie, la piel se reseca. Reducir el consumo de grasas, por lo tanto, puede a la vez mejorar la piel grasa y la piel seca y agrietada. Pero también la piel seca puede ser consecuencia de una cantidad insuficiente de grasas en la dieta.

El exceso de materia mineral es una categoría que abarca muchas cosas. Aquí se incluyen todas las sustancias que se consumen fuera de su contexto natural, como los extractos, los concentrados y todo lo que venga en forma de comprimidos. La sal, sobre todo la sal yodada, también entra en esta categoría. Cuando el cuerpo no puede procesar de manera natural estas sustancias, las expulsa a través de la piel. A mí me ha ocurrido esto muchas veces. Por ejemplo, cuando me enteré de que las algas son buenas fuentes de minerales, decidí tomar comprimidos de algas kelp, ya que con gran pesar descubrí que no me gustaba el sabor de las algas. A los pocos días me aparecieron unos dolorosos verdugones en los brazos, que desaparecieron tan pronto como dejé de tomar los comprimidos. Debido a su contenido de yodo, los comprimidos de kelp tienen que ver con el acné, porque al ser excretado por la piel, el yodo irrita el revestimiento de los poros. Las multivitaminas y la sal yodada también pueden causar problemas a las personas propensas al acné.[18]

* Obtenible en tiendas de alimentos dietéticos.

Otro ejemplo: Cuando mi hija mayor tenía 19 meses sufrió de inhalación de humo debido a un incendio; le administraron esteroides y otros medicamentos para combatir la acumulación de líquido en los pulmones. Cuando dejó de tomar estos medicamentos eliminó estas sustancias a través de granitos que le cubrían la piel desde la cintura hasta las puntas de los dedos de los pies. Me imagino que recordará el caso de aquella chica que tenía las mejillas y barbilla cubiertas por dolorosos granitos, como una barba, y que desaparecieron cuando dejó de tomar sus veinte comprimidos diarios de suplementos vitamínicos.

El acné grave, color púrpura, que aparece en las mejillas o barbilla parece estar relacionado también con el consumo de edulcorantes artificiales, sobre todo los que vienen en las gaseosas, si a esto va añadido el consumo de helados y mantequilla de cacahuete. Al menos he visto como desaparece el acné cuando se retiran estos productos de la dieta.

Es fácil reconocer cuándo las espinillas, verdugones o sarpullidos se deben a exceso de minerales: duelen cuando se los presiona con el dedo (tal vez porque los minerales son duros y cristalinos, y por lo tanto irritan la piel); suelen ser rojos y abiertos, y supuran líquido, no están llenos de pus ni materia grasa. La única manera eficaz de curarlos es dejar de consumir la sustancia que están eliminando. Las aplicaciones de arcilla pueden favorecer la aceleración del proceso de eliminación.

Ciertas sustancias minerales depositadas muy en el interior, generalmente provenientes de drogas, medicamentos fuertes o productos artificiales pueden aflorar a la piel y salir a su través, por efecto del calor del sol. El calor abre los poros, dilata la sangre y líquidos y los invita a subir a la superficie; éstos, a su vez, arrastran muchas veces consigo sustancias inútiles o tóxicas, en un intento de expulsarlas del cuerpo. En algunos casos, esto podría dar origen a irritaciones o enfermedades, entre ellas el cáncer de piel, que parece ser «causado» por el sol. Pero no todos los amantes de tomar el sol enferman de cáncer, ni todos los enfermos de cáncer de piel toman el sol con regularidad. Por lo tanto, quizá deberíamos considerar la posibilidad de que el sol sólo causa enfermedades si el cuerpo le da algo con qué trabajar.

El mal funcionamiento de órganos, o los desequilibrios generales del metabolismo, pueden manifestarse en forma de trastornos crónicos de la piel, como la psoriasis, los eccemas y otros trastornos que implican descamación, picor o supuración. También entran en esta categoría las reacciones alérgicas y los síntomas de carencia de elementos nutritivos. Un cambio a una dieta natural y sencilla de cereales integrales, legumbres y verduras cocidas, evitando las carnes, productos lácteos, el azúcar y los cereales refinados, un exceso de frutas, mantequillas de frutos secos y el alcohol, suele producir curas casi milagrosas, ya que permite al cuerpo reequilibrarse solo.

ADVERTENCIA: En ciertos casos no basta un control de la dieta para sanar problemas de la piel y es necesario recurrir a otros métodos. Todo caso persistente o complicado habrá de ser evaluado de manera particular y tratado por un terapeuta competente. Queda fuera del alcance de este libro el tratamiento concreto o específico de cualquier problema que se aparte de lo sencillo y cotidiano.*

Cabellos y uñas

Estas extensiones de la piel están supuestamente «muertas», sin embargo el pelo puede tener un aspecto lustroso o apagado, y las uñas pueden ser fuertes o quebradizas, hechos que sugieren que aún queda en ellos vida, es decir, capacidad de cambiar. Dado que crecen y cambian, es decir, que hay una forma de salida o respuesta, podemos influir en su estado variando la entrada o estímulo. Es posible que lleve tiempo ver los resultados, pero que habrá resultados, ciertamente los habrá.

- El cabello revuelto, despeinado y frágil de la parte superior de la cabeza, prolongación de la frente, y a veces de toda la cabeza, suele ser el problema de personas que consumen gran cantidad de azúcar, frutas, zumos (incluido el de naranja), verduras crudas, y/o fuman marihuana. Las puntas abiertas (fenómeno muy común) es otro efecto de estos alimentos expansivos.
- La caída del cabello puede ser consecuencia de diversas situaciones. La caída de pelo en la coronilla puede deberse a un exceso de alimentos contractivos, como la carne y la sal. Las entradas en la parte superior podrían deberse a alimentos y bebidas expansivos, mencionados en el punto anterior. La calvicie gradual en toda la cabeza podría estar causada por el deficiente metabolismo de las proteínas, mala absorción o falta de cinc, o posiblemente por pereza o mal funcionamiento de los intestinos.

El metabolismo deficiente de las proteínas que conduce a la caída del cabello puede ser consecuencia de:

- Insuficientes proteínas, demasiado azúcar o insuficientes alimentos de origen animal (en las personas incapaces de absorber de las fuentes vegetarianas todos los elementos nutritivos que necesitan). *Remedio:* Comer más legumbres, huevos, pescado, pollo, e incluso carne de vacuno en algunos casos. Eliminar el azúcar.
- Proteínas de origen vegetal no complementadas (demasiados cereales y no suficientes legumbres; o demasiadas verduras, frutas y frutos secos y no suficientes cereales y legumbres; o demasiadas legumbres e insuficientes ce-

---

* Para un estudio más detallado de los trastornos de la piel, véase Michio Kushi, *How to See Your Health.*

reales). *Remedio:* Prestar más atención a las proteínas complementarias, aumentar el consumo de legumbres, semillas o cereales, según sea necesario.

- Demasiadas proteínas y no suficientes minerales. *Remedio:* Añadir algas a la dieta, disminuir las proteínas de origen animal.
- Demasiados minerales y proteínas proporcionalmente insuficientes (es posible obstaculizar la absorción de las proteínas cuando están en desproporción respecto a los minerales; véase el apartado sobre la proporción de los elementos nutritivos en el capítulo 2). *Remedio:* Aumentar el consumo de proteínas y reducir el de algas, sal o suplementos minerales.

He sido testigo de cambios espectaculares en el brillo y calidad del cabello en algunos alumnos cuando han cambiado de una dieta rica en carne, azúcar, zumos de fruta y productos lácteos a una rica en cereales integrales, legumbres, verduras frescas y algas. Los cabellos frágiles, apagados y encrespados se ponen brillantes, fuertes y exuberantes. Lo más divertido es esa fase en que el nuevo pelo, hermoso y fuerte, ya ha crecido unos ocho o diez centímetros y el resto sigue siendo frágil y opaco. Realmente se hace visible el cambio de dieta y de salud en los mechones nuevos.

El cabello graso y la caspa generalmente están relacionados con el consumo de grasas, leche, queso y helado. Reducir el consumo de esos productos y aumentar el de ensaladas y verduras cocidas normalmente produce mejoría. El cabello y el cuero cabelludo secos también pueden ser consecuencia de demasiada grasa en la dieta, igual como ocurre generalmente con la piel, como hemos visto anteriormente; otra causa podría ser la deshidratación.

En el estado y calidad de las uñas influyen muchos factores internos, entre ellos:

- Mal equilibrio proteínas-calcio. *Remedio:* Aumentar el consumo de proteínas y minerales: algas, pescado, huevos.
- Deshidratación. *Remedio:* Aumentar el consumo de líquido.
- Estrés (que puede afectar el equilibrio del calcio). *Remedio:* Superar el estrés con descanso y relajación.
- Exceso de alimentos expansivos agrios, entre ellos el vinagre, los cítricos, el zumo de limón. *Remedio:* Reducir el consumo de azúcar, de aliños de ensalada con vinagre, de frutas y zumos.
- Exceso de sal. *Remedio:* Reducir el consumo de sal, aumentar el consumo de frutas.

Si el método elegido es el correcto, los resultados se apreciarán en una o dos semanas.

Problemas digestivos

MOLESTIAS DIGESTIVAS GENERALES

Como ya hemos establecido, para mantener el equilibrio hemos de trabajar con las fuerzas contrarias. Podrá apreciar la efectividad de este método si lo pone en práctica después de un agradable exceso gastronómico que lo haga tambalear a la mañana siguiente. He aquí una lista de diversos alimentos y de la manera de equilibrar su exceso en un plazo de una hora a dos días si hay molestias digestivas:

SI SE HA EXCEDIDO EN EL CONSUMO DE:	NEUTRALÍCELO CON:
Grasas, alimentos aceitosos	Rábanos; infusión de limón; infusión de menta con limón
Alimentos acidificantes	Sopa de pollo vegetariana; sopa de miso (el mejor antídoto para los dulces); zumos de verduras (el mejor para los excesos de harinas y proteínas de origen animal)
Alcohol	Umeboshi (la ciruela con el hueso si es posible, o pasta); gomasio
Azúcar	Sopa de miso; kuzu-shoyu con umeboshi; pasta umeboshi
Frutas, ensaladas, alimentos crudos	Arroz tostado o crema de arroz; avena condimentada con shoyu o vinagre umeboshi; legumbres; mijo y otros cereales; pan integral
Carnes, huevos, queso	Frutas; sopa o guiso de verduras; ensaladas
Alimento	Un día de ayuno, con su bebida de kuzu favorita por la mañana y zumo de verduras o sopa de pollo vegetariana el resto del día si se desea. (Para detalles sobre el ayuno, véase página 266.)

ESTREÑIMIENTO

De todas las partes del cuerpo, parece ser que el colon es el más frecuente objeto de obsesión. Hay buenas razones para ello: Si no se tira la basura con regularidad, la casa estará sucia por mucho estilo que tenga la sala de estar. La mayoría de nosotros nos sentimos bien si movemos con facilidad el vientre una vez al día, aunque cuál es la frecuencia sana va a variar según la persona y el consumo de alimento. Cuando la frecuencia es significativamente menor o supone dificultad o esfuerzo, suena la alarma y tratamos de remediar la situación.

El intestino grueso funciona por una alternancia rítmica de expansión y contracción. Si queda muy contraído y constreñido, no puede expandirse y por lo tanto deja de trabajar. Si queda muy expandido y suelto, no puede contraerse, y ocurre lo mismo. Así pues, podemos distinguir dos tipos de estreñimiento: el estreñimiento por exceso de expansión y el estreñimiento por exceso de contracción.

El estreñimiento *de contracción* se produce por excesivo consumo de:

- Proteínas.
- Grasas.
- Sal.
- Harina blanca.

Generalmente responde bien a:

- Zumo de ciruelas pasas, ensaladas, brotes, fruta fresca.
- A veces, café (aunque no es un remedio que yo aconsejaría).
- Cereales integrales bien masticados, en especial, arroz integral.

El estreñimiento *de expansión* suele ser la consecuencia de un consumo excesivo de frutas, zumos y ensaladas, como se hace en algunas dietas de salud. La manera normal de tratar el estreñimiento que no se remedia con zumo de ciruelas secas son los laxantes y lavativas. Entre otros métodos más agradables tenemos:

- Aumentar el consumo de cereales integrales (sobre todo arroz integral) con su contenido natural de salvado y fibra.
- Reducir el consumo de alimentos crudos y zumos.

A las personas que se sienten muy bloqueadas y estancadas, podrían irles muy bien unos cuantos enemas o irrigaciones colónicas. Pero no es aconsejable recurrir a estos sistemas sino de manera ocasional, ya que pueden crear hábito y debilitar la actividad peristáltica normal del colon.[19] Las irrigaciones también arrastran junto con todo lo demás la útil flora intestinal, y es posible que lleve un tiempo reponerla. En general, uno de los mejores y más naturales estímulos para el buen funcionamiento intestinal es una vigorosa caminata, especialmente por la mañana temprano.

DIARREA

Una diarrea repentina y continuada que dure más de una hora y, sobre todo, que va acompañada de vómito, es un estado crítico que precisa de la atención médica inmediata; la disentería, el cólera y el síndrome de shock tóxico presentan los mismos síntomas, y se puede producir rápidamente una deshidratación fatal.

Una diarrea moderada, en cambio, si ocurre alguna que otra vez y dura no más de tres o cuatro días, limpia el organismo y hay que considerarla una eliminación temporal. Es mejor dejarla seguir su curso. Si dura alrededor de tres días, es que se está convirtiendo en mal funcionamiento. Hay dos remedios muy eficaces para esto:

- Arroz blanco hervido.
- Manzana rallada con piel que se sirve cuando ya se ha puesto marrón.

INFLAMACIÓN

En los problemas de inflamación del tubo digestivo, como las úlceras, la colitis, el colon irritable o espástico, etcétera, suele ser muy eficaz la abstención de verduras y frutas crudas. Una de mis alumnas, que vino a verme por recomendación de su médico, padecía de una esofagitis por reflujo bastante seria, que le producía palpitaciones y ahogos similares a los de un ataque al corazón. Siempre le venía uno de estos ataques cuando comía ensaladas abundantes, pero se sentía muy bien, como pronto descubrimos, con verduras hervidas, cereales y legumbres; incluso bajó 11 kilos con este régimen. Los casos de colitis también han evolucionado bien con dietas de todo cocido, si incluyen una buena proporción de alimentos alcalinizantes, como verduras cocidas y sopas; pequeñas cantidades de legumbres, arroz integral y mijo; un poquito de pescado tal vez. La sopa de mijo con algas y shoyu kuzu son también buenos alimentos de apoyo en estos casos.

Por cierto, el kuzu es mi remedio universal preferido para los trastornos del tubo digestivo. He descubierto que el shoyu kuzu en un estómago vacío es excelente para los casos de expansión, gases e incluso para las úlceras sangrantes.

El shoyu kuzu con umeboshi (buen antiácido) va muy bien para la indigestión o exceso de comida.

El pudin de zumo de manzana con kuzu (mezcla relajante) contribuye a contrapesar la contracción, la opresión, los calambres, así como también la tensión, la rabia y la irritabilidad.

En los casos de trastornos digestivos serios y persistentes, el kuzu habrá de ser lo primero que se tome por la mañana y antes de acostarse. En los casos más suaves va muy bien el kuzu una vez al día. Cuando mis hijas han comido mucho fuera, es posible que rechacen la cena y pidan un tazón de kuzu con umeboshi; entonces se sienten estupendamente bien a la mañana siguiente.

Lo más importante que hay que recordar en casos de úlcera, en cualquier lugar del tubo digestivo, es que son un problema de exceso de acidez y han de tratarse con alimentos alcalinizantes. Las grandes cantidades de leche y crema que se suele usar para tratar las úlceras tienen un efecto acidificante debido a su elevado contenido de proteínas y grasas. Por lo tanto, además de evitar la leche y la crema, es mejor que los enfermos de úlcera eviten los alimentos acidificantes en general, como las carnes, los huevos, los productos farináceos, el azúcar y los dulces, el alcohol y las grasas. También habrán de mantener bajo el consumo de cereales, masticarlo todo muy bien y seguir un método dietético similar al indicado anteriormente para la diarrea.

Trastornos del apetito

Nuestro sistema del apetito se compone de sensaciones gustativas y olfativas, sensaciones corporales que indican el deseo de comida y bebida, saciedad, etcétera. Este sistema es el centinela que vigila a la puerta del estómago y sólo deja entrar sustancias saludables e impide la entrada a las nocivas.

Es un sistema a la vez efectivo y eficiente, ya que ha mantenido viva a la especie humana durante unos cuantos millones de años. Sin embargo, en los últimos cien años, más o menos, se han producido algunos cambios en la provisión de nuestros alimentos que han hecho estragos en la capacidad de nuestro sistema del apetito para discernir lo que estamos comiendo.

El más evidente de estos cambios ha sido la división de los alimentos en sus componentes químicos separados. La extracción, la concentración, el aislamiento, y otras manipulaciones tecnológicas similares, han producido elementos nutritivos fuera de su contexto: harina blanca, azúcar blanco, zumos, proteína de soja, vitaminas y minerales solos y aislados. Su amplio uso ha cambiado totalmente la dieta común del mundo occidental y está cambiando la del resto a pasos agigantados.

Estos alimentos parciales, en la medida en que se oponen a los alimentos completos, como el pan de trigo integral, la caña de azúcar, la fruta, la soja entera, generan carencias relativas de los elementos nutritivos que les faltan; por ejemplo, el azúcar, hidrato de carbono puro, es causa, entre otras cosas, de una carencia de vitaminas. El cuerpo acusa esta nutrición que cojea, de manera que sigue buscando los elementos que necesita para equilibrarse, y así entonces aparecen los «deseos de picar». El pan blanco con mermelada crea una necesidad de proteínas, fibras y minerales; puede ser que un atracón de patatas fritas y helado sea un intento de satisfacer esa necesidad.

El apetito se ve aún más confundido ante el uso cada vez mayor de aditivos, ya sean productos del petróleo o extraídos de sustancias naturales. Algunos alimentos que normalmente estarían estropeados, no tienen sabor a estropeados, otros saben a algo que no son, y algunos que realmente son nocivos saben deliciosos. ¿Cómo va a saber el cuerpo qué comer?

Hay un trastorno en el comer que se está haciendo cada vez más frecuente, con diversos grados de gravedad, que indica, sobre todo, una avería en la capacidad del sistema del apetito para controlar el consumo de alimento. El hambre, en un cuerpo alimentado con productos alimenticios aislados, se convierte en indigno de crédito e incluso desaparece. Una anécdota concreta me hizo ver este fenómeno de la manera más increíble.

Hace algunos meses, mi amiga Judy se quejaba de su hambre insaciable.

—Coma lo que coma —me comentó—, me quedo con hambre después de todas las comidas. Me siento insatisfecha y me pongo a picar patatas fritas, galletas, lo que sea. ¡Y sé que no las necesito! Pero es que no puedo evitarlo. ¿Tienes alguna idea sobre esto?

Yo sí que la tenía, porque había visto pasar a muchos de mis alumnos por la misma experiencia y había descubierto que mi solución era sorprendentemente efectiva: buscar el elemento desequilibrador y eliminarlo. Generalmente es el azúcar o los suplementos; los culpables que están en segundo lugar son la harina blanca y los zumos en grandes cantidades. Yo sabía que Judy no comía dulces, a no ser tal vez en alguna fiesta.

—¿Estás tomando vitaminas? —le pregunté.

—Por supuesto.

No se las habían prescrito. Le sugerí que las eliminara durante un tiempo y viera si había algún cambio.

Esa misma noche en la clase, una de mis alumnas, María, explicó que ella jamás sentía hambre.

—Como porque es la hora de comer, porque sé que debo hacerlo, porque estoy con otras personas..., pero nunca porque tenga hambre.

Yo me quedé bastante perpleja porque la vi que estaba en buena forma, ni demasiado delgada ni demasiado gruesa. Le pregunté sobre sus comidas y me enteré de que comía principalmente alimentos sanos, casi nada de dulces, cantidades adecuadas de proteínas..., allí no estaba el problema. No lograba encontrar la lógica de la desaparición de su apetito. Finalmente le pregunté si tomaba vitaminas y, sí, tomaba. Le sugerí que dejara de tomarlas durante un tiempo para ver qué ocurría.

Una semana más tarde, Judy y yo estábamos conversando de otra cosa y de pronto ella dijo:

—Por cierto, dio resultado. Desde que dejé de tomar las vitaminas he recuperado el apetito normal. Ya no me paso la vida picando.

Su experiencia había sido la misma que la de muchos de mis alumnos que habían estado en la misma situación y siguieron mi sugerencia.

Esa noche en la clase, María exclamó de pronto:

—A que no adivináis lo que me ha ocurrido hoy.

–¿Qué? –preguntaron todos a coro.

–¡Tuve hambre! –exclamó ella con evidente entusiasmo–. La verdad es que desperté muerta de hambre. ¡Y disfruté con el desayuno!

Supusimos que las vitaminas, superfluas como eran en su dieta de alimentos naturales, le habían confundido tanto el apetito que éste dejó de dar la señal cuando llegaba la hora de tomar verdadero alimento.

En los trastornos del apetito más graves y crónicos, como la anorexia y la bulimia, hay muchos componentes psicológicos, generalmente asociados con la imagen corporal; no entra en el objetivo de este libro analizarlos. También sospecho que en estos trastornos están involucrados algunos métodos agresivos en el parto, la lactancia por medio de biberones, un elevado consumo de azúcar en la primera infancia y tal vez incluso medicamentos no apropiados.

Por lo que se refiere a la dieta, a varios de mis alumnos que han padecido de bulimia, que es ese síndrome de atiborramiento de comida y vómito, les ha servido muchísimo consumir solamente alimentos completos, por ejemplo cereales y legumbres. Al comer de esa manera no se sienten atiborrados y son más capaces de hacer los ajustes psicológicos que les permiten aceptar el alimento sin sentimiento de culpa y su consiguiente compulsión a vomitar. No obstante, hasta el más pequeño bocado de algo que contenga azúcar refinado les puede provocar nuevamente la inestabilidad. Para satisfacer la necesidad de sabor dulce, consumen verduras de color naranja, como los boniatos, calabazas, a la vez que postres de frutas cocidas. También han referido que se sienten mejor comiendo sólo pequeñas cantidades de alimentos de origen animal, y no todos los días.

La anorexia, que es la falta patológica de apetito, es, entre otras cosas, un miedo profundamente arraigado al alimento; este miedo puede ir dirigido a todos los alimentos o simplemente a los alimentos «nocivos». Por lo general, los auténticos anoréxicos no asisten a mis clases sino cuando ya han hecho el compromiso de cambiar, de manera que mi experiencia con ellos es como mucho muy limitada. He conocido algunos casos en que el deseo de comer sano se ha convertido en una manera de comer rígida y muy restringida; entonces, cuando el intelecto dicta alimentos que no atraen al cuerpo, el apetito se cierra y «todos» los alimentos pierden su atractivo. Los alumnos que han estado en esa situación han reaccionado bien ante la insistencia sobre el placer sensorial y a la idea de que el alimento no es nuestro amo sino más bien un colaborador, siempre dentro del contexto de un comer sano pero no rígido.

Problemas femeninos

Sin entrar en los detalles clínicos, puedo decir con seguridad que el primer tratamiento para las mujeres que tengan problemas del sistema reproductor es evitar estrictamente todos los productos que se relacionen con el sistema reproductor de los animales o contengan hormonas naturales o artificiales. Entre éstos se incluyen la leche y sus derivados (son productos del sistema reproductor de la vaca), los huevos (del sistema reproductor de la gallina) y la carne de animales que hayan sido criados con estrógenos. Para un estudio más extenso, véase el capítulo 14, «Efectos de los alimentos en la sexualidad».

Según mi experiencia, estas abstenciones, unidas a una sabrosa dieta sustentadora de la salud, han contribuido a aliviar los síntomas del síndrome premenstrual, la hinchazón y sensibilidad periódica de las mamas, quistes, tumores, mucosidades vaginales, endometriosis e infertilidad. Para la endometriosis conviene además abstenerse de las relaciones sexuales durante la menstruación. Al parecer, el coito puede empujar hacia dentro las secreciones, que pasarían por las trompas de Falopio hasta la cavidad pélvica. Entonces este tejido endometrial se quedaría allí provocando dolor y molestias agudos. Entre las mujeres judías ortodoxas, cuya tradición les prohíbe tener relaciones sexuales mientras haya un asomo de sangre menstrual, es extremadamente baja la frecuencia de endometriosis. El plazo de tiempo para que remitan estos trastornos puede variar de uno a dieciocho meses, según cuál sea la gravedad del problema.

Enfermedades graves

En esta categoría me gustaría colocar, en primer lugar, aquellos trastornos que implican una importante acumulación de materia, el mal funcionamiento y el cambio estructural de órganos (cáncer, endurecimiento avanzado de las arterias, cirrosis hepática, tuberculosis, nefropatías, artritis avanzada) y en segundo lugar, las insidiosas enfermedades autoinmunes de desintegración neurológica, cuya frecuencia es cada vez mayor (enfermedad de Alzheimer, esclerosis lateral amiotrófica, esclerosis múltiple, sida, artritis reumatoide, y otros problemas similares).

¿Pueden sanar estas enfermedades un cambio de dieta o un ayuno de limpieza?

Con el fin de responder afirmativamente a esa pregunta se han escrito muchos libros, en los que se ofrecen diferentes regímenes dietéticos, con o sin medicamentos, hierbas, suplementos y terapias adicionales. Cada unos de estos regímenes pueden apuntarse un buen número de curas conseguidas y a veces con su buena publicidad. Como ocurre con la medicina convencional, los fracasos no se toman en cuenta ni se publican. Tal vez nos vendría bien tener presente la máxima de Ohsawa: «Todas las enfermedades se pueden curar, pero no todas las personas».

Por lo que he sido capaz de discernir, algunas enfermedades de acumulación, como la artritis, los problemas cardiovasculares y los cánceres en su primera fase pueden responder bien a un cambio de dieta y lo hacen. La dieta sin solanáceas (capítulo 6), independientemente del desdén demostrado al respecto por la medicina oficial, parece ser muy efectiva para los problemas artríticos, los dolores articulares y la bursitis. La dieta sin sal y sin grasas tiene normalmente gran éxito en el tratamiento de acumulaciones en los vasos sanguíneos. Los regímenes de curación metabólica y la macrobiótica cuentan en su haber con un importante número de curaciones de cáncer, en conjunto tan elevado, si no más, como las que se atribuye la medicina oficial.*

Lamentablemente no he sabido de ningún éxito prolongado de trastornos como la enfermedad de Parkinson, esclerosis múltiple, enfermedad de Alzheimer o esclerosis lateral amiotrófica mediante el control de la dieta. Después de todos los estudios e indagaciones que he hecho sobre los regímenes dietéticos, he llegado a la conclusión de que probablemente el alimento no adecuado no es la causa directa de estos problemas. Más bien parecen producirse después de la supresión frecuente, por medios químicos, de desequilibrios no importantes y de los síntomas de eliminación causados por una dieta inadecuada; entre los más comunes de estos casos está la indigestión aliviada por antiácidos comerciales. Sé al menos de tres casos, dos de esclerosis lateral amiotrófica y uno de Alzheimer, en que el enfermo consumió durante veinte años, diariamente, un preparado antiácido que no necesitaba receta. Un posible culpable es el aluminio, metal pesado presente en muchos de estos medicamentos;[21] por lo visto este elemento ha sido detectado, durante la autopsia, en el tejido cerebral de personas que habían padecido la enfermedad de Alzheimer. Entre otras fuentes de aluminio se cuentan la sal comercial si contiene aluminato silicosódico, los polvos para hornear y, por consiguiente, la repostería preparada con ellos, los antisudorantes y los cazos, ollas, etc. de aluminio.

Yo creo que el extendido uso de antibióticos y vacunas está probablemente entre las principales causas de los trastornos del sistema inmunitario.[22] En su calidad de defensor y guardián de nuestra integridad corporal, su papel principal consiste en distinguir entre lo que es del cuerpo y lo que no lo es; por lo tanto va a atacar, destruir y expulsar los cuerpos extraños como las bacterias, virus, injertos y trasplantes (a no ser que se lo suprima). En los casos de trastornos del sistema inmunitario (alergias, asma, lupus eritematoso, artritis reumatoide, cáncer, sida y muchos otros), éste realmente se equivoca y ataca los propios tejidos del cuerpo.

---

* Estos regímenes son los delineados respectivamente por Norman F. Childers, Nathan Pritikin, Max Gerson, William Donald Kelly y George Ohsawa. Y a propósito, el *New York Times* ha informado de un creciente número de analistas médicos que desafían la posición oficial acerca de que se ha avanzado muchísimo en la curación del cáncer mediante la quimioterapia y la radiación. En opinión de Hayan Bush, director de un centro para el cáncer de Ontario, «no estamos curando muchos más casos de cáncer ahora que los que curábamos hace una generación».[20]

Si las sumamos todas, las enfermedades autoinmunes son probablemente la epidemia de nuestro tiempo, ya que una gran proporción de la población sufre de al menos uno de estos problemas de forma crónica. Como también la mayoría de la población del mundo occidental es rutinariamente inmunizada y frecuentemente tratada con antibióticos, intervenciones médicas ambas que se entrometen en el sistema inmunitario, yo veo una clara conexión.*

Varios casos parecen confirmar esta conexión. Todas las personas enfermas de sida que he conocido también tenían un largo historial de uso de antibióticos. A una de mis alumnas le diagnosticaron lupus eritematoso, enfermedad autoinmune; repasamos los momentos de sus ataques y descubrimos que todos y cada uno había venido después de un resfriado tratado con antibióticos. A una mujer que tenía un melanoma y un tumor cerebral le habían puesto durante su vida numerosas vacunas contra la viruela y otras debido a sus frecuentes viajes al extranjero. Una hermosa chica alumna mía contrajo esclerosis múltiple a los pocos meses de una serie de vacunas contra la viruela que le inocularon para tratar de «estimularle» el sistema inmunitario; probó todas las curas dietéticas y a base de hierbas del mundo para detener la inexorable enfermedad; pero ninguna le dio resultados. Se me partía el corazón verla venir a mis clases cada vez más débil, y finalmente en una silla de ruedas, incapaz de enfocar la vista ni de escribir.

Yo creo que no es irracional pensar que todas las intromisiones, «estimulaciones» e intervenciones químicas en el sistema inmunitario pueden causar ese daño. Cuando el daño es de poco alcance, una dieta curativa puede permitir que tenga lugar la autocuración. Desgraciadamente, cuando el sistema inmunitario está gravemente dañado por la medicación, suele ser dificilísimo, aunque no imposible, reparar el funcionamiento del cuerpo con alimentos, porque la eficacia del alimento en cuanto remedio sólo descansa en su capacidad para apoyar y estimular al sistema inmunitario.

Evidentemente nunca hace daño limpiar la dieta aun cuando parezca improbable que ese cambio vaya a curar una enfermedad importante. Si se ha estado comiendo mucha carne, azúcar, grasas, productos lácteos, alimentos preparados y salados comercialmente, a la vez que muy poca verdura fresca o cereales integrales, ciertamente que un cambio a un régimen vegetariano sin productos lácteos, macrobiótico o de cereales integrales, ayudará al organismo a limpiarse cuanto le sea posible. Al menos existe la seguridad de que no continuamos empeorando las cosas. Se pueden experimentar sorprendentes remisiones o desapariciones de pequeñas molestias que se tienen desde mucho tiempo, como la caspa, los insomnios o urticarias. Con mucha frecuencia se aliviará el dolor, de cualquier tipo.

---

* En palabras del doctor Robert Mendelsohn: «Aumenta la sospecha de que la inmunización contra enfermedades relativamente inofensivas de la infancia podría ser responsable del enorme aumento de las enfermedades autoinmunes desde que se introdujeran las vacunaciones en masa».[23]

Aunque sean malas las perspectivas, los milagros son posibles. Según las que han llegado a mi conocimiento, en todas las curaciones o remisiones de larga duración de enfermedades muy graves, que se han debido claramente a una dieta, ha habido en la persona un cambio profundo en el plano emocional espiritual, y un consiguiente cambio total en la actitud hacia la vida. En los casos de enfermedad grave, la mejor dieta del mundo es sólo mínimamente efectiva sin un cambio interior.

Conclusión

Cuando nos aterramos ante un dolor de cabeza o fiebre y los suprimimos con aspirinas, cuando nos inquietamos por una infección no grave y la atacamos con la artillería de antibióticos, suele ocurrirnos que empeoramos nuestro estado simplemente por miedo. Pero si acogemos con gratitud esas alteraciones menores que nos advierten a tiempo nuestros errores y aprendemos a interpretarlas, tendremos tiempo de sobra para hacer correcciones y evitar así la agravación e intensificación de nuestros problemas de salud.

El cuerpo tiende a curarse sólo si se le permite, de manera que la mayoría de las veces, todo lo que tenemos que hacer es no molestarlo, quitarnos de en medio para dejarlo hacer su trabajo. De esa manera, mediante el descanso, ayuno, elección apropiada de los alimentos y unos pocos empujoncitos suaves con remedios naturales, podemos recuperar fácilmente el equilibrio, y tener, por lo tanto, buenas posibilidades de funcionar activa y felizmente durante muchos años.

Por supuesto que hay personas que han cometido muchos errores atrayéndose un grave estado de mala salud. Si ése es el caso, no sirve de nada sentirse culpable; consideremos el resultado de nuestros actos como información, no como castigo. Lo mejor entonces, es emprender algunos cambios en el estilo de vida, para evitar empeorar las cosas: cambiar de dieta, hacer ejercicios, meditar, prestar atención, en otras palabras, volver en sí y ser consciente. El método de curación esbozado en este libro en general no causará más daño y es muy posible que ayude. Sin embargo, los alimentos y los remedios no curan: si son los apropiados, sólo permitirán al cuerpo curarse solo; si son inapropiados, es posible que le impidan curarse. Ésa es la razón de que no encuentre aquí ninguna panacea, ninguna poción ni ningún elixir mágico que lo arregle todo, ni un solo remedio ni sustancia que lo rescate para siempre del dolor. Sólo hay diversas maneras de reequilibrar el complejo sistema que es nuestro cuerpo, y de cada uno de nosotros depende descubrir y servirse de aquellas que sean oportunas y provechosas para nuestra vida.

13. Efectos de los alimentos en el ánimo

No sólo la ausencia de ciertos factores nutritivos podría deteriorar de forma vital la salud mental, sino que también el exceso de algunos de esos mismos factores podría deteriorar la salud mental de ciertas personas.

George Watson, *Nutrition and Your Mind.*

La enfermedad psicosomática, categoría aceptada desde hace mucho tiempo por la medicina y la psicología modernas, es aquella en la cual la disfunción corporal se considera causada por trastornos mentales o emocionales, no por «virus», «bacterias» u otras causas físicas exteriores, conocidas o desconocidas. Desgraciadamente, si la enfermedad física parece proceder de causas mentales, generalmente se la descarta como «irreal» y por lo tanto no digna de atención. «Todo está en su cabeza» es una afirmación para mandar a paseo a la vez que para reconocer ignorancia.

Todo lo que «está en su cabeza» se manifiesta a través del cuerpo. La risa, el llanto, el rubor, los estremecimientos, son todas reacciones físicas causadas por estados mentales o emocionales. Eso lo sabemos. Además, el concepto de que los sentimientos se almacenan y se experimentan en el cuerpo y no en la «mente» ha sido la base de terapias holistas de tanto éxito como el rolfing y la bioenergética.[1]

Pero también es cierto en sentido inverso: los trastornos corporales influyen en los estados mentales o emocionales con similar intensidad. Por ejemplo, el hambre puede producir comportamientos maniáticos, la falta de sueño hace difícil concentrarse, los diuréticos y un montón de otros comprimidos pueden producir depresión y tendencias suicidas.

Los estados de ánimo destructivos o exaltados no siempre tienen un origen psicológico necesariamente. Hay estudios médicos que señalan sustancias presentes en los alimentos o en el entorno, por ejemplo en muchos productos de limpieza, que causan reacciones de sensibilidad cerebral, produciendo cansancio, irritabilidad, dolores de cabeza, apatía, ansiedad, depresión, e incluso comportamiento psicótico.[2] Otro investigador sugiere que en el caso de reacciones mentales o emocionales no habituales, examinemos los siguientes cuatro aspectos:[3]

- Nutrición inadecuada o insuficiente.
- Drogas, fármacos, venenos, alergias o infecciones.
- Estrés (gasto de energía más allá de los propios límites).
- Falta de sueño, cuya consecuencia es la no reparación de los tejidos.

Resulta evidente que el estado de ánimo puede ser uno de los primeros indicadores de que estamos descentrados. Siguiendo el enfoque de este libro, echemos una mirada al primero de los aspectos desde un punto de vista de los sistemas.

El cuerpo-mente es un bucle que no tiene comienzo ni fin, como el signo del infinito:*

Cuerpo   Mente

Si hay algo que deseamos cambiar, podemos comenzar en cualquier punto de ese continuo y seguir a partir de allí: el psicoanálisis, la medicación o los seminarios sobre el tema o las relaciones nos pueden ayudar a bajar de peso, a respirar más profundo o mejorar la digestión. Sin embargo, como estamos arraigados en el mundo material suele resultarnos más fácil manipular cosas físicas, como los alimentos. Un cambio de dieta, que se puede comenzar en cualquier momento, a cualquier hora del día, nos hace sentir más centrados, nos mejora el carácter y la concentración, e incluso nos aumenta el buen ánimo y alegría.

Si nos sentimos deprimidos, pero realmente no ha ocurrido nada que nos haga sentir así, y hablar de ello no sirve de nada, la causa podría muy bien ser física o fisiológica. Sólo un enfoque fisiológico puede poner remedio.

Por ejemplo, un día, no hace mucho, me llamó por teléfono una de mis alumnas, Y., que es muy alegre y jovial. Sollozando me dijo que me llamaba porque había estado toda la mañana en la cama pensando en maneras de suicidarse. Lo primero que se me ocurrió fue que me estaba gastando una broma, pero después de otras frases por el estilo que me dijo, me di cuenta de que estaba verdaderamente deprimida. Pensé que habría ocurrido algo terrible, pero cuando se lo pregunté, ella dijo:

---

* Como ha dicho Marilyn Ferguson, «la intervención en cualquier parte del bucle dinámico cuerpo/mente afecta al total».[4]

–Nada, todo va bien. No sé de qué me viene esto.

Esa respuesta me hizo pensar que el problema era físico, cosa que de todas maneras es lo primero que suelo pensar siempre. Yo creo que en los casos de problemas mentales, uno debería primero limpiar los desequilibrios fisiológicos, y entonces, si aún queda alguna molestia, se puede enfrentar el problema de fondo directa y eficientemente por medios psicológicos. La depresión de Y. le había sobrevenido de manera tan súbita que bien podía ser una reacción alérgica; por lo visto hacía unos años había tenido estos ataques repentinos, cuando solía comer mucho chocolate. Pues sí, había comido chocolate la noche anterior, por primera vez después de años. Para desayunar había tomado avena con uvas pasas; hidratos de carbono y un sabor dulce expansivos, no equilibradores en absoluto para el muy expansivo chocolate.

La depresión es un sentimiento de que cede el terreno, de no tener de donde agarrarse, de estar desconectado, descentrado. También podría clasificarse como expansiva. De modo que le sugerí a Y. que fuera a la cocina y tomara una buena chupadita de pasta de ciruelas umeboshi. El efecto del umeboshi es un ajustamiento y conexión inmediatos, debido a la sal, es como un despertar, por así decirlo. (Si Y. no hubiera tenido umeboshi en casa le habría recomendado aceitunas, anchoas, salami, o cualquier otro alimento de salazón). Me ha servido muchísimo el umeboshi para sacar a mis hijas de algún ataque de llanto, por ejemplo.

Cuando volvió al teléfono ya había dejado de llorar. Hablamos otro rato, le dije que tomara otro poquito de pasta y a los pocos minutos ya volvía a ser la Y. alegre de siempre.

–Ahora me siento muchísimo mejor –me dijo.

Por el tono de su voz me di cuenta de que eso era cierto. Entonces le aconsejé que para almorzar tomara algo de pescado o de pollo y que se mantuviera alejada de los chocolates durante un tiempo. Cuando colgamos el teléfono yo me sentía segura de que ya había salido del bache. Toda la conversación no duró mas de quince o veinte minutos. Volví a hablar con ella a la semana siguiente y me dijo que había estado perfectamente bien. Y aún sigue absteniéndose de chocolates.

Los alimentos que con más frecuencia causan alteraciones mentales son el azúcar, la leche y sus derivados. A las reacciones negativas a la leche se las suele llamar alergias, dando a entender que son casos aislados y anormales. Me permitiría decir que las reacciones negativas a la leche y a sus derivados, entre ellas las reacciones emocionales, como la depresión, los deseos de llorar y las sensaciones de desamparo e incapacidad, son tan comunes que prácticamente podrían considerarse la norma. Estas reacciones son más fuertes cuando en la dieta hay azúcar.

El azúcar está muy íntimamente relacionado con las sensaciones de enajenación, desesperación y depresión. Como vimos en el capítulo 6, el azúcar refuerza la individualidad; cuando esa individualidad se lleva a un extremo, se convier-

LOS ALIMENTOS Y EL ESTADO DE ÁNIMO

Humor	Vea si en la dieta ha habido mucha cantidad de	Y/o no suficiente de	Remedio rápido posible	Órganos implicados (Teoría Cinco Fases)
Depresión, melancolía	Azúcar, miel, jarabe de arce, leche y sus derivados; alimentos alergénicos; más de un 70% de cereales	Legumbres, pescado, ave, carne, cereales integrales	Algo salado: umeboshi, aceitunas, anchoas. También especias aromáticas	Pulmones, intestino grueso, insuficiencia suprarrenal
Miedo	Como el anterior; además, carne y grasas	Arroz integral, cebada, legumbres, verduras cocidas	Zumo de manzana kuzu (si hay tensión); shoyu ubemoshi kuzu (si hay descentramiento)	Riñones-suprarrenales, debilidad del corazón
Rabia, irritabilidad	Grasas, sal, arroz integral, queso, carne, huevos fritos	Ensaladas, brotes, alimentos agrios, kasha, maíz	Plátanos, zumo de fruta, zumo de manzana kuzu	Vesícula biliar, debilidad del estómago
Sobreexcitación, risa excesiva; ansiedad	Trigo, hortalizas verdes, alimentos crudos; estimulantes, como café, chocolate, alcohol, especias fuertes, azúcar	Algas, kasha, alimentos salados, mijo	Algo salado, como el primer punto	Intestino delgado, debilidad de los pulmones
Preocupación, inquietud; falta de comprensión	Productos lácteos, azúcar, dulces, miel, ensaladas, alimentos agrios	Verduras dulces, mijo, maíz, hortalizas verdes cocidas, grasas, aceites	Pan con mantequilla	Estómago-bazo-páncreas; debilidad de los riñones suprarrenales

te en aislamiento y marginación. Espero que llegará el día en que, si sufrimos de alguno de estos sentimientos, todos sabremos en primer lugar dejar de comer tartas, helados, caramelos, pasteles, chocolates, cereales azucarados, etcétera, después dejar pasar unos cuatro días y, si esos sentimientos aún persisten sin ceder, sólo entonces aceptar que tienen un origen psicológico y explorarlos mediante terapia.

El trigo, considerado en otro tiempo el sostén de la vida, ahora produce desagradables reacciones alérgicas a muchas personas, con frecuencia en la forma de malhumor y depresión. Ciertamente, hoy en día el trigo no es lo que solía ser. Tal vez parte del problema está en los métodos agrícolas actuales, que implican un considerable uso de pesticidas y fertilizantes químicos. No he encontrado ningún estudio sobre este tema, pero tal vez sea necesario tener esto presente si se consumen grandes cantidades de productos de trigo, como el pan, la pasta y las galletas. Si el trigo se consume con azúcar, como es el caso de los bizcochos, tartas, pasteles y galletitas, sería lógico eliminar primero el azúcar (y los productos lácteos si también se consumen) antes de acusar y encontrar culpable al trigo.

Para una información y orientación más detallada sobre los efectos de los diversos alimentos, vuelva por favor al capítulo 6. El cuadro de la página anterior le ofrece, sin embargo, una manera rápida y práctica de establecer una relación entre determinados estados de humor y determinados excesos o carencias de alimentos. De usted depende decidir dónde le aprieta o no el zapato. El cuadro, basado en la teoría de las cinco fases y en mi propia observación, es un mapa de posibilidades, no de hechos fijos e inmutables. Habrá de experimentar para ver dónde, cuándo y en qué grado valen estas orientaciones para su caso en particular.

14. Efectos de los alimentos en la sexualidad

> *La comida suele unir más a una pareja que la actividad sexual, sencillamente porque para la mayoría de las personas son más frecuentes y previsibles las comidas que las relaciones sexuales.*
>
> Peter Farb y George Armelagos,
> *Consuming Passions: The Anthropology of Eating.*

Planos de experiencia

La relación entre el alimento y la sexualidad es generalizada e íntima. El lenguaje y las metáforas del amor y el erotismo abundan en palabras y expresiones relativas a la comida: apetitosa, bombón, estás para comerte..., y muchas otras con un segundo sentido algo más denso. En cierto sentido la relación sexual supone la incorporación o consumo de la energía de la pareja; cuando comemos también incorporamos una entidad exterior, de manera que el paralelo existe también en sentido literal. Esto es particularmente cierto en las mujeres. Tal vez ése es el motivo de que las mujeres que no tienen una vida sexual activa o satisfactoria comen en exceso, reemplazando así un tipo de entrada por otro.

La comida puede ser también una sociable precursora de la relación sexual, a modo de ceremonia preliminar o introductoria, o de rito que indica un acuerdo. Y después de la relación, puede ser muchas veces una necesidad biológica, ya que las personas necesitan reponer las calorías gastadas.

El alimento está relacionado con la sexualidad, entonces, en diferentes planos, que son:

- *Plano sensorial:* Tacto, color, sabor, aroma y contenido de humedad de los alimentos.
- *Plano romántico, sentimental:* Definido por el entorno o atmósfera y por los recuerdos.

- *Plano químico:* Elementos nutritivos y otras sustancias químicas de los alimentos que tienen efecto en el sistema reproductor.
- *Plano social:* Alimentos a los cuales las creencias, ritos y costumbres sociales han conferido una propiedad de ser preparatorios para, sugerentes de, intensificadores o inhibidores de la actividad sexual.
- *Plano energético:* Alimentos que relajan o tensan, dilatan o contraen el cuerpo.

También se puede distinguir entre los alimentos que tienen un efecto en el acto sexual y aquellos que afectan a la reproducción.

Echemos un vistazo a cada una de estas categorías.

PLANO SENSORIAL

Los alimentos pueden influir en la sexualidad cuando su apariencia o tacto sugieren aspectos físicos del sexo. Entre ellos se cuentan los plátanos, las zanahorias, los espárragos, los higos maduros frescos, y los alimentos crudos que chorrean. Todo lo comido con los dedos puede ser sexy: en las películas *Tom Jones* y *Flashdance* aparecían escenas en las que el propio acto de comer era intensamente erótico. También algunos mariscos, por ejemplo, los erizos de mar, las ostras y las almejas crudas, sobre todo cuando se comen frescos, recién cogidos, son muy sensuales y sugerentes. (Tengamos en cuenta que los planos se cruzan: los alimentos sensuales pueden tener también un efecto *químico* en el comportamiento sexual, o un significado *social* que los relaciona con el sexo.)

PLANO SENTIMENTAL O ROMÁNTICO

Una persona especial, un lugar especial, luz suave, música y aromas agradables..., todo esto puede impregnar una comida de connotaciones que llevan a la cama. Cualquiera de estos productos comidos en esa ocasión tendrán efectos similares en otra cita posterior, simplemente por asociación y recuerdo.

PLANO QUÍMICO

Algunos estudios científicos han demostrado que ciertos productos tienen efecto en la sexualidad a través de sus componentes químicos.

El cinc, que es el más conocido de estos elementos, es componente importante de la eyaculación masculina; su carencia en los hombres se ha asociado al infantilismo de los órganos sexuales y a la pérdida de potencia sexual. La supuesta costumbre de Casanova de cenar diariamente cincuenta ostras podría haber sido uno de los secretos de su éxito, porque las ostras contienen mucho cinc.[1] Otras fuentes de cinc son el germen y el salvado de los cereales, la avena, las cebollas, las semillas (el ajonjolí o sésamo, las pipas de calabaza y de girasol), los huevos, los arenques, el hígado, la carne de vacuno. La refinación y el procesado de los alimentos quita ese mineral; la harina blanca, el arroz y el azúcar refinados, carecen de cinc. El consumo de estos alimentos refinados puede generar una carencia de cinc en el cuerpo, la cual puede causar una diversidad de síntomas, entre ellos el encanecimiento y la caída del cabello, manchas blancas en las uñas, mala circulación, impotencia, ausencia de ovulación o de menstruación, síntomas psicóticos, lentitud en la cicatrización de las heridas, e hiperactividad en los niños. Es necesario observar que una dieta habitual rica en cereales integrales y pobre en productos de origen animal también puede ser causa, a la larga, de señales de carencia de cinc.[2] Esto se debe a que los cereales integrales contienen una sustancia, llamada fitato, que inhibe la absorción del cinc.

Se sabe de ciertos alimentos, como el ginseng y la zarzaparrilla, que estimulan la corteza suprarrenal, implicada en la producción de hormonas sexuales masculinas. Estos alimentos contienen elementos similares a la cortisona. Estos elementos parecidos a la cortisona, en la cantidad mínima que aparecen en dichos alimentos, estimulan la corteza suprarrenal. (En grandes cantidades, como cuando se usa como medicamento, la cortisona tiene el efecto contrario, represor o anulador de las glándulas suprarrenales.) Las zanahorias, los boniatos y las semillas de granada poseen factores relacionados con el estrógeno y podrían contribuir a corregir esta carencia en las mujeres.[3]

Se ha relacionado la ausencia de unas sustancias llamadas histaminas, sea en la sangre o en la linfa, con la incapacidad para alcanzar el orgasmo, tanto en hombres como en mujeres.[4] Al parecer la presencia de ácido fólico y de vitaminas B_6 y B_{12} activa la producción de histaminas. Entre los alimentos ricos en ácido fólico se encuentran las vísceras, los espárragos, las hojas verdes, los cacahuetes, las setas, los cereales integrales, la carne de buey magra, y la yema de huevo, todos los cuales, en una u otra tradición alimenticia, han sido considerados afrodisiacos.

Hay otros alimentos que si se comen en grandes cantidades pueden tener un efecto enfriante sobre la pasión sexual. Los nabos, las coles y la soja (incluido el tofu) contienen trazas de factores antitiroideos; el tiroides regula el deseo y la actividad sexual, además de la fertilidad, de manera que cuando se consumen estos alimentos en grandes cantidades podrían posiblemente inhibir la sexualidad al reducir la energía tiroidea.[5] Cuenta la tradición popular oriental, y esto no lo he podido verificar, que el tofu «enfría los órganos sexuales» y lo utilizan los monjes con el objetivo concreto de que los ayude a mantener el celibato. Es interesante observar, bajo esta luz, que la dieta japonesa tradicional, rica en productos de la soja (depresores del tiroides), también contiene cantidades apreciables de algas, ricas en yodo (estimulante del tiroides).

PLANO SOCIAL

Los banquetes e intercambios de comida forman parte de las ceremonias nupciales de todo el mundo. En Tikopia, una de las islas Santa Cruz del Pacífico, el rito incluye una comida con los amigos solteros; en las islas Trobriand hay complicados intercambios de alimentos entre las dos familias. En Sri Lanka, cuando una mujer cocina para un hombre significa que mantiene con él una relación íntima, y se refiere a su compañero con la expresión «el hombre al que le cocino».[6]

En todas las culturas tradicionales se da por sentado que el alimento afecta a la realización del acto sexual y a la salud sexual. Los antiguos griegos consideraban las zanahorias y los puerros «medicinas para el amor»; en el libro árabe *Jardín perfumado para el solaz del alma* se recomienda una poción preparada con espárragos y yema de huevo; según los franceses del siglo XVII, el pescado y los mariscos iban bien para hacer el amor.[7] Entre otros alimentos considerados sexualmente estimulantes se incluyen la joroba de camello y las babosas de mar (para los árabes), las aletas de tiburón y la sopa de nido de pájaro* (en China), y las ciruelas pasas (Inglaterra isabelina). Cuando se introdujeron las patatas y los tomates en Europa, al principio se los consideró venenosos y finalmente, en un curioso giro, conquistaron la fama de afrodisiacos. En nuestra sociedad actual, el caviar y el champán son el símbolo estereotipado del poder seductor de los alimentos, y, como veremos en el apartado siguiente, la elección es bastante razonable.

PLANO ENERGÉTICO

La vida entera es un juego entre contrarios, movidos por el ansia de su unificación definitiva. Cuando lo exterior y lo interior, la expansión y la contracción se hacen uno, el tiempo desaparece y vislumbramos el infinito. El acto sexual es quizá el único momento en que la mayoría de los seres humanos podemos realmente unir estos contrarios, aunque sólo sea durante breves instantes, y de alcanzar, si hay verdadera unión, un momento de intemporalidad y éxtasis.

La relación sexual es un intercambio de energías, un delicado equilibrio entre fuerzas expansivas y contractivas. En un sentido amplio, lo masculino encarna la expansividad, debido a sus órganos sexuales externos y su tradicional manera de actuar en el mundo. Lo femenino encarna la contractilidad, con sus órganos sexuales internos y sus tradicionales actividades centradas en el hogar y en los hijos. Sin embargo, durante el acto sexual, tanto lo masculino como lo femenino manifiestan expansión y contracción y ambos secretan pequeñas cantidades de hormonas del sexo opuesto.

Debido a sus propiedades expansivas y contractivas, los alimentos influyen en la sexualidad. No es casualidad que algunas mezclas de alimentos clásicas del romance combinen los extremos de la expansividad y la contractilidad: por ejemplo, champán (expansivo) con caviar (contractivo), o miel con huevos, y cerveza con ostras. Incluso he oído que ¡el café con trigo sarraceno es una combinación particularmente efectiva!

Tomando todo esto en consideración, podemos ver el papel de los afrodisia-

---

* Sopa muy estimada preparada con el nido en forma de taza que fabrica, principalmente con la saliva, un pájaro especie de vencejo pequeño del género *Collocalia*. *(N. de la T.)*

cos bajo una nueva luz: un afrodisiaco es una sustancia que expande y relaja a una persona que está demasiado tensa sexualmente, o que contrae y da fuerzas a una persona que está demasiado despistada o distraída. Aparte de sus componentes químicos y nutritivos, es posible que esto explique por qué a alimentos tan diversos como los huevos, las huevas de pescado, la carne de buey, los quesos secos (contractivos), y los espárragos, la miel, las especias picantes, setas y tomates (expansivos) se les haya atribuido, en una u otra época, efectos «afrodisiacos». Lo que muchos de nosotros hemos llegado a descartar por considerarlo tonterías, adquiere perfecto sentido si aceptamos esta visión más amplia de la manera en que nos afectan los alimentos.

El efecto de un alimento, bebida o hierba varía según la situación de la persona, de manera que la eficacia de los «afrodisiacos» no es universal ni se puede comprobar en general. Mucho depende de la dieta habitual: si usted normalmente consume dos huevos al día, otro huevo no va a tener necesariamente un efecto intensificador de la sexualidad; pero si rara vez consume huevos, ciertamente un solo huevo puede tener una influencia poderosa. También hemos de tomar en cuenta los factores culturales: los europeos posiblemente no se van a sentir muy atraídos por una sopa de nido de pájaro, que es el afrodisiaco tradicional chino, y los masai van a arrugar la nariz ante la cocoa, el favorito de los amantes aztecas.

Si hay demasiada fuerza expansiva o demasiada fuerza contractiva, la energía sexual, y por lo tanto el acto se frustran. Por ejemplo: el alcohol o las drogas «expansionantes de la mente», si se toman en pequeñas y precisas cantidades, contribuyen a expandir y soltar a una persona que está demasiado tensa. Pero en grandes dosis, o si no hay suficiente contracción o tensión, generan tanta expansión que se pierde el poder de la contracción, y con ella la tensión necesaria para llegar al orgasmo. Otro ejemplo de expansión excesiva sería una cena vegetariana condimentada con curry, más yogur, helado, tres cervezas y dos copas de vino; algo de ninguna manera conducente a una noche de amor. La comida que le servía Circe, consistente en queso y cebada, miel y vino, hacía que Ulises se quedara dormido rápidamente.

A la inversa, la carne y los huevos, en cantidades discretas, puede poner a punto a una persona cuya energía está disipada y descentrada. Pero como componentes principales y habituales de la dieta, pueden provocar tensión, contracción e incapacidad para relajarse (entonces se necesitan una o dos copas y volvemos a componernos). Para resumir, si bien en pequeñas cantidades los alimentos y bebidas demasiado expansivos o contractivos pueden intensificar la satisfacción sexual, en cantidades mayores la disminuirán.[8] Según una amiga mía que tiene mucha experiencia, las hamburguesas acompañadas con whisky hacen fatal de aburrida la experiencia sexual; ha descubierto que sus mejores relaciones han ocurrido después de unos pocos días de ayuno, al calor del sol y después de una comida a base de pescado fresco, fruta y vino.

El alimento puede funcionar en ambos sentidos y a veces puede ser conveniente calmar el ardiente ímpetu de un amante o a un adolescente obsesionado por el sexo. En estos casos, las mejores elecciones serían alimentos como los cítricos, pepinos, tofu, ensaladas crudas y postres de frutas cocidas: manzanas al horno, peras hervidas.

Ahora que hemos visto los diversos planos en que se relacionan los alimentos y la sexualidad, echemos una mirada a los alimentos y dietas concretos y a sus efectos en la sexualidad y en la salud reproductora.

Efectos del vegetarianismo

El interés masculino por el sexo y en menor grado también el femenino, puede verse reducido o en algunos casos eliminado por una dieta totalmente vegetariana, hecho que resulta muy útil a los grupos espirituales célibes. Esto ocurre más frecuentemente con las dietas vegetarianas con una gran proporción de alimentos expansivos, como la fruta cruda, ensaladas, elaboraciones dulces al horno, y tal vez yogur y quesos. Un observador médico incluso sostiene que los vegetarianos, en cuanto grupo, tienen una alta tasa de impotencia y de problemas de la libido.[9] Una dieta vegetariana macrobiótica, por su parte, que incluye suficientes alimentos contractivos, puede prolongar la capacidad y resistencia y aumentar la sensibilidad.

La proteína de origen animal favorece una mayor producción de secreciones sexuales (semen y lubricantes vaginales), de manera que grandes cantidades de carne diarias podrían provocar la necesidad de una liberación orgásmica más frecuente. Por lo tanto, un régimen vegetariano o semivegetariano prolongaría la capacidad porque habría menos estímulo para secreciones frecuentes. Así pues, tenemos la posibilidad de elegir la calidad de nuestras relaciones sexuales: frecuentes durante poco tiempo o duraderas e intensas, según escojamos ser carnívoros o vegetarianos.

Efectos del azúcar y de los productos lácteos

De todos los alimentos que pueden crear problemas ya sea en el acto sexual propiamente dicho o en la salud de los órganos reproductores, los dos mayores culpables son el azúcar refinado y los productos lácteos procesados.

Existen algunas pruebas de que un elevado consumo de alimentos azucarados puede llevar no sólo a la impotencia y eyaculación precoz sino también a actitudes y expectativas ilusorias, deseos apremiantes, fantasías extrañas e incluso delitos de violencia sexual.[10] Ésta no es una idea tan rebuscada como podría parecer a primera vista: un creciente número de investigadores están encontrando relación entre el consumo de azúcar y el comportamiento delictivo.[11] Sobre todo en los hombres, el azúcar puede reducir también el impulso sexual si forma parte de una dieta pobre en proteínas, y estropea indirectamente las relaciones sexuales causando diabetes.

Las experiencias de muchas de mis alumnas me han convencido de que uno de los factores dietéticos que más influyen en los problemas de reproducción femenina son los productos lácteos. Con esto quiero decir la leche, quesos, helados e incluso el yogur pasteurizados, homogeneizados y enriquecidos con vitamina D.

Por lo menos una ginecóloga ha comprobado que las pacientes con los problemas más graves, quistes, tumores, secreciones supurantes, infecciones, invariablemente toman grandes cantidades de productos lácteos.[12] Cualquier problema de acumulación o mal funcionamiento de los órganos reproductores, sea en el hombre o en la mujer, obstaculizará automáticamente la vitalidad y el disfrute pleno de la relación sexual.

Supuestamente el yogur es beneficioso en los casos de infección vaginal debido a sus propiedades antibióticas. Sin embargo yo sé de muchos casos en que la infección vaginal desapareció después de la eliminación del yogur y de otros productos lácteos. Una mujer que tenía un enorme tumor en el útero me llamó tres meses después de haber eliminado de su dieta los productos lácteos, para contarme, aliviada, que había expulsado el tumor con sus reglas.

A las mujeres que tienen problemas de ovarios suele irles bien eliminando los huevos de la dieta; los huevos son un producto de los ovarios de las gallinas, por lo tanto podrían sobrecargar el organismo de la mujer. De hecho, varias de mis alumnas que dependían de los huevos para obtener sus proteínas adolecían de problema hormonales. A la inversa, si una mujer que durante años no ha comido huevos tiene problemas ováricos, uno o dos huevos pueden resultarle un remedio beneficioso y estimulante. A otra de mis alumnas le ocurrió que al hacerse vegetariana total dejó de tener sus reglas, sin la pérdida de peso que normalmente acompaña dicho trastorno. Pasados dos años, comenzó a comer unos pocos huevos y enseguida volvió a tener su menstruación.

Para comentarios sobre los *efectos de las hormonas sexuales* implantadas a la ganadería o añadidas a los piensos, véase el apartado sobre la carne, en el capítulo 6.

Efectos de un cambio de dieta

El cambio de un régimen a base de carne, azúcar, productos lácteos y harina blanca a uno que consista principalmente en cereales integrales, legumbres, verduras, fruta y cantidades pequeñas de pescado, ave y alguno que otro huevo, es decir, lo que en este libro denomino dieta de alimentos completos sustentadores de la salud, suele tener interesantes efectos en la sexualidad. Es posible que algunas personas se encuentren con que su deseo sexual disminuye o incluso desaparece temporalmente. Con frecuencia esto significa que el cuerpo está concentrando su energía en reparar otros órganos y funciones más vitales. No obstante, si el deseo sexual no ha retornado pasados unos seis u ocho meses de dieta principalmente vegetariana, será prudente aumentar el consumo de proteína de origen animal, sobre todo si se trata de un hombre.

Es posible que las personas que se hacen vegetarianas después de la pubertad experimenten algunos cambios en su sexualidad, como también en su personalidad. Éstas son algunas de las posibilidades:

- *Limpieza:* La energía sexual desaparece durante un tiempo para volver después más fuerte y entera.
- *Descenso:* El deseo disminuye paulatinamente hacia el celibato.
- *Reacción retardada:* Durante uno o dos años no hay efectos perceptibles y después se produce una de las dos situaciones anteriores.

Una vez que el cuerpo se ha limpiado y reequilibrado, la actividad sexual resulta más fácil, hay mayor sensibilidad y exige menos esfuerzo. Es importante observar aquí que la vida sexual sana no depende de alimentos mágicos, sino que emerge de manera natural en un cuerpo sano. Los alimentos naturales completos, sanos, tanto los expansivos como los contractivos, van a apoyar un funcionamiento sexual satisfactorio y bien integrado,[13] de la misma manera que apoyan la buena salud en general.

En las mujeres, esta manera de comer suele corregir problemas hormonales o la dificultad para concebir. A veces, la acupuntura o las compresas calientes en el vientre ayudarán aún más a la curación.* Basándome en los casos que conozco, yo creo que el proceso puede tardar entre un año y dieciocho meses en completarse; ése ha sido más o menos el tiempo que han tardado varias de mis alumnas en quedar embarazadas. En algunos casos suele detenerse una secreción vaginal para después volver temporalmente, a modo de limpieza, y después vuelve a de-

---

* En Kushi, *The Macrobiotic Way of Natural Healing*, encontrará una descripción detallada de las compresas, lavados vaginales y tampones para eliminar la inactividad de los órganos reproductores.

tenerse. Sin embargo, las mujeres que adelgazan demasiado con una dieta principalmente vegetariana pueden dejar de tener sus reglas debido a desnutrición: las hormonas femeninas son sintetizadas a partir de sustancias de la grasa y colesterol, de manera que si no hay nada de grasa bajo la piel, no se pueden producir las hormonas.

¿Han de ser diferentes los alimentos para hombres y para mujeres?

Mucha importancia se ha dado últimamente a los aspectos en que hombres y mujeres son iguales. Pero no olvidemos que también son diferentes, y que ésa es la razón por la cual se atraen, como polos opuestos. Si allanamos las diferencias y acrecentamos la igualdad, la atracción disminuye, como ocurriría con los imanes de igual polaridad. En los lugares de trabajo esto puede ser muy conveniente, pero en las relaciones personales es preferible que la polaridad continúe viva. Ciertamente es más divertido. Por lo tanto, en lugar de comer los dos exactamente igual, haría muy bien una pareja en permitirse variantes en la dieta de cada uno. Según la tradición popular japonesa, por ejemplo, los hombres han de comer más proteínas de origen animal, las mujeres más verduras; y si comparten la misma comida, las raciones para el hombre han de ser más abundantes; al hombre se le dará también un plato moderado de pescado salado o legumbres, para prevenir cualquier tendencia a la expansión excesiva o debilidad. Como veremos, estas costumbres no son realmente una expresión de «sexismo»; si las consideramos desde el punto de vista de los sistemas adquieren mucho sentido.

En nuestra realidad relativa, los pares de contrarios rara vez son exactamente iguales o simétricos. La construcción y desintegración de las células del cuerpo, es decir, el metabolismo, si bien es diferente en cada individuo, también manifiesta una cierta asimetría relacionada con el sexo. En las mujeres se inclina hacia el anabolismo, es decir, las mujeres son más eficientes en la «construcción» de tejidos, porque han de crear hijos dentro de sus cuerpos. También tienden a ganar peso con facilidad y les resulta bastante difícil quitárselo de encima cuando lo desean. En los hombres, el metabolismo se inclina hacia el catabolismo, es decir, los hombres son más eficientes en «desintegrar» los tejidos, tal vez debido a que eliminan proteínas, hidratos de carbono y minerales durante el acto sexual.[14] También tienen tendencia a perder peso con facilidad, lo que mortifica muchísimo a sus compañeras que han de esforzarse con sus dietas.

A consecuencia de esta «desigualdad» metabólica, en general los hombres necesitan más proteínas que las mujeres, aunque las necesidades individuales pueden variar. Los hombres vegetarianos que no transforman bien las proteínas de origen vegetal suelen satisfacer su necesidad mediante la cantidad. Siempre he de tener en cuenta en mis clases de cocina, a los hombres que vendrán a por una tercera ración o a acabar lo que queda en la olla. Si el cuerpo funciona bien y asimila sus alimentos, todo irá muy bien. Pero si no es así, el cuerpo se adelgazará cada vez más, por muchos cereales o ensaladas que consuma. Un poco de pescado, pollo o incluso carne (con sus acompañantes grasas) remediará fácilmente esta peligrosa situación.

La naturaleza ha favorecido a las mujeres en el sentido de que son extraordinariamente buenas asimiladoras de elementos nutritivos; en tiempos de escasez o hambruna, sus cuerpos son capaces de extraer y convertir lo que necesitan de cualquier exiguo alimento que consigan encontrar, y de parir y amamantar hijos. Esa ventaja se les ha convertido en maldición en nuestra sociedad de abundancia. La sobreabundancia de alimentos, la dependencia de alimentos de alta densidad nutritiva, como la carne y el queso, el estilo de vida sedentario, y la tendencia a tener pocos hijos o ninguno, en otras palabras, la mayor entrada y menor salida, han venido a dificultar su flujo de energía y las mujeres se encuentran con que acumulan excesiva materia en sus cuerpos. Por su propia naturaleza, las mujeres reciben energía, la transforman y la agrandan, creando vida. Si esa necesidad creadora natural no se expresa plenamente, o bien teniendo hijos o por otros actos creadores, hay estancamiento e inmovilidad física, mental, emocional y espiritual.

Debido a su eficiencia en cuanto transformadoras de alimentos, en general las mujeres necesitan comer menos cantidad, y suelen satisfacerse con lo que queda de las comidas de sus hijos o con poquitines de por aquí y de por allá. Por esa misma razón, también necesitan menos proteínas que los hombres. En cambio, según lo que he visto, al parecer no les van bien los largos ayunos espirituales: rápidamente las invade una sensación de vacío y debilidad, a no ser que hayan emprendido el ayuno por un grave problema de exceso. Hay hombres de peso normal e incluso bajo que pueden ayunar durante muchos días por motivos espirituales, y se sienten estupendamente bien; testimonios son las afirmaciones de portavoces vegetarianos como Dick Gregory, Paul Bragg, Max Warmbrand, Herbert Sheldon, Arnold Ehret y los maestros espirituales de muchas ideologías. No he encontrado a casi ninguna mujer que pueda hacer lo mismo.

El cocinero o la cocinera de la familia, por lo tanto, no ha de inquietarse si el hombre de la casa come tres raciones y la señora sólo una mitad, si él se sirve la carne y ella no, o si él va a querer postre y ella no. Si tales preferencias dietéticas son naturales y no obligadas, sólo son la expresión de diferencias metabólicas muy reales y muy comunes.

15. Una fanática de la salud hospitalizada

Hay una cosa que todos aprendemos cuando nos hacemos mayores, y es que por mucho que intentemos hacer bien las cosas, siempre hay algo que nos hace tropezar. Es como si recibiéramos una respuesta automática del universo cada vez que nos sentimos ufanos pensando que lo tenemos todo resuelto: «¡Ja! ¡Veamos ahora cómo sales de "ésta"!».

Me han ocurrido unas cuantas de estas situaciones. Una de ellas en particular tiene que ver con el tema de este libro, de manera que se la voy a contar. La relación entre la curación natural y la necesaria hospitalización no es un tema que yo haya estudiado mucho, así como, afortunadamente, tampoco tengo mucha experiencia al respecto. Por lo tanto no tengo material suficiente para dar recomendaciones generales. Lo que voy a referir será forzosamente algo muy personal, pero en todo caso útil, al menos eso espero.

Como usted sabe, llevo años trabajando en los porqués y los cómos de la curación natural. Lo que he aprendido lo he aplicado a mi vida y a la de las personas relacionadas conmigo, con resultados generalmente satisfactorios. Y normalmente confío bastante en mi capacidad para arreglármelas con cualquier cosa que no sean huesos rotos ni quemaduras de tercer grado. Viviendo como vivo al margen de la medicina oficial, he llegado a sentir un reservado respeto por la pericia de la medicina moderna, pero también un poquitín de desdén por sus defectos y arrogancia. En general, es muy poco lo que me puedo servir de los médicos u hospitales, a no ser en caso de excepcionales urgencias.

Imagínese entonces mi sorpresa y conmoción cuando me vi, a los cuarenta años, con un embarazo ectópico.* Yo sabía lo suficiente para darme cuenta de que podía ser peligroso. Además, nunca había oído de ningún tipo de remedio natural para ese problema. La única solución era, claramente, la intervención quirúrgica. ¡Qué manera de revelárseme «mis» defectos y arrogancia!

De todas maneras, por mi propia paz interior, yo tenía que indagar si existía alguna posibilidad de tratamiento alternativo. Tuve la fortuna de encontrar a un

---

* Embarazo en el cual el óvulo fertilizado se ha implantado en un lugar distinto del normal en la cavidad uterina. En mi caso fue en la trompa de Falopio. Allí crece y puede finalmente romper este conducto y causar hemorragia interna, la cual en ciertos casos es fatal. El único tratamiento actual es interrumpir el embarazo con operación quirúrgica.

bondadoso y competente ginecólogo, el doctor David Sherman, que tuvo mucha paciencia conmigo y se mostró comprensivo con mi angustia ideológica.

Me negué a que me operaran inmediatamente después del diagnóstico, ya que no tenía ningún dolor. El doctor Sherman se preocupó, inquieto porque fuera a ocurrirme algo y se le achacara la responsabilidad a él. Sin embargo dedicó mucho tiempo a responder pacientemente a todas las preguntas que no parábamos de hacerle mi marido y yo. También hablé largamente del problema con la ginecóloga de Maine, Christiane Northrup, cuyos conocimientos de macrobiótica y medicina le permitían hablar mi lenguaje y el del doctor Sherman.

Pasé una semana hablando con todos los terapeutas alternativos que logré encontrar. Todos me dijeron: «Opérese». Hice ayuno, por si acaso... A lo mejor se moría de hambre aquello, o se desintegraba, o se caía fuera. Lino Stanchich, experimentado maestro macrobiótico, me ayudó con ejercicios, emplastos de mostaza y compresas de jengibre. Mi marido y yo oramos mucho, visualizando toda suerte de posibilidades curativas. Tanto el doctor Sherman como la doctora Northrup comentaron que había habido autopsias de mujeres en que aparecían señales de antiguos embarazos ectópicos que al parecer habían sido reabsorbidos, pero ninguno de los casos había sido documentado en la literatura médica; en todo caso el doctor no estaba en absoluto dispuesto a dejarme ser la primera en probarlo. La ecografía mostraba el bulto en mi trompa de Falopio ya del tamaño de un huevo de gallina. Yo sencillamente no podía creer que mi cuerpo fuera a ser tan estúpido para dejar crecer más aquello y, no digamos, explotar; me parecía que o bien lo detendría, lo alojaría bien o lo haría desaparecer. Pero no tenía ninguna prueba, ninguna seguridad, ningún ejemplo de otro caso, ningún respaldo... ni ningún apoyo para lo que yo deseaba creer.

«Aquello que temo ha de ocurrir», dice en algún lugar la Biblia, y eso fue lo que me sucedió a mí. Después de una semana de rabiar y rehusar, había agotado todas mis fuentes de información y me vi obligada a enfrentar mi situación. No había otra salida. Incluso mis hijas, cuando se enteraron de lo que ocurría, me aconsejaron que me operara, y eso que ellas le tienen aún más terror que yo a los hospitales. De manera que decidí aceptar y enfrentar lo inevitable de la mejor manera posible, haciendo acopio de todos los recursos a mi disposición.

En primer lugar, pensé, me van a abrir, y para curar tengo que cerrar la herida correctamente. Así pues, tenía que alentar las fuerzas contractivas de mi cuerpo. Habiendo pasado la semana en ayuno de zumos y verduras, estaba bastante delgada y ya contraída. El día en que se me iba a practicar la operación tomé kasha (trigo sarraceno a medio moler) y sopa de miso para el desayuno. (La operación estaba programada para las nueve de la noche. Es importante no haber comido nada durante las ocho horas anteriores a la anestesia, para evitar vomitar y posiblemente aspirar el vómito al estar inconsciente.) Puse miso, algas y pasta de ciruelas umeboshi en mi maletín, junto con un libro, algunas revistas y los amuletos para la suerte que me dieron mis hijas.

Cuando estaba en la camilla fuera del quirófano, esperando, muy nerviosa, decidí hacerme una programación positiva y tuve una seria conversación con mi inconsciente. Se cuentan muchas historias de personas que escuchan todo lo que se dice a su alrededor cuando están anestesiados y supuestamente inconscientes; ese hecho, además de mi sentido común, me hizo pensar que quedaría alguien a cargo de mi barco durante la operación, aun cuando mi «yo» hablante y pensante estuviera fuera de servicio temporalmente. A esa entidad me dirigí entonces, aconsejándole que vigilara que todos los sistemas trabajaran adecuadamente para colaborar con el médico y con quien estuviera ayudándole. También decidí confiar plenamente en el cirujano y el anestesista, ya que mi vida estaría en sus manos durante un par de horas. El último pensamiento que pasó por mi cabeza antes de que me pusieran la anestesia fue que esas personas sabían lo que hacían y que estaba en buenas manos.

Una operación abdominal importante duele, y no hay vuelta que darle, porque los músculos abdominales se han cortado y vuelto a unir con costura. Pero más que el dolor, lo que me preocupaba era que en mi cuerpo hubiera un agujero donde no tenía que haber ninguno. El hecho de que estuviera cosida sólo daba la impresión de un roto zurcido. La primera imagen que cruzó por mi mente cuando desperté fue la de las cabezas reducidas que hacen los jíbaros cazadores de cabezas en Sudamérica, con las bocas cosidas. Me sentí como si tuviera una de esas bocas así cerradas bajo el ombligo.

El dolor, terrible como era, tenía sentido, de manera que no me asustaba. Los analgésicos sí me asustaban, de manera que no pedí ninguno. No quería, por añadidura, alterar mi sistema nervioso. Fue una agradable sorpresa para mí, no sólo que no me dieran ningún calmante en contra de mi voluntad sino que tampoco me ofrecieran ninguno. No tuve que gastar ni un ápice de energía en rechazar ni explicar nada. Aun en medio del aturdimiento en que estaba, comprendí claramente que el personal médico ya era algo menos partidario de administrar fármacos alegremente; pronto, tal vez muy pronto, habría verdadera cooperación entre los diferentes métodos curativos.

Apliqué mi energía a la tarea de cicatrizar. Tan pronto pude tomé unas chupaditas de pasta umeboshi (muy contractiva) para fortalecer las suprarrenales, sede de la vitalidad, y a modo de refuerzo general. Cuando ya se me permitió comer, rehusé la Jalea-O y la leche y pedí agua caliente, con la cual me preparé sopa de miso con algas, por los oligoelementos que contiene. Mi marido me llevó cereales y verduras; de la comida del hospital me servía los copos de avena, las tostadas y las ensaladas. Al cuarto día me dieron de alta.

Las seis semanas siguientes mi dieta consistió en legumbres, cereales y verduras; me abstuve de dulces, frutas y zumos, para favorecer la contractilidad. Además, comía diariamente 100 g de pescado, pollo o pavo; varias veces hasta comí carne. Después de todo estaba herida, no enferma; necesitaba las proteínas para reparar los tejidos. Y pronto se reparó el tejido, muy pronto, según el doctor. Y al parecer también funcionó muy bien mi energía contractiva durante la operación, porque el cirujano me dijo que mis tejidos poco menos que se habían cerrado de golpe por propio impulso. Al cabo de dos semanas ya estaba en pie y de vuelta en mis clases.

Lo más importante que aprendí de mi experiencia hospitalaria fue una confirmación de un viejo adagio: Hacen falta dos para bailar un tango. La curación, sea con infusiones de hierbas o con cirugía de rayos láser, es una colaboración entre el sanador y el «sanando», entre el médico y el enfermo. No se puede realizar sin nuestro consentimiento. En la medicina amerindia, el chamán primero pide permiso «para cambiar el curso de la vida de éste».[1] El médico puede ser el experto más consumado, puede cortar y coser con la mayor precisión y exactitud, mantener bien afinados todos los sistemas de apoyo vitales, pero toda esta técnica y pericia no sirve de nada si el enfermo no coopera y se cicatriza y sana. No hay nada en el cielo ni sobre la tierra que pueda hacer la medicina si el cuerpo se niega a curarse. Pero si el cuerpo quiere curarse, lo hará, con, sin y a veces a pesar de la medicina.

En un episodio de su serie de televisión, *The Body in Question* (basada en la novela del mismo nombre), Jonathan Miller muestra una operación a corazón abierto realizada a una mujer que tiene una válvula defectuosa. Él dice para concluir: «Si no la hubiéramos tratado como un mecanismo no podríamos haberle devuelto su humanidad». Aparte del hecho de que morir es tan humano como vivir, hay una falacia en esa afirmación: aunque el médico efectivamente trabaje como un mecánico, un mecanismo no se cura. Su trabajo no resulta sin la cooperación activa del organismo del enfermo. Tal vez el principal defecto de la medicina moderna ha sido precisamente que ha tratado al organismo humano, que es capaz de curarse a sí mismo, como si fuera un mecanismo, que tiende a estropearse si se lo deja solo. Es importante y útil cambiar quirúrgicamente una válvula cardíaca, y está bien, es correcto, que el cirujano se enorgullezca de su trabajo. Pero, independienemente de las elegantes maniobras mecánicas de que es capaz actualmente la medicina, el médico sólo realiza la mitad del trabajo. La otra mitad, igualmente intrincada y sutil, la hace el enfermo. Y así como el médico necesita reconocimiento y respeto por su trabajo, el enfermo lo necesita por el suyo. Me sentí fabulosa y competente cuando el doctor Sherman me comentó lo rápido que había cicatrizado.

Afortunadamente, el respeto por el enfermo se está convirtiendo rápidamente en la norma, sobre todo gracias a la labor de personas como Norman Cousins, Bernard Siegel y O. Carl Simonton, el interés de muchos médicos bien informados y la creciente disposición de los enfermos a responsabilizarse de sus trastornos.

Propuesta para unir los contrarios

*El hombre es uno, y nuestra salvación reside finalmente
en un mutuo intercambio de todos los conocimientos.*

Richard Grossinger, *Planet Medicine.*

Cada vez se pone más en evidencia que, sean cuales fueren nuestras preferencias en asuntos de curación, hemos de ampliar nuestros horizontes. Las persona de tipo «holista» o naturista como yo hemos de reconocer los aspectos valiosos de la medicina tecnológica. Los médicos y los hospitales han de reconocer que hay áreas en las cuales los métodos anticuados y no agresivos de curación son más efectivos que los suyos. ¿Cómo se podría estimular este diálogo?

Si yo viviera en un mundo de hadas y se pudieran hacer realidad todos mis sueños, me gustaría ver una reunión mundial de médicos, quiropracticantes, acupuntores, los profesionales del trabajo con el cuerpo y de la nutrición (yo incluida) durante la cual conviniéramos en:

- Un concepto del ser humano como organismo totalmente integrado, capaz de curarse a sí mismo y que puede, a veces, ser tratado como mecanismo y sobrevivir.

- Un concepto de la salud y la enfermedad como lo he delineado en este libro; en resumen, la salud como el funcionamiento óptimo de los seres humanos en los planos físico, emocional, social y espiritual; la enfermedad como información e inicialmente un intento positivo de mantener el buen funcionamiento.

- Nuestras respectivas áreas de verdadera aptitud e incumbencia, de ineficacia y de coincidencia y superposición.

- El valor de las pruebas anecdóticas, es decir lo que el enfermo siente y describe, en razón de la infinita cantidad de variables incontrolables e imposibles de conocer científicamente que componen a un ser humano.

- Declarar fidelidad a la incertidumbre de la práctica, que no a la certeza de la teoría.

- El hecho de que el inconsciente del enfermo sabe si su enfermedad es o no peligrosa; que se consulte con regularidad a este inconsciente mediante preguntas precisas y la técnica del «enfoque», y que, si se consideran atentamente sus respuestas, puede ser el mejor aliado del profesional de la salud, tanto en la elección del tratamiento como en la evaluación de su efectividad.

- El hecho de que más que el conocimiento, el mejor y más valioso instrumento del terapeuta es la intuición, si bien el conocimiento y la práctica son absolutamente esenciales para agudizar y enfocar la intuición.

- El hecho de que nadie tiene la Respuesta, sino que cada método curativo resolverá parte del rompecabezas; y que los profesionales serios de cualquier campo de la curación tienen la obligación de informarse acerca de los demás que trabajan en campos afines, para poder remitir sus pacientes a ellos.
- La necesidad de educar al público acerca de los diferentes métodos curativos existentes, para que cada «consumidor de la salud» pueda realmente elegir entre ellos de la misma manera que actualmente elige los diferentes alimentos en un supermercado.

Una vez que hubiéramos llegado a una especie de consenso, decidiríamos qué trastornos habrían de ser tratados primero con tal o cual método. No puedo ciertamente enumerar todas las muchas variantes de enfermedades que afligen a los seres humanos, como tampoco hacer la lista de todos los sistemas curativos. Pero he aquí un esbozo de lista provisional de lo que yo pienso que daría resultados:

- Todos los trastornos, pero en especial el cansancio, la confusión mental, los resfriados, las erupciones de la piel, las infecciones recurrentes en cualquier parte del cuerpo, las dolencias respiratorias y digestivas y otros síntomas de ajuste y eliminación, así como las enfermedades crónicas, como la arteriosclerosis, la artritis, las alergias, el cáncer, etcétera, deberían ser tratadas primero mediante el control de la dieta.
- Debería prescribirse rutinariamente el ejercicio, sobre todo para los trastornos de acumulación, inmovilidad o pereza de algún órgano, tales como las enfermedades cardiovasculares, la digestión lenta, el sobrepeso, la mala absorción.
- Todos los problemas no graves, como los dolores de cabeza, las fiebres, los resfriados y los trastornos digestivos serían mejor tratados con alimentos, hierbas y bebidas medicinales. (Véanse algunos métodos sencillos para estos trastornos en capítulo 12.)
- Los problemas de absorción y transformación de los alimentos pueden tratarse con hierbas y suplementos dietéticos.
- Las disfunciones, tales como la diabetes y el hipotiroidismo, podrían beneficiarse con medicamentos químicos usados con moderación, después de que el tratamiento dietético haya hecho todo lo que puede hacer.
- Los dolores de espalda y los problemas óseos probablemente son mejor llevados inicialmente por quiropracticantes y osteópatas que por cirujanos.
- El embarazo debería tratarse como un acontecimiento normal y no como una enfermedad; los controles deberían realizarlos parteras, en lugares de ambiente hogareño, salvo en el caso de trastornos anormales o riesgos especiales, como enfermedad o defectos estructurales de la madre, en cuyo caso sería de competencia médica.

- Las dolencias femeninas habrían de tratarse primero quitando de la dieta todos los alimentos relacionados con hormonas (productos lácteos, pollos y animales vacunos tratados con hormonas). Cualquier trastorno que quedara después de diez o doce meses podría entonces tratarse por otros métodos.
- Los problemas estructurales y traumatismos mecánicos, como las fracturas múltiples o tumores que estorban el funcionamiento de algún órgano necesitarán la intervención quirúrgica si es indicado.
- Los trastornos psicológicos, entre ellos la depresión, habría de tratarse primero con la abstención de dulces, azúcar, productos lácteos y helados; comprobando que la persona no tenga carencia de proteínas o exceso de minerales; indagando la posibilidad de alergias a productos químicos, y, además, con la conversación, reflexión interior, ejercicio enérgico, terapia y curación por métodos psíquicos.
- Los problemas físicos que resistan a la dieta, suplementos, remedios u otras manipulaciones materiales, podrían tratarse con los mismos métodos no materiales aplicados a los trastornos psicológicos.

Si la medicina tecnológica reconoce sus límites y hace sitio a otros sistemas curativos que en muchos casos tienen más éxito; si los movimientos naturista-holistas aceptan y reconocen el valor del inmenso conocimiento y extraordinaria pericia de la moderna medicina; y si podemos integrar los dos métodos de curación, entonces de veras habremos encontrado la medicina de la Nueva Era. Espero vivir lo suficiente para ver llegado ese día.[2]

Epílogo

La salud no es otra cosa que el propósito unido: si el cuerpo se somete al propósito de la mente, se hace íntegro porque el propósito de la mente es uno. Aislado de la mente, el cuerpo no tiene ningún propósito.

A Course in Miracles

Unas palabras finales de advertencia: El alimento es nuestro colaborador, nuestro aliado, nuestro apoyo, a veces nuestra perdición. Pero no nuestra salvación. Un cambio de dieta puede ayudarnos..., pero si sólo nos quedamos con el aspecto de la salud y bienestar que nos puede aportar, pasado un tiempo el péndulo oscilará en sentido contrario y volveremos a enfermar a causa del mismo alimento que en otra ocasión nos puso «bien».

No tenemos ningún derecho a sanar si no estamos dispuestos a devolver ese regalo multiplicado por mil. La salud por sí misma es un viaje del ego. Como objetivo es un desperdicio; pero cobra sentido en cuanto medio, en cuanto instrumento para la evolución y crecimiento de nuestra conciencia. Si deseamos estar sanos hemos de preguntarnos: «¿Para qué?». ¿En qué queremos utilizar nuestra salud?

Independientemente de lo que comamos, nuestro cuerpo estará sano automáticamente cuando estemos orientados en un sentido positivo, siguiendo nuestro camino individual, con la atención centrada, no dividida, haciendo el trabajo elegido, agradecidos a la vida, viviendo con amor.

Notas bibliográficas

Capítulo 1

1. *Healthy People: The Surgeon General's Report on Health Promotion and Disease Prevention.*
2. Thomas McKeown, «Determinants of Health».
3. *Healthy People.*
4. Melvin Page, *Your Body Is Your Best Doctor*, pp. 111-117.
5. Alexander G. Schauss, *Diet, Crime, and Delinquency,* p. 91. Véase también Schauss, Bland y Simonsen, «A Critical Analysis of the Diets of Chronic Juvenile Offenders».
6. René Dubos, *Mirage of Health.*
7. McKeown.
8. Ibíd.
9. Robert Mendelsohn, *How to Raise a Healthy Child*, pp. 228-229.
10. Maryann Napoli, *Health Facts: A Critical Evaluation of the Major Problems, Treatments, and Alternatives Facing Medical Consumers,* p. 110.
11. Ivan Illich, *Medical Nemesis*, p. 26.
12. Robert Mendelsohn compara el número anual de muertes debidas a intervenciones quirúrgicas innecesarias (12.000) con las muertes por asesinato con cuchillo (3.000), en *Malepractice: How Doctors Manipulate Women*, p. 82.
13. Sidney M. Wolfe y el Grupo de Investigación para el Ciudadano (fundado por Ralph Nader), *Pills That Don't Work*, pp.18-19.
14. Illich.
15. Richard Grossinger, *Planet Medicine*, p. 23.

Capítulo 2

1. Jonathan Miller, *The Body in Question*, p. 187.
2. Para un análisis exhaustivo de estas ideas, véanse Fritjof Capra, *The Tao of Physics* y *The Turning Point.*
3. Entrevista a Fritjof Capra en «The Turning Point: A New Vision of Reality», revista *New Age*, febrero de 1982.

4. «Objectivity in Social Science and Social Policy», en *The Methodology of the Social Sciences*, traducción de Edward A. Shils y Henry A. Finch.
5. Erno Laszlo, *Introduction to Systems Philosophy*.
6. Estudio de las teorías de Ilya Prigogine, en *Brain/Mind Bulletin*, 4, n.° 13.
7. Tres Iniciados, *The Kybalion*. También George Ohsawa, «Seven Principles of the Order of the Universe», *The Book of Judgment*.
8. Harold Saxton Burr, «Electro-Dynamic Theory of Development».
9. Rupert Sheldrake, *A New Science of Life*, p. 76.
10. «Exploring the Microworld».
11. Entrevista a Fritjof Capra en *New Age*.
12. Paavo Airola, *Are You Confused?*
13. Robert Mendelsohn, *How to Raise a Healthy Child*, p. 228.
14. «FDA Asks Wyeth to Recall Infant Food Short on Vitamin».
15. Carl C. Pfeiffer, *Mental and Elemental Nutrients*, p. 24.
16. Robert Harris y Edel Karmas, *Nutritional Evaluation of Food Processing*, p. 316.
17. *Fact Book on Fermented Foods and Beverages*, p. 7.
18. William Shurtleff y Akiko Aoyagi, *The Book of Miso*, p. 26; *The Book of Tempeh*, p. 35.
19. Harris y Karmas, pp. 339-340.
20. Harris y Karmas, pp. 364-375.
21. Isaac Asimov, *The Chemicals of Life*, p. 131.
22. William Longgood, *The Poisons in Your Food*, p. 3.
23. Ruth Winter, *Poisons in Your Food*, p. 4.
24. Jacqueline Verret y Jean Carper, *Eating May Be Hazardous to Your Health*, p. 19.
25. Rudolf Hauschka, *The Nature of Susbstance*, pp. 108-109.
26. Harold Saxton Burr, *Blueprint for Immortality: The Electric Patterns of Life*, pp. 63 y 65.
27. Rupert Sheldrake, *A New Science of Life*, p. 98.
28. Gary Null, en colaboración con Judy Trupin, «The Food Irradiation Threat», *Whole Life Times*, febrero de 1986.
29. *U.S. Department of Agriculture Handbook*, n.° 8.
30. Hara Marano, «The Problem with Protein».

Capítulo 3

1. Ilza Veith (trad.), *The Yellow Emperor's Classic of Internal Medicine*, p. 13.
2. Richard Wilhelm y Cory R. Baynes (trad.), *The I Ching*, p. lvi.
3. Walter B. Cannon, *The Wisdom of the Body*, pp. 168-175.
4. Karen McNeil, *The Book of Whole Foods: Nutrition and Cuisine*, p. 213.

5. Michael Weiner, *The Way of the Skeptical Nutritionist*, p. 174.
6. Herman Aihara, *Acid and Alkaline*, p. 9.
7. Arnold Ehret, *Mucusless Diet Healing System*.
8. Paavo Airola, *Are You Confused?*, p. 79.
9. Alice Chase, *Nutrition for Health*, p. 326.
10. Véanse, por ejemplo, las dietas de Atkins y de Stillman.
11. Stephan Pálos, *The Chinese Art of Healing*, p. 91.
12. Yanny Ting Hartmann, «Hot and Cold», diciembre de 1983, ensayo no publicado.
13. Rudolph Ballentine, *Diet and Nutrition*, p. 431.
14. Walter Cannon, *The Wisdom of the Body*.
15. Durk Pearson y Sandy Shaw, *Life Extension*, p. 373.

Capítulo 4

1. Documento de la Comisión Especial del Senado para la Nutrición y Necesidades Humanas, *Dietary Goals for the United States*.
2. Weston A. Price, *Nutrition and Physical Degeneration*.
3. Declaración para *Dietary Goals* hecha por el doctor Mark Hegsted, profesor de la Escuela de Salud Pública de Harvard.
4. Henry Schroeder, en correspondencia personal con la autora, 1972.
5. «Are Health Foods Healthier?»
6. Nathan Pritikin, en colaboración con Patrick McGrady, *The Pritikin Program for Diet and Exercise*.
7. George Watson, *Nutrition and Your Mind*, p. 33.
8. Ibíd., p. 109.
9. Nikki y David Goldbeck, *The Dieter's Companion*.
10. Roger J. Williams, *Nutrition Against Disease*, p. 108.
11. Linda Clark, *Get Well Naturally*, p. 131.
12. Mark Bricklin (ed.), *The Practical Encyclopedia of Natural Healing*, pp. 157 y 404.
13. Ibíd., pp. 365-366.
14. Stanley W. Jacob, Clarice Ashworth Francone y Walter J. Lossow, *Structure and Function in Man*, pp. 580-592.
15. Jane Brody, *Jane Brody's Nutrition Book*, p. 160.
16. Leslie J. Kaslof (ed.), «Parts or Wholes: An Introduction to the Use of Whole Plant sustances in Healing», en *Wholistic Dimensions in Healing: A Resource Guide*, p. 112.
17. «No se ha descubierto ninguna sociedad que haya sido exclusivamente vegetariana», afirman los antropólogos Farb y Armelagos en *Consuming Passions: The Anthropology of Eating*, p. 35.

18. Karen MacEwan y David Stone, «Living Without Meat».
19. David Al Phillips, *From Soil to Psyche*.
20. «Andes Evidence Indicts Cholesterol», *The New York Times*, 22 de abril de 1971.
21. *Dietary Goals*, p. 33.
22. Rudolf Hauschka, *Nutrition*, pp. 18-25.
23. Janet Barkas, *The Vegetable Passion*, pp. 119-130.
24. Elliot D. Abravanel y Elizabeth A. King, *Dr. Abravanel's Body Type Diet and Lifetime Nutrition Plan*, pp. 27, 31-32, 104.
25. William Donald Kelley, *Metabolic Typing*.
26. Milton Hildebrand, *Analysis of Vertebrate Structure*, p. 232.
27. Profesor Benjamin T. Burton, *Human Nutrition*, p. 123.
28. Irene Liem, Keith Sternkraus y Ted Cronk, «Production of Vitamin B_{12} in Tempeh».
29. Comunicación personal con la autora, 7 de noviembre de 1985.
30. Profesor Ronald Kotsch, tesis doctoral, p. xiii.
31. Herman Aihara, *Seven Macrobiotic Principles*, p. 15.
32. Estos principios y el programa siguiente están tomados del folleto *Macrobiotics: Standard Dietary and Way of Life Suggestions*, publicado por la East-West Foundation de Boston.
33. Anthony J. Sattilaro, en colaboración con Tom Monte, *Recalled by Life: The Story of My Recovery from Cancer*. East-West Foundation de Boston, *Case Histories*.
34. «Diagnosing Macrobiotics», revista *Macromuse*.

Capítulo 5

1. Arnold DeVries, *Primitive Man and His Food*, p. 108.
2. Weston A. Price, *Nutrition and Physical Degeneration*.
3. Jane Goodall, *In the Shadow of Man*.
4. Reay Tannahil, *Food in History*, p. 155.
5. Alexander Leaf, «Every Day Is a Gift If You Are Over 100».
6. Jane E. Brody, «Eating Less May Be the Key to Living Beyond 100 Years».

Capítulo 6

1. Rudolph Ballentine, *Diet and Nutrition*, p. 547.
2. Rudolf Hauschka, *Nutrition*, p. 83.
3. Oski, *Don't Drink Your Milk*, p. 60.
4. Ballentine, p. 132.

5. Helen B. Taussig, «Possible Injury to the Cardiovascular System from Vitamin D»; D. C. Anderson y otros, «Vitamin D Intoxication with Hypernatremia, Potassium and Water Depletion and Mental Depression»; W. H. Taylor, «Renal Calculi and Self-Medication with Multivitamin Preparations Containing Vitamin D».

6. «Hormones in Milk».

7. «Nutrition – Applied Personally», citado en Karen MacNeil, *The Book of Whole Foods: Nutrition and Cuisine*, p. 213.

8. K. A. Oster, «Treatment of Angina Pectoris According to a New Theory of Its Origins». Véase también N. Sampsidis, *Heart Disease Explained*. En 1975, la Federación de Sociedades de Biología Experimental preparó una reseña de la teoría de Oster para el Departamento de Alimentos y Fármacos titulada «A Review of the Significance of Bovine Milk Xanthine Oxidase in the Etiology of Atherosclerosis»; atribuía cierto mérito a la teoría pero, como siempre, los resultados fueron considerados poco convincentes.

9. Rudenberg y otros, «Miocardial Infarction in Patients Treated with Sippy and Other High-Milk Diets».

10. Benjamin T. Burton, *Human Nutrition*, p. 131; Ballentine, p. 228.

11. Jane Brody, *Jane Brody's Nutrition Book*, p. 232; Carl Pfeiffer, *Mental and Elemental Nutrients*, p. 376.

12. George Schwartz, *Food Power*.

13. William Dufty, *Sugar Blues*, p. 198.

14. Herman Aihara, *Acid and Alkaline*, p. 30.

15. Melvin Page y Leon Abrams, *Your Body is Your Best Doctor*, p. 196.

16. «Nutrition Report».

17. Jane E. Brody, «Osteoporosis».

18. George K. Davis, «Effects of a Nightshade on Livestock», en Norman F. Childers, *A Diet to Stop Arthritis*.

19. Brody, «Osteoporosis».

20. «Losers Weepers».

21. Hebreos 5:14.

22. Rudolf Hauschka, *Nutrition*, p. 5.

23. Hara Marano, «The Problem with Protein».

24. Orville Schell, *Modern Meat*, pp. 28.40.

25. Ibíd., pp. 184-185.

26. Ibíd., pp. 272-273.

27. Schwartz, p. 24.

28. Paul C. Mangelsdorf, «Wheat».

29. John Garvy, *The Five Phases of Food*, p. 16.

30. Schwartz, p. 95.

31. Judy Brown, «Soyfoods Are Catching On».

32. Ballentine, p. 40.
33. Para un análisis más profundo de este tema, véase Rudolf Steiner, *Spiritual Science and Medicine*.
34. Ballentine, p. 470; Jethro Kloss, *Back to Eden*, p. 243; Michio Kushi, *Book of Macrobiotics*, p. 133.
35. Saul Miller, *Food for Thought*, p. 22.
36. Hauschka, *Nutrition*.
37. Norman F. Childers, *Childers' Diet to Stop Arthritis: The Nightshades and Ill Health*.
38. George K. Davis, «Effect of a Nightshade on Livestock», en Childers.
39. J. Yogamundi Moon, *A Macrobiotic Explanation of Pathological Calcification*, pp. 3-5. Véase también Hans Selye, *Calciphylaxis*.
40. Childers, p. 92.
41. Ibíd., p. 1.
42. Hauschka, *Nutrition*, pp. 104-109.
43. Rhoads, *Cooking with Sea Vegetables*; véase también Price, *Nutrition and Physical Degeneration*.
44. Hauschka, *Nutrition*, pp. 101-103.
45. John Lust, *The Herb Book*; Kloss; Paul Twitchell, *Herbs: The Magic Healers*.
46. Kushi, *Book of Macrobiotics*, p. 52.
47. Dufty, p. 29.
48. Henry Schroeder, *The Trace Elements and Man*, p. 29.
49. Burton, pp. 147-148.
50. *Nutrition*, p. 68.
51. *Dietary Goals*, p. 49.
52. Janice Fillip, «Salt, With a Grain of».
53. Hauschka, *Nutrition*, p. 170.
54. Dufty, p. 42.
55. John Yudkin, *Pure, White, and Deadly*.
56. Price.
57. Lendon Smith, *Improving Your Child's Behavior Chemistry*.
58. Dufty, *Sugar Blues*.
59. Schauss, *Diet, Crime, and Delinquency*.
60. Benson J. Horowitz, Stanley W. Epstein y Leonard Lippman, «Sugar Chromatography Studies in Recurrent Candida Vulvovaginitis».
61. Estudio realizado por el doctor C. Keith Conners, del Hospital de Niños de Washington, D.C, citado en Jane Brody, «Diet Therapy for Behavior is Criticized as Premature».
62. Schauss, pp. 3-10.
63. Watson, *Nutrition and Your Mind*, p. 33.
64. Jane Brody, *Jane Brody's Nutrition Book*, p. 73.
65. Weiner, *The Way of the Skeptical Nutritionist*, p. 64.

66. D. E. Kosland, «Protein Shape and Biological Control».
67. Brody, *Jane Brody's Nutrition Book*, p. 72.
68. Michio Kushi, *How to See Your Health*, p. 151.

Capítulo 7

1. Peter Farb y George Armelagos, *Consuming Passions*, p. 52
2. Reay Tannahil, *Food in History*, p. 25.
3. Michio Kushi, *Book of Macrobiotics*, p. 64.
4. Ballentine, *Diet and Nutrition*, p. 34.
5. Weiner, *The Skeptical Nutritionist*, p. 24.
6. Henry Bieler, *Food Is Your Best Medicine*, pp. 186-198.
7. Reay Tannahil, pp. 131-136.
8. Beatrice Trum Hunter, *Fact-Book on Fermented Foods and Beverages*, pp. 6-7.

Capítulo 9

1. Rudolf Hauschka, *Nutrition*, p. 168.
2. Carl Englund, «Chronopsychology Links Brain Functions to Cycles».
3. Nathan Pritikin, *The Pritikin Program*.

Capítulo 10

1. Carl Pfeiffer, *Mental and Elemental Nutrients*, p. 416.
2. Para análisis concienzudos sobre los efectos del azúcar de caña blanca y refinada, véanse William Dufty, *Sugar Blues*; John Yudkin, *Pure, White, and Deadly*, y F. A. Abramson, *Body, Mind, and Sugar*.
3. John Garvy, «How Homeopathy Works».

Capítulo 11

1. «La salud es un sentido de dirección, no un estado», observó John Garvy en un seminario titulado «The Five Phases of Food», Boston, junio de 1982. «La curación es un proceso, no un destino», escribió Elson Haas en *Staying Healthy with the Seasons*, p. 4.
2. Thomas McKeown, «Determinants of Health».
3. Alasdair MacIntyre, *Against the Self-Images of the Age*, p. 179.

4. Lewis Thomas, «Your Very Good Health», en *Lives of a Cell*, p. 85.
5. Michio Kushi, *The Macrobiotic Way of Natural Healing*, pp. 3-9.

Capítulo 12

1. Grossinger, *Planet Medicine*.
2. Henry Bieler, *Food Is Your Best Medicine*, p. 60
3. Para recetas, Annemarie Colbin, *The Book of Whole Meals*.
4. Para más detalles, véanse Harris Coulter, *Homoeopathic Medicine*; Dana Ullman, «Principles of Homoeopathy», *Co-Evolution Quarterly*, y otras obras sobre el tema.
5. Mildred Jackson y Terri Teague, *The Handbook of Alternatives to Chemical Medicine*, p. 41.
6. Dian Dincin Buchman, *The Complete Book of Water Therapy*; J. V. Cerney, *Modern Magic of Natural Healing with Water Therapy*; Russell Sneddon, *About the Water Cure*; Jeanne Keller, *Healing with Water*.
7. Rudolph Ballentine, *Diet and Nutrition*, p. 303.
8. Paavo Airola, *Are You Confused?*
9. Ibíd., p. 137.
10. Frank Barr y Arthur Young, citados en *Brain/Mind Bulletin*, 11 julio/1 agosto de 1983, p. 4. Para más detalles sobre los efectos de la luz, véase Richard J. Wurtman, Michael J. Baum y John J. Potts, hijo (eds.), *The Medical and Biological Effects of Light*.
11. Linda Clark, *Get Well Naturally*, pp. 356-365.
12. Personal de la Clínica Bircher-Benner, *Bircher-Benner Nutrition Plan for Headache and Migraine Sufferers*.
13. Jane Brody, «Fever: New View Stresses Its Healing Benefits».
14. Centros para el Control de la Enfermedad, *Morbidity and Mortality Weekly Report*.
15. Para una explicación erudita y científica de este proceso, véase Hans-Heinrich Reckeweg, *Homotoxicology: Illnes and Healing by Antihomotoxic Therapy*.
16. *AMA Family Medical Guide*.
17. Michio Kushi, *How to See Your Health*, pp. 145-149.
18. Observación hecha por el doctor James E. Fulton, del Instituto de Investigación del Acné y autor de *Dr. Fulton's Step by Step Program for Clearing Acne*.
19. Paavo Airola, *Are You Confused?*, p. 128.
20. *New York Times*, 18 de septiembre de 1984.
21. Conversación personal con el doctor Richard Carlton, abril de 1984.
22. Para las teorías de Reckeweg sobre este tema, véase *Homotoxicology*.
23. Robert Mendelsohn, *How to Raise a Healthy Child*, p. 211.

Capítulo 13

1. Ken Dychtwald, *Bodymind*.
2. David Sheinkin y Michael Schachter, *Food, Mind, and Mood*.
3. Watson, *Nutrition and Your Mind*, p. 59.
4. Marilyn Ferguson, *The Aquarian Conspiracy*.

Capítulo 14

1. George Schwartz, *Food Power*, pp. 112-113.
2. Carl Pfeiffer, *Mental and Elemental Nutrients*, pp. 215 y 244.
3. Schwartz, p. 95.
4. Pfeiffer, pp. 469-471.
5. Schwartz, p. 95.
6. Peter Farb y George Armelagos, pp. 81-83.
7. James Trager, *The Foodbook*, pp. 477-483.
8. Saul Miller, *Food for Thought*, p. 137.
9. Entrevista a Guillermo Asis en *East-West Journal*, febrero de 1984.
10. Miller, p. 139.
11. Alexander Schauss, *Diet, Crime, and Delinquency*, pp. 19-29, con su lista de setenta notas de referencia; J. I. Rodale, *Natural Health, Sugar, and the Criminal Mind*; William Dufty, *Sugar Blues*.
12. Conversación personal con Christiane Northrup, marzo de 1983.
13. Miller, p. 139.
14. Pfeiffer, p. 472.

Capítulo 15

1. Michael Braveheart, «The Great Medicine – In Theory and Practice», diciembre de 1983, ensayo no publicado.
2. Richard Grossinger, *Planet Medicine*.

Bibliografía

Abehsera, Michel, *The Healing Clay: Ancient Treatments for Modern Times*, Swan House Publishing, Brooklyn, Nueva York. (Ed. española: *Nuevo tratado de medicina*, Edaf, Madrid, 1983.)

Aihara, Herman, *Acid and Alkaline*, The Georges Ohsawa Macrobiotic Foundation, Oroville, California, 1982.

—, *Seven Macrobiotics Principles*, The Georges Ohsawa Macrobiotic Foundation, Oroville, California, 1977.

Airola, Paavo, *Are You Confused?*, Health Plus, Phoenix, Arizona, 1971.

Anderson, D. C. y otros, «Vitamin D Intoxication, with Hypernatremia, Potassium and Water Depletion, and Mental Depression», *British Medical Journal*, 4, 21 diciembre 1968, p. 744.

«Andes Diet Indicts Cholesterol», *New York Times*, 22 abril 1971.

«Are Health Foods Healthier?», mesa redonda, revista *Glamour*, julio 1971.

Asimov, Isaac, *The Chemical of Life*, Signet-NAL, Nueva York, 1954.

Asis, Guillermo, «Mens's Sexual Health: Body and Mind». Entrevista en *East-West Journal*, febrero 1984.

Atkins, Robert, con la colaboración de Shirley Linde, *Dr. Atkins' Superenergy Diet*, Bantam Books, Nueva York. (Ed. española: *Dieta de la superenergía del Dr. Atkins*, Grijalbo, Barcelona, 1979.)

«Baby Robbying», *New York Times*, 1 noviembre 1981.

Ballentine, Rudolph, *Diet and Nutrition: A Holistic Approach*, The Himalayan International Institute, Honesdale, Pennsylvania, 1978.

Barkas, Janet, *The Vegetable Passion: A History of the Vegetarian State of Mind*, Charles Scribner's Sons, Nueva York, 1975.

Baynes, Cary F. (trad. al inglés), *The I Ching or Book of Changes*, de la versión alemana de Richard Wilhelm, Bollingen Series, 19, Princeton University Press, Princeton, 1969.

Beaulieu, John, conversaciones personales con la autora, febrero 1983.

Becker, Robert O. y Selden, Gary, *The Body Electric: Electromagnetism and the Foundation of Life*, William Morrow and Co., Nueva York, 1985.

Bieler, Henry, *Food Is Your Best Medicine*, Ballantine Books, Nueva York, 1982. (Ed. Española: *Los alimentos son sus mejores remedios*, OGP España, Madrid, 1988.)

Brain/Mind Bulletin, 4, n.° 7, 19 febrero 1979.

—, 4, n.° 13, 21 mayo 1979

—, 7, n.° 2, 14 diciembre 1981.

—, 7, n.° 6, 8 marzo 1982.

—, 8, n.ᵒˢ 12 y 13, 11 julio y 1 agosto 1983.

Bravenheart, Michael, «The Great Medicine – In Theory and Practice», diciembre 1983, ensayo no publicado.

Bricklin, Mark (ed.), *The Practical Encyclopedia of Natural Healing*, Rodale Press, Emmaus, Pennsylvania, 1976.

Brody, Jane E., «Diet Therapy for Behaviors Criticized as Premature», *New York Times*, 4 diciembre 1984.

—, «Eating Less May Be the Key to Living Beyond 100 Years», *New York Times*, 4 diciembre 1984.

—, «Fever: New View Stresses Its Healing Benefits», *New York Times*, 28 diciembre 1982

—, «Osteoporosis», *New York Times*, 11 enero 1984.

—, *Jane Brody's Nutrition Book: A Lifetime Guide to Good Eating for Better Health and Weight Control*, W. W. Norton and Co., Nueva York, 1981.

Brown, Judy, «Soyfoods Are Catching On», *Whole Life Times*, julio-agosto 1982.

Buchman, Dian Dincin, *The Complete Book of Water Therapy*, E. P. Dutton, Nueva York, 1979. (Ed. Española: *La curación por el agua. Hidroterapia*, Martínez Roca, Barcelona, 1982.)

Burr, Harold Saxton, *Blueprint for Immortality: The Electric Patterns of Life*, Neville Spearman, Londres, 1972.

—, «Electro-Dynmic Theory of Development», *Journal of Comparative Neurology*, 56 (1932), pp. 347-371.

Burr, Harold Saxton, y Northrop, F. S. C., «The Electro-Dynamic Theory of Life», *Quaterly Review of Biology*, 10 (1935), pp. 322-333.

Burton, Benjamin T., *Human Nutrition*, McGraw Hill, Nueva York, 1976.

Buttram, Harold E. y Hoffman, John Chriss, *Vaccinations and Immune Malfunction*, The Humanitarian Publishing Co., Quakertown, Pennsylvania, 1982.

Cannon, Walter, *The Wisdom of the Body*, W. W. Norton and Co., Nueva York, 1939, 1963.

Capra, Fritjof, entrevista en *New Age*, febrero 1982.

—, *The Tao of Physics: An Exploration of the Parallels Between Modern Physics and Eastern Mysticism*, Bantam, New Age Books, Nueva York, 1976. (Ed. Española: *El Tao de la física*, Cárcamo, Madrid, 1987.)

—, *The Turning Point: Science, Society, and the Rising Culture*, Simon and Schuster, Nueva York, 1982. (Ed. Española: *El punto crucial*, Roselló, Barcelona, 1986.)

Carlton, Richard, conversación personal con la autora, abril 1984.

Centro de la Ciencia en Interés del Público, «Losers Weepers», *Nutrition Action Newsletter*, 12, n.º 6, julio-agosto 1985.

Centros para el Control de la Enfermedad, *Morbidity and Mortality Weekly Report*, Atlanta, Georgia, 12 febrero 1982.

Cerney, J. V., *Modern Magic of Natural Healing with Water Therapy*, Parker Publishing Co., West Nyack, Nueva York, 1975.

Chase, Alice, *Nutrition for Health*, Lancer Books, Nueva York, 1954.

Childers, Norman Franklin, *Childers' Diet to Stop Arthritis: The Nightshade and Ill Health*, Horticulture Publications, Somerville, Nueva Jersey, 1981.

«Chronopsychology Links Brain Function to Cycles», *Brain/Mind Bulletin*, 7, n.º 1, 23 noviembre 1981.

Clark, Linda, *Get Well Naturally – Nature's Way to Health*, The Devin-Adair Co., Nueva York, 1965.

Clínica Bircher-Benner, personal de, *Bircher-Benner Nutrition Plan for Headache and Migraine Sufferers*, traducción de Timothy McManus, Pyramid Books, Nueva York, 1972.

Cobb, Vicki, *Science Experiments You Can Eat*, J. B. Lippincott Co., Filadelfia y Nueva York, 1972.

Colbin, Annemarie, *The Book of Whole Meals*, Ballantine Books, Nueva York, 1983.

Comité Especial del Senado de Estados Unidos para Nutrición y Necesidades Humanas, *Dietary Goals for the Unites States*, Washington, D.C., 1977.

—, *Nutrition and Mental Health*, Washington, D.C., 22 junio 1977, puesto al día en 1980.

Connelly, Dianne M., *Traditional Acupuncture: The Law of the Five Elements*, The Centre for Traditional Acupuncture, Columbia, Maryland, 1979.

Coulter, Harris, L., *Homeopathic Medicine*, Formur, St Louis, 1975.

—, *Homeopathic Science and Modern Medicine: The Physics of Healing with Microdoses*, North Atlantic, Berkeley, California, 1981.

Departamento de Agricultura de Estados Unidos, *Handbook*, n.º 8: *Composition of Foods*.

Departamento de Salud, Educación y Bienestar de Estados Unidos, *Healthy People: The Surgeon General's Report on Health Promotion and Disease Prevention*, Washington, D.C., 1979.

—, *Living Well: An Introduction to Health Promotion and Disease Prevention*, Washington, D.C., 1979.

Departamento de Salud y Servicios Humanos de Estados Unidos, *Promoting Health, Preventing Disease – Objectives for the Nation*, Washington, D.C., octubre 1980.

DeVries, Arnold, *Primitive Man and His Food*, Chandler Books, Chicago, 1952.

Dextreit, Raymond, *Our Earth, Our Cure*, traducción y preparación de Michael Abehsera, Swan House, Brooklyn, Nueva York, 1974. (Ed. Española: *El poder curativo de la arcilla*, Ibis, L'Hospitalet, Barcelona, 1989.)

Director del Departamento de Sanidad Militar de Estados Unidos, *Healthy People: The Surgeon General's Report on Health Promotion and Disease Prevention*, Publicación n.° 79-55011 del Departamento de Salud, Educación y Bienestar, 1979.

«Does Diet Affect Criminal Behavior?», *Whole Foods*, octubre 1983.

Dossey, Larry, *Space, Time, and Medicine*, Shambhala, Boulder y Londres, 1983. (Ed. española: *Tiempo, espacio y medicina*, Kairós, Barcelona, 1986.)

Dubos, René, *Mirage of Health: Utopias, Progress, and Biological Change*, Harper & Row, Nueva York, 1959.

Dufty, William, *Sugar Blues*, Warner Books, Nueva York, 1975.

Dychtwald, Ken, *Bodymind*, Jove Publications, Nueva York, 1984.

East-West Foundation of Boston, *Case Histories*, Brookline, Massachusetts.

—, *Macrobiotics: Standard Dietary and Way of Life Suggestions*, Brookline, Massachusetts, 1983.

East-West Journal, entrevista al doctor Guillermo Asis, «Men's Sexual Health, Body, and Mind», febrero 1984.

Ehret, Arnold, *Mucusless Diet Healing System*, Ehret Literature Publishing Co., Beaumont, California, 1953.

Englund, Carl, «Chronopsychology Links Brain Function to Cycles», *Brain/Mind Bulletin*, 7, n.° 1, 23 noviembre 1981.

Esko, Wendy, *Introduction to Macrobiotic Cooking*, Japan Publications, Tokio, 1983.

«Exploring the Microworld», *Newsweek*, 23 octubre 1981, p. 85.

Farb, Peter y Armelagos, George, *Consuming Passions: The Anthropology of Eating*, Houghton Mifflin, Boston, 1980.

«FDA Asks Wyeth to Recall Infant Food Short of Vitamins», *New York Times*, 12 marzo 1982.

Ferguson, Marilyn, *The Aquarian Conspiracy*, J. P. Tarcher, Los Ángeles, 1980. (Ed. española: *La conspiración de Acuario*, Kairós, Barcelona, 1985.)

Fillip, Janice, «Salt, With a Grain Of», *Whole Foods*, abril 1980.

France, Richard, con la colaboración de Jerome Canty, *Healing Naturally: The Commonsense Macrobiotic Approach to Cancer and Other Diseases*, Amaizeing Books, Boulder, Colorado, 1982.

Fulton, James E., *Dr Fulton's Step by Step Program for Clearing Acne*, Harper & Row, Nueva York, 1983.

Garvy, Jack, «How Homeopaty Works, *East West Journal*, agosto 1978.

Garvy, John, *The Five Phases of Food: How to Begin*, Wellbeing Books, Brookline, Massachusetts, 1983.

Gendlin, Eugen, *Focusing*, Everest House, Nueva York, 1978. (Ed. española: *Focusing: Proceso y técnica del enfoque corporal*, Mensajero, Bilbao, 1983.)

Goldbeck, Nikki y David, *The Dieter's Companion: How to Choose and Maintain the Diet Best Suited to You*, Signet Books, New American Library, Nueva York, 1975.

Goodall, Jane van Lawick, *In the Shadow of Man*, Dell Publishing Co., Nueva York, 1971. (Ed. española: *En la senda del hombre*, Salvat, Barcelona, 1988.)

Grollman, Sigmund, *The Human Body, Its Structure and Physiology*, Macmillan, Nueva York, 1969.

Grossinger, Richard, *Planet Medicine*, Shambhala Publications, Boulder, Colorado, 1982.

Guirdham, Arthur, *A Theory of Disease*, Neville Spearman, Londres, 1957.

Gusick, Diane B., *A Course in Miracles*, Foundation for Inner Peace, Nueva York, 1975.

Haas, Elson M., *Staying Healthy with the Seasons*, Celestial Arts, Millbrae, California, 1981. (Ed. española: *La salud y las estaciones*, Edaf, Madrid, 1983.)

Harris, Robert y Karmas, Ednel (eds.), *Nutritional Evaluation of Food Processing*, Avi Publishing Co., Westport, Connecticut, 1975.

Hartmann, Yanny Ting, «Hot and Cold», diciembre 1983, ensayo no publicado.

Hauschka, Rudolf, *The Nature of Substance*, Vincent Stuart Ltd., Londres, 1966.

—, *Nutrition*, Stuart & Watkins, Londres, 1967.

Hildebrand, Milton, *Analysis of Vertebrate Structure*, John Wiley, Nueva York, 1974.

Hoffman, Enid, *Huna – A Beginner's Guide*, Para Research, Gloucester, Massachusetts, 1976.

Horowitz, Benson J., Epstein, Stanley W. y Lippman, Leonard, «Sugar Chromatography Studies in Recurrent Candida Vulvovaginitis», *Journal of Reproductive Medicine*, 29, n.° 1, julio 1984.

Hunter, Beatrice Trum, *Fact-Book on Fermented Foods and Beverages: An Old Tradition*, Keats Publishing Co., Canaan, Connecticut, 1973.

Illich, Ivan, *Medical Nemesis – The Expropriation of Health*, Pantheon Books, Nueva York. (Ed. española: *Némesis médica*, Barral, Barcelona, 1975.)

International College of Applied Nutrition, *Nutrition, Applied Personally*, International College of Applied Nutrition, 1973. Citado por Karen MacNeil en *The Book of Whole Foods, Nutrition and Cuisine*.

Jackson, Mildred y Teague, Terri, *The Handbook of Alternatives to Chemical Medicine*, Lawton-Teague Publications, Oakland, California, 1975.

Jacob, Stanley W., Francone, Clarice Ashworth y Lossow, Walter J., *Structure and Function in Man*, W. B. Saunders Co., Filadelfia, 1982.

Jacobson, Michael, *Eater's Digest: The Consumer's Fact Book of Food Aditives*, Anchor Books/Doubleday, Nueva York, 1976.

Jain, K. K., *Health Care in New China and What We Can Learn From It*, Rodale Press, Emmaus, Pennsylvania, 1973.

Kaptchuk, Ted J., *The Web That Has No Weaver: Understanding Chinese Medicine*, Congdon & Weed, Nueva York, 1983.

Kaslof, Leslie J., «Parts or Wholes: An Introduction to the Use of Whole Plant susbtances in Healing», en Leslie J. Kaslof (ed.), *Wholistic Dimensions in Healing: A Resource Guide*, Doubleday & Co., Garden City, Nueva York, 1978.

Keeton, William T., *Biological Science*, W. W. Norton, Nueva York, 1980.

Keller, Jeanne, *Healing with Water*, Parker Publishing Co., West Nyack, Nueva York, 1968.

Kelley, William Donald, «Dr. Kelley's Self Test for the Different Metabolic Types», *Healthview Newsletter*, Charlottesville, Virginia, 1977.

—, *Metabolic Typing*, International Health Institute, Winthrop, Washington, 1982.

Kervran, Louis, *Biological Transmutations*, Swan House Publishing Co., Binghamton, Nueva York, 1972. (Ed. española: *Las trasmutaciones biológicas y la física moderna*, Sirio, Málaga, 1988.)

Kloss, Jethro, *Back to Eden*, Lancer Books, Nueva York, 1971.

Kosland, D. E., hijo, «Protein Shape and Biological Control», *Scientific American*, octubre 1973.

Kotsch, Ronald E., «Georges Ohsawa and the Japanese Religious Tradition. A Study of the Life and Thought of the Founder of Macrobiotics», tesis doctoral, Harvad School of Divinity, Sorbengeist Publications, North Chelmsford, Massachusetts, 1981.

Kushi, Michio, *The Book of Macrobiotics – The Universal Way of Health and Happiness*, Japan Publications, Tokio, 1977. (Ed. española: *El libro de la macrobiótica*, Edaf, Madrid, 1987.)

—, *How to See Your Health: The Book of Oriental Diagnosis*, Japan Publications, Tokio, 1980.

—, *Natural Healing Through Macrobiotics*, Japan Publications, Tokio, 1984; publicado anteriormente, Eduard Esko (ed.), *The Macrobiotic Way of Natural Healing*, East West Publications, Boston, Massachusetts, 1978.

Langley, I. L., Telfor, Ira y Christensen, John B., *Dynamic Anatomy and Physiology*, McGraw-Hill, Nueva York, 1964.

Lappé, Frances Moore, *Diet for a Small Planet*, Ballantine Books, Nueva York, 1975.

Laszlo, Erno, *Introduction to Systems Philosophy*, Harper & Row, Nueva York, 1972.

Leaf, Alexander, «Every Day Is a Gift If You're Over 100», *National Geographic*, enero 1973.

Levy, Jerre, «Sex and the Brain», en Robert W. Goy y Bruce McEwen, *Sexual Differentiations of the Brain*, aparecido en *The Sciences*, marzo 1981.

Lewison, Edwin F., «An Appraisal of Long-Term Results in Surgical Treatment of Breast Cancer», *Journal of the American Medical Association*, 186, 1963, pp. 975-978.

Liem, Irene T. H., Sternkraus, Keith H. y Cronk, Ted C., «Production of Vitamin B_{12} in Tempeh», *Applied and Environmental Microbiology*, diciembre 1977.

Longgood, William, *The Poisons in Your Food*, Grove Press, Nueva York, 1960.

Lucas, Richard, *Nature's Medicines*, Award Books y Tandem Books, Nueva York y Londres, 1966.

Lust, John, *The Herb Book*, Bantam Books, Nueva York, 1974.

MacEwan, Karen y Stone, David, «Living Without Meat», *Runner's World*, octubre 1977.

MacIntyre, Alasdair, *Against the Self-Images of the Age*, Dockworth, Londres, 1979.

MacLeish, Kenneth, «Stone Age Cavemen of Mindanao», *National Geographic*, agosto 1972.

MacNeil, Karen, *The Book of Whole Foods: Nutrition and Cuisine*, Vintage Books, Nueva York, 1981.

Mangelsdorf, Paul C., «Wheat», *Scientific American*, julio 1953.

Marano, Hara, «The Problem with Protein», *New York*, 5 marzo 1978.

McKeown, Thomas, «Determinants of Health», *Human Nature*, abril 1978.

Mendelsohn, Robert, *How to Raise a Healthy Child... In Spite of Your Doctor*, Contemporary Books, Chicago, 1984.

—, *Malepractice: How Doctors Manipulate Women*, Contemporary Books, Chicago, 1981.

Miller, Jonathan, *The Body in Question*, Random House, Nueva York, 1978.

Miller, Saul, *Food for Thought: A New Look at Food and Behavior*, Prentice Hall, Englewood Cliffs, Nueva Jersey, 1979.

Moon, J. Yogamundi, *A Macrobiotic Explanation of Pathological Calcification, the Great Industrial Epidemic*, G.O.M.F., San Francisco, 1984.

Morris, Martin, «A Drug from a Disease-Causing Plant (Solanum Malocoxylon)?», *New Scientist*, 20 enero 1977.

Motoyama, Hiroshi, *Science and the Evolution of Consciousness*, Autumn Press, Brookline, Massachusetts, 1979.

Muramoto, Naboru, *Healing Ourselves*, Avon Books, Nueva York, 1973.

Napoli, Maryann, *Health Facts: A Critical Evaluation of the Major Problems, Treatments, and Alternatives Facing Medical Consumers*, Centro para Consumidores de Asistencia Sanitaria e Información, Overlook Press, Woodstock, Nueva York, 1982.

Northrup, Christiane, conversación personal con la autora, marzo 1983.

«Nutrition Report», *American Health*, septiembre, 1984.

Ohsawa, George, *The Book of Judgment*, Ignoramus Press, Los Ángeles, 1966.

—, *Zen Macrobiotics*, The Ohsawa Foundation, Los Ángeles, 1965.

Oski, Frank A., *Don't Drink Your Milk*, Mollica Press, Syracuse, Nueva York, 1983.

Oster, K. A., «Treatment of Angina Pectoris According to a New Theory of Its Origin», *Cardiology Digest*, 3, 1968, pp. 29-34.

Ostrander, Sheila y Schroeder, Lynn, *Psychic Discoveries Behind the Iron Curtain*, Bantam Books, Nueva York, 1970.

Page, Melvin y Abrams, H. Leon, hijo, *Your Body Is Your Best Doctor*, Keats Publishing, Canaan, Connecticut, 1972.

Palos, Stephan, *The Chinese Art of Healing*, Herder and Herder, 1971; Bantam Books, 1972, Nueva York.

Pearson, Durk y Shaw, Sandy, *Life Extension: A Practical Scientific Approach*, Warner Books, Nueva York, 1982.

Pescar, Sucan C., *Medical Reference Library: Symtoms and Illnesses*, Facts on File de la revista *Time*, Nueva York, 1983.

Pfeiffer, Carl C., *Mental and Elemental Nutrients – A Physician's Guide to Nutrition and Health Care*, Keats Publishing Co., New Canaan, Connecticut, 1975.

Phillips, David A., *From Soil to Psyche – A Total Plan of Natural Living for the New Age*, Woodbridge Press, Santa Barbara, California, 1977.

Price, Weston A., *Nutrition and Physical Degeneration: A Comparison of Primitive and Modern Diets and Their Effects*, Academia de Nutrición Aplicada de Estados Unidos, Los Ángeles, 1948.

Prigogine, Ilya, *From Being to Becoming: Time and Complexity in the Physical Sciences*, W. H. Freeman and Co., San Francisco, 1980.

Pritikin, Nathan, con la colaboración de Patrick McGrady, hijo, *The Pritikin Program for Diet and Exercise*, Grosset & Dunlap, Nueva York, 1973. (Ed. española: *El programa Pritikin*, Grijalbo, Barcelona, 1981.)

Reckeweg, Hans-Heinrich, *Homotoxicology: Illness and Healing by Antihomotoxic Therapy*, Menaco Publishing Co., Albuquerque, Nuevo México, 1980.

A Review of the Significance of Bovine Milk Xantine Oxidase in the Etio-

logy of Atherosclerosis, preparada por los doctores C. Jeleff Carr, John M. Talbot, Kenneth D. Fisher y Bethesda para el Departamento de Alimentos y Fármacos (FDA); Life Sciences Research Office, Federation of American Societies for Experimental Biology, 1975.

Rhoads, Sharon Ann, con la colaboración de Patricia Zunic, *Cooking with Sea Vegetables*, Autumn Press, Brookline, Massachusetts, 1978.

Rodale, J. I., *Natural Health, Sugar, and the Criminal Mind*, Pyramid Books, Nueva York, 1971.

Roe, Daphne, *Handbook: Interaction of Selected Drugs with Nutritional Status in Man*, American Dietetic Association, Chicago, 1982.

Rubenberg, R. D. Briggs y otros, «Myocardial Infarction in Patients Treated with Sippy and Other High-Milk Diets: An Autopsy Study of Fifteen Hospitals in the U.S.A. and Great Britain», *Circulation*, 21, abril 1960.

Sampsidis, N., *Heart Disease Explained*, Sunflower Publishing, Glen Head, Nueva York, 1981.

Sattilaro, Anthony, con la colaboración de Tom Monte, *Living Well Naturally*, Houghton Mifflin, Boston, Massachussetts, 1984.

—, *Recalled by Life*, Houghton Mifflin, Boston, Massachusetts, 1982. (Ed. española: *Curado del cáncer*, Mensajero, Bilbao, 1988.)

Schauss, Alexander G., *Diet, Crime, and Delinquency*, Parker House, Berkeley, California, 1981.

Schauss, Alexander G. y Simonsen, Clifford E., «A Critical Analysis of the Diets of Chronic Juvenile Offenders», Primera parte, *Journal of Orthomolecular Psychiatry*, 8, n.° 3, 1979. Véase también Alexander G. Schauss, Jeffrey Bland y Clifford E. Simonsen, «A Critical Analysis of the Diets of Chronic Juvenile Offenders», Segunda parte, *Journal of Orthomolecular Psychiatry*, 8, n.° 4, diciembre 1979.

Schell, Orville, *Modern Meat: Antibiotics, Hormones, and the Pharmaceutical Farm*, Random House, Nueva York, 1984.

Schroeder, Henry A., correspondencia personal con la autora, 1972.

—, *The Trace Elements and Man*, The Devin-Adair Co., Old Greenwich, Connecticut, 1973.

Schwartz, George, *Food Power – How Foods Can Change Your Mind, Your Personality, and Your Life*, McGraw-Hill, Nueva York, 1979.

Selye, Hans, *Calciphylaxis*, University of Chicago Press, Chicago, 1962.

Sheinkin, David, Michael Schachter y Richard Hutton, *Food, Mind and Mood*, Warner Books, Nueva York, 1979.

Sheldrake, Rupert, *A New Science of Life: The Hypothesis of Formative Causation*, J. P. Tarcher, Los Ángeles, 1981.

Shils, Edward A. y Finch Henry A., (trad.), «Objetivity in Social Science and Social Policy», en *The Methodology of the Social Sciences*, Macmillan Publishing Co., Nueva York, 1949.

Shurtleff, William y Aoyagi, Akiko, *The Book of Miso*, Ballantine Books, Nueva York, 1981.

—, *The Book of Tempeh*, Harper & Row, Nueva York, 1979.

Smith, Lendon, *Improving Your Child's Behavior Chemistry*, Wallaby-Pocket Books, 1980.

Smuts, Jan Christian, *Holism and Evolution*, The Viking Press, Nueva York, 1961.

Sneddon, Russell, *About the Water Cure: An Explanation of Hydrotherapy*, Thorsons Publishers, Londres, 1965.

Spear, Bill, conversación personal con la autora, 7 noviembre 1985.

Stamps, Jeffrey, *Holonomy: A Human Systems Theory*, Intersystems Publications, Seaside, California, 1980.

Steiner, Rudolf, *Spiritual Science and Medicine*, Rudolf Steiner Press, Londres, 1948, 1975.

Sullivan, Jerome L., «Iron and the Sex Difference in Heart Disease Risk», *The Lancet*, 1, 13 junio 1981, pp. 293-294.

Tannahil, Reay, *Food in History*, Stein and Day, Nueva York, 1973.

Taussig, Helen, B., «Possible Injury to the Cardiovascular System from Vitamin D», *Annals of Internal Medicine*, 65, n.° 6, diciembre 1966, pp. 1195-1200.

Taylor, W. H. «Renal Calculi and Self-Medication with Multivitamin Preparations Containing Vitamin D», *Clinical Science*, 42, 1972, pp. 515-522.

Thomas, Lewis, *Lives of a Cell: Notes of a Biology Watcher*, Viking, Nueva York, 1974.

Trager, James, *The Enriched, Fortified, Concentrated, Country-Fresh, Lip-Smacking, Finger-Licking, International Unexpurgated Foodbook*, Grossman Publishers, Nueva York, 1970.

Tres Iniciados, *The Kybalion: A Study of the Hermetic Philosophy of Egypt and Greece*, The Yogi Publication Society, Chicago, 1912, 1940.

Twitchel, Paul, *Herbs: The Magic Healers*, IWP Publishers, Menlo Park, California, 1971.

Ullman, Dana, «Principles of Homeopathy», *Co-Evolution Quarterly*, Sausalito, California, primavera de 1981.

Veith, Ilza (trad.), *The Yellow Emperor's Classic of Internal Medicine*, The Yogi Publication Society, Chicago, 1940.

Verret, Jacqueline y Carper, Jean, *Eating May Be Hazardous to Your Health: How Your Government Fails to Protect You from the Dangers in Your Foods*, Simon & Schuster, Nueva York, 1974.

Watson, George, *Nutrition and Your Mind – The Psychochemical Response*, Harper & Row, Nueva York, 1972. (Ed. española: *El libro del tabú*, Kairós, Barcelona, 1982.)

Watts, Alan, *The Book on the Taboo Against Knowing Who You Are*, Vintage Books, Random House, Nueva York, 1972.

Weiner, Michael, *The Way of the Skeptical Nutritionist – A Strategy for Designing Your Own Nutritional Profile*, Macmillan Publishing Co., Nueva York, 1981.

Wilhelm, Richard y Baynes, Cary F. (trad.), *The I Ching, or Book of Changes*, Bollinger Series, 19, Princeton University Press, Princeton, Nueva Jersey, 1967.

Williams, Roger J., *Nutrition Against Disease: Environmental Prevention*, Pitman Publishing Corp., Nueva York, 1971.

Winter, Ruth, *Poisons in Your Food*, Crown Publishers, 1969.

Wolfe, Sidney M., y el Grupo de Investigación para el Ciudadano fundado por Ralph Nader, *Pills That Don't Work*, Warner Books, Nueva York, 1980.

Wurtman, Richard J., Baum, Michael y Potts, John T., (eds.) «The Medical and Biological Effects of Light», *Annals of the New York Academy of Sciences*, 453, Nueva York, 1983.

Yudkin, John, *Pure, White, and Deadly (Sweet and Dangerous)*, Peter Wyden, Nueva York, 1972.

Índice